증권투자권유
자문인력

KB068783

3

금융투자협회
Korea Financial Investment Association

자격시험 안내

1. 증권투자권유자문인력의 정의

투자자를 상대로 증권(집합투자증권 등은 제외)에 대하여 투자권유 또는 투자자문 업무를
수행하거나 MMF를 자동으로 매수하는 CMA에 대하여 투자권유 업무를 수행하는 인력

2. 응시자격

금융회사 종사자 등(증권투자권유자문인력 투자자보호교육 이수)

3. 시험과목 및 문항수

시험과목		세부 교과목	문항수
제1과목	**증권분석**	경기분석	6
		기본적 분석	5
		기술적 분석	4
소 계			15
제2과목	**증권시장**	유가증권시장	8
		코스닥시장	3
		채권시장	7
		기타 증권시장	2
소 계			20
제3과목	**금융상품 및 직무윤리**	금융상품분석 · 투자전략	13
		영업실무	5
		직무윤리 · 투자자분쟁예방	12
소 계			30
제4과목	**법규 및 세제**	자본시장 관련 법규 (금융소비자보호법 포함)	20
		한국금융투자협회규정	4
		회사법	6
		증권세제	5
소 계			35
시험시간		120분	100 문항

4. 시험 합격기준

70% 이상(과목별 50점 미만 과락)

contents

part 05

증권 세제

part 01

자본시장과 금융투자업에 관한 법률/금융위원회규정

chapter 01

총설

1   법제정 기본철학

(1) 열거주의에서 포괄주의로 전환

❶ 「자본시장과 금융투자업에 관한 법률」(이하 '자본시장법'이라 한다)은 금융투자상품의 종류를 구체적으로 나열하는 열거주의에서 금융투자상품의 개념을 추상적으로 정의하는 포괄주의로 규제체계를 전환함

❷ 자본시장법은 원금손실 가능성(투자성)이 있는 금융상품을 금융투자상품으로 정의하고, 이에 해당되면 자본시장법의 규제대상에 포함시키는 포괄주의를 채택함

(2) 기관별 규제에서 기능별 규제로 전환

❶ 구 증권거래법, 구 간접투자자산운용업법, 구 선물거래법은 각각 기관별 규제체
계를 채택했기 때문에, 각 기관들이 동일한 금융서비스를 제공하더라도 다른 규
제를 적용받는 경우가 발생함

❷ 이러한 규제차익을 방지하기 위해 자본시장법은 경제적 실질이 동일한 금융서비
스를 동일하게 규제하는 기능별 규제체계를 채택함

❸ 금융서비스는 투자자, 금융투자상품 및 금융투자업의 유형에 따라 구분됨

　　ㄱ. 투자자 : 일반투자자, 전문투자자

　　ㄴ. 금융투자상품 : 증권(지분증권, 채무증권, 수익증권, 파생결합증권, 투자계약증권, 증권예
　　　　탁증권)과 파생상품(장내 및 장외 파생상품)

　　ㄷ. 금융투자업 : 투자매매업, 투자중개업, 집합투자업, 투자자문업, 투자일임업,
　　　　신탁업

❹ 각 유형의 조합이 달라지면 금융서비스의 경제적 실질도 달라질 수 있기 때문에
이를 구분하여 차등 규제함

(3) 업무범위의 확장

❶ 엄격히 제한되어 있던 금융투자업 간 겸업을 허용하고, 열거주의로 제한하던 부
수업무의 범위를 포괄주의로 전환함

　　→ 증권회사의 경우 선물업 및 집합투자업을 추가적으로 겸영 가능하게 됨

　　→ 투자권유대행인 제도를 도입하여 판매망을 확충함

❷ 금융투자업자는 고객의 이익을 저해시키는 이해상충이 발생하지 않도록 필요한
준법감시 및 내부통제 체계를 갖추도록 함

❸ 감독당국은 투자자의 피해를 최소화하기 위해 투자권유대행인의 자격 제한, 금
융투자업자의 배상책임 부여 등 안전장치를 마련함

(4) 원칙중심 투자자 보호 제도 도입

자본시장법은 투자자 보호를 위해 모든 금융투자업자에게 적용되는 공통 영업행위
규칙과 금융투자업자별 특성을 고려하여 세분화된 업자별 영업행위 규칙으로 구분하
여 규정하고 있다.

❶ 공통 영업행위 규칙

표 1-1 공통 영업행위 규칙

기본사항	투자권유	기타
• 신의성실의무(§37) • 상호제한(§38) • 명의대여 금지(§39) • 다른 금융업무 영위(§40) • 부수업무 영위(§41) • 업무위탁 범위(§42-43) • 이해상충 관리(§44-45)	• 투자권유 준칙(§50) • 투자권유대행인 등록(§51-52)	• 직무 관련 정보이용 금지(§54) • 손실보전 금지(§55) • 약관 보고 및 신고(§56) • 수수료 부과기준 공시(§58) • 자료의 기록·유지(§60) • 소유증권 예탁(§61) • 금융투자업 폐지 공고(§62) • 임직원 투자제한(§63)

❷ 업자별 영업행위 규칙

표 1-2 업자별 영업행위 규칙

투자매매업자·투자중개업자	집합투자업자	신탁업자
• 매매형태 명시(§66) • 자기계약 금지(§67) • 최선집행의무(§68) • 자기주식 취득제한(§69) • 임의매매 금지(§70) • 불건전 영업행위 금지(§71) • 신용공여 제한(§72) • 매매명세 통지(§73) • 예탁금·예탁증권 보관(§74-75)	• 선관충실의무(§79) • 자산운용 지시·실행(§80) • 자산운용 제한(§81) • 자기집합투자증권 취득제한(§82) • 금전차입 제한(§83) • 이해관계인 거래제한(§84) • 불건전 영업행위 금지(§85) • 성과보수 제한(§86) • 의결권 행사 원칙(§87) • 자산운용보고 공시(§88-91) • 환매연기·감사 부적정의견 통지(§92) • 파생상품 부동산 운용 특례(§93-94) • 청산(§95)	• 선관충실의무(§102) • 신탁재산의 제한(§103) • 신탁고유재산 구분(§104) • 신탁재산 운용 제한(§105) • 여유자금 운용(§106) • 불건전 영업행위 금지(§108) • 신탁계약 체결(§109) • 수익증권 발행·매수(§110-111) • 의결권 행사 원칙(§112) • 장부·서류 열람·공시(§113) • 신탁재산 회계처리(§114) • 회계감사인 손해배상책임(§115) • 합병·청산(§116-117)
투자자문업자·투자일임업자		
• 선관 충실의무(§96) • 서류교부의무(§97) • 불건전 영업행위 금지(§98) • 투자일임보고서 교부(§99) • 유사투자자문업 신고(§101)		

2 　제도적 의의 및 기대효과

(1) 자본시장의 유연성 및 효율성 제고

❶ 자본시장법이 포괄주의 규제체계를 채택함에 따라 이전보다 다양한 유형의 증권이 발행될 수 있게 됨

❷ 이에 따라 자본시장을 통한 기업의 자금조달 수단이 다양해지고 투자자의 투자선택의 폭도 넓어짐

❸ 또한 이전보다 다양한 파생상품의 출현이 가능해져 기업의 다양한 경영과정에서 발생할 수 있는 위험을 효율적으로 헤지할 수 있게 됨

❹ 종합적으로 살펴보면, 자본시장의 자율성 제고와 이로 인한 자본시장의 자금중개효율화를 가져올 것으로 기대됨

(2) 자본시장의 지속가능성 제고

❶ 원칙중심의 영업행위 규칙은 금융투자업자가 투자자를 공정하게 대우할 의무를 부과함

❷ 금융투자업자가 투자자를 공정하게 대우할수록 자본시장의 신뢰도는 높아지고 투자자의 적극적인 투자를 유도할 수 있음

❸ 이러한 투자자의 적극적인 참여는 자본시장을 통한 기업의 자금조달 참여를 확대시킴

❹ 이렇게 증권의 발행과 유통이 확장될수록 자본시장에 유통되는 자금도 커져 자본시장의 지속가능성이 커짐

(3) 종합적인 금융투자서비스 제공 가능

❶ 금융투자업 겸업이 자유롭게 허용됨에 따라 국내 금융투자회사도 금융선진국처럼 종합적인 금융투자서비스 제공이 가능해짐

❷ 예를 들면, 고객은 한 회사 내에서 투자매매업, 투자중개업, 집합투자업, 투자자문업, 투자일임업, 신탁업에 속하는 금융서비스를 모두 이용할 수 있음

❸ 이에 따라 금융투자회사는 여러 회사를 설립하지 않고도 다양한 금융투자서비스를 한번에 고객에게 제공할 수 있고, 투자자는 다양한 금융투자서비스를 여러 회

사를 거치지 않고도 한 금융투자회사를 통해서 한번에 이용할 수 있게 됨

❹ 결과적으로 금융투자회사는 영업비용을 절감할 수 있고, 투자자는 거래비용을 절약할 수 있음

❺ 이를 경제학적으로 범위의 경제(economies of scale)가 존재한다고 말함

❻ 또한 금융투자회사가 다양한 금융투자업을 영위할 수 있게 됨에 따라 이전보다 대형화가 용이해짐

(4) 금융투자업자의 규제차익 유인 최소화

❶ 기능별 규제체계는 업자별 규제격차를 이용해 규제를 회피하고자 하는 규제차익 행위를 최소화하는 데 효과적임

❷ 포괄주의 규제체계는 규제회피를 목적으로 새로운 금융투자상품이 출현하지 못하도록 사전적으로 방지하는 데 효과적임

section 02 감독기관 및 관계기관

1 감독기관

(1) 금융위원회(Financial Services Commission : FSC)

❶ 개요 : 금융위원회(이하 '금융위'라고 한다)는 「금융위원회의 설치 등에 관한 법률」(이하 '금융위설치법'이라 한다)에 따라 금융산업의 선진화와 금융시장의 안정을 도모하고, 건전한 신용질서와 공정한 금융거래 관행(慣行)을 확립하며, 금융소비자를 보호하기 위해 설치됨

ㄱ. 국무총리 소속 중앙행정기관으로 금융정책, 외국환업무 취급기관의 건전성 감독 및 금융감독에 관한 업무를 독립적으로 수행

ㄴ. 위원장은 국무총리의 제청으로 국회의 인사청문을 거쳐 대통령이 임명하며,

부위원장은 위원장의 제청으로 대통령이 임명

ㄷ. 위원장은 국무위원은 아니나 국무회의에 출석하여 발언 가능

❷ 조직

ㄱ. 금융위는 합의제 행정기관인 위원회와 위원회의 사무를 처리하기 위한 사무처로 조직

ㄴ. 위원회에는 금융위와 증권선물위원회가 있으며, 금융위는 9명, 증권선물위원회는 5명으로 구성

ㄷ. 금융위는 위원장, 부위원장, 상임위원 2인, 비상임위원 5인으로 구성

ㄹ. 금융위의 상임위원 2인은 위원장이 추천하는 금융전문가, 비상임위원 중 4인은 당연직으로 기획재정부 차관, 금융감독원 원장, 예금보험공사 사장 및 한국은행 부총재, 나머지 1인은 대한상공회의소 회장이 추천하는 경제계 대표

ㅁ. 증권선물위원회는 금융위 부위원장이 위원장을 겸임, 위원 4인 중 1인은 상임, 나머지 3인은 비상임

ㅂ. 증권선물위원회 위원은 금융, 증권, 파생상품 또는 회계 분야에 관한 경험이 있는 고위공무원, 15년 이상의 경력이 있는 법률학·경제학·경영학 또는 회계학 교수, 그 밖에 금융, 증권, 파생상품 또는 회계 분야에 관한 학식과 경험이 풍부한 자여야 함

❸ 운영

ㄱ. 금융위 회의는 3명 이상의 위원의 요구가 있거나 위원장이 소집하면 개최되며, 의안은 3명 이상의 찬성이 있거나 위원장 단독으로 제의될 수 있음

ㄴ. 의결은 재적위원 과반수의 출석과 출석위원 과반수의 찬성이 있어야 하며, 특수관계(자기, 배우자, 4촌 이내의 혈족, 2촌 이내의 인척 또는 자기가 속한 법인과 이해관계 등)가 있는 위원은 심의·의결에서 제척

ㄷ. 위원에게 공정한 심의·의결을 기대하기 어려운 사정이 있다는 기피신청이 제기될 경우 위원장의 직권으로 금융위 의결을 거치지 아니하고 기피여부를 결정할 수 있고, 위원 스스로도 특수관계에 있거나 기피사유에 해당하는 경우 그 사항의 심의·의결 회피 가능

ㄹ. 금융위는 의사록을 작성하고 이를 공개하여야 하며, 의결하는 경우에는 의결서를 작성하고 의결에 참여한 위원은 그 의결서에 이름을 쓰고 도장을 찍거나 서명하여야 함

ㅁ. 금융위는 심의에 필요하다고 인정할 때에는 금융감독원 부원장, 부원장보 및 그 밖의 관계 전문가 등으로부터 의견을 들을 수 있음

ㅂ. 위원장은 내우외환, 천재지변 또는 중대한 금융 경제상의 위기로 긴급조치가 필요한 경우로서 금융위를 소집할 시간적 여유가 없을 때에는 금융위의 권한 내에서 필요한 조치를 할 수 있으며 지체 없이 금융위의 회의를 소집하고 그 내용을 보고하여야 함

④ 소관사무

ㄱ. 금융에 관한 정책 및 제도에 관한 사항

ㄴ. 금융기관 감독 및 검사·제재에 관한 사항

ㄷ. 금융기관의 설립, 합병, 전환, 영업 양수·도 및 경영등의 인·허가에 관한 사항

ㄹ. 자본시장의 관리·감독 및 감시 등에 관한 사항

ㅁ. 금융 중심지의 조성·발전에 관한 사항

ㅂ. 금융 관련 법령 및 규정의 제·개정 및 폐지에 관한 사항

ㅅ. 금융 및 외국환업무 취급기관의 건전성 감독에 관한 양자·다자 간 협상 및 국제협력에 관한 사항

ㅇ. 외국환업무 취급기관의 건전성 감독에 관한 사항 등

⑤ 금융감독원에 대한 지도·감독

ㄱ. 금융위는 금융감독원의 업무·운영·관리에 대한 지도와 감독

ㄴ. 금융위는 금융감독원의 정관 변경, 예산 및 결산, 그 밖에 금융감독원을 지도·감독하기 위하여 필요한 사항을 심의·의결

(2) 증권선물위원회(Securities & Futures Commission : SFC)

❶ 개요 : 증권선물위원회(이하 '증선위'라고 한다)는 금융위설치법에 의해 자본시장 및 기업회계와 관련한 주요 업무를 수행하기 위하여 설치된 의결기구

❷ 소관업무

ㄱ. 자본시장의 불공정거래 조사

ㄴ. 기업회계의 기준 및 회계감리에 관한 업무

ㄷ. 금융위 소관사무 중 자본시장의 관리·감독 및 감시 등과 관련된 주요 사항에 대한 사전심의

ㄹ. 자본시장의 관리·감독 및 감시 등을 위하여 금융위로부터 위임받은 업무 등

❸ 금융감독원에 대한 지도·감독 : 소관의 업무에 관하여 금융감독원을 지도·감독

(3) 금융감독원(Financial Supervisory Service : FSS)

❶ 개요 : 금융감독원(이하 '금감원'이라 한다)은 금융위 및 증선위의 지도·감독을 받아 금융기관에 대한 검사·감독업무를 수행하기 위하여 설치

❷ 조직과 예산

ㄱ. 금감원은 원장 1명, 부원장 4명 이내, 부원장보 9명 이내와 감사 1명을 두며, 임직원은 원장이 임면

ㄴ. 원장은 금융위의 의결을 거쳐 금융위 위원장의 제청으로 대통령이, 부원장은 원장의 제청으로 금융위가, 부원장보는 원장이 각각 임명

ㄷ. 원장·부원장·부원장보 및 감사의 임기는 3년으로 하며, 한 차례만 연임할 수 있으며 그 임기는 임명된 날부터 기산

ㄹ. 금감원은 무자본 특수법인으로, 정부, 한국은행, 예금보험공사 등의 출연금, 금융회사가 지급하는 감독분담금, 기타수입으로 경비를 충당

❸ 소관업무

ㄱ. 금융기관의 업무 및 재산상황에 대한 검사

ㄴ. 검사결과에 관련한 제재

ㄷ. 금융위, 증선위, 사무처에 대한 업무지원

ㄹ. 금융민원 해소 및 금융분쟁 조정

❹ 검사대상

ㄱ. 「은행법」에 따른 인가를 받아 설립된 은행

ㄴ. 자본시장법에 따른 금융투자업자, 증권금융회사, 종합금융회사 및 명의개서 대행회사

ㄷ. 「보험업법」에 따른 보험회사

ㄹ. 「상호저축은행법」에 따른 상호저축은행과 그 중앙회

ㅁ. 「신용협동조합법」에 따른 신용협동조합 및 그 중앙회

ㅂ. 「여신전문금융업법」에 따른 여신전문금융회사 및 겸영여신업자

ㅅ. 「농업협동조합법」에 따른 농협은행

ㅇ. 「수산업협동조합법」에 따른 수산업협동조합중앙회의 신용사업부문

ㅈ. 다른 법령에서 금감원이 검사를 하도록 규정한 기관

ㅊ. 그 밖에 금융업 및 금융 관련 업무를 하는 자로서 대통령령으로 정하는 자

2 금융투자업 관계기관

(1) 한국거래소 시장감시위원회

❶ 개요 : 시장감시위원회는 유가증권·코스닥·파생상품·코넥스 시장에서의 시세 조종 등 불공정거래를 감시하기 위해 자본시장법에 의해 설립된 자율규제기관

❷ 업무

ㄱ. 불공정거래행위를 사전적으로 예방하기 위해 실시간으로 시장을 연계하여 감시하고 있으며, 이상거래종목 적출, 풍문 수집, 지분변동 신고 등 시장에 대한 상시감시체계를 구축

ㄴ. 사후적으로 이상거래가 발생한 경우에는 이를 정밀 심리하는 등 필요한 조치를 통해 피해확산 방지 및 투자자 보호

ㄷ. 금융투자회사의 회원 의무이행 및 업무 관련 규정의 준수상황을 감리하고, 투자과정에서 발생할 수 있는 회원사와 투자 자간 분쟁을 조정

(2) 한국금융투자협회

❶ 개요 : 한국금융투자협회(이하 '협회'라 한다)는 회원 상호 간의 업무질서 유지 및 공정한 거래질서 확립, 투자자 보호 및 금융투자업의 건전한 발전을 목적으로 설립

❷ 업무

ㄱ. 회원 간의 건전한 영업질서 유지 및 투자자 보호를 위한 자율규제업무

ㄴ. 회원의 영업행위와 관련된 분쟁의 자율조정업무

ㄷ. 투자권유자문인력, 조사분석인력, 투자운용인력 등 주요 직무 종사자의 등록 및 관리에 관한 업무

ㄹ. 증권시장에 상장되지 아니한 주권의 장외매매거래에 관한 업무

ㅁ. 금융투자업 관련 제도의 조사·연구에 관한 업무

ㅂ. 투자자 교육 및 이를 위한 재단의 설립·운영에 관한 업무

ㅅ. 금융투자업 관련 연수업무

❸ 회원

ㄱ. 금융위의 인가를 받거나 금융위에 등록한 투자매매업자, 투자중개업자, 집합투자업자, 투자자문업자, 투자일임업자, 신탁업자, 종합금융투자사업자, 겸영금융투자업자

ㄴ. 금융투자업과 관련된 업무를 영위하는 자(일반사무관리회사, 집합투자기구평가회사, 채권평가회사 등)

(3) 한국예탁결제원

❶ 개요 : 한국예탁결제원(이하 '예탁결제원'이라 한다)은 증권의 집중예탁과 계좌 간 대체, 매매거래에 따른 결제업무 및 유통의 원활을 위하여 설립

❷ 업무

ㄱ. 증권등의 집중예탁업무

ㄴ. 증권등의 계좌 간 대체업무

ㄷ. 증권시장에서의 증권의 매매거래에 따른 증권인도와 대금지급 및 결제이행·불이행 결과의 거래소에 대한 통지에 관한 업무

ㄹ. 증권시장 밖에서의 증권등의 매매거래에 따른 증권등의 인도와 대금의 지급에 관한 업무

ㅁ. 외국 예탁결제기관과의 계좌 설정을 통한 증권등의 예탁, 계좌 간 대체 및 매매거래에 따른 증권등의 인도와 대금의 지급에 관한 업무

ㅂ. 증권등의 보호예수업무등

❸ 예탁결제원이 증권시장의 매매거래에 따른 증권인도 및 대급지급을 수행

❹ 규정

ㄱ. 증권등 예탁 및 예탁증권등 관리를 위한 예탁업무규정

ㄴ. 증권등의 매매거래에 따른 결제업무 수행을 위한 결제업무규정

(4) 증권금융회사

❶ 개요 : 증권금융회사는 자기자본 500억 원 이상의 주식회사로 금융위 인가를 받아 설립할 수 있으며, 현재 한국증권금융(주)가 유일하게 인가받은 증권금융회사임

❷ 업무

ㄱ. 금융투자상품의 매도·매수, 증권의 발행·인수 또는 그 청약의 권유·청

약·청약의 승낙과 관련하여 투자매매업자 또는 투자중개업자에 대하여 필요한 자금 또는 증권을 대여하는 업무

ㄴ. 증권시장 및 파생상품시장에서의 매매거래에 필요한 자금 또는 증권을 거래소를 통하여 대여하는 업무

ㄷ. 증권을 담보로 하는 대출업무 등

(5) 금융투자상품거래청산회사

금융투자상품거래청산회사는 자본시장법에 따라 금융위로부터 청산업 인가업무 단위의 전부나 일부를 택하여 금융투자상품거래청산업 인가를 받은 회사이다.

금융투자상품거래청산업은 금융투자업자 및 청산대상업자를 상대방으로 하여 청산대상업자가 청산대상거래를 함에 따라 발생하는 채무를 채무인수, 경개(更改), 그 밖의 방법으로 부담하는 것을 영업으로 하는 것을 말한다.

청산대상업자는 금융투자업자, 국가, 한국은행, 겸영금융투자업자, 주요 금융기관 등의 전문투자자, 외국 정부, 조약에 따라 설립된 국제기구, 외국 중앙은행, 외국 금융투자업자, 그 밖에 금융투자상품 거래에 따른 결제위험 및 시장 상황 등을 고려하여 정하는 자이다.

청산대상거래는 장외파생상품의 거래, 증권의 장외거래 중 환매조건부매매·증권의 대차거래·채무증권의 거래(환매조건부매매 및 증권의 대차거래에 따른 거래는 제외), 수탁자인 투자중개업자와 위탁자인 금융투자업자 등 청산대상업자 간의 상장증권(채무증권은 제외)의 위탁매매거래를 말한다.

(6) 신용평가회사

자본시장법에서의 '신용평가업'이란 금융투자상품, 기업·집합투자기구, 그 밖에 대통령령으로 정하는 자에 대한 신용상태를 평가(신용평가)하여 그 결과에 대하여 기호, 숫자 등을 사용하여 표시한 등급(신용등급)을 부여하고 그 신용등급을 발행인, 인수인, 투자자, 그 밖의 이해관계자에게 제공하거나 열람하게 하는 행위를 영업으로 하는 것을 말한다.

금융법규 체계의 이해

1 금융법규 체계

(1) 우리나라 금융법규 체계는 국회에서 제개정되는 법, 대통령인 시행령, 국무총리령인 시행규칙, 금융위가 제개정하는 감독규정, 금감원이 제개정하고 금융위에 보고하는 시행세칙으로 이루어져 있다.

(2) 그 외에도 법원의 판례, 비조치의견서, 법규유권해석, 행정지도, 실무해석·의견, 모범규준, 업무해설서, 검사매뉴얼 등이 금융법규를 보완하고 있다.

(3) 우리나라 금융법규는 은행, 금융투자, 보험, 서민금융 등 금융권역별로 나누어져 있기 때문에, 동일한 금융서비스에 대해서도 금융권역별로 다르게 적용할 때가 있다.

(4) 금융위와 금감원이 소관하는 공통 금융법규 일부와 자본시장법 및 감독규정은 다음과 같다.

❶ 공통 금융법규 일부
ㄱ. 금융위의 설치 등에 관한 법률
ㄴ. 금융산업의 구조개선에 관한 법률
ㄷ. 금융실명거래 및 비밀보장에 관한 법률
ㄹ. 금융지주회사법
ㅁ. 기업구조조정촉진법
ㅂ. 기업구조조정투자회사법
ㅅ. 신용정보의 이용 및 보호에 관한 법률
ㅇ. 예금자보호법
ㅈ. 외국환거래법
ㅊ. 특정금융거래정보의 보고 및 이용 등에 관한 법률
ㅋ. 공공기관의 정보공개에 관한 법률 및 관련규정
ㅌ. 근로자퇴직급여보장법
ㅍ. 전자금융거래법

ㅎ. 금융회사의 지배구조에 관한 법률

ㄲ. 공공기관의 개인정보보호에 관한 법률

ㄸ. 공중 등 협박목적을 위한 자금조달행위의 금지에 관한 법률

ㄸ. 채권의 공정한 추심에 관한 법률

❷ 자본시장 관련 법률

ㄱ. 자본시장법

ㄴ. 증권 관련 집단소송법

ㄷ. 공사채등록법

ㄹ. 전자단기사채 등의 발행 및 유통에 관한 법률

ㅁ. 공인회계사법

ㅂ. 자산유동화에 관한 법률

ㅅ. 주식회사의 외부감사에 관한 법률

❸ 자본시장 및 금융투자업 관련 감독규정

ㄱ. 금융투자업규정

ㄴ. 증권의 발행 및 공시 등에 관한 규정

ㄷ. 자본시장조사 업무규정

ㄹ. 단기매매차익 반환 및 불공정거래 조사·신고 등에 관한 규정

ㅁ. 불공정거래 신고 및 포상 등에 관한 규정

ㅂ. 자산유동화업무감독규정

ㅅ. 외부감사 및 회계 등에 관한 규정

ㅇ. 회계 관련 부정행위 신고 및 포상 등에 관한 규정

2 법규 유권해석과 비조치의견서

(1) 개요

❶ 법규 유권해석 : 금융회사가 금융위가 소관하는 금융법규 등과 관련된 사안에 대해 법규적용 여부를 명확하게 확인하기 위하여 요청하는 경우 관련 금융법규를 유권으로 해석하는 것을 말함

❷ 비조치의견서 : 금융회사 등이 수행하려는 행위에 대해 금융감독원장이 법령 등에 근거하여 향후 제재 등의 조치를 취할지 여부를 회신하는 문서

<비조치의견서 적용 경우>

ㄱ. 당해 행위에 적용할 법령 등의 공백이 있는 경우

ㄴ. 법령 제·개정 당시에는 예상하지 못했던 상황이 발생하여 당해 행위에 적용할 수 있는지 불명확한 경우

ㄷ. 법령 등의 당초 취지에 비추어 당해 행위에 법령 등을 문리적인 해석에 따라 적용하는 것이 불합리한 경우

ㄹ. 금융당국이 공문 등을 통해 한 의사표명에 따른 행위가 법령 등에 따라 제재 조치를 받을 우려가 있는 경우

❸ 금융이용자도 법령해석·법제처 의견서를 신청할 수 있도록 자격을 부여받음

(2) 절차

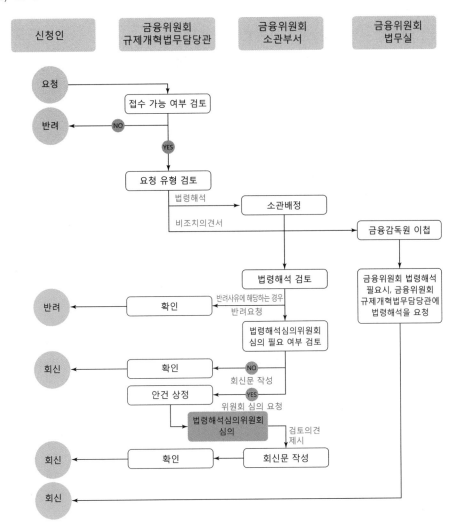

(3) 비조치의견서의 효력

❶ 금융감독원장은 해당 행위가 법령등에 위반되지 않는다는 비조치의견서를 회신하는 경우 해당 행위에 대해서는 사후에 회신내용의 취지에 부합하지 않는 법적 조치를 취하지 아니함

❷ 그러나 다음의 경우에는 이미 회신한 비조치의견서의 내용과 다른 법적 조치를 취할 수 있음

ㄱ. 신청인이 요청서에 기재한 내용 또는 제출한 자료의 내용이 사실과 다른 경우

ㄴ. 신청인이 중요한 자료를 제출하지 아니한 사실이 발견된 경우

ㄷ. 신청인이 요청서에 기재한 내용과 상이한 행위를 한 경우

ㄹ. 관련 법령등이 변경된 경우

ㅁ. 판단의 기초가 되는 사실관계의 변동, 그 밖의 사정변경으로 인하여 기존의 의견을 유지할 수 없는 특별한 사유가 있는 경우

❸ 비조치의견서를 회신할 때 사후에 비조치의견서의 회신내용과 다른 법적 조치를 취할 수 있음을 명시하여야 함

---

3   행정지도

(1) 개요

금융위 및 금감원이 금융 관련 법규 등에 의한 소관업무를 수행하기 위해 금융회사 등의 임의적 협력에 기초하여 지도·권고·지시·협조요청 등을 하는 것을 말한다.

(2) 행정지도의 원칙 및 방식

❶ 행정지도는 금융 관련 법규상 목적에 부합되는 필요한 최소한도에 그쳐야 하며 행정지도를 받은 금융회사 등의 의사에 반하여 부당하게 강요하거나 행정지도 불이행 사유로 해당 금융회사 등에게 불이익한 조치를 하지 아니함

❷ 행정지도시 취지, 내용, 행하는 자의 신분을 명시토록 하고 있으며, 행정지도는 문서가 원칙이나 구두로 하는 경우에도 동 사항을 서면으로 교부하여 줄 것을 요구할 수 있음

❸ 행정지도를 한 경우 그 내용을 원칙적으로 공개함

(3) 의견수렴 및 의견제출

❶ 행정지도 시 금융회사 등의 의견을 수렴하고 이를 최대한 반영하도록 노력하되, 긴급을 요하거나 중대한 영향을 미치지 않는 경우에는 생략할 수 있음

❷ 행정지도를 받은 금융회사등은 행정지도의 방식, 내용 등에 관하여 의견을 제출할 수 있음

4 그 외 기타

(1) 실무해석 · 의견

금융법규의 내용 및 업무 현안에 관한 질의에 대하여 금융위 및 금감원의 실무부서가 제시한 비공식적인 해석 또는 의견

(2) 모범규준

금융위, 금감원, 금융회사가 공동으로 상호 준수할 것으로 약속하는 모범이 되는 규준으로, 이를 준수하지 않을 경우 그 사유에 대하여 설명할 의무를 부담

(3) 해설서 · 매뉴얼

법규 · 제도 · 절차와 관련된 업무해설서와 금융회사의 재무상황에 대한 검사와 관련된 매뉴얼

chapter 02

금융투자상품 및 금융투자업

section 01   금융투자상품

section 01   금융투자상품

1   정의

자본시장법에서 '금융투자상품'이란 이익을 얻거나 손실을 회피할 목적으로 현재 또는 장래의 특정 시점에 금전, 그 밖의 재산적 가치가 있는 것(이하 '금전 등'이라 한다)을 지급하기로 약정함으로써 취득하는 권리로서, 그 권리를 취득하기 위하여 지급하였거나 지급하여야 할 금전 등의 총액(판매수수료 등 제외)이 그 권리로부터 회수하였거나 회수할 수 있는 금전 등의 총액(해지수수료 등 포함)을 초과하게 될 위험(이하 '투자성'이라 한다)이 있는 것을 말한다.

(1) 투자성 판단

투자성이란 원금손실 가능성을 의미하는 것으로, 엄밀하게 따지면 금융상품의 권리를 취득하기 위하여 지급하였거나 지급하여야 할 금전 등의 총액(투자금액)이 그 권리로부터 회수하였거나 회수할 수 있는 금전 등의 총액(회수금액)을 초과하게 될 위험을 의미

❶ 투자금액 산정 시 제외항목 : 투자자가 지급하는 판매수수료 및 보수, 보험계약에 따른 사업비, 위험보험료 등은 투자금액에 불포함
❷ 회수금액 산정 시 포함항목 : 투자자가 중도해지 등에 따라 지급하는 환매, 해지 수수료, 각종 세금, 발행인, 거래상대방이 채무불이행으로 지급하지 않은 미지급액 등은 회수금액에 포함

(2) 금융투자상품 불인정 대상

원화로 표시된 양도성예금증서(CD), 수탁자에게 신탁재산의 처분권한이 부여되지 아니한 관리형신탁의 수익권은 금융투자상품에서 제외

❶ 원화표시 CD : 유통과정에서 손실이 발생할 위험(투자성)이 존재하지만, 만기가 짧아 금리변동에 따른 가치 변동이 크지 않으며, 사실상 예금에 준하여 취급되기 때문임
❷ 관리형신탁의 수익권 : 자산의 신탁 시점과 해지 시점의 가격 변동에 따른 투자성을 갖게 되나, 실질적으로는 신탁업자가 처분권한을 갖지 않는 점을 고려함
  ㄱ. 위탁자(신탁계약에 따라 처분권한을 가지고 있는 수익자 포함)의 지시에 따라서만 신탁재산의 처분이 이루어지는 신탁
  ㄴ. 신탁계약에 따라 신탁재산에 대하여 보존행위 또는 그 신탁재산의 성질을 변경하지 아니하는 범위에서 이용·개량 행위만을 하는 신탁
❸ 주식매수선택권(스톡옵션) : 주식매수선택권은 임직원의 성과에 대한 보상으로 자기회사 주식을 매수할 수 있는 선택권을 부여하는 것으로 그 취득 시 금전 등의 지급이 없고 유통 가능성도 없다는 점을 고려

2 분류

(1) 증권과 파생상품의 구분

금융투자상품은 추가 지급의무 부과여부에 따라 증권과 파생상품으로 구분됨

➊ 증권 : 취득과 동시에 어떤 명목으로든 추가적인 지급의무를 부담하지 아니하는 금융투자상품
➋ 파생상품 : 취득 이후에 추가적인 지급의무를 부담할 수 있는 금융투자상품
　－파생상품은 정형화된 시장에서 거래되는지 여부에 따라 장내파생상품과 장외 파생상품으로 또다시 구분
➌ 예외 적용 : 워런트와 같이 기초자산에 대한 매매를 성립시킬 수 있는 권리를 포함한 금융투자상품의 경우 추가 지급의무가 있더라도 증권으로 구분

(2) 금융투자상품 구분 방법

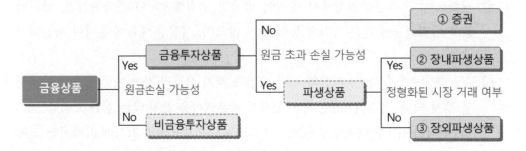

3 증권

(1) 종류

투자자가 취득과 동시에 지급한 금전 등 외에 어떠한 명목으로든지 추가로 지급의무 (투자자가 기존자산에 대한 매매를 성립시킬 수 있는 권리를 행사함으로써 부담하게 되는 지급의무 제외)를 부담하지 아니하는 내국인 또는 외국인이 발행한 금융투자상품으로 그 특성에 따라 채무증권, 지분증권, 수익증권, 투자계약증권, 파생결합증권, 증권예탁증권으로 분류

(2) 채무증권

❶ 정의 : 발행인에 의하여 원금이 보장되나 유통과정에서 원금손실이 발생할 수 있는 증권임

ㄱ. 국채증권, 지방채증권, 특수채증권, 사채권, 기업어음증권, 그 밖에 이와 유사한 것으로 지급청구권이 표시된 것이 채무증권에 포함

ㄴ. 사적인 금전채권도 지급청구권이 표시되어 있으나 유통성이 없으므로 채무증권으로 인정하지 않음

❷ 종류

ㄱ. 국채 : 「공공자금관리기금법」 제2조에 따른 공공자금관리기금의 부담으로 기획재정부장관이 발행하는 채무증권

ㄴ. 지방채 : 「지방재정법」에 따라 지방자치단체의 장이 공유재산의 조성 등 소관 재정투자사업과 그에 직접적으로 수반되는 경비의 충당, 재해예방 및 복구사업, 천재지변으로 발생한 예측할 수 없었던 세입결함의 보전, 지방채의 차환 등을 위한 자금을 조달하기 위해 발행하는 채무증권

ㄷ. 특수채 : 법률에 의해 설립된 법인(산업은행, 기업은행 등)이 직접 발행하는 채권

ㄹ. 사채권 : 「상법」 제469조 제2항 제3호에 따른 사채의 경우에는 자본시장법 제4조 제7항 제1호에 해당하는 '이자연계 파생결합채권'(발행과 동시에 투자자가 지급한 금전 등에 대한 이자, 그 밖의 과실에 대하여만 해당 기초자산의 가격, 이자율, 지표, 단위 또는 이를 기초로 하는 지수 등의 변동과 연계된 증권)만 인정

ㅁ. 기업어음 : 기업이 자금조달을 위해 발행한 약속어음

(3) 지분증권

❶ 정의 : 법률에 의하여 직접 설립된 법인이 발행한 출자증권, 상법상 합자회사 · 유한책임회사 · 유한회사 · 합자조합 · 익명조합의 출자지분, 그 밖에 이와 유사한 것으로서 출자지분 또는 출자지분을 취득할 권리가 표시된 증권

❷ 특성

ㄱ. 주권 등 지분증권은 발행인이 원본을 보장하지 않고, 출자 회수 시에 투자원본의 손실이 발생할 수 있으므로 증권에 해당

ㄴ. 신주인수권이 표시된 증권 또는 증서의 경우 실질적으로는 출자지분이 표시된 것으로 볼 수 없으나, 주권에 대한 인수권을 표시하는 것이므로 지분증권

으로 분류

ㄷ. 합명회사의 지분, 합자회사의 무한책임사원 지분 등도 손실발생 가능성이 있으므로 금융투자상품에 해당된다고 볼 수 있으나, 무한책임사원 지분의 특성에 비추어 볼 때 이를 금융투자상품에 포함시키는 것은 타당하지 않으므로 지분증권의 범위에서 제외

(4) 수익증권

금전신탁의 수익증권, 투자신탁의 수익증권, 그 밖에 이와 유사한 것으로서 신탁의 수익권이 표시된 것으로, 「주택저당증권유동화회사법」이나 「한국주택금융공사법」에 의한 주택저당증권, 「자산유동화법」상 유동화전문회사가 발행하는 수익증권 등이 해당

(5) 투자계약증권

특정 투자자가 그 투자자와 타인(다른 투자자 포함) 간의 공동사업에 금전 등을 투자하고 주로 타인이 수행한 공동사업의 결과에 따른 손익을 귀속받는 계약상의 권리가 표시된 증권. 증선위는 2022. 4. 20. ㈜뮤직카우가 발행한 음악 저작권료 참여청구권이 자본시장법 상 투자계약증권에 해당한다고 판단하였으며, 이는 투자계약증권을 최초로 인정한 사례.

(6) 파생결합증권

기초자산의 가격 · 이자율 · 지표 · 단위 또는 이를 기초로 하는 지수등의 변동과 연계하여 미리 정하여진 방법에 따라 지급금액 또는 회수금액이 결정되는 권리가 표시된 증권

주가연계증권(ELS), 주가연계워런트(ELW), 파생연계증권(DLS), 신용연계증권(CLN), 재해연계증권(CAT Bond) 등이 파생결합증권에 해당

❶ 파생결합증권의 기초자산 종류

ㄱ. 금융투자상품

ㄴ. 통화(외국의 통화 포함)

ㄷ. 일반상품(농산물 · 축산물 · 수산물 · 임산물 · 광산물 · 에너지에 속하는 물품 및 이를 원료로 하여 제조 · 가공한 물품, 그 밖에 이와 유사한 것)

ㄹ. 신용위험(당사자 또는 제3자의 신용등급의 변동, 파산 또는 채무재조정 등으로 인한 신용의 변동)

ㅁ. 그 밖에 자연적·환경적·경제적 현상 등에 속하는 위험으로서 합리적이고 적정한 방법에 의하여 가격·이자율·지표·단위의 산출이나 평가가 가능한 것

❷ 파생결합증권 제외대상

ㄱ. 발행과 동시에 투자자가 지급한 금전 등에 대한 이자, 그 밖의 과실에 대하여만 해당 기초자산의 가격·이자율·지표 또는 이를 기초로 하는 지수 등의 변동과 연계된 증권(이자연계 파생결합채권)

ㄴ. 옵션 파생상품의 권리(제5조 제1항 각 호 외의 부분 단서에서 정하는 금융투자상품은 제외)

ㄷ. 사채 발행 당시 객관적이고 합리적인 기준에 따라 미리 정하는 사유가 발생하는 경우 주식으로 전환되거나 그 사채의 상환과 이자지급 의무가 감면된다는 조건이 붙은 것으로서 제165조의11 제1항(신종사채의 발행)에 따라 주권상장법인이 발행하는 사채

ㄹ. 「은행법」 제33조 제1항 제2호(상각형 조건부자본증권), 제3호(은행주식 전환형 조건부지불증권), 제4호(은행지주회사주식 전환형 조건부자본증권)

ㅁ. 「금융지주회사법」 제15조의2 제1항 제2호(상각형 조건부자본증권), 제3호(전환형 조건부자본증권)

ㅂ. 「보험업법」 제114조의2 제1항 제1호(상각형 조건부자본증권), 제2호(보험회사주식 전환형 조건부자본증권), 제3호(금융지주회사주식 전환형 조건부자본증권)

ㅅ. 「상법」 제469조 제2항 제2호(교환사채 또는 상환사채), 제513조(전환사채) 및 제516조의2(신주인수권부사채)에 따른 사채

ㅇ. 그 밖에 ㄱ부터 ㅅ까지와 유사한 것으로서 대통령령으로 정하는 금융투자상품

(7) 증권예탁증권

채무증권·지분증권·수익증권·투자계약증권·파생결합증권을 예탁받은 자가 그 증권이 발행된 국가 외의 국가에서 발행한 것으로서 그 예탁받은 증권에 관련된 권리가 표시된 증권으로 국내 증권예탁증권(KDR), 외국 증권예탁증권(GDR, ADR 등)이 해당

4	파생상품

(1) 정의

파생상품은 증권과는 달리 금전 등의 지급 시기가 장래의 일정 시점이고, 투자원금 이상의 손실이 발생할 수 있는 계약상의 권리를 말한다.

(2) 분류

❶ 파생상품시장 거래 여부 : 정형화된 파생상품시장에서의 거래 여부에 따라 장내 파생상품과 장외파생상품으로 구분

ㄱ. 장내파생상품 : 한국거래소(KRX)의 파생상품시장 또는 해외 정형화된 파생상품거래소에서 거래되는 파생상품

ㄴ. 장외파생상품 : 장내파생상품이 아닌 파생상품

❷ 거래구조에 따른 분류

ㄱ. 선도 : 기초자산이나 기초자산의 가격 · 이자율 · 지표 · 단위 또는 이를 기초로 하는 지수 등에 의하여 산출된 금전 등을 장래의 특정 시점에 인도할 것을 약정하는 계약

ㄴ. 옵션 : 당사자의 어느 한쪽의 의사표시에 의하여 기초자산이나 기초자산의 가격 · 이자율 · 지표 · 단위 또는 이를 기초로 하는 지수 등에 의하여 산출된 금전 등을 수수하는 거래를 성립시킬 수 있는 권리를 부여하는 계약

ㄷ. 스왑 : 장래의 일정기간 동안 미리 정한 가격으로 기초자산이나 기초자산의 가격 · 이자율 · 지표 · 단위 또는 이를 기초로 하는 지수 등에 의하여 산출된 금전 등을 교환할 것을 약정하는 계약

❸ 파생상품의 범위에서 제외 : 해당 금융투자상품의 유통 가능성, 계약당사자, 발행 사유 등을 고려하여 증권으로 규제하는 것이 타당한 것으로서 아래의 어느 하나에 해당하는 금융투자상품은 파생상품의 범위에서 제외

ㄱ. 증권 및 장외파생상품에 대한 투자매매업의 인가를 받은 금융투자업자가 발행하는 증권 또는 증서로서 기초자산(증권시장이나 해외 증권시장에서 매매되는 증권, 금융투자상품, 통화(외국통화 포함), 일반상품, 신용위험 등)의 가격 · 이자율 · 지표 · 단위 또는 이를 기초로 하는 지수 등의 변동과 연계하여 미리 정하여진 방법에

따라 그 기초자산의 매매나 금전을 수수하는 거래를 성립시킬 수 있는 권리가 표시된 증권 또는 증서

ㄴ. 상법 제420조의2에 따른 신주인수권증서 및 같은 법 제516조의5에 따른 신주인수권증권

금융투자업은 그 경제적 실질에 따라 투자매매업, 투자중개업, 집합투자업, 투자자문업, 투자일임업 및 신탁업으로 분류

1 투자매매업

❶ 정의 : 누구의 명의로 하든지 자기의 계산으로 금융투자상품의 매매, 증권의 발행·인수 또는 그 청약의 권유, 청약, 청약의 승낙을 영업으로 하는 것
❷ 적용 배제
ㄱ. 투자신탁 수익증권, 투자성 있는 예금·보험 및 특정 파생결합증권을 발행하는 경우를 제외하고 자기가 증권을 발행하는 경우
ㄴ. 투자매매업자를 상대방으로 하거나 투자중개업자를 통하여 금융투자상품을 매매하는 경우
ㄷ. 국가·지방자치단체가 공익을 위하여 관련 법령에 따라 금융투자상품을 매매하는 경우
ㄹ. 한국은행이 공개시장조작을 하는 경우
ㅁ. 특정 전문투자자 간에 환매조건부 매매를 하는 경우
ㅂ. 외국 투자매매업자가 일정 요건을 갖추고 국외에서 파생결합증권을 발행하는 경우
ㅅ. 외국 투자매매업자가 국외에서 투자매매업자 또는 투자중개업자를 상대로

투자매매업을 하거나 국내 거주자(투자매매업자는 제외)를 상대로 투자권유 또는 투자광고를 하지 아니하고 국내 거주자의 매매주문을 받아 그 자를 상대 방으로 투자매매업 또는 투자중개업을 하는 행위

2 투자중개업

❶ 정의 : 누구의 명의로 하든지 타인의 계산으로 금융투자상품의 매매, 그 중개나 청약의 권유, 청약, 청약의 승낙 또는 증권의 발행·인수에 대한 청약의 권유, 청 약, 청약의 승낙을 영업으로 하는 것
❷ 적용 배제
ㄱ. 투자권유대행인이 투자권유를 대행하는 경우
ㄴ. 거래소가 증권시장 및 파생상품시장을 개설·운영하는 경우
ㄷ. 협회가 장외 주식중개시장(K-OTC)을 개설·운영하는 경우
ㄹ. 외국 투자중개업자가 국외에서 투자매매업자 또는 투자중개업자를 상대로 투자중개업을 하거나 국내 거주자(투자매매업자 또는 투자중개업자는 제외)를 상대 로 투자권유 또는 투자광고를 하지 아니하고 국내 거주자의 매매주문을 받아 그 자를 상대방으로 투자중개업을 하는 행위

3 집합투자업

❶ 정의 : ① 2인 이상의 투자자(과거에는 '2인 이상에게 투자권유를 하여'라고 정하고 있었으나 '2인 이상의 투자자로부터 모은'으로 개정되어 수익자가 1인인 사모단독펀드 설정을 제한)로부터 모은 금전 등 또는 국가재정법에 따른 기금관리주체 등으로부터 위탁받은 금전 등을, ② 투자자 또는 기금관리주체 등으로부터 일상적인 운용지시를 받지 아니 하고, ③ 재산적 가치가 있는 투자대상 자산을 취득·처분, 그 밖의 방법으로 운 용하고, ④ 그 결과를 투자자 또는 기금관리주체 등에게 배분하여 귀속시키는 것
❷ 적용 배제 : ① 다른 법률에 의한 펀드 중 사모펀드, ② 투자자예탁금을 예치· 신탁, ③ 종합금융투자사업자의 종합투자계좌업무, ④ 종합재산신탁 등의 효율 적 운용을 위하여 예외적으로 신탁재산 중 금전을 공동으로 운용, ⑤ 투자목적회

사, ⑥ 종합금융회사 어음관리계좌(CMA), ⑦ 법인세법에 따른 프로젝트 파이낸싱 법인, ⑧ 지주회사, ⑨ 가맹사업(franchise), ⑩ 다단계판매사업, ⑪ 사업 영위자가 통상의 인적·물적 시설을 갖추고 투자자로부터 모은 금전 등으로 사업을 하여 그 결과를 배분(특정 사업결과를 배분하는 경우 제외), ⑫ 비영리목적의 계, ⑬ 종중 등의 비영리 사업, ⑭ 비영리법인 등의 정관 범위 내에서의 사업, ⑮ 투자자 전원의 합의에 따라 운용·배분, 기업인수목적회사가 일정한 요건을 갖추어 그 사업목적에 속하는 행위를 하는 경우, ⑯ 그 밖에 전문적 운용자의 존재 여부, 투자자의 투자동기, 운용결과의 예정 배분 시기, 투자자 재산의 분리 필요성 등을 고려하여 금융위가 인정하는 경우

4 　투자자문업

● 정의 : 금융투자상품, 그 밖에 대통령령으로 정하는 투자대상 자산(이하 '금융투자상품등'이라 한다)의 가치 또는 금융투자상품에 대한 투자판단(종류, 종목, 취득·처분, 취득·처분의 방법·수량·가격 및 시기 등에 대한 판단)에 관하여 자문에 응하는 것을 영업으로 하는 것

② 적용 배제

　ㄱ. 불특정 다수인을 대상으로 발행·송신되고, 불특정 다수인이 수시로 구입·수신할 수 있는 간행물·출판물·통신물·방송 등을 통하여 조언을 하는 경우(유사투자자문업)

　ㄴ. 역외영업 특례 적용에 해당하는 역외 투자자문업

　ㄷ. 따로 대가 없이 다른 영업에 부수하여 금융투자상품의 가치나 금융투자상품에 대한 투자판단에 관한 자문에 응하는 경우

　ㄹ. 집합투자기구평가회사, 채권평가회사, 공인회계사, 감정인, 신용평가업자, 변호사, 변리사, 세무사, 그 밖에 해당 법령에 따라 자문용역을 제공하고 있는 자가 해당 업무와 관련된 분석정보 등을 제공하는 경우

　ㅁ. 외국 투자자문업자가 국외에서 국가, 한국은행, 한국투자공사, 법률에 따라 설립된 기금 및 그 기금을 관리·운용하는 법인을 상대로 투자권유 또는 투자광고를 하지 아니하고 그 자를 상대방으로 투자자문업을 하는 경우

❶ 정의 : 투자자로부터 금융투자상품등에 대한 투자판단의 전부 또는 일부를 일임받아 투자자별로 구분하여 그 투자자의 재산상태나 투자목적 등을 고려하여 금융투자상품등을 취득 · 처분, 그 밖의 방법으로 운용하는 것을 영업으로 하는 것

❷ 적용 배제

ㄱ. 투자중개업자가 투자자의 매매주문을 받아 이를 처리하는 과정에서 투자판단의 전부 또는 일부를 위임받을 필요가 있는 다음의 경우

　　a. 투자자가 금융투자상품의 매매거래일(하루에 한정)과 그 매매거래분의 총매매 수량이나 총매매 지정금액을 지정한 경우로서 투자자로부터 그 지정범위에서 금융투자상품의 수량 · 가격 및 시기에 대한 투자판단의 일임을 받는 경우

　　b. 투자자가 여행 · 질병등으로 일시적으로 부재하는 중에 금융투자상품의 가격폭락 등 불가피한 사유가 있는 경우로서 투자자로부터 약관 등에 따라 미리 금융투자상품의 매도권한을 일임받은 경우 등(자본시장법 시행령 제7조 제3항 제2호)

　　c. 투자자가 금융투자상품의 매매, 그 밖의 거래에 따른 결제나 증거금의 추가 예탁 또는 법 제72조에 따른 신용공여와 관련한 담보비율 유지의무나 상환의무를 이행하지 아니한 경우로서 투자자로부터 약관 등에 따라 금융투자상품의 매도권한(파생상품인 경우에는 이미 매도한 파생상품의 매수권한을 포함)을 일임받은 경우

　　d. 투자자가 투자중개업자가 개설한 계좌에 금전을 입금하거나 해당 계좌에서 금전을 출금하는 경우에는 따로 의사표시가 없어도 자동으로 법 제229조 제5호에 따른 단기금융집합투자기구의 집합투자증권등을 매수 또는 매도하거나 환매를 조건으로 증권을 매수 또는 매도하기로 하는 약정을 미리 해당 투자중개업자와 체결한 경우로서 투자자로부터 그 약정에 따라 해당 집합투자증권 등을 매수 또는 매도하는 권한을 일임받거나 환매를 조건으로 증권을 매수 또는 매도하는 권한을 일임받은 경우

ㄴ. 외국 투자일임업자가 국외에서 국가, 한국은행, 한국투자공사, 법률에 따라

설립된 기금 및 그 기금을 관리·운용하는 법인을 상대로 투자권유 또는 투자광고를 하지 아니하고 그 자를 상대방으로 투자일임업을 하는 경우

6   신탁업

❶ 정의 : 신탁 설정자(위탁자)와 신탁을 인수하는 자(수탁자)의 특별한 신임관계에 기하여 위탁자가 특정의 재산권을 수탁자에게 이전하거나 기타의 처분을 하고 수탁자로 하여금 일정한 자(수익자)의 이익을 위하여 또는 특정의 목적을 위하여 그 재산권을 관리, 처분하게 하는 신탁을 영업으로 하는 것
❷ 적용 배제 : 「담보부사채신탁법」에 따른 담보부사채에 관한 신탁업, 「저작권법」에 따른 저작권신탁관리업

7   전담중개업무(프라임 브로커)

❶ 정의 : 전담중개업무란 일반 사모집합투자기구 등에 대하여 다음 각 호의 어느 하나에 해당하는 업무를 효율적인 신용공여와 담보관리 등을 위하여 일정 방법에 따라 연계하여 제공하는 업무를 말하며, 종합금융투자사업자가 아니면 전담중개업무를 영위할 수 없음(법 제77조의3 제1항).
   ㄱ. 증권의 대여 또는 그 중개·주선이나 대리업무
   ㄴ. 금전의 융자, 그 밖의 신용공여
   ㄷ. 일반 사모집합투자기구 등의 재산의 보관 및 관리
   ㄹ. 그 밖에 일반 사모집합투자기구 등의 효율적인 업무 수행을 지원하기 위하여 필요한 업무로서 대통령령으로 정하는 업무
❷ 종합금융투자사업자는 일반 사모집합투자기구 등에 대하여 전담중개업무를 제공하는 경우에는 미리 해당 일반 사모집합투자기구 등과 다음 각 호의 사항을 포함하는 내용에 관한 계약을 체결하여야 함
   ㄱ. 전담중개업무와 관련된 종합금융투자사업자와 일반 사모집합투자기구 등의 역할 및 책임에 관한 사항
   ㄴ. 종합금융투자사업자가 일반 사모집합투자기구 등의 재산을 제3자에 대한 담

보, 대여, 그 밖에 대통령령으로 정하는 방법으로 이용하는 경우 그 이용에 관한 사항

ㄷ. 종합금융투자사업자가 ㄴ.에 따라 이용한 일반 사모집합투자기구 등의 재산현황 등에 관한 정보를 일반 사모집합투자기구 등에게 제공하는 절차 및 방법

ㄹ. 그 밖에 대통령령으로 정하는 사항

❸ 종합금융투자사업자는 이 법 또는 다른 금융 관련 법령에도 불구하고 다음 각 호의 업무를 영위할 수 있음

ㄱ. 기업에 대한 신용공여 업무

ㄴ. 그 밖에 해당 종합금융투자사업자의 건전성, 해당 업무의 효율적 수행에 이바지할 가능성 등을 고려하여 종합금융투자사업자에만 허용하는 것이 적합한 업무로서 대통령령으로 정하는 것

8　온라인소액투자중개업

❶ 정의 : 온라인소액투자중개업자란 온라인상에서 누구의 명의로 하든지 타인의 계산으로 채무증권, 지분증권, 투자계약증권의 모집 또는 사모에 관한 중개(이하 '온라인소액투자중개'라 한다)를 영업으로 하는 투자중개업자를 말하며, 증권형 크라우드펀딩업자로 불리기도 함

❷ 인가 : 온라인소액투자중개업자가 금융위에 등록한 경우 자본시장법 제12조(금융투자업의 인가)에 따른 인가를 받은 것으로 보며, 주요 등록요건은 다음과 같음

ㄱ. 「상법」에 따른 주식회사 또는 지점 또는 영업소를 설치한 외국 온라인소액투자중개업자

ㄴ. 5억 원 이상의 자기자본을 갖출 것

ㄷ. 사업계획이 타당하고 건전할 것

ㄹ. 투자자의 보호가 가능하고 그 영위하고자 하는 업을 수행하기에 충분한 인력과 전산설비, 그 밖의 물적 설비를 갖출 것

❸ 영업행위 규제

ㄱ. 온라인소액투자중개업자는 자신이 온라인소액투자중개를 하는 증권을 자기의 계산으로 취득하거나, 증권의 발행 또는 그 청약을 주선 또는 대리하는 행위 금지

ㄴ. 온라인소액투자중개업자는 온라인소액투자중개를 통하여 증권을 발행하는 자의 신용 또는 투자 여부에 대한 투자자의 판단에 영향을 미칠 수 있는 자문이나 온라인소액증권발행인의 경영에 관한 자문에 응할 수 없음

ㄷ. 온라인소액투자중개업자는 투자자가 청약의 내용, 투자에 따르는 위험, 증권의 매도 제한, 증권의 발행조건과 온라인소액증권발행인의 재무상태가 기재된 서류 및 사업계획서의 내용을 충분히 확인하였는지의 여부를 투자자의 서명 등 대통령령으로 정하는 방법으로 확인하기 전에는 그 청약의 의사 표시를 받아서는 안 됨

ㄹ. 온라인소액투자중개업자는 온라인소액증권발행인의 요청에 따라 투자자의 자격 등을 합리적이고 명확한 기준에 따라 제한할 수 있음

ㅁ. 온라인소액투자중개업자는 투자자가 청약의 의사를 표시하지 아니한 상태에서 투자자의 재산으로 증권의 청약을 하여서는 안 됨

ㅂ. 온라인소액투자중개업자는 온라인소액증권발행인에 관한 정보의 제공, 청약주문의 처리 등의 업무를 수행할 때 특정한 온라인소액증권발행인 또는 투자자를 부당하게 우대하거나 차별하여서는 안 됨

ㅅ. 온라인소액투자중개업자는 증권의 청약기간이 만료된 경우에는 증권의 청약 및 발행에 관한 내역을 지체 없이 투자자에게 통지해야 함

ㅇ. 온라인소액투자중개업자는 다음 각 호의 행위를 제외하고는 증권의 청약을 권유하는 일체의 행위 금지

    a. 투자광고를 자신의 인터넷 홈페이지에 게시하거나 투자광고가 게시된 인터넷 홈페이지 주소 등을 제공하는 행위

    b. 온라인소액증권발행인이 게재하는 내용을 자신의 인터넷 홈페이지에 게시하는 행위

    c. 자신의 인터넷 홈페이지를 통하여 자신이 중개하는 증권 또는 그 온라인소액증권발행인에 대한 투자자들의 의견이 교환될 수 있도록 관리하는 행위

    d. 사모의 방식으로 증권의 청약을 권유하는 경우 온라인소액증권발행인이 게재하는 내용을 특정 투자자에게 전송하는 행위

❹ 투자광고의 특례 : 온라인소액투자중개업자 또는 온라인소액증권발행인은 온라인소액투자중개업자가 개설한 인터넷 홈페이지 이외의 수단을 통해서 투자광고를 하는 행위를 금지

❺ 투자한도

　ㄱ. 소득 등 대통령령으로 정하는 요건을 갖춘 자

　　a. 최근 1년간 동일 온라인소액증권발행인에 대한 누적투자금액 : 1천만 원 이하

　　b. 최근 1년간 누적투자금액 : 2천만 원 이하

　ㄴ. 위 ㄱ호 요건을 갖추지 못한 자

　　a. 최근 1년간 동일 온라인소액증권발행인에 대한 누적투자금액 : 500만 원 이하

　　b. 최근 1년간 누적투자금액 : 1천만 원 이하

---

section 03 　투자자

금융상품에 관한 전문성 및 소유자산 규모 등에 비추어 투자에 따른 위험 감수능력이 있는지 여부를 기준으로 전문투자자와 일반투자자로 구분

1 　전문투자자

전문투자자는 금융투자상품에 관한 전문성 및 소유자산 규모 등에 비추어 투자에 따른 위험감수 능력이 있는 투자자를 말하며 개념상 절대적 전문투자자와 상대적 전문투자자로 구분

(1) 절대적 전문투자자 : 국가, 한국은행, 금융기관(은행, 보험, 금융투자업자, 증권금융, 종합금융, 자금중개, 금융지주, 여신전문금융, 상호저축은행 및 동 중앙회, 산림조합중앙회, 새마을금고연합회, 신협중앙회 및 이에 준하는 외국 금융기관), 기타 기관(예금보험공사, 한국자산관리공사, 한국주택금융공사, 한국투자공사, 협회, 예탁결제원, 한국거래소, 금감원, 집합투자기구, 신용보증기금, 기술신용보증기금 및 이에 준하는 외국인), 외국정부・외국중앙은행・국제기구 등

(2) 상대적 전문투자자 : 일반투자자 대우를 받겠다는 의사를 금융투자업자에게 서면으로 통지한 경우 일반투자자로 간주

❶ 주권상장법인, 지방자치단체, 기타 기관(기금 관리·운용법인, 공제사업 영위법인, 지방자치단체, 해외주권상장 국내법인 및 이에 준하는 외국인) 및 자발적 전문투자자(이에 준하는 외국인) 등이 상대적 전문투자자에 해당

❷ 주권상장법인 등이 장외파생상품 거래를 하는 경우에는 별도 의사를 표시하지 아니하면 일반투자자 대우로, 전문투자자 대우를 받기 위해서는 그 내용을 서면으로 금융투자업자에게 통지하여야 함

❸ 상대적 전문투자자는 일반투자자로 대우받기를 원할 경우 또는 장외파생상품 거래를 위해 전문투자자로 대우받기를 원할 경우 그 내용을 서면으로 금융투자업자에게 통지하여야 함

❹ 금융투자업자는 정당한 사유 없이 상대적 전문투자자에 해당하는 주권상장법인 및 기타 기관 등의 서면 요청을 거부할 수 없음

(3) 자발적 전문투자자 : 일정 요건을 갖춘 법인 및 개인이 전문투자자로 대우받고자 할 경우 금융위에 신고하여야 하며, 금융위 확인 후 2년간 전문투자자 대우를 받을 수 있다.

❶ 지정신청일 전일 기준 금융투자상품 잔고가 100억 원 이상(외부감사 대상법인의 경우 50억 원 이상)인 법인 또는 단체

❷ 다음의 투자경험 요건과 그 외 요건을 충족(ㄱ+ㄴ 또는 ㄱ+ㄷ 또는 ㄱ+ㄹ)하는 개인(영 제10조 제3항 제17호)

ㄱ. (투자경험) 최근 5년 중 1년 이상의 기간 동안 금융위가 정하여 고시하는 금융투자상품[1]을 월말 평균잔고 기준으로 5천만 원 이상 보유한 경험이 있을 것

ㄴ. (소득기준) 본인의 직전년도 소득액이 1억 원 이상이거나 본인과 그 배우자의 직전년도 소득액의 합계금액이 1억5천만 원 이상일 것

ㄷ. (자산기준) 총자산에서 거주 부동산·임차보증금 및 총부채(거주주택을 담보로

---

1 ① 법 제4조 제3항에 따른 사채권(A등급 이하) 및 기업어음증권(A2등급 이하)
② 법 제4조 제4항에 따른 지분증권
③ 법 제4조 제7항에 따른 파생결합증권
④ 법 제9조 제21항에 따른 집합투자증권(단, 법 제9조 제19항에 따른 사모집합투자기구의 집합투자증권 및 제229조 제1호의 증권집합투자기구의 집합투자증권에 한함)

받은 부채는 제외) 금액을 차감한 금액이 5억 원 이상

　　ㄹ. (전문성) 해당 분야에서 1년 이상 종사한 ① 회계사·감평사·변호사·변리사·세무사, ② 투자운용인력, 재무위험관리사 등 시험 합격자, ③ 금융투자업 주요 직무 종사자(1년 이상 등록이력이 있는 투자자산운용사, 금융투자분석사)

❸ 이에 준하는 외국인

2	일반투자자

금융투자상품에 관한 전문성 및 소유자산 규모 등에 비추어 투자에 따른 위험 감수 능력이 없는 투자자를 말하며, 절대적 일반투자자와 상대적 일반투자자로 구분

❶ 절대적 일반투자자 : 전문투자자(절대적 또는 상대적)가 아닌 투자자
❷ 상대적 일반투자자 : 상대적 전문투자자로서 일반투자자 대우를 받겠다는 의사를 금융투자업자에게 서면으로 통지한 자

chapter 03

금융투자업자에 대한 규제·감독

금융투자업 인가·등록 개요

1 진입규제 원칙

자본시장법이 경제적 실질이 동일한 금융기능을 동일하게 규율하는 기능별 규제체계를 갖춤에 따라 금융투자업, 금융투자상품, 투자자를 경제적 실질에 따라 재분류하고 이를 토대로 금융기능을 분류하여 금융투자업 인가 부여 또는 등록 승인

(1) 인가대상 금융투자업

❶ 투자매매업 : 누구의 명의로 하든지 자기의 계산으로 금융 투자상품을 매도·매수, 증권의 발행·인수 또는 그 청약의 권유·청약·청약의 승낙을 업으로 하는 것

ㄱ. 지분증권의 가격·지수를 기초로 하는 파생결합증권, 지분증권 가격·지수 외의 것을 기초로 하면서 이자뿐 아니라 원본까지도 이에 연동된 파생결합증권을 발행하는 것은 투자매매업에 해당

ㄴ. 다만, 파생결합증권을 금융투자업자의 인수, 중개 등을 통해 발행하는 경우(투자매매업자를 상대방으로 하거나 투자중개업자를 통하여 금융투자상품을 매매하는 경우)에는 발행 가능(금융투자업에 해당하지 않음)

❷ 투자중개업 : 누구의 명의로 하든지 타인의 계산으로 금융투자상품을 매도·매수, 그 청약의 권유·청약·청약의 승낙 또는 증권의 발행·인수에 대한 청약의 권유·청약·청약의 승낙을 업으로 하는 것

❸ 집합투자업 : 2인 이상의 투자자로부터 모은 금전 등을 투자자 등으로부터 일상적인 운용지시를 받지 아니하면서 자산을 취득·처분 그 밖의 방법으로 운용하고 그 결과를 투자자에게 배분하여 귀속시키는 업(단, 일반사모집합투자업은 예외)

❹ 신탁업 : 신탁법에 의한 신탁을 영업으로 하는 업

(2) 등록대상 금융투자업

❶ 투자자문업 : 금융투자상품의 가치 또는 투자판단에 관하여 자문을 하는 업

❷ 투자일임업 : 투자자로부터 금융투자상품에 대한 투자판단의 전부 또는 일부를 일임받아 투자자별로 구분하여 자산을 취득·처분 그 밖의 방법으로 운용하는 업
  − 투자중개업자가 그 대가를 받지 않고 불가피하게 투자판단을 일임받는 경우는 투자일임업으로 보지 않음

❸ 온라인소액투자중개업 : 투자중개업 중 온라인상에서 누구의 명의로 하든지 타인의 계산으로 일정한 자가 발행하는 채무증권, 지분증권, 투자계약증권의 모집 또는 사무에 관한 중개를 영업으로 하는 업

❹ 일반사모집합투자업 : 집합투자업 중 일반사모집합투자기구를 통한 집합투자를 영업으로 하는 업

2 **금융투자업 영위 주체**

자본시장법에 따라 금융투자업 인가를 받거나 등록을 승인받아야 금융투자업을 영위할 수 있다.

section 02 | 금융투자업 인가 심사

1 | 금융투자업 인가 절차

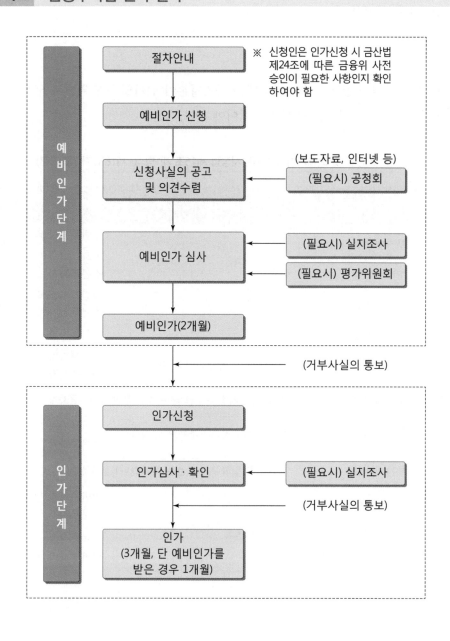

2   금융투자업 인가요건

(1) 법인격 요건

상법에 따른 주식회사, 대통령령이 정하는 금융기관 및 외국금융투자업자로서 지점 또는 영업소를 설치한 자

(2) 자기자본 요건

금융투자업자의 손실흡수력을 나타내는 자기자본이 인가업무 단위별로 5억 원 이상 으로서 대통령령으로 정하는 금액 이상이어야 한다.

표 3-1 인가업무 단위 및 최저자기자본(자본시장법 제15조 제1항 및 제16조 제3항 관련) (단위 : 억 원)

인가업무 단위	금융투자업의 종류	금융투자상품의 범위	투자자의 유형	최저 자기자본
1-1-1	투자매매업	증권	일반투자자 및 전문투자자	500
1-1-2	투자매매업	증권	전문투자자	250
1-11-1	투자매매업	채무증권	일반투자자 및 전문투자자	200
1-11-2	투자매매업	채무증권	전문투자자	100
1-111-1	투자매매업	국채증권, 지방채증권 및 특수채증권	일반투자자 및 전문투자자	75
1-111-2	투자매매업	국채증권, 지방채증권 및 특수채증권	전문투자자	37.5
1-12-1	투자매매업	지분증권(집합투자증권은 제외한다)	일반투자자 및 전문투자자	250
1-12-2	투자매매업	지분증권(집합투자증권은 제외한다)	전문투자자	125
1-13-1	투자매매업	집합투자증권	일반투자자 및 전문투자자	50
1-13-2	투자매매업	집합투자증권	전문투자자	25
11-1-1	투자매매업(인수업은 제외한다)	증권	일반투자자 및 전문투자자	200
11-1-2	투자매매업(인수업은 제외한다)	증권	전문투자자	100

인가업무 단위	금융투자업의 종류	금융투자상품의 범위	투자자의 유형	최저 자기자본
11-11-1	투자매매업(인수업은 제외한다)	채무증권	일반투자자 및 전문투자자	80
11-11-2	투자매매업(인수업은 제외한다)	채무증권	전문투자자	40
11-111-1	투자매매업(인수업은 제외한다)	국채증권, 지방채증권 및 특수채증권	일반투자자 및 전문투자자	30
11-111-2	투자매매업(인수업은 제외한다)	국채증권, 지방채증권 및 특수채증권	전문투자자	15
11-112-1	투자매매업(인수업은 제외한다)	사채권	일반투자자 및 전문투자자	40
11-112-2	투자매매업(인수업은 제외한다)	사채권	전문투자자	20
11-12-1	투자매매업(인수업은 제외한다)	지분증권(집합투자증권은 제외한다)	일반투자자 및 전문투자자	100
11-12-2	투자매매업(인수업은 제외한다)	지분증권(집합투자증권은 제외한다)	전문투자자	50
11-13-1	투자매매업(인수업은 제외한다)	집합투자증권	일반투자자 및 전문투자자	20
11-13-2	투자매매업(인수업은 제외한다)	집합투자증권	전문투자자	10
11r-1r-1	투자매매업(인수업은 제외한다)	제181조 제1항 제1호에 따른 증권	일반투자자 및 전문투자자	60
12-112-1	투자매매업(인수업만 해당한다)	사채권	일반투자자 및 전문투자자	60
12-112-2	투자매매업(인수업만 해당한다)	사채권	전문투자자	30
1-2-1	투자매매업	장내파생상품	일반투자자 및 전문투자자	100
1-2-2	투자매매업	장내파생상품	전문투자자	50
1-21-1	투자매매업	장내파생상품(주권을 기초자산으로 하는 것만 해당한다)	일반투자자 및 전문투자자	50
1-21-2	투자매매업	장내파생상품(주권을 기초자산으로 하는 것만 해당한다)	전문투자자	25
1-3-1	투자매매업	장외파생상품	일반투자자 및 전문투자자	900
1-3-2	투자매매업	장외파생상품	전문투자자	450

인가업무 단위	금융투자업의 종류	금융투자상품의 범위	투자자의 유형	최저 자기자본
1-31-1	투자매매업	장외파생상품(주권을 기초자산으로 하는 것만 해당한다)	일반투자자 및 전문투자자	450
1-31-2	투자매매업	장외파생상품(주권을 기초자산으로 하는 것만 해당한다)	전문투자자	225
1-32-1	투자매매업	장외파생상품(주권 외의 것을 기초자산으로 하는 것만 해당한다)	일반투자자 및 전문투자자	450
1-32-2	투자매매업	장외파생상품(주권 외의 것을 기초자산으로 하는 것만 해당한다)	전문투자자	225
1-321-1	투자매매업	장외파생상품(통화·이자율을 기초자산으로 하는 것만 해당한다)	일반투자자 및 전문투자자	180
1-321-2	투자매매업	장외파생상품(통화·이자율을 기초자산으로 하는 것만 해당한다)	전문투자자	90
1a-1-2	투자매매업	법 제8조의2제5항 및 이 영 제7조의3 제1항에 따른 매매체결대상상품	전문투자자	300
2-1-1	투자중개업	증권	일반투자자 및 전문투자자	30
2-1-2	투자중개업	증권	전문투자자	15
2r-1-2	투자중개업	증권	전문투자자	5
2-11-1	투자중개업	채무증권	일반투자자 및 전문투자자	10
2-11-2	투자중개업	채무증권	전문투자자	5
2-12-1	투자중개업	지분증권(집합투자증권은 제외한다)	일반투자자 및 전문투자자	10
2-12-2	투자중개업	지분증권(집합투자증권은 제외한다)	전문투자자	5
2-13-1	투자중개업	집합투자증권	일반투자자 및 전문투자자	10
2-13-2	투자중개업	집합투자증권	전문투자자	5
2-2-1	투자중개업	장내파생상품	일반투자자 및 전문투자자	20
2-2-2	투자중개업	장내파생상품	전문투자자	10
2-21-1	투자중개업	장내파생상품(주권을 기초자산으로 하는 것만 해당한다)	일반투자자 및 전문투자자	10
2-21-2	투자중개업	장내파생상품(주권을 기초자산으로 하는 것만 해당한다)	전문투자자	5

인가업무 단위	금융투자업의 종류	금융투자상품의 범위	투자자의 유형	최저 자기자본
2-3-1	투자중개업	장외파생상품	일반투자자 및 전문투자자	100
2-3-2	투자중개업	장외파생상품	전문투자자	50
2-31-1	투자중개업	장외파생상품(주권을 기초자산으로 하는 것만 해당한다)	일반투자자 및 전문투자자	50
2-31-2	투자중개업	장외파생상품(주권을 기초자산으로 하는 것만 해당한다)	전문투자자	25
2-32-1	투자중개업	장외파생상품(주권 외의 것을 기초 자산으로 하는 것만 해당한다)	일반투자자 및 전문투자자	50
2-32-2	투자중개업	장외파생상품(주권 외의 것을 기초 자산으로 하는 것만 해당한다)	전문투자자	25
2-321-1	투자중개업	장외파생상품(통화·이자율을 기초 자산으로 하는 것만 해당한다)	일반투자자 및 전문투자자	20
2-321-2	투자중개업	장외파생상품(통화·이자율을 기초 자산으로 하는 것만 해당한다)	전문투자자	10
2a-1-2	투자중개업	법 제8조의2제5항 및 이 영 제7조의3 제1항에 따른 매매체결대상상품	전문투자자	200
2i-11-2i	투자중개업	채무증권	전문투자자	30
3-1-1	집합투자업	법 제229조 제1호부터 제5호까지의 규정에 따른 집합투자기구	일반투자자 및 전문투자자	80
3-11-1	집합투자업	법 제229조 제1호·제5호에 따른 집 합투자기구	일반투자자 및 전문투자자	40
3-12-1	집합투자업	법 제229조 제2호에 따른 집합투자 기구	일반투자자 및 전문투자자	20
3-13-1	집합투자업	법 제229조 제3호에 따른 집합투자 기구	일반투자자 및 전문투자자	20
4-1-1	신탁업	법 제103조 제1항 제1호부터 제7호 까지의 규정에 따른 신탁재산	일반투자자 및 전문투자자	250
4-1-2	신탁업	법 제103조 제1항 제1호부터 제7호 까지의 규정에 따른 신탁재산	전문투자자	125
4-11-1	신탁업	법 제103조 제1항 제1호에 따른 신탁 재산	일반투자자 및 전문투자자	130
4-11-2	신탁업	법 제103조 제1항 제1호에 따른 신탁 재산	전문투자자	65
4-12-1	신탁업	법 제103조 제1항 제2호부터 제7호 까지의 규정에 따른 신탁재산	일반투자자 및 전문투자자	120

인가업무 단위	금융투자업의 종류	금융투자상품의 범위	투자자의 유형	최저 자기자본
4-12-2	신탁업	법 제103조 제1항 제2호부터 제7호까지의 규정에 따른 신탁재산	전문투자자	60
4-121-1	신탁업	법 제103조 제1항 제4호부터 제6호까지의 규정에 따른 신탁재산	일반투자자 및 전문투자자	100
4-121-2	신탁업	법 제103조 제1항 제4호부터 제6호까지의 규정에 따른 신탁재산	전문투자자	50

비고
1. 제7조 제1항의 파생결합증권의 발행은 1-1-1 또는 1-1-2의 금융투자업인가를 받은 자가 1-3-1 또는 1-3-2의 금융투자업인가를 받은 경우만 해당한다.
2. 1-11-1, 1-11-2, 1-111-1, 1-111-2, 1-12-1, 1-12-2, 1-13-1, 1-13-2, 11-11-1, 11-11-2, 11-111-1, 11-111-2, 11-112-1, 11-112-2, 11-12-1, 11-12-2, 11-13-1, 11-13-2, 12-112-1, 12-112-2, 2-11-1, 2-11-2, 2-12-1, 2-12-2, 2-13-1, 2-13-2 및 2i-11-2i의 경우에는 해당 증권과 관련된 증권예탁증권을 포함한다.
3. 11r-1r-1은 제181조에 따른 환매조건부매매만 해당한다.
4. 2r-1-2는 환매조건부매매를 중개하는 경우에만 해당하며, 전문투자자는 제7조 제3항 제3호 각 목의 자를 말한다.
5. 1a-1-2 및 2a-1-2는 법 제78조에 따른 업무만 해당한다.
6. 2i-11-2i는 제179조에 따른 업무만 해당하며, 전문투자자는 같은 조 제1항 제1호 각 목의 자를 말한다.
7. 2-1-1, 2-1-2, 2-12-1 및 2-12-2는 법 제78조에 따른 업무는 제외하며, 2-1-1, 2-1-2, 2-11-1 및 2-11-2는 이 영 제179조에 따른 업무는 제외한다.
8. 집합투자업자가 자기가 운용하는 집합투자기구의 집합투자증권을 매매하는 경우에는 11-13-1 및 11-13-2의 최저자기자본은 해당 최저자기자본의 2분의 1로 한다.
9. 법 제8조 제9항 각 호의 어느 하나에 해당하는 자에 대하여 법 제12조 제2항 제2호에 따른 자기자본을 적용할 때 해당 법령에서 요구하는 자본금(이에 준하는 금액을 포함한다)을 제외한 금액을 기준으로 한다.
10. 삭제 〈2015.10.23.〉
11. 삭제 〈2015.10.23.〉
12. 자기자본을 산정하는 경우에는 최근 사업연도말일 이후 인가신청일까지의 자본금의 증감분을 포함하여 계산한다
13. 1a-1-2 및 2a-1-2의 투자자의 유형은 제78조 제1항 제2호에 따른 다자간매매체결회사의 거래참가자인 전문투자자를 말한다.
14. 법 제249조의3에 따라 전문사모집합투자업을 등록한 자가 3-1-1, 3-11-1, 3-12-1, 3-13-1의 금융투자업 인가를 받으려는 경우 이 표에 따른 자기자본은 이 표에서 요구하는 최저자기자본에서 10억 원을 차감하여 산정한다.

(3) 인력에 관한 요건

❶ 임원의 자격 : 다음 중 어느 하나에 해당하지 않아야 함

ㄱ. 미성년자, 피성년후견인 또는 피한정후견인

ㄴ. 파산선고를 받은 자로서 복권되지 아니한 자

ㄷ. 금고 이상의 실형의 선고를 받거나 지배구조법 또는 금융관계법령에 따라 벌금 이상의 형을 선고받고 그 집행이 종료되거나 집행이 면제된 날부터 5년이

경과되지 아니한 자

ㄹ. 금고 이상의 형의 집행유예의 선고를 받고 그 유예기간 중에 있는 자

ㅁ. 금융관계법령에 따라 영업의 허가·인가·등록 등이 취소되거나 「금융산업의 구조개선에 관한 법률」 제10조 제1항에 따라 적기시정조치를 받거나 「금융산업의 구조개선에 관한 법률」 제14조 제2항에 따른 행정처분을 받을 금융회사의 임직원 또는 임직원이었던 사람(그 조치를 받게 된 원인에 대하여 직접 또는 이에 상응하는 책임이 있는 자로서 대통령령으로 정하는 자로 한정한다)으로서 해당 조치가 있었던 날부터 5년이 지나지 아니한 자

ㅂ. 지배구조법 또는 금융관계법령에 따라 임직원제재조치(퇴임 또는 퇴직한 임직원의 경우 해당 조치에 상응하는 통보를 포함한다)를 받은 사람으로서 조치의 종류별로 5년을 초과하지 아니하는 범위에서 대통령령으로 정하는 기간이 지나지 아니한 자

ㅅ. 해당 금융투자업자의 공익성 및 건전경영과 신용질서를 해칠 우려가 있는 경우로서 대통령령으로 정하는 자

❷ 최소 전문인력 요건

ㄱ. 집합투자업 및 신탁업 : 각 필요업무에 2년 이상 종사한 경력이 있는 전문인력 요건을 충족하여야 함

ㄴ. 집합투자증권의 투자매매업자·투자중개업자(집합투자업자가 자기가 운용하는 집합투자기구의 집합투자증권을 매매하거나 중개하는 경우를 제외) : 투자권유자문인력을 5인 이상(전문투자자만을 대상으로 하는 투자매매업자·투자중개업자인 경우 또는 상장지수집합투자기구의 집합투자증권만을 대상으로 하는 투자매매업자·투자중개업자인 경우에는 3인 이상) 갖추어야 함

(4) 물적시설에 관한 요건

투자자의 보호가 가능하고 그 영위하고자 하는 금융투자업을 영위하기에 충분한 전산설비, 그 밖의 물적 설비를 갖출 것

(5) 사업계획

사업계획이 다음 사항을 충족시킬 수 있을 만큼 건전하고 타당할 것

표 3-2 최소 전문인력 요건

구분 코드	전문인력의 종류	최소보유 인원수(명)
3-1-1	증권운용전문인력	5
	부동산운용전문인력	3
3-11-1	증권운용전문인력	4
3-12-1	증권운용전문인력	2
	부동산운용전문인력	3
3-13-1	증권운용전문인력	3
3-14-1	증권금융전문인력 또는 부동산운용전문인력	1
	일반 사모집합투자기구 운용전문인력 또는 증권금융전문인력 또는 부동산운용전문인력	2
4-1-1	증권운용전문인력	5
	부동산운용전문인력	3
4-1-2	증권운용전문인력	3
	부동산운용전문인력	2
4-11-1	증권운용전문인력	3
4-11-2	증권운용전문인력	2
4-12-1 및 4-121-1	증권운용전문인력	3
	부동산운용전문인력	2
4-12-2 및 4-121-2	증권운용전문인력	2
	부동산운용전문인력	1

❶ 수지전망이 타당하고 실현 가능성이 있을 것

❷ 위험관리와 금융사고 예방 등을 위한 적절한 내부통제장치가 마련되어 있을 것

❸ 투자자 보호에 적절한 업무방법을 갖출 것

❹ 법령을 위반하지 아니하고 건전한 금융거래질서를 해칠 염려가 없을 것

(6) 대주주에 대한 요건

대주주(외국 금융투자업자, 은행, 보험의 국내지점의 경우 당해 외국 금융투자업자, 은행, 보험의 본점) 및 신청인이 충분한 출자능력, 건전한 재무상태 및 사회적 신용을 갖출 것

❶ 심사대상 대주주의 범위 : 최대주주, 주요 주주, 최대주주의 특수관계인인 주주, 최대주주가 법인인 경우 그 법인의 최대주주(사실상의 지배자 포함) 및 대표자

❷ 대주주 요건 : 대주주의 형태(금융기관, 내국법인, 내국 개인, 외국법인, 사모투자전문회사 또는 투자목적회사)에 따라 별도의 요건 규정(세부적인 요건은 금융위가 정함)

❸ 대주주 요건의 완화 : 겸영 금융투자업자의 경우와 금융투자업자가 다른 회사와 합병·분할·분할합병을 하는 경우에는 금융위가 그 요건을 완화할 수 있음

(7) 대통령령으로 정하는 건전한 재무상태와 사회적 신용을 갖출 것

(8) 이해상충 방지체계 요건

금융투자업자는 다양한 업무를 겸영함에 따라 발생할 수 있는 이해상충 방지를 위한 장치를 구비하여야 한다.

3　인가요건 유지 의무

금융투자업자는 인가·등록을 받은 이후에도 인가·등록 요건을 계속 유지할 필요

(1) 위반 시 제재

금융투자업자가 인가요건을 유지하지 못할 경우 금융위의 인가가 취소될 수 있음

(2) 자기자본 요건

매 회계연도말 기준 자기자본이 인가업무 단위별 최저 자기자본의 70% 이상을 유지하여야 하며, 다음 회계연도말까지 자본보완이 이루어지는 경우 요건을 충족한 것으로 간주

(3) 대주주 요건

❶ 대주주의 출자능력(자기자본이 출자금액의 4배 이상), 재무건전성, 부채비율(300%) 요건은 출자 이후인 점을 감안하여 인가요건 유지의무에서 배제

❷ 최대주주의 경우 최근 5년간 5억 원 이상의 벌금형만을 적용

❸ 금산법에 의하여 부실금융기관으로 지정된 금융기관의 최대주주·주요 주주 또는 그 특수관계인이 아닐 것

금융투자업 등록 심사

1 금융투자업 등록절차

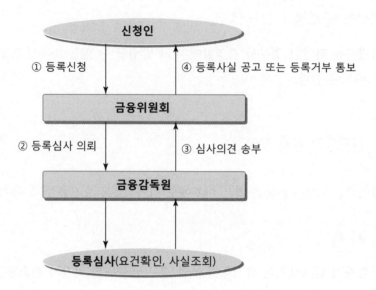

2 금융투자업 등록요건

(1) 법인격 요건

상법에 따른 주식회사, 대통령령으로 정하는 금융기관 및 외국 투자자문업자(또는 외국 투자일임업자)로서 투자자문업(또는 투자일임업)의 수행에 필요한 지점, 그 밖의 영업소를 설치한 자

(2) 자기자본 요건

등록업무 단위별로 일정 수준 이상의 자기자본을 갖출 것(둘 이상의 등록업무 단위를 영위할 경우 각각의 최저 자기자본을 합산) (시행령 별표3)

등록업무 단위	금융투자업의 종류	투자대상 자산의 범위	투자자의 유형	최저 자기자본
3-14-1	일반 사모집합투자업	법 제229조 제1호부터 제5호까지의 규정에 따른 집합투자기구	법 제249조의2에 따른 적격투자자	10
5-1-1	투자자문업	증권, 장내파생상품, 장외파생상품 및 제6조의2 각 호에 따른 투자대상 자산	일반투자자 및 전문투자자	2.5
5-21-1	투자자문업	집합투자증권, 파생결합증권, 환매조건부매매, 제6조의2 제3호에 따른 투자대상 자산, 파생결합증권과 유사한 증권으로서 금융위원회가 정하여 고시하는 재무증권	일반투자자 및 전문투자자	1
6-1-1	투자일임업	증권, 장내파생상품, 장외파생상품 및 제6조의2 각 호에 따른 투자대상 자산	일반투자자 및 전문투자자	15
6-1-2	투자일임업	증권, 장내파생상품, 장외파생상품 및 제6조의2 각 호에 따른 투자대상 자산	전문투자자	5

비고
1. 법 제8조 제9항 각 호의 어느 하나에 해당하는 자에 대하여 법 제18조 제2항 제2호(3-14-1의 업무단위에 대해서는 법 제249조의3 제2항 제2호를 말한다)에 따른 자기자본을 적용할 때 해당 법령에서 요구하는 자본금(이에 준하는 금액을 포함한다)을 제외한 금액을 기준으로 한다.
2. 자기자본을 산정하는 경우에는 최근 사업연도 말일 이후 등록신청일까지의 자본금의 증감분을 포함하여 계산한다.

(3) 인력에 관한 요건

❶ 임원의 자격 : 인가대상 금융투자업의 임원에 대한 요건과 동일함
❷ 금융투자전문인력을 확보할 것 : 투자자문업의 경우 1인 이상, 투자일임업의 경우 2인 이상을 확보해야 하며, 둘 다 영위할 경우 각각의 인력을 모두 확보해야 함(총 3인 이상)

(4) 대주주에 관한 요건

투자자문·일임업을 등록하고자 하는 회사의 대주주는 다음의 요건에 적합할 것

❶ 최근 5년간 자본시장법, 금융 관련 법령 등을 위반하여 벌금형 이상에 상당하는 형사처벌을 받은 사실이 없을 것
❷ 최근 5년간 채무불이행 등으로 건전한 신용질서를 해친 사실이 없을 것
❸ 금산법에 따라 부실금융기관으로 지정되었거나 자본시장법 등에 따라 영업의 허

가ㆍ인가 등이 취소된 금융기관의 대주주 또는 특수관계인이 아닐 것

❹ 그 밖에 금융위가 정하는 건전한 금융거래질서를 해친 사실이 없을 것 등

(5) 대통령으로 정하는 건전한 재무상태와 사회적 신용을 갖출 것

(6) 이해상충 방지체계 요건

금융투자업자는 다양한 업무를 겸영함에 따라 발생할 수 있는 이해상충 방지를 위한 장치를 구비하여야 한다.

---

section 04 | 건전성 규제

1 | 회계처리

(1) 회계처리기준

금융투자업자의 회계처리는 한국채택국제회계기준에 따르며, 한국채택국제회계기준에서 정하지 않은 사항은 금융투자업규정 및 시행세칙에 따라야 하며, 투자중개업자는 투자자의 예탁재산과 투자중개업자의 자기재산을 구분계리하여야 한다.

❶ 자본시장법 제33조에 따른 업무보고서 재무제표 중 재무상태표 및 포괄손익계산서의 표준 양식과 계정과목별 처리내용 및 외국환계정의 계리기준은 금융감독원장이 정한다. 금융투자업자는 분기별로 가결산을 실시하여야 함

❷ 신탁부문은 기업회계기준 제5004호 '신탁업자의 신계계정'에 따라 고유부문과 분리하여 독립된 계정으로 회계처리
  ㄱ. 감독원장이 정하는 바에 따라 재무상태 및 경영성과를 적정하게 표시하여야 함
  ㄴ. 신탁재산의 건전성 유지에 필요한 준비금(신탁위험충당금과 신탁사업적립금) 등을 충실히 적립하여 회계처리의 공정성과 객관성을 유지하여야 함

(2) 적용기준

❶ 별도의 규정이 있는 것을 제외하고는 종속회사와 연결되지 아니한 금융투자업자의 재무제표를 대상으로 함

❷ 기준이 되는 계정과목별 금액은 금융투자업자가 작성한 재무제표가 외부감사인이 수정한 재무제표와 일치하지 아니하는 경우에는 외부감사인의 수정 후 재무제표를 기준으로 산정함

❸ 금융투자업자가 실질적으로 자신의 계산과 판단으로 운용하는 금전 기타 재산을 제3자의 명의로 신탁한 경우에는 그 금전 기타의 재산을 당해 금융투자업자가 소유하고 있는 것으로 봄

2 자산건전성 분류

(1) 자산건전성의 분류

❶ 금융투자업자는 매분기마다 자산 및 부채에 대한 건전성을 '정상', '요주의', '고정', '회수의문', '추정손실'의 5단계로 분류하여야 하며, 매 분기 말 현재 '고정' 이하로 분류된 채권에 대하여 적정한 회수예상가액을 산정하여야 함

❷ 감독원장은 금융투자업자의 자산건전성 분류 및 대손충당금 등 적립의 적정성을 점검하고 부적정하다고 판단되는 경우 이의 시정을 요구할 수 있다. 금융투자업자는 '회수의문' 또는 '추정손실'로 분류된 자산을 조기에 상각하여 자산의 건전성을 확보하여야 함

❸ 금융투자업자는 자산건전성 분류기준의 설정 및 변경, 동 기준에 따른 자산건전성 분류 결과 및 대손충당금 등 적립 결과를 감독원장에게 보고하여야 함

(2) 충당금의 적립기준

대출채권, 가지급금과 미수금, 미수수익, 채무보증, 지급의무가 발생하였으나 아직 대지급하지 아니한 채무보증액 중 대지급 후에는 대출채권으로 분류될 금액, 그 밖에 금융투자업자가 건전성 분류가 필요하다고 인정하는 자산에 대하여 한국채택국제회계기준에 따라 대손충당금을 적립하고 동 대손충당금 적립액이 ① '정상'분류자산의 100분의 0.5, ② '요주의'분류자산의 100분의 2, ③ '고정'분류자산의 100분의 20, ④ '회수

의문'분류자산의 100분의 75, ⑤ '추정손실'분류자산의 100분의 100의 합계액에 미달하는 경우 그 미달액을 대손준비금으로 적립하여야 한다. 다만, 정형화된 거래로 발생하는 미수금과 '정상'으로 분류된 대출채권 중 콜론, 환매조건부매수, 한국채택국제회계기준에 따라 당기손익인식 금융자산이나 매도가능 금융자산으로 지정하여 공정가치로 평가한 금융자산에 대하여는 대손충당금을 적립하지 아니할 수 있다.

(3) 적용 특례

채권중개전문회사 및 다자간매매체결회사에 관하여는 자산건전성 분류 및 대손충당금 등의 적립기준에 관한 규정을 적용하지 아니한다.

3 순자본비율 규제

(1) 의의 및 중요성

❶ 기본 의의 : 금융투자업자의 자기자본 규제인 순자본비율(영업용순자본비율) 제도의 의의는 급변하는 시장환경하에서 금융투자업자의 재무건전성을 도모함으로써 궁극적으로는 투자자를 보호하는 데 있음

ㄱ. 진입 확대, 겸업화, 국제화의 진전으로 금융투자업 안팎의 경쟁이 심화되고 파생금융상품의 증가로 새로운 리스크요인이 증대되는 등 금융투자업자의 리스크가 증대되고 있음

ㄴ. 금융투자업자의 파산을 사전에 예방하고, 파산이 일어나는 경우에도 고객과 채권자의 재산이 안전하게 변제될 수 있도록 유도하는 것이 자본시장과 금융투자산업의 안정을 도모하는 데 중요한 의의를 지님

❷ 중요성 : 순자본비율 제도는 감독당국의 주요 감독수단일 뿐만 아니라 금융투자업자의 경영활동에도 매우 중요한 제도임

ㄱ. 적기시정조치의 기준비율

a. 금융투자업자는 자본적정성 유지를 위해 순자본비율 100% 이상 유지되도록 하여야 함

b. 순자본비율이 일정 수준에 미달하는 금융투자업자에 대하여는 단계별로 경영개선조치를 취함

① 순자본비율 50% 이상~100% 미만 : 경영개선 권고

② 순자본비율 0% 이상~50% 미만 : 경영개선 요구

③ 순자본비율 0% 미만 : 경영개선 명령

ㄴ. 금융투자업자의 체계적인 리스크 관리 촉진

    a. 금융투자업자가 보유한 각종 포지션에 대해 리스크를 인식하고 측정하게 함과 아울러 그에 필요한 자기자본을 유지하도록 하고 있음

    b. 간접적으로는 금융투자업자가 스스로 체계적인 리스크 관리를 하도록 촉진하는 역할을 함

ㄷ. 금융투자업자 자산운용의 자율성 제고

    개별적인 자산운용에 대한 사전 규제를 배제함에 따라 사업자의 자율적 판단에 따른 자산운용이 가능하며 나아가 금융투자업자의 전문화·차별화도 가능해지게 됨

(2) 기본구조

❶ 기본개념 : 금융투자업자가 파산할 경우 고객 및 이해관계자에게 손실을 입히지 않기 위해서는 '위험손실을 감안한 현금화 가능자산의 규모'가 '상환의무 있는 부채의 규모'보다 항상 크게 유지되어야 함($C \geq D \Leftrightarrow A \geq B \Leftrightarrow \alpha \geq 0$)

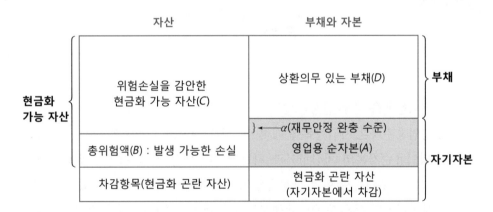

❷ 기본원칙

ㄱ. 순자본비율의 기초가 되는 금융투자업자의 자산, 부채, 자본은 연결 재무제표에 계상된 장부가액(평가성 충당금을 차감한 것)을 기준으로 함

ㄴ. 시장위험과 신용위험을 동시에 내포하는 자산에 대하여는 시장위험액과 신

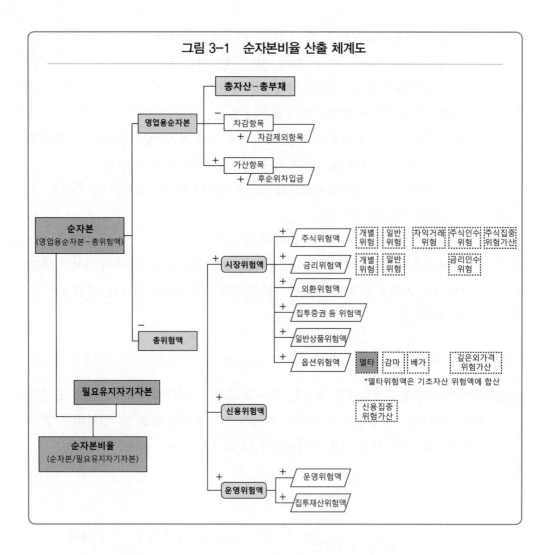

그림 3-1 순자본비율 산출 체계도

용위험액을 모두 산정함

ㄷ. 영업용순자본 차감항목에 대하여는 원칙적으로 위험액을 산정하지 않음

ㄹ. 영업용순자본의 차감항목과 위험액 산정대상 자산 사이에 위험회피효과가 있는 경우에는 위험액 산정대상 자산의 위험액을 감액할 수 있음

ㅁ. 부외자산과 부외부채에 대해서도 위험액을 산정하는 것을 원칙으로 함

(3) 세부 산정방식

❶ 영업용순자본 : 기준일 현재 금융투자업자의 순자산 가치로서 순재산액(자산-부채)에서 현금화 곤란 자산을 차감하고 보완자본을 가산하여 계산

$$\text{영업용순자본} = \text{자산} - \text{부채} - \text{차감항목} + \text{가산항목}$$

ㄱ. 영업용순자본의 계산은 기본적으로 재무상태표상 순재산액(자산 - 부채)에서
출발함

ㄴ. 차감항목 : 재무상태표상 자산 중 즉시 현금화하기 곤란한 자산

ㄷ. 가산항목 : 재무상태표에서 부채로 계상되었으나 실질적인 채무이행 의무가
없거나 실질적으로 자본의 보완적 기능을 하는 항목 등

❷ 총위험액 : 금융투자업자가 영업을 영위함에 있어 직면하게 되는 손실을 미리 예
측하여 계량화한 것으로 다음 산식에 의하여 계산함

$$\text{총위험액} = \text{시장위험액} + \text{신용위험액} + \text{운영위험액}$$

❸ 필요 유지 자기자본 : 금융투자업자가 영위하는 인가업무 또는 등록업무 단위별
로 요구되는 자기자본을 합계한 금액

❹ 순자본비율

$$\text{순자본비율} = \frac{\text{영업용순자본} - \text{총위험액}}{\text{필요 유지 자기 자본}}$$

(4) 특수관계인 관련 사항

특수관계인에 대한 금전 또는 증권에 관한 청구권과 특수관계인이 발행한 증권은 전
액 영업용순자본에서 차감한다. 이는 금융투자업자가 계열회사 등 이해관계자와의 과
도한 거래로 인해 이해관계자들의 재무불안이 금융투자업자의 재무불안으로 직접 이
어지는 것을 구조적으로 차단하기 위한 것이다.

(5) 산정 및 보고시기

❶ 산정주기 : 금융투자업자는 최소한 일별로 순자본비율(또는 영업용순자본비율)을 산
정해야 함

ㄱ. 순자본비율(영업용순자본비율)과 산출내역은 매월말 기준으로 1개월 이내에 업

무보고서를 통하여 금감원장에게 제출해야 함

ㄴ. 반기별(단, 최근 사업연도말일을 기준으로 자산총액이 1천억 원 이상이고, 장외파생상품에 대한 투자매매업 또는 증권에 대한 투자매매업을 경영하는 금융투자업자의 경우 분기별)로 순자본비율(영업용순자본비율)에 대한 외부감사인의 검토보고서를 첨부하여 금감원장에게 업무보고서를 제출해야 함

❷ 보고시기 : 순자본비율이 100%(영업용순자본비율의 경우 150%) 미만이 된 경우에는 지체 없이 금감원장에게 보고하여야 함

| 4 | 레버리지 규제 |

❶ 레버리지 규제는 당기순손실 등 경영실적이 저조하면서 외부차입비중이 높아 부실우려가 있는 경영부진 회사에 대한 선제적 경영개선을 유도하기 위해, 증권사 및 선물사에 대해 레버리지 비율을 일정 수준 이하로 유지하도록 요구

❷ 레버리지 비율은 개별 재무상태표상의 자기자본 대비 총자산의 비율로 계산되며 구체적인 산정방식을 금감원장이 정함

| 5 | 경영실태평가 및 적기시정조치 |

(1) 개요

경영실태평가는 금융감독당국이 사전적으로는 금융투자회사에 대하여 바람직한 경영지표를 제시하여 건전경영을 유도하고, 사후적으로는 감독상의 보상과 제재를 통하여 책임경영을 도모하려는 취지로 도입

(2) 경영실태평가

❶ 금융투자업자(전업투자자문·일임업자 제외)의 경영 및 재무건전성을 판단하기 위하여 재산과 업무상태 및 위험을 종합적·체계적으로 분석 평가하는 경영실태평가는 감독원장이 검사 등을 통하여 실시하며 평가대상 금융투자업자의 금융투자업의 종류에 따라 공통부문(① 자본적정성, ② 수익성, ③ 내부통제)과 업종부문(① 유동성,

② 안전성 등)으로 구분하여 평가하고, 그 결과를 감안하여 종합평가

❷ 경영실태평가는 금융투자업자 본점, 해외 현지법인 및 해외지점을 대상으로 하며 1등급(우수), 2등급(양호), 3등급(보통), 4등급(취약), 5등급(위험)의 5단계 등급으로 구분

(3) 적기시정조치

❶ 경영개선 권고 : 금융위는 금융투자업자가 ① 순자본비율이 100% 미만인 경우, ② 경영실태평가 결과 종합평가등급이 3등급(보통) 이상으로서 자본적정성 부문의 평가등급을 4등급(취약) 이하로 판정받은 경우, ③ 거액의 금융사고 또는 부실채권의 발생으로 ① 또는 ②의 기준에 해당될 것이 명백하다고 판단되는 경우, ④ 2년 연속 적자이면서 레버리지 비율이 900%를 초과하는 경우(1종 금융투자업자에 한함), ⑤ 레버리지 비율이 1,100%를 초과하는 경우(1종 금융투자업자[1]에 한함)에는, ① 인력 및 조직운용의 개선, ② 경비절감, ③ 점포관리의 효율화, ④ 부실자산의 처분, ⑤ 영업용순자본감소행위의 제한, ⑥ 신규업무 진출의 제한, ⑦ 자본금의 증액 또는 감액, ⑧ 특별대손충당금의 설정 등의 조치를 권고하여야 함

금융투자업자는 순자본비율이 100%에 미달하게 되는 경우에는 지체 없이 순자본비율을 감독원장에게 보고하고 순자본비율이 100% 이상에 이를 때까지 매달 순자본비율(영업용순자본비율)을 다음달 20일까지 감독원장에게 보고하여야 함

❷ 경영개선 요구 : 금융위는 금융투자업자가 ① 순자본비율이 50% 미만인 경우, ② 경영실태평가 결과 종합평가등급을 4등급(취약) 이하로 판정받은 경우, ③ 거액의 금융사고 또는 부실채권의 발생으로 ① 또는 ②의 기준에 해당될 것이 명백하다고 판단되는 경우, ④ 2년 연속 적자이면서 레버리지 비율이 1,100%를 초과하는 경우(1종 금융투자업자에 한함), ⑤ 레버리지 비율이 1,300%를 초과하는 경우(1종 금융투자업자에 한함)에는, ① 고위험자산보유제한 및 자산처분, ② 점포의 폐쇄, 통합 또는 신설제한, ③ 조직의 축소, ④ 자회사의 정리, ⑤ 임원진 교체 요구, ⑥ 영업의 일부정지, ⑦ 합병·제3자 인수·영업의 전부 또는 일부의 양도·금융지주회사의 자회사로의 편입에 관한 계획수립 등의 조치를 이행하도록 요

---

1 "1종 금융투자업자"란 법 제8조에 따른 금융투자업자 중 투자매매업자 또는 투자중개업자를 말한다. 다만, 집합투자업을 영위하면서 투자매매업 또는 투자중개업 중 집합투자증권에 대한 영업만을 인가받은 투자매매업자 또는 투자중개업자는 제외한다.

구하여야 함

❸ 경영개선 명령 : 금융위는 금융투자업자가 ① 순자본비율이 0%(영업용순자본비율의 경우 100%) 미만인 경우, ② 부실금융기관에 해당하는 경우에는, ① 주식의 일부 또는 전부소각, ② 임원의 직무집행 정지 및 관리인 선임, ③ 합병, 금융지주회사의 자회사로의 편입, ④ 영업의 전부 또는 일부의 양도, ⑤ 제3자의 당해 금융투자업 인수, ⑥ 6개월 이내의 영업정지, ⑦ 계약의 전부 또는 일부의 이전 등의 조치를 이행하도록 명령하여야 함. 다만, 영업의 전부정지·전부양도, 계약의 전부 이전 및 주식의 전부소각의 조치는 순자본비율이 0%(영업용순자본비율의 경우 100%) 미만인 금융투자업자로서 건전한 신용질서나 투자자의 권익을 현저히 해할 우려가 있다고 인정되는 경우와 부실금융기관에 해당하는 경우에 한함

❹ 적기시정조치의 유예 : 금융위는 금융투자업자가 경영개선 권고, 경영개선 요구, 경영개선 명령의 요건에 해당하는 경우라도 자본의 확충 또는 자산의 매각 등으로 단기간 내에 적기시정조치의 요건에 해당되지 아니하게 될 수 있다고 판단되는 경우에는 일정기간 동안 조치를 유예할 수 있음

(4) 경영개선 계획의 제출 및 평가등

적기시정조치를 받은 금융투자업자는 당해 조치일로부터 2개월의 범위 내에서 당해 조치권자가 정하는 기한 내에 당해 조치의 내용이 반영된 경영개선 계획을 감독원장에게 제출하여야 한다. 적기시정조치를 받은 금융투자업자가 제출한 경영개선 계획에 대하여는 금융위가 각각 당해 경영개선 계획을 제출받은 날로부터 1개월 이내에 승인여부를 결정하여야 한다.

경영개선 계획의 이행기간은 ① 경영개선 권고를 받은 경우 경영개선 계획의 승인일로부터 6개월 이내, ② 경영개선 요구를 받은 경우 경영개선 계획의 승인일로부터 1년 이내, ③ 경영개선 명령을 받은 경우에는 금융위가 정한다.

경영개선 계획의 승인을 받은 금융투자업자는 매 분기 말부터 10일 이내에 동 계획의 분기별 이행실적을 감독원장에게 제출하고, 감독원장은 경영개선 계획의 이행실적이 미흡하거나 관련 제도의 변경 등 여건 변화로 인하여 이행이 곤란하다고 판단되는 경우에는 동 계획의 수정요구 또는 일정기간 내의 이행 촉구 등 필요한 조치를 취할 수 있다.

(5) 긴급조치

금융위는 ① 발행한 어음 또는 수표가 부도로 되거나 은행과의 거래가 정지 또는 금지되는 경우, ② 유동성이 일시적으로 급격히 악화되어 투자자예탁금 등의 지급불능 사태에 이른 경우, ③ 휴업 또는 영업의 중지 등으로 돌발사태가 발생하여 정상적인 영업이 불가능하거나 어려운 경우에는, ① 투자자예탁금 등의 일부 또는 전부의 반환명령 또는 지급정지, ② 투자자예탁금 등의 수탁금지 또는 다른 금융투자업자로의 이전, ③ 채무변제행위의 금지, ④ 경영개선명령조치, ⑤ 증권 및 파생상품의 매매 제한 등의 조치를 할 수 있다.

6 위험관리

(1) 개요

❶ 금융투자회사는 리스크의 평가 및 관리를 최우선 과제로 인식하고 독립적인 리스크 평가와 통제를 위한 리스크 관리체제를 구축해야 함

❷ 금융감독당국도 리스크 중심의 감독(risk-based supervision)체제를 구축하여 금융투자회사의 리스크 관리 감독을 강화하고 있음

(2) 위험관리체제 구축

금융투자업자는 각종 거래에서 발생하는 제반 위험을 적시에 인식·평가·감시·통제하는 등 위험관리를 위한 체제를 갖추고, 위험을 효율적으로 관리하기 위하여 부서별, 거래별 또는 상품별 위험부담한도·거래한도 등을 적절히 설정·운영하여야 한다. 또한, 금융투자업자는 주요 위험 변동 상황을 자회사와 연결하여 종합적으로 인식하고 감시하여야 한다.

금융투자업자의 이사회는 ① 경영전략에 부합하는 위험관리 기본방침 수립, ② 금융투자업자가 부담 가능한 위험 수준의 결정, ③ 적정투자한도 또는 손실허용한도 승인, ④ 위험관리지침의 제정 및 개정에 관한 사항을 심의·의결함. 다만 효율적인 위험관리를 위하여 필요하다고 인정되는 경우 이사회 내에 위험관리를 위한 위원회를 두고 그 업무를 담당하게 할 수 있다. 특히 장외파생상품에 대한 투자매매업의 인가를 받은 금융투자업자 또는 인수업을 포함한 투자매매업의 인가를 받은 금융투자업자는 경영상

발생할 수 있는 위험을 실무적으로 종합관리하고 이사회와 경영진을 보조할 수 있는 전담조직을 두어야 한다.

(3) 위험관리지침 마련

금융투자업자는 위험을 관리하기 위하여 순자본비율(영업용순자본비율) 및 자산부채비율의 수준, 운용자산의 내용과 위험의 정도, 자산의 운용방법, 고위험 자산의 기준과 운용한도, 자산의 운용에 따른 영향, 콜차입 등 단기차입금 한도, 내부적인 보고 및 승인체계, 위반에 대한 내부적인 징계내용 및 절차 등에 관한 기본적인 사항, 위험관리조직의 구성 및 운영에 관한 사항 등을 정한 위험관리지침을 마련하고, 이를 준수하여야 한다.

이와 같은 위험관리지침에는 ① 자산 및 집합투자재산의 운용시 발생할 수 있는 위험의 종류, 인식, 측정 및 관리체계에 관한 내용, ② 금융투자업자 또는 집합투자기구가 수용할 수 있는 위험 수준의 설정에 관한 내용, ③ 개별 자산 또는 거래가 금융투자업자 또는 집합투자기구에 미치는 영향의 평가에 관한 내용, ④ 위험관리지침의 내용을 집행하는 조직에 관한 내용, ⑤ 위험관리지침 위반에 대한 처리절차, ⑥ 장부 외 거래기록의 작성·유지에 관한 사항 등이 포함되어야 한다.

(4) 외국환업무 취급 금융투자업자의 위험관리

❶ 외국환업무 취급 금융투자업자는 국가별위험, 거액신용위험, 시장위험 등 외국환거래에 따르는 위험의 종류별로 관리기준을 자체적으로 설정·운용하고, 그 관리기준을 설정·변경하거나 동 기준을 초과하여 외국환거래를 취급하고자 할 경우에는 위험관리조직의 결정을 거쳐야 함

❷ 외환파생상품 거래 위험관리

ㄱ. 외국환업무 취급 금융투자업자는 '외환파생상품거래위험관리기준'을 자체적으로 설정·운영하여야 함

ㄴ. 위 ㄱ.에 따른 외환파생상품거래위험관리기준은 감독원장이 다음의 사항을 고려하여 정하는 사항을 포함하여야 함

    a. 외국환업무 취급 금융투자업자는 '외환파생상품'(「외국환거래규정」제1-2조 제20-2호의 외환파생상품 중 통화선도(outright forward), 통화옵션 및 외환스왑(FX swap)에 한함) 거래를 체결할 경우 거래상대방(기업투자자에 한함)에 대하여 그 거래가

영 제186조의2 제1호에 따른 위험회피 목적인지 여부를 확인할 것

    b. 외국환업무 취급 금융투자업자는 거래상대방별로 거래한도를 설정하여야 하며 다른 외국환업무 취급기관과 이미 체결된 외환파생상품 거래잔액을 감안하여 운영할 것

ㄷ. 감독원장은 외국환업무 취급 금융투자업자의 건전성을 위하여 필요한 경우 외국환업무 취급 금융투자업자에 대하여 외환파생상품거래위험관리기준의 변경 및 시정을 요구할 수 있음

7   외환건전성

(1) 외화유동성비율

외국환업무 취급 금융투자업자는 외화자산 및 외화부채를 각각 잔존만기별로 구분하여 관리하고 ① 잔존만기 3개월 이내 부채에 대한 잔존만기 3개월 이내 자산의 비율 : 100분의 80 이상, ② 외화자산 및 외화부채의 만기 불일치비율(잔존만기 7일 이내의 경우에는 자산이 부채를 초과하는 비율 100분의 0 이상, 잔존만기 1개월 이내의 경우에는 부채가 자산을 초과하는 비율 100분의 10 이내)을 유지하여야 한다. 다만, 총자산에 대한 외화부채의 비율이 100분의 1에 미달하는 외국환업무 취급 금융투자업자에 대하여는 적용하지 아니한다.

(2) 외국환포지션 한도

❶ 외국환포지션 중 종합포지션은 각 외국통화별 종합매입초과포지션의 합계액과 종합매각초과포지션의 합계액 중 큰 것으로 하고, 선물환포지션은 각 외국통화별 선물환매입초과포지션의 합계에서 선물환매각초과포지션의 합계를 차감하여 산정함

❷ 포지션 한도

ㄱ. 종합매입초과포지션은 각 외국통화별 종합매입초과포지션의 합계액 기준으로 전월말 자기자본의 100분의 50에 상당하는 금액을, 종합매각초과포지션은 각 외국통화별 종합매각초과포지션의 합계액 기준으로 전월말 자기자본의 100분의 50에 상당하는 금액을 한도로 함

ㄴ. 선물환매입초과포지션은 각 외국통화별 선물환매입초과포지션의 합계액 기

준으로 전월 말 자기자본의 100분의 50에 상당하는 금액을, 선물환매각초과
포지션은 각 외국통화별 선물환매각초과포지션의 합계액 기준으로 전월말
자기자본의 100분의 50에 상당하는 금액을 한도로 함

ㄷ. 위 ㄱ.과 ㄴ.의 자기자본은 다음과 같으며 미달러화로 환산한 금액을 기준으
로 함. 이 경우 적용되는 대미달러 환율은 감독원장이 정함(전년도 외국환포지션
한도 산정 시 적용환율과 전년도 평균 매매기준율을 평균한 환율로 하되, 전년도 외국환포지션
한도를 산정하지 아니한 경우에는 전년도 평균 매매기준율을 적용하며, 외국환포지션한도 산정
시 미달러화 1천 달러 미만은 절상함)

a. 법 제12조 제2항 제1호 가목에 해당하는 금융투자업자의 경우는 납입자본
금·적립금 및 이월이익잉여금의 합계액을 말함

b. 외국 금융투자업자 지점의 경우는 영업기금·적립금 및 이월이익잉여금
의 합계액을 말함

❸ 별도한도의 인정

ㄱ. 금감원장은 이월이익잉여금의 환위험을 회피하기 위한 외국환매입분에 대하
여 별도한도를 인정받고자 하는 외국 금융투자업자의 지점과 외국환포지션
한도의 초과가 필요하다고 인정되는 외국환업무 취급 금융투자업자에 대하여
는 위 ❷에서 정한 외국환포지션 한도 외에 별도한도를 인정할 수 있음

ㄴ. 위 ㄱ.에 따른 별도한도의 인정기간은 2년 이내로 함

(3) 한도관리

외국환업무 취급 금융투자업자는 외국환포지션 한도 준수 여부를 매 영업일 잔액을
기준으로 확인하고, 외국환포지션 한도를 위반한 경우에는 위반한 날로부터 3영업일
이내에 금감원장에게 이를 보고하여야 한다. 다만, ① 자본금 또는 영업기금의 환위험
을 회피하기 위한 외국환 매입분, ② 외국 금융투자업자 지점이 이월이익잉여금 환위
험을 회피하기 위해 별도한도로 인정받은 외국환 매입분은 외국환포지션 한도관리대
상에서 제외

8 업무보고 및 경영공시

(1) 업무보고서 제출

금융투자업자는 매 사업연도 개시일부터 3개월간·6개월간·9개월간 및 12개월간의 업무보고서를 작성하여 그 기간 경과 후 45일 이내에 금융위에 제출하여야 한다.

(2) 결산서류의 제출

금융투자업자는 외감법에 따라 회계감사를 받은 ① 감사보고서, ② 재무제표 및 부속명세서, ③ 수정재무제표에 따라 작성한 순자본비율보고서 또는 영업용순자본비율보고서 및 자산부채비율보고서, ④ 해외점포의 감사보고서, 재무제표 및 부속명세서를 금융감독원장이 요청할 경우에 제출하여야 한다. 금융투자업자는 회계감사인의 감사보고서의 내용이 회계연도 종료일 현재로 작성하여 제출한 업무보고서의 내용과 다른 경우에는 그 내역 및 사유를 설명하는 자료를 감사보고서와 함께 즉시 제출하여야 한다.

(3) 경영공시

금융투자업자는 상장법인의 공시의무 사항의 발생, 부실채권 또는 특별손실의 발생, 임직원이 형사처벌을 받은 경우, 그 밖에 다음의 경우에는 금융위에 보고하고, 인터넷 홈페이지 등을 이용하여 공시하여야 한다.

❶ 「독점규제 및 공정거래에 관한 법률」 제2조 제2호에서 정하는 동일 기업집단별(동일 기업집단이 아닌 경우 개별 기업별)로 금융투자업자의 직전 분기 말 자기자본의 100분의 10에 상당하는 금액을 초과하는 부실채권의 발생

❷ 금융사고 등으로 금융투자업자의 직전 분기말 자기자본의 100분의 2에 상당하는 금액을 초과하는 손실이 발생하였거나 손실이 예상되는 경우(단, 10억원 이하 제외)

❸ 민사소송의 패소 등의 사유로 금융투자업자의 직전 분기말 자기자본의 100분의 1에 상당하는 금액을 초과하는 손실이 발생한 경우(단, 10억원 이하 제외)

❹ 적기시정조치, 인가 또는 등록의 취소 등의 조치를 받은 경우

❺ 회계기간 변경을 결정한 경우

❻ 상장법인이 아닌 금융투자업자에게 재무구조·채권채무관계·경영환경·손익구

조 등에 중대한 변경을 초래하는 사실이 발생하는 경우

9 대주주와의 거래 제한

(1) 대주주 및 특수관계인 발행 증권의 소유 제한

❶ 대주주 발행 증권 소유 제한 : 금융투자업자는 대주주가 발행한 증권을 소유할 수 없음. 다만, 다음의 경우 금융위가 정하는 기간까지 소유할 수 있음

ㄱ. 담보권의 실행 등 권리행사에 필요한 경우

ㄴ. 안정조작 또는 시장조성을 하는 경우

ㄷ. 대주주가 변경됨에 따라 이미 소유하고 있는 증권이 대주주가 발행한 증권으로 되는 경우

ㄹ. 인수와 관련하여 해당 증권을 취득하는 경우

ㅁ. 관련 법령에 따라 사채보증 업무를 할 수 있는 금융기관 등이 원리금의 지급을 보증하는 사채권을 취득하는 경우

ㅂ. 특수채증권을 취득하는 경우 등

❷ 계열회사 발행 증권 등 소유 제한 : 금융투자업자는 그 계열회사(금융투자업자의 대주주 제외)가 발행한 주식, 채권 및 약속어음을 자기자본의 8%를 초과하여 소유할 수 없음. 다만, 담보권 실행 등 권리행사, 시장조성 안정조작, 계열회사가 아닌 자가 계열회사가 되는 경우, 인수, 보증사채 특수채증권, 경영참여목적의 출자 등, 차익거래 투자위험회피거래, 자기자본 변동 등의 사유로 인한 한도 초과 등의 경우에는 금융위가 정하는 기간까지 소유할 수 있음

❸ 대주주 신용공여 제한 : 금융투자업자는 대주주 및 대주주의 특수관계인에 대하여 신용공여가 금지되며, 대주주 및 대주주의 특수관계인은 금융투자업자로부터 신용공여를 받는 것이 금지됨. 다만, 다음의 경우 신용공여 허용

ㄱ. 임원에 대한 제한적 신용공여, 해외현지법인에 대한 채무보증, 담보권 실행 등 권리행사 등

ㄴ. 신용공여 : 금전 증권 등 경제적 가치가 있는 재산의 대여, 채무이행 보증, 자금 지원적 성격의 증권 매입, 담보제공, 어음배서, 출자이행약정 등

❹ 계열회사 발행 증권 예외 취득 : 금융투자업자는 계열회사 발행 증권을 한도 내에

서 예외적으로 취득하거나, 대주주 및 대주주의 특수관계인에 대하여 예외적으로 신용공여를 하는 경우에는 재적이사 전원의 찬성에 의한 이사회 결의를 거쳐야 함

다만, 단일거래금액(일상적인 거래로서 약관에 따른 거래금액 제외)이 자기자본의 10/10,000과 10억 원 중 적은 금액의 범위인 경우에는 이사회 결의 불필요

금융투자업자는 대주주 또는 그 계열회사 발행 증권의 예외적인 취득 등을 한 경우에는 그 내용을 금융위에 보고하고, 인터넷 홈페이지 등을 통하여 공시하여야 함

또한 예외적인 취득 등과 관련한 보고사항을 종합하여 분기마다 금융위에 보고하고 인터넷 홈페이지를 통해 공시하여야 함

금융위는 금융투자업자 또는 그 대주주에게 자료제출을 명할 수 있으며, 금융투자업자에게 대주주 발행증권의 신규 취득 등을 제한할 수 있음

(2) 대주주의 부당한 영향력 행사 금지

❶ 금융투자업자의 대주주(대주주의 특수관계인 포함)는 자신의 이익을 얻을 목적으로 금융투자업자에 대한 미공개 정보의 제공 요구, 인사 경영에 부당한 영향력 행사, 위법행위 요구 등을 하는 것이 금지됨

❷ 금융위는 금융투자업자 또는 대주주(대주주의 특수관계인 포함)에게 필요한 자료의 제출을 명할 수 있음

section 05 영업행위 규칙

자본시장법은 금융투자업자에 대한 영업행위 규칙을 공통 영업행위 규칙과 금융투자업자별 영업행위 규칙으로 구분하여 규정하고 있다. 공통 영업행위 규칙은 모든 금융투자업자에게 적용되는 규칙이고, 금융투자업자별 영업행위 규칙은 업자별 특성을 고려하여 세분화된 규칙이다.

(1) 신의성실의무 등

❶ 금융투자업자는 신의성실의 원칙에 따라 공정하게 금융투자업을 영위하여야 함
❷ 금융투자업자는 정당한 사유 없이 투자자의 이익을 해하면서 자기 또는 제3자의 이익을 추구해서는 아니 됨

(2) 상호 규제

금융투자업자가 아닌 자가 금융투자업자로 오인될 수 있는 문자를 상호에 사용하는 것을 금지함

❶ 금융투자업자가 아닌 자의 사용금지 문자 : 금융투자(financial investment)
❷ 증권 대상 투자매매업자 및 투자중개업자가 아닌 자의 사용금지 문자 : 증권(securities)
❸ 파생상품 대상 투자매매업자 및 투자중개업자가 아닌 자의 사용금지 문자 : 파생(derivatives), 선물(futures)
❹ 집합투자업자가 아닌 자의 사용금지 문자 : 집합투자(collective investment, pooled investment), 투자신탁(investment trust, unit trust), 자산운용(asset management)
❺ 투자자문업자가 아닌 자의 사용금지 문자 : 투자자문(investment advisory)
    ☞ 「부동산투자회사법」에 따른 부동산투자자문회사는 '투자자문' 사용 가능
❻ 투자일임업자가 아닌 자의 사용금지 문자 : 투자일임(discretionary investment)
❼ 신탁업자가 아닌 자의 사용금지 문자 : 신탁(trust)

(3) 명의대여 금지

금융투자업자는 자기의 명의를 대여하여 타인에게 금융투자업을 영위하게 하여서는 아니됨

(4) 겸영 제한

❶ 금융투자업자는 다른 금융업무를 겸영하고자 하는 경우 그 업무를 영위하기 시작한 날부터 2주 이내에 이를 금융위에 보고하여야 함

❷ 겸영대상 업무

ㄱ. 금융 관련 법령에서 인가·등록등을 요하는 금융업무(모든 금융투자업자) : 보험 대리점·보험중개사업무, 일반사무관리회사업무, 외국환업무 및 외국환중개 업무, 퇴직연금사업자업무, 담보부사채신탁업무, 자산관리회사업무(부동산 투 자회사법), 기업구조조정전문회사업무, 중소기업창업투자회사업무, 신기술사 업금융업

ㄴ. 금융 관련 법령에서 금융투자업자가 영위할 수 있도록 한 업무(모든 금융투자업 자) : 전자자금이체업무

ㄷ. 국가·공공단체 업무 대리 및 투자자예탁금의 자금이체업무(투자매매업자 및 투 자중개업자)

ㄹ. 그 밖에 다음에 해당하는 금융업무(투자자문업, 투자일임업만 경영하는 금융투자업자 는 제외함)

　　a. 「자산유동화에 관한 법률」에 따른 자산관리자업무 및 유동화전문회사업 무의 수탁업무

　　b. 투자자 계좌에 속한 증권·금전등에 대한 제3자 담보권의 관리업무

　　c. 사채모집 수탁업무

　　d. 기업금융업무 관련 대출업무 및 프로젝트 파이낸싱 관련 대출업무 : 증권 투자매매업자

　　e. 증권의 대차거래 및 그 중개·주선·대리업무 : 증권 투자매매·중개업자

　　f. 지급보증업무 : 증권 및 장외파생상품 투자매매업자

　　g. 원화표시 양도성 예금증서 및 대출채권 등 채권의 매매와 그 중개·주선· 대리업무 : 채무증권 투자매매·중개업자

　　h. 대출의 중개·주선·대리업무

　　i. 금지금의 매매·중개업무

　　j. 퇴직연금사업자로서 퇴직연금수급권을 담보로 한 대출업무

(5) 부수업무 영위

❶ 금융투자업자는 금융투자업에 부수하는 업무를 영위하고자 하는 경우 영위하기 시작한 날부터 2주 이내에 금융위에 보고하여야 함

❷ 제한·시정명령 : 금융위는 부수업무 신고 내용이 경영건전성을 저해하거나, 투

자자 보호에 지장을 초래하거나 금융시장의 안전성을 저해하는 경우에는 그 부수업무의 영위를 제한하거나 시정을 명할 수 있음

(6) 업무위탁

❶ 규제 개요

　ㄱ. 금융투자업자는 영위 업무(금융투자업, 겸영업무, 부수업무)의 일부를 제3자에게 위탁할 수 있음

　ㄴ. 금융투자업의 본질적 업무(인가·등록을 한 업무와 관련된 필수업무)를 위탁하는 경우에는 위탁받는 자가 당해 업무 수행에 필요한 인가·등록한 자이어야 함(외국업자의 경우 해당 국가에서 인가·등록한 자)

　ㄷ. 준법감시인 및 위험관리책임자의 업무 등 내부통제업무는 위탁이 금지됨

❷ 본질적 업무

　ㄱ. 투자매매업 : 계약 체결·해지, 매매호가 제시, 주문의 접수·전달·집행, 인수, 인수증권의 가치분석, 인수증권 가격 결정 및 청약사무수행·배정업무

　ㄴ. 투자중개업 : 계약 체결·해지, 일일정산, 증거금 관리 및 거래종결, 주문의 접수·전달·집행·확인

　ㄷ. 집합투자업 : 집합투자기구 설정·설립, 집합투자재산 운용·운용지시, 집합투자재산 평가

　ㄹ. 투자자문·일임업 : 계약 체결·해지, 투자조언·투자일임

　ㅁ. 신탁업 : 신탁계약 및 집합투자재산 보관·관리계약 체결·해지, 신탁재산 및 집합투자재산 보관·관리, 신탁재산 운용(신탁재산에 속하는 지분증권의 의결권 행사를 포함)

❸ 재위탁의 제한 : 원칙적으로 재위탁은 금지되나, 단순업무 및 외화자산 운용·보관업무는 위탁자의 동의를 받아 재위탁할 수 있음

❹ 기타 업무위탁 관련 규제

　ㄱ. 금융투자업자는 제3자에게 업무를 위탁하는 경우 위탁계약을 체결하여야 하며, 실제 업무 수행일의 7일 전(단, 본질적 업무에 해당하지 아니하는 업무에 대해서는 업무수행일로부터 14일 이내)까지 금융위에 보고하여야 함

　ㄴ. 금융투자업자는 업무위탁을 한 내용을 계약서류 및 투자설명서(집합투자업자의 경우 제124조 제2항 제3호에 따른 간이투자설명서를 포함한다. 제64조, 제86조 및 제93조에서

도 동일)에 기재하여야 하며, 사후에 그 내용을 변경한 경우 투자자에게 통보
하여야 함

ㄷ. 금융투자업자는 위탁업무의 범위 내에서 투자자의 금융투자상품 매매 등에
관한 정보를 제공할 수 있음

(7) 이해상충 관리

❶ 규제체계

ㄱ. 일반 규제 : 신의성실의무, 투자자의 이익을 해하면서 자기 또는 제3자의 이
익도모 금지, 직무 관련 정보이용 금지, 선관주의의무

☞ 선관주의의무는 자산관리업자(집합투자업, 신탁업, 투자자문·일임업)에게만 적
용됨

ㄴ. 직접 규제 : 선행매매 금지, 과당매매 금지, 이해관계인과의 투자자 재산(집합
투자재산, 신탁재산, 투자일임재산) 거래 제한등

ㄷ. 정보교류 차단장치(Chinese Wall) : 사내·외 정보차단벽 간 정보제공, 임직원
겸직, 사무공간·전산설비 공동이용 등 정보교류 금지

❷ 이해상충 관리의무

ㄱ. 금융투자업자는 금융투자업의 영위와 관련하여 금융투자업자와 투자자 간,
특정 투자자와 다른 투자자 간 이해상충을 방지하기 위해 이해상충발생 가능
성을 파악·평가하고, 내부통제기준이 정하는 방법·절차에 따라 이를 적절
히 관리하여야 함

ㄴ. 이해상충이 발생할 가능성이 있다고 인정되는 경우에는 투자자에게 그 사실
을 미리 알리고, 이해상충이 발생할 가능성을 내부통제 기준에 따라 투자자
보호에 문제가 없는 수준으로 낮춘 후에 거래를 하여야 함

ㄷ. 금융투자업자는 이해상충이 발생할 가능성을 낮추는 것이 곤란하다고 판단
되는 경우에는 거래를 하여서는 아니 됨

(8) 정보교류 차단장치

❶ 내부 정보교류 차단장치 설치 범위

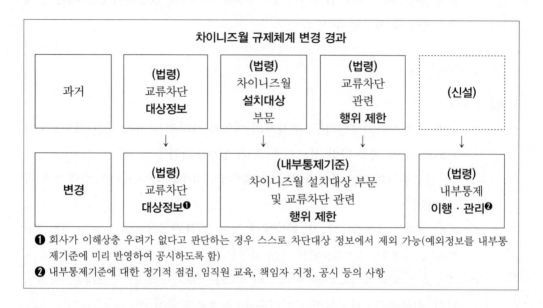

❷ 내부 정보교류 차단장치 주요 내용

ㄱ. 미공개중요정보, 투자자의 금융투자상품 매매 또는 소유 현황에 관한 정보로
서 불특정 다수인이 알 수 있도록 공개되기 전의 정보, 집합투자재산, 투자일
임재산 및 신탁재산의 구성내역과 운용에 관한 정보로서 불특정 다수인이 알
수 있도록 공개되기 전의 정보 등의 정보교류는 원칙적으로 금지

ㄴ. 정보교류 차단을 위해 필요한 기준 및 절차, 정보교류 차단의 대상이 되는 정
보의 예외적 교류를 위한 요건 및 절차, 정보교류 차단 업무를 독립적으로 총
괄하는 임원 또는 금융위가 정하여 고시하는 총괄·집행책임자의 지정·운
영, 정보교류 차단을 위한 상시적 감시체계의 운영, 내부통제기준 중 정보교
류 차단과 관련된 주요 내용의 공개 등을 포함한 내부통제기준 수립의무

(1) 공통규제

❶ 투자권유 : 특정 투자자를 상대로 금융투자상품의 매매, 투자자문계약·투자일임계약·신탁계약(관리형신탁 및 투자성 없는 신탁계약 제외)의 체결을 권유하는 것

❷ 적합성 원칙

☞ 자본시장법상 적합성 원칙, 적정성 원칙, 설명의무 등의 규제는 상당수가 「금융소비자 보호에 관한 법률」(이하 '금융소비자보호법'이라 한다)로 이관되었으나, 금융투자업자에 관한 내용을 중심으로 금융소비자보호법의 내용을 살펴보기로 함

ㄱ. 금융투자업자는 금융소비자가 일반금융소비자인지 전문금융소비자인지를 확인하여야 함

ㄴ. 고객파악 의무(Know Your Customer Rule) : 금융투자업자는 일반금융소비자에게 투자권유를 하기 전에 면담 등을 통하여 투자자의 투자목적·재산상황·투자경험 등의 정보를 파악하고, 투자자로부터 서명 등의 방법으로 확인을 받아 유지·관리하여야 하며, 확인받은 내용을 일반금융소비자에게 제공하여야 함

ㄷ. 적합성 원칙(Suitability) : 금융투자업자는 일반금융소비자에게 투자권유를 하는 경우 그 일반금융소비자의 투자목적 등에 비추어 적합하지 아니하다고 인정되는 투자권유를 하여서는 아니 됨

❸ 적정성 원칙

ㄱ. 금융투자업자는 일반금융소비자에게 투자권유를 하지 아니하고 자본시장법에 따른 파생상품 및 파생결합증권, 사채(社債) 중 일정한 사유가 발생하는 경우 주식으로 전환되거나 원리금을 상환해야 할 의무가 감면될 수 있는 사채, 자본시장법 시행령에 따른 고난도금융투자상품, 고난도투자일임계약 및 고난도금전신탁계약 등을 판매하려는 경우에는 면담·질문 등을 통하여 그 일반금융소비자의 일반금융소비자의 연령, 금융상품에 대한 이해도, 기대이익 및 기대손실 등을 고려한 위험에 대한 태도 등의 정보를 파악하여야 함

ㄴ. 금융투자업자는 일반금융소비자의 투자목적 등에 비추어 해당 파생상품등이

그 일반투자자에게 적정하지 아니하다고 판단되는 경우에는 그 사실을 알리고, 일반투자자로부터 서명 등의 방법으로 확인을 받아야 함

❹ 설명의무

ㄱ. 금융투자업자는 일반금융소비자에게 투자권유를 하는 경우에는 금융투자상품의 내용 등을 투자자가 이해할 수 있도록 설명하여야 하며, 금융소비자가 이해하였음을 서명 등의 방법으로 확인하여야 함

☞ 설명하여야 할 내용 : 금융투자상품의 내용, 투자 위험, 금융소비자가 부담해야 하는 수수료, 계약의 해지·해제, 증권의 환매(還買) 및 매매 등에 관한 사항

ㄴ. 금융투자업자는 설명을 함에 있어 투자자의 합리적인 투자판단이나 해당 금융투자상품의 가치에 중대한 영향을 미칠 수 있는 중요사항을 거짓으로 또는 왜곡(불확실한 사항에 대하여 단정적 판단을 제공하거나 확실하다고 오인하게 할 소지가 있는 내용을 알리는 행위를 말한다)하여 설명하거나 중요한 사항에 대한 설명을 누락하여서는 아니 됨

ㄷ. 금융투자업자는 설명의무(확인의무 제외) 위반으로 인해 발생한 일반금융소비자의 손해를 배상할 책임이 있음. 이 경우 일반금융소비자 손실액 전부를 손해액으로 추정(손해액 산정의 입증책임의 전환)

❺ 부당권유의 금지

ㄱ. 거짓의 내용을 알리는 행위 및 불확실한 사항에 대하여 단정적 판단을 제공하거나 확실하다고 오인하게 될 소지가 있는 내용을 알리는 행위 금지

ㄴ. 투자자에게 투자권유의 요청을 받지 않고 방문·전화등 실시간 대화의 방법을 이용하여 장외파생상품의 투자권유를 하는 행위 금지(unsolicited call 금지)

ㄷ. 계약의 체결권유를 받은 금융소비자가 이를 거부하는 취지의 의사를 표시하였는데도 계약의 체결권유를 계속하는 행위 금지. 다만, 1개월 경과 후 투자권유 및 다른 종류의 금융투자상품에 대한 투자권유는 가능

ㄹ. 금융상품 내용의 일부에 대하여 비교대상 및 기준을 밝히지 아니하거나 객관적인 근거 없이 다른 금융상품과 비교하여 해당 금융상품이 우수하거나 유리하다고 알리는 행위 금지

ㅁ. 금융상품의 가치에 중대한 영향을 미치는 사항을 미리 알고 있으면서 금융소비자에게 알리지 아니하는 행위 금지

❻ 투자권유준칙

ㄱ. 금융투자업자는 투자권유를 함에 있어 임직원이 준수하여야 할 구체적인 기준 및 절차(투자권유준칙)를 정하여야 함. 파생상품 등에 대하여는 일반투자자의 투자목적 등을 고려하여 투자자 등급별로 차등화된 투자권유준칙을 마련하여야 함

ㄴ. 협회는 금융투자업자가 공통으로 사용할 수 있는 표준투자권유준칙을 정할 수 있음

ㄷ. 금융투자업자는 투자권유준칙을 제정하거나 변경한 경우 인터넷 홈페이지 등을 통하여 이를 공시하여야 함

(2) 투자권유대행인

❶ 자격

ㄱ. 투자권유자문인력·투자운용인력 시험에 합격한 자 또는 보험모집에 종사하고 있는 보험설계사·중개사·대리점 등록요건을 갖춘 자(집합투자증권의 투자권유로 제한)로서 협회가 정한 교육을 이수한 자, 1사 전속(다른 금융투자업자에 의해 금융위에 등록된 자가 아닐 것), 등록이 취소된 경우 그 등록이 취소된 날로부터 3년 경과자

ㄴ. 금융투자업자는 투자권유대행인에게 투자권유를 위탁하는 경우 위탁받은 자를 금융위에 등록하여야 함. 금융위는 등록업무를 협회에 위탁

❷ 투자권유대행인의 금지행위

ㄱ. 위탁한 금융투자업자를 대리하여 계약을 체결하는 행위

ㄴ. 투자자로부터 금전·증권등의 재산을 수취하는 행위

ㄷ. 투자권유대행업무를 제3자에게 재위탁하는 행위

ㄹ. 둘 이상의 금융투자업자와 투자권유 위탁계약을 체결하는 행위

ㅁ. 보험설계사가 소속 보험회사가 아닌 보험회사와 투자권유 위탁계약을 체결하는 행위 등

❸ 투자권유대행인은 투자권유를 대행함에 있어 금융투자업자의 명칭, 금융투자업자를 대리하여 계약을 체결할 권한이 없다는 사실, 투자자로부터 금전·재산 등을 수취할 수 없다는 사실 등을 투자자에게 알려야 하며, 자신이 투자권유대행인이라는 사실을 나타내는 표지를 게시하거나 증표를 내보여야 함

❹ 금융투자업자는 투자권유대행인이 투자권유를 대행함에 있어 법령을 준수하고 건전한 거래질서를 해하는 일이 없도록 성실히 관리하여야 하며, 이를 위한 투자권유대행 기준을 제정하여야 함. 투자권유대행인이 투자권유를 대행함에 있어서 투자자에게 손해를 끼친 경우 민법상의 사용자의 배상책임이 준용됨

❺ 투자권유대행인의 금지사항 및 고지사항 : 투자권유대행인은 법령에서 정하는 행위 외에 ① 금융투자상품의 매매, 그 밖의 거래와 관련하여 투자자에게 일정 한도를 초과하여 직접 또는 간접적인 재산상의 이익을 제공하면서 권유하는 행위, ② 금융투자상품의 가치에 중대한 영향을 미치는 사항을 사전에 알고 있으면서 이를 투자자에게 알리지 아니하고 당해 금융투자상품의 매수 또는 매도를 권유하는 행위, ③ 위탁계약을 체결한 금융투자업자가 이미 발행한 주식의 매수 또는 매도를 권유하는 행위, ④ 투자목적, 재산상황 및 투자경험 등을 감안하지 아니하고 투자자에게 지나치게 빈번하게 투자권유를 하는 행위, ⑤ 자기 또는 제3자가 소유한 금융투자상품의 가격 상승을 목적으로 투자자에게 당해 금융투자상품의 취득을 권유하는 행위, ⑥ 투자자가 불공정거래를 하고자 함을 알고 그 매매, 그 밖의 거래를 권유하는 행위, ⑦ 금융투자상품의 매매, 그 밖의 거래와 관련하여 투자자의 위법한 거래를 은폐하여 주기 위하여 부정한 방법을 사용하도록 권유하는 행위를 할 수 없음

또한, 투자권유대행인은 투자권유를 대행함에 있어서 투자자에게 법령에서 정하는 사항 외에 ① 금융투자상품의 매매, 기타 거래에 관한 정보는 금융투자업자가 관리하고 있다는 사실, ② 투자권유대행인의 금지사항을 미리 알려야 함

❻ 검사 · 조치
ㄱ. 투자권유대행인은 투자권유대행과 관련하여 업무 및 재산상황에 대하여 금융감독원장의 검사를 받아야 함
ㄴ. 금융위는 투자권유대행인의 등록요건 미유지, 법률 위반 등에 대하여 등록을 취소하거나 6개월 이내의 투자권유대행업무 정지를 할 수 있음

(3) 직무 관련 정보의 이용 금지 등

❶ 직무 관련 정보의 이용 금지 : 금융투자업자는 직무상 알게 된 정보로서 외부에 공개되지 아니한 정보를 정당한 사유 없이 자기 또는 제3자의 이익을 위하여 이용하여서는 아니됨

❷ 손실보전 등의 금지 : 금융투자업자 및 그 임직원은 금융투자상품의 거래와 관련하여 사전 손실보전 약속 또는 사후 손실보전, 사전 이익보장 또는 사후 이익제공을 하여서는 아니됨

　　다만, 손실의 보전·이익의 보장이 허용된 신탁상품, 그 밖에 정당한 사유가 있는 경우를 제외함

> **(참고 법령해석)** 손익의 분배 또는 손익의 순위를 달리 정하는 일반 사모집합투자기구를 운용하는 집합투자업자가 고유재산으로 당해 집합투자기구 후순위 수익권의 전부 또는 일부를 취득할지라도, 위와 같은 사정만으로 손실보전 등의 금지에 반하지 아니함(금융위원회 2020. 3. 2. 자 법령해석)

(4) 약관

❶ 금융투자업자의 신고, 공시
　　ㄱ. 금융투자업자는 금융투자업 영위와 관련하여 약관을 제정·변경하고자 하는 경우 미리 금융위에 신고하여야 함. 다만, 보고 또는 신고된 약관과 동일하거나 유사한 내용으로 약관을 제정·변경하는 경우, 표준약관의 제정·변경에 따라 약관을 제정·변경하는 경우, 변경명령에 따라 약관을 제정·변경하는 경우, 법령의 제정·개정에 따라 약관을 제정·변경하는 경우에는 제정·변경 후 7일 이내에 금융위 및 협회에 보고하여야 함
　　ㄴ. 금융투자업자는 약관을 제정·변경한 경우 공시하여야 함

❷ 협회의 표준약관 제정, 변경
　　협회는 표준약관을 제정·변경고자 하는 경우에는 미리 금융위에 신고하여야 함. 다만, 전문투자자만을 대상으로 하는 표준약관을 제정·변경한 경우에는 제정·변경 후 7일 이내에 금융위에 보고하여야 함

❸ 금융위의 약관 변경 명령
　　금융위는 약관이 법령에 위반되거나 투자자 이익을 침해할 우려가 있는 경우에는 금융투자업자 또는 협회에 약관의 변경을 명할 수 있음

(5) 수수료

❶ 금융투자업자는 투자자로부터 받는 수수료의 부과기준 및 절차에 관한 사항을

정하여 공시하여야 함

❷ 금융투자업자는 수수료 부과기준을 정함에 있어 정당한 사유 없이 투자자를 차별하여서는 아니 됨

❸ 금융투자업자는 수수료 부과기준 및 절차를 협회에 통보하여야 하며, 협회는 금융투자업자별로 비교·공시하여야 함

(6) 자료의 기록·유지

금융투자업자는 업무 관련 자료를 종류별로 일정한 기간 동안 기록·유지하여야 하며(영업·재무 관련 자료 10년, 내부통제자료 5년 등), 자료가 멸실되거나 위조·변조가 되지 않도록 적절한 대책을 수립·시행하여야 한다.

(7) 소유증권 예탁

금융투자업자(겸영업자 제외)는 고유재산으로 소유하는 증권 및 원화CD를 예탁결제원에 예탁하여야 한다. 다만, 해당 증권의 유통 가능성, 다른 법령에 따른 유통방법이 있는지 여부, 예탁의 실행 가능성 등을 고려하여 대통령령으로 정하는 경우에는 예탁결제원에 예탁하지 아니할 수 있음. 외화증권의 경우에는 외국 보관기관에 예탁할 수 있다.

(8) 금융투자업 폐지 공고

금융투자업자는 금융투자업을 폐지하거나 지점·영업소의 영업을 폐지하는 경우에는 폐지 30일 전에 일간신문에 공고하여야 하며, 알고 있는 채권자에게는 각각 통지하여야 한다.

금융투자업자는 인가대상 또는 등록대상 금융투자업 전부의 폐지를 승인받거나 금융투자업 인가 또는 등록이 취소된 경우 그 금융투자업자가 행한 거래를 종결시켜야 하며, 거래를 종결시키는 범위에서는 금융투자업자로 간주

(9) 임직원의 금융투자상품 매매

❶ 금융투자업자의 임직원(겸영 금융투자업자(증권금융회사 제외)의 경우 금융투자업 직무 수행 임직원에 한함)은 자기 계산으로 특정 금융투자상품을 매매하는 경우 자기의 명의로 하나의 투자중개업자(투자중개업자의 임직원은 그가 소속된 투자중개업자에 한함)를 통하여 하나의 계좌로 매매하여야 하며, 매매명세를 분기별 (주요 직무종사자

의 경우 월별)로 소속 회사에 통지하여야 함

❷ 특정 금융투자상품의 범위 : 상장 지분증권 또는 협회중개시장 거래 지분증권(집합투자증권 및 우리사주조합 명의로 취득하는 주식제외), 상장 증권예탁증권, 주권 관련 사채권(상장 지분증권·증권예탁증권 관련), 파생결합증권(상장 지분증권·증권예탁증권 관련), 장내파생상품, 장외파생상품(상장 지분증권·증권예탁증권 관련)

❸ 금융투자업자는 임직원의 금융투자상품 매매와 관련하여 불공정행위 또는 이해상충 방지를 위해 임직원에 따라야 할 적절한 기준 및 절차를 정하여야 하며, 분기별로 확인하여야 함

(10) 손해배상책임

❶ 금융투자업자는 법령·약관·집합투자규약·투자설명서를 위반하거나 그 업무를 소홀히 하여 투자자에게 손해를 발생시킨 경우 배상책임이 있음

❷ 투자매매업·중개업과 집합투자업 겸영에 따른 이해상충과 관련된 불건전 영업행위로 인한 손해에 대하여는 그 금융투자업자가 상당한 주의를 다하였음을 증명하거나, 투자자가 거래 시 그 사실을 안 경우에는 배상책임을 지지 않음

❸ 금융투자업자가 손해배상책임을 지는 경우, 관련 임원에게도 귀책사유가 있는 경우에는 금융투자업자와 연대하여 손해를 배상할 책임이 있음

(11) 외국 금융투자업자의 특례

❶ 외국 금융투자업자의 지점·영업소에 대하여 자본시장법을 적용하는 경우 영업기금 및 관련 전입금은 자본금으로 보고, 자본금·적립금·이월이익잉여금 합계액은 자기자본으로 보며, 국내 대표자는 임원으로 간주

❷ 외국 금융투자업자의 지점·영업소는 영업기금과 부채액의 합계액에 상당하는 자산을 국내에 두어야 함

❸ 외국 금융투자업자의 지점·영업소가 청산·파산하는 경우 국내 자산은 국내 채무 변제에 우선 충당하여야 함

chapter 04

투자매매업자 및 투자중개업자에 대한 영업행위규제

개요

금융투자업자 중 투자매매업자 및 투자중개업자에 대해서는 공통영업행위규칙 외에 투자매매업 또는 투자중개업을 영위하면서 발생할 수 있는 이해상충을 방지하여 투자자 피해를 최소화하고 건전한 영업질서를 유지하기 위해 매매행태 명시, 자기계약 금지, 시장매매 의무, 자기주식 취득제한, 임의매매 금지, 불건전 영업행위 금지, 신용공여 제한, 매매명세 통지, 예탁금 예금증권 보관 등을 규제하고 있다.

section 02 　매매 또는 중개업무 관련 규제

1 　매매형태의 명시

투자매매업자 또는 투자중개업자는 투자자로부터 금융투자상품의 매매에 관한 청약 또는 주문을 받는 경우에는 사전에 그 투자자에게 자기가 투자매매업자인지 투자중개업자인지를 밝혀야 한다(법 제66조).

이는 당해 매매에서 금융투자업자가 거래의 중개에 따른 수수료를 수취하는 중개인인지, 아니면 투자자와의 거래에 따른 손익을 추구하는 협상의 상대방인지 그 역할을 사전에 투자자에게 분명하게 알림으로써 투자자가 합리적 판단을 할 수 있는 기회를 제공하고자 하는 취지이며, 이를 알리는 방법상의 제한은 없다.

매매형태 명시의무를 위반하여 투자자의 주문을 받은 투자매매업자 또는 투자중개업자는 1년 이하의 징역 또는 3천만 원 이하의 벌금에 처할 수 있다(법 제446조 제11호).

2 　자기계약의 금지

투자매매업자 또는 투자중개업자는 금융투자상품에 관한 같은 매매에 있어서 자신이 본인이 됨과 동시에 상대방의 투자중개업자가 될 수 없다(법 제67조). 다만, ① 투자매매업자 또는 투자중개업자가 증권시장 또는 파생상품시장을 통하여 매매가 이루어지도록 한 경우 또는 ② 그 밖에 투자자 보호 및 건전한 거래질서를 해할 우려가 없는 경우로서 대통령령으로 정하는 경우, 즉 ㉠ 투자매매업자 또는 투자중개업자가 자기가 판매하는 집합투자증권을 매수하는 경우, ㉡ 투자매매업자 또는 투자중개업자가 다자간매매체결회사를 통하여 매매가 이루어지도록 한 경우, ㉢ 종합금융투자사업자가 금융투자상품의 장외매매가 이루어지도록 한 경우 또는 ㉣ 그 밖에 공정한 가격 형성과 매매, 거래의 안정성과 효율성 도모 및 투자자의 보호에 우려가 없는 경우로서 금융위가 정하여 고시하는 경우에는 그러하지 아니한다.

고객으로부터 금융투자상품의 매매를 위탁받은 투자중개업자가 고객의 대리인이 됨과 동시에 그 거래 상대방이 될 수 없다는 의미이며, 이 외에 투자자 보호나 건전한 거

chapter 4　투자매매업자 및 투자중개업자에 대한 영업행위규제　77

래질서를 해칠 우려가 없는 경우도 예외로 인정한다는 의미

자기계약금지를 위반하여 고객과 거래한 투자매매업자 또는 투자중개업자는 1년 이하의 징역 또는 3천만 원 이하의 벌금에 처할 수 있다(법 제446조 제12호).

3 최선집행의무

투자매매업자 또는 투자중개업자는 금융투자상품의 매매(대통령령으로 정하는 거래는 제외)에 관한 투자자의 청약 또는 주문을 처리하기 위하여 대통령령으로 정하는 바에 따라 최선의 거래조건으로 집행하기 위한 기준(이하 '최선집행기준'이라 한다)을 마련하고 이를 공표하여야 한다.

❶ 최선집행기준이 적용되지 않는 거래는 ① 증권시장에 상장되지 아니한 증권의 매매, ② 장외파생상품의 매매, ③ 증권시장에 상장된 증권 또는 장내파생상품의 어느 하나에 해당하는 금융투자상품 중 복수의 금융투자상품시장에서의 거래 가능성 및 투자자 보호의 필요성 등을 고려하여 총리령으로 정하는 금융투자상품의 매매

❷ 최선집행기준이 적용되지 않는 금융투자상품은 ① 채무증권, ② 지분증권(주권은 제외한다), ③ 수익증권, ④ 투자계약증권, ⑤ 파생결합증권, ⑥ 증권예탁증권(주권과 관련된 증권예탁증권은 제외), ⑦ 장내파생상품

❸ 최선집행기준에는 ① 금융투자상품의 가격, ② 투자자가 매매체결과 관련하여 부담하는 수수료 및 그 밖의 비용, ③ 그 밖에 청약 또는 주문의 규모 및 매매체결의 가능성 등을 고려하여 최선의 거래조건으로 집행하기 위한 방법 및 그 이유 등이 포함되어야 함. 다만, 투자자가 청약 또는 주문의 처리에 관하여 별도의 지시를 하였을 때에는 그에 따라 최선집행기준과 달리 처리할 수 있음

투자매매업자 또는 투자중개업자는 최선집행기준에 따라 금융투자상품의 매매에 관한 청약 또는 주문을 집행하여야 한다. 투자자의 청약 또는 주문을 집행한 후 해당 투자자가 그 청약 또는 주문이 최선집행기준에 따라 처리되었음을 증명하는 서면 등을 요구하는 경우에는 금융위가 정하여 고시하는 기준과 방법에 따라 해당 투자자에게 제공하여야 한다.

투자매매업자 또는 투자중개업자는 3개월마다 최선집행기준의 내용을 점검하여야

하는데, 이 경우 최선집행기준의 내용이 청약 또는 주문을 집행하기에 적합하지 아니한 것으로 인정되는 때에는 이를 변경하고, 변경의 이유를 포함하여 그 변경 사실을 공표하여야 한다. 최선집행기준의 공표 또는 그 변경 사실의 공표는 ① 투자매매업자 또는 투자중개업자의 본점과 지점, 그 밖의 영업소에 게시하거나 비치하여 열람에 제공하는 방법 또는 ② 투자매매업자 또는 투자중개업자의 인터넷 홈페이지를 이용하여 공시하는 방법으로 하여야 한다.

투자매매업자 또는 투자중개업자는 금융투자상품의 매매에 관한 청약 또는 주문을 받는 경우에는 미리 문서, 전자문서, 또는 팩스로 최선집행기준을 기재 또는 표시한 설명서를 투자자에게 교부하여야 한다. 다만, 이미 해당 설명서 또는 변경내용이 기재 또는 표시된 설명서를 교부한 경우에는 그러하지 아니하다.

최선의 거래조건의 구체적인 내용, 최선집행기준의 공표의 방법과 제2항에 따른 청약·주문의 집행 방법 및 최선집행기준의 점검·변경 및 변경 사실의 공표 방법 등에 관하여 필요한 사항은 대통령령으로 정하도록 하고 있다.

4 자기주식의 예외적 취득

투자매매업자는 투자자로부터 그 투자매매업자가 발행한 자기주식으로서 증권시장(다자간매매체결회사에서의 거래를 포함)의 매매 수량단위 미만의 주식에 대하여 매도의 청약을 받은 경우에는 이를 증권시장 밖에서 취득할 수 있다(법 제69조). 이 경우 취득한 자기주식은 취득일로부터 3개월 이내에 처분하여야 한다.

5 임의매매의 금지

투자매매업자 또는 투자중개업자는 투자자나 그 대리인으로부터 금융투자상품의 매매의 청약 또는 주문을 받지 아니하고는 투자자로부터 예탁받은 재산으로 금융투자상품의 매매를 할 수 없다(법 제70조).

이러한 임의매매는 투자자로부터 매매에 대한 위탁 또는 위임이 있는 일임매매와 구분하여야 한다.

임의매매를 한 투자매매업자 또는 투자중개업자는 5년 이하의 징역 또는 2억 원 이하의 벌금에 처할 수 있다(법 제444조 제7호).

불건전 영업행위의 금지

1 개요

투자매매업자 또는 투자중개업자는 영업의 영위와 관련하여 투자자 보호 또는 건전한 거래질서를 해칠 우려가 있는 행위를 할 수 없으며, 이를 위반한 금융투자업자 및 그 임직원은 손해배상책임과 행정조치뿐만 아니라 형사벌칙의 대상이 된다.

자본시장법은 이러한 불건전 영업행위 중 그 정도가 중하고 대표적인 유형을 직접 열거(법 제71조)하여 그 위반행위에 대하여 5년 이하의 징역 또는 2억 원 이하의 벌금에 처하도록 하고 있으며(법 제444조 제8호), 시행령 등 하위규정에서 그 밖의 불건전 영업행위를 정할 수 있도록 위임하는 동시에 그 하위규정의 위반행위에 대해서는 5천만 원 이하의 과태료를 부과하도록 하고 있다(법 제449조 제29호).

2 선행매매의 금지

투자중개업자 또는 투자매매업자는 투자자로부터 금융투자상품의 가격에 중대한 영향을 미칠 수 있는 매수 또는 매도의 청약이나 주문을 받거나 받게 될 가능성이 큰 경우 고객의 주문을 체결하기 전에 자기의 계산으로 매수 또는 매도하거나 제3자에게 매수 또는 매도를 권유하는 행위(front-running)를 할 수 없다(법 제71조 제1호).

다음의 경우에는 선행매매에 해당되지 않는다(시행령 제68조 제1항 제1호).

(1) 투자자의 매매주문에 관한 정보를 이용하지 않았음을 입증하는 경우

(2) 증권시장과 파생상품시장 간의 가격차이를 이용한 차익거래, 그 밖에 이에 준하는 거래로서 투자자의 정보를 의도적으로 이용하지 아니하였다는 사실이 객관적으로 명백한 경우

3 　조사분석자료 공표 후 매매금지

투자매매업자 또는 투자중개업자는 특정 금융투자상품의 가치에 대한 주장이나 예측을 담고 있는 자료(조사분석자료)를 투자자에게 공표함에 있어서 그 조사분석자료의 내용이 사실상 확정된 때부터 공표 후 24시간이 경과하기 전까지 그 조사분석자료의 대상이 된 금융투자상품을 자기의 계산으로 매매(scalping)할 수 없다(법 제71조 제2호).

이는 투자자의 투자판단에 영향을 미치는 자료를 생성하는 자(투자매매업자 또는 투자중개업자)가 그를 이용하여 금융투자상품 매매를 하는 행위를 막기 위한 것이다.

다음의 어느 하나에 해당되는 경우에는 적용 예외(시행령 제68조 제1항 제2호)

(1) 조사분석자료의 내용이 직접 또는 간접으로 특정 금융투자상품의 매매를 유도하는 것이 아닌 경우

(2) 조사분석자료의 공표로 인한 매매유발이나 가격 변동을 의도적으로 이용하였다고 볼 수 없는 경우

(3) 공표된 조사분석자료의 내용을 이용하여 매매하지 아니하였음을 증명하는 경우

(4) 해당 조사분석자료가 이미 공표한 조사분석자료와 비교하여 새로운 내용을 담고 있지 아니한 경우

4 　조사분석자료 작성자에 대한 성과보수 금지

조사분석자료의 작성을 담당하는 자에 대해서는 일정한 기업금융업무와 연동된 성과보수를 지급할 수 없다(법 제71조 제3호).

성과보수 연동이 금지되는 기업금융업무는 조사분석자료의 왜곡 가능성이 높은 다음의 업무를 말한다(시행령 제68조 제2항).

(1) 인수업무

(2) 모집·사모·매출의 주선업무

(3) 기업의 인수 및 합병의 중개·주선 또는 대리업무

(4) 기업의 인수·합병에 관한 조언업무

(5) 경영참여형 사모집합투자기구 집합투자재산 운용업무

(6) 프로젝트금융의 자문 또는 주선업무, 자문 또는 주선에 수반되는 프로젝트금융

5 모집·매출과 관련된 조사분석자료의 공표·제공 금지

투자매매업자 또는 투자중개업자는 주권 등 일정한 증권의 모집 또는 매출과 관련된
계약을 체결한 날부터 그 증권이 최초로 증권시장에 상장된 후 40일 이내에 그 증권에
대한 조사분석자료를 공표하거나 특정인에게 제공할 수 없다(법 제71조 제4호).

☞ 대상증권 : 주권, 전환사채, 신주인수권부사채, 교환사채(주권, CB 또는 BW와 교환을 청
구할 수 있는 것만 해당 및 이들과 관련된 증권예탁증권(법 제71조 제4호 및 시행령 제68조 제4항)

6 투자권유대행인·투자권유자문인력 이외의 자의 투자권유 금지

투자매매업자 또는 투자중개업자는 투자권유대행인 또는 투자권유자문인력이 아닌
자에게 투자권유를 하도록 할 수 없다(법 제71조 제5호).

투자권유대행인은 자기의 직원이 아닌 자로서 금융투자업자가 투자권유를 위탁하는
자를 말하며, 투자권유자문인력은 금융투자업자의 직원 중 투자권유자문인력을 말한다.

따라서 금융투자업자는 투자권유를 외부에 위탁하는 경우에는 투자권유대행인, 내부
직원으로 하여금 하도록 하는 경우에는 투자권유자문인력에게만 권유를 하도록 하여야
한다는 의미한다.

7 일임매매의 금지

투자매매업자 또는 투자중개업자는 투자자로부터 금융투자상품에 대한 투자판단의
전부 또는 일부를 일임받아 투자자별로 구분하여 금융투자상품의 취득·처분, 그 밖의
방법으로 운용하는 행위, 즉 일임매매를 할 수 없다(법 제71조 제6호).

다만, 투자일임업의 형태로 하는 경우와 법 제7조 제4항(투자중개업자가 투자자의 매매주

문을 받아 이를 처리하는 과정에서 금융투자상품에 대한 투자판단의 전부 또는 일부를 일임받을 필요가 있는 경우로서 일정한 경우(시행령 제7조 제2항)에는 투자일임업으로 보지 않음)에서 예외적으로 투자일임업으로 보지 않는 경우에는 적용하지 아니한다.

<h2>**8 기타 불건전영업행위의 금지**</h2>

이러한 불건전영업행위 외에 투자자 보호 또는 건전한 거래질서를 해할 우려가 있는 행위로서 시행령에서 정하는 다음의 행위도 금지된다(법 제71조 제7호, 시행령 제68조 제5항).

(1) 투자매매업자 또는 투자중개업자에게 서면으로 일반투자자와 같은 대우를 받겠다고 통지한 전문투자자의 요구에 정당한 사유 없이 동의하지 아니하는 행위

다만, 전문투자자 중 국가, 한국은행, 국내 금융회사, 예금보험공사등(시행령 제10조 제3항 제1호 내지 제11호), 외국정부, 조약에 의한 국제기구, 외국중앙은행 등은 제외

(2) 일반투자자 중 금융소비자보호법 제17조 제2항 또는 제18조 제1항에 따라 투자목적·재산상황 및 투자경험 등의 정보를 파악한 결과 판매 상품이 적합하지 않거나 적정하지 않다고 판단되는 사람 또는 65세 이상인 사람을 대상으로 금융투자상품(금융위원회가 정하여 고시하는 금융투자상품은 제외)을 판매하는 경우 다음 각 목의 어느 하나에 해당하는 행위

❶ 판매과정을 녹취하지 않거나 투자자의 요청에도 불구하고 녹취된 파일을 제공하지 않는 행위

❷ 투자자에게 권유한 금융투자상품의 판매과정에서 금융투자상품의 매매에 관한 청약 또는 주문(이하 "청약등"이라 한다)을 철회할 수 있는 기간(이하 "숙려기간"이라 한다)에 대해 안내하지 않는 행위

❸ 투자권유를 받고 금융투자상품의 청약등을 한 투자자에게 2영업일 이상의 숙려기간을 부여하지 않는 행위

❹ 숙려기간 동안 투자자에게 투자에 따르는 위험, 투자원금의 손실가능성, 최대 원금손실 가능금액 및 그 밖에 금융위가 정하여 고시하는 사항을 고지하지 않거나 청약등을 집행하는 행위

❺ 숙려기간이 지난 후 서명, 기명날인, 녹취 또는 그 밖에 금융위가 정하여 고시하

는 방법으로 금융투자상품의 매매에 관한 청약등의 의사가 확정적임을 확인하지 않고 청약등을 집행하는 행위

❻ 청약등을 집행할 목적으로 투자자에게 그 청약등의 의사가 확정적임을 표시해 줄 것을 권유하거나 강요하는 행위

(3) 투자자(투자자가 법인, 그 밖의 단체인 경우에는 그 임직원을 포함) 또는 거래상대방(거래상대방이 법인, 그 밖의 단체인 경우에는 그 임직원을 포함) 등에게 업무와 관련하여 금융위가 정하여 고시하는 기준을 위반하여 직접 또는 간접으로 재산상의 이익을 제공하거나 이들로부터 재산상의 이익을 제공받는 행위

(4) 증권의 인수업무 또는 모집·사모·매출의 주선업무와 관련하여 다음의 어느 하나에 해당하는 행위

❶ 발행인이 법 제119조 제3항에 따른 증권신고서(법 제122조 제1항에 따른 정정신고서와 첨부서류를 포함한다)와 법 제123조 제1항에 따른 투자설명서(법 제124조 제2항 제2호에 따른 예비투자설명서 및 법 제124조 제2항 제3호에 따른 간이투자설명서를 포함한다) 중 중요사항에 관하여 거짓의 기재 또는 표시를 하거나 중요사항을 기재 또는 표시하지 아니하는 것을 방지하는 데 필요한 적절한 주의를 기울이지 아니하는 행위

❷ 증권의 발행인·매출인 또는 그 특수관계인에게 증권의 인수를 대가로 모집·사모·매출 후 그 증권을 매수할 것을 사전에 요구하거나 약속하는 행위

❸ 인수(모집·사모·매출의 주선 포함)하는 증권의 배정을 대가로 그 증권을 배정받은 자로부터 그 증권의 투자로 인하여 발생하는 재산상의 이익을 직접 또는 간접으로 분배받거나 그 자에게 그 증권의 추가적인 매수를 요구하는 행위

❹ 인수하는 증권의 청약자에게 증권을 정당한 사유 없이 차별하여 배정하는 행위

❺ 그 밖에 투자자의 보호나 건전한 거래질서를 해칠 염려가 있는 행위로서 금융위가 정하여 고시하는 행위

(5) 금융투자상품의 가치에 중대한 영향을 미치는 사항을 미리 알고 있으면서 이를 투자자에게 알리지 아니하고 해당 금융투자상품의 매수나 매도를 권유하여 해당 금융투자상품을 매도하거나 매수하는 행위

(6) 투자자가 법 제174조(미공개 중요정보 이용행위 금지), 제176조(시세조종행위등의 금지), 제178조(부정거래행위등의 금지)를 위반하여 매매, 그 밖의 거래를 하려는 것을 알고 그 매

매, 그 밖의 거래를 위탁받는 행위

(7) 금융투자상품의 매매, 그 밖의 거래와 관련하여 투자자의 위법한 거래를 감추어 주기 위하여 부정한 방법을 사용하는 행위

(8) 금융투자상품의 매매, 그 밖의 거래와 관련하여 결제가 이행되지 아니할 것이 명백하다고 판단되는 경우임에도 정당한 사유 없이 그 매매, 그 밖의 거래를 위탁받는 행위

(9) 투자자에게 해당 투자매매업자·투자중개업자가 발행한 자기주식의 매매를 권유하는 행위

(10) 투자자로부터 집합투자증권(증권시장에 상장된 집합투자증권은 제외한다)을 매수하거나 그 중개·주선 또는 대리하는 행위. 다만 집합투자증권의 원활한 환매를 위하여 필요한 경우 등 자본시장법 제235조 제6항 단서에 따라 매수하는 경우는 제외함.

(11) 손실보전 금지 및 불건전영업행위 금지 등을 회피할 목적으로 하는 행위로서 장외파생상품거래, 신탁계약, 연계거래등을 이용하는 행위

(12) 채권자로서 그 권리를 담보하기 위하여 백지수표나 백지어음을 받는 행위등

(13) 집합투자증권의 판매업무와 집합투자증권의 판매업무 외의 업무를 연계하여 정당한 사유 없이 고객을 처벌하는 행위

(14) 종합금융투자사업자가 시행령 제77조의6 제2항을 위반하여 같은 조 제1항 제2호에 따른 단기금융업무를 하는 행위

(15) 종합금융투자사업자가 시행령 제77조의6 제3항을 위반하여 같은 조 제1항 제3호에 따른 종합투자계좌업무를 하는 행위

(16) 그 밖에 투자자의 보호나 건전한 거래질서를 해칠 염려가 있는 행위로서 금융위가 정하여 고시하는 행위

section 04 | 신용공여에 관한 규제

1　개요

신용공여라 함은 증권과 관련하여 금전의 융자 또는 증권 대여의 방법으로 투자자에게 신용을 공여하는 것을 말하며(법 제72조 제1항), 그 종류로는 청약자금대출, 신용거래융자와 신용거래대주, 예탁증권담보융자가 있다.

신용공여행위는 투자매매업자 또는 투자중개업자의 고유업무는 아니지만, 증권과 관련된 경우에는 예외적으로 허용

다만, 투자매매업자 또는 투자중개업자의 자산의 건전성, 투기 방지 등을 위하여 신용공여의 구체적인 기준, 담보비율 및 징수방법 등에 대하여 광범위한 규제를 마련하고 있다.

2　신용공여의 기준과 방법

(1) 투자매매업자 또는 투자중개업자는 다음의 어느 하나에 해당하는 방법으로만 투자자에게 신용을 공여할 수 있다(시행령 제69조).

❶ 해당 투자매매업자 또는 투자중개업자에게 증권 매매거래계좌를 개설하고 있는 자에 대하여 증권의 매매를 위한 매수대금을 융자하거나 매도하려는 증권을 대여하는 방법

❷ 해당 투자매매업자 또는 투자중개업자에 계좌를 개설하여 전자등록주식 등을 보유하고 있거나 증권을 예탁하고 있는 자에 대하여 그 전자등록증 또는 증권을 담보로 금전을 융자하는 방법

(2) 구체적인 기준과 담보비율 및 징수방법은 다음과 같이 금융위규정으로 정한다.

❶ 신용공여약정의 체결 등 : 투자매매업자 또는 투자중개업자가 신용공여를 하고자 하는 경우에는 투자자와 신용공여에 관한 약정을 체결하여야 하고, 이 경우 투자

자 본인의 기명날인 또는 서명을 받거나 본인임을 확인하여야 함.

❷ 신용공여의 회사별 한도 : 투자매매업자 또는 투자중개업자의 총 신용공여 규모는 자기자본의 범위 이내로 하되, 신용공여 종류별로 투자매매업자 또는 투자중개업자의 구체적인 한도는 금융위원장이 따로 결정할 수 있음

❸ 담보의 징구

　ㄱ. 청약자금대출 : 투자매매업자 또는 투자중개업자는 청약자금을 대출할 때에 청약하여 배정받은 증권을 담보로 징구하여야 함. 다만 당해 증권이 교부되지 아니한 때에는 당해 증권이 교부될 때까지 그 납입영수증으로 갈음할 수 있음

　ㄴ. 신용거래융자 및 신용거래대주 : 투자매매업자 또는 투자중개업자는 신용거래융자를 함에 있어서는 매수한 주권 또는 상장지수집합투자기구의 집합투자증권을, 신용거래대주를 함에 있어서는 매도대금을 담보로 징구하여야 함

　ㄷ. 예탁증권담보융자 : 투자매매업자 또는 투자중개업자가 예탁증권을 담보로 융자를 할 때는 예탁증권을 담보로 징구하되, 가치산정이 곤란하거나 담보권의 행사를 통한 대출금의 회수가 곤란한 증권을 담보로 징구하여서는 아니 됨

❹ 담보비율 : 투자매매업자 또는 투자중개업자는 투자자의 신용상태 및 종목별 거래상황 등을 고려하여 신용공여금액의 100분의 140 이상에 상당하는 담보를 징구하여야 함. 다만, 매도되었거나 환매청구된 예탁증권을 담보로 하여 매도금액 또는 환매금액 한도 내에서 융자를 하는 경우에는 그러하지 아니함

❺ 담보로 제공된 증권의 평가 : 신용공여와 관련하여 담보 및 보증금으로 제공되는 증권의 평가는 ① 청약 주식 : 취득가액으로 함. 다만, 당해 주식이 증권시장에 상장된 후에는 당일 종가, ② 상장주권 또는 상장지수집합투자기구의 집합투자증권 : 당일 종가, ③ 상장채권 및 공모 파생결합증권(주가연계증권에 한함) : 2 이상의 채권평가회사가 제공하는 가격정보를 기초로 투자매매업자 또는 투자중개업자가 산정한 가격, ④ 집합투자증권 : 당일에 고시된 기준 가격으로 함

　매도되거나 또는 환매 신청된 증권을 담보로 하여 투자매매업자 또는 투자중개업자가 투자자에게 금전을 융자하는 경우에는 당해 증권의 매도 가격 또는 융자일에 고시된 기준 가격을 담보 평가금액으로 함. 다만, 담보를 평가함에 있어 권리발생이 확정된 증권을 담보로 제공하고 있는 경우에는 당해 권리도 담보로 봄

❻ 임의상환방법 : 투자매매업자 또는 투자중개업자는 ① 채무상환, ② 추가 담보납입, ③ 수수료납입을 하지 않았을 때 그 다음 영업일에 투자자 계좌에 예탁된 현금을 투자자의 채무변제에 우선 충당하고, 담보증권, 그 밖의 증권의 순서로 필요한 수량만큼 임의처분하여 투자자의 채무변제에 충당할 수 있음

나아가 투자매매업자 또는 투자중개업자는 투자자와 사전에 합의가 있는 경우 채권회수가 현저히 위험하다고 판단되는 때에는 투자자에 대하여 담보의 추가납부를 요구하지 아니하거나 추가로 담보를 징구하지 아니하고 필요한 수량의 담보증권, 그 밖에 예탁한 증권을 임의로 처분할 수 있음. 이 경우 투자매매업자 또는 투자중개업자는 처분내역을 지체 없이 투자자에게 내용증명우편, 통화내용 녹취 또는 투자자와 사전에 합의한 방법 등 그 통지사실이 입증될 수 있는 방법에 따라 통지하여야 함

한편, 투자매매업자 또는 투자중개업자가 증권시장에 상장된 증권을 처분하는 경우에는 증권시장에서 시가결정에 참여하는 호가에 따라 처분해야 함. 다만, 비상장주권, 비상장채권, 집합투자증권, 그 밖에 투자매매업자 또는 투자중개업자가 처분할 수 없는 증권을 처분하고자 하는 경우 그 처분방법은 협회가 정함. 처분대금은 처분제비용, 연체이자, 이자, 채무원금의 순서로 충당함

❼ 신용거래등의 제한 : 투자자가 신용거래에 의해 매매할 수 있는 증권은 증권시장에 상장된 주권(주권과 관련된 증권예탁증권을 포함한다) 및 상장지수집합투자증권으로 함. 다만, ① 거래소가 투자경고종목, 투자위험종목 또는 관리종목으로 지정한 증권, ② 거래소가 매매호가 전 예납조치 또는 결제 전 예납조치를 취한 증권에 대해서는 신규의 신용거래를 할 수 없음. 투자자별 신용공여한도, 신용공여 기간, 신용공여의 이자율 및 연체이자율 등은 신용공여 방법별로 투자매매업자 또는 투자중개업자가 정함. 투자매매업자 또는 투자중개업자는 상환기일이 도래한 신용공여가 있는 투자자에 대하여는 신용공여금액의 상환을 위한 주문수탁 이외의 매매주문의 수탁이나 현금 또는 증권의 인출을 거부할 수 있음

❽ 신용공여 관련 조치 : 금융위는 신용공여 상황의 급격한 변동, 투자자 보호 또는 건전한 거래질서유지를 위하여 필요한 경우에는 ① 투자매매업자 또는 투자중개업자별 총 신용공여 한도의 변경, ② 신용공여의 방법별 또는 신용거래의 종목별 한도의 설정, ③ 투자매매업자 또는 투자중개업자가 징구할 수 있는 담보의 제한, ④ 신용거래의 중지 또는 매입증권의 종목제한 조치를 취할 수 있고, 천재지

변, 전시, 사변, 경제사정의 급변, 그 밖에 이에 준하는 사태가 발생하는 경우에
는 투자매매업자 또는 투자중개업자에 대하여 신용공여의 일부 또는 전부를 중
지하게 할 수 있음

3 인수증권에 대한 신용공여의 제한

투자매매업자는 증권의 인수일부터 3개월 이내에 투자자에게 그 증권을 매수하게
하기 위하여 그 투자자에게 금전의 융자, 그 밖의 신용공여를 할 수 없다(법 제72조 제1항
단서).

4 위반 시 제재

신용공여에 관한 규제를 위반한 투자매매업자 또는 투자중개업자에 대해서는 형사
상의 제재는 없고, 회사 및 임직원에 대한 금융위의 행정조치의 대상이 된다(법 별표 1
제80호).

section 05 투자자 재산보호를 위한 규제

1 개요

투자중개업자 또는 투자매매업자가 파산하는 경우 투자자들이 이들에게 예탁하거나
보관을 의뢰한 금전 또는 증권이 파산재단에 속하게 되는 경우 투자자를 보호하기 위
하여 사전에 예탁금 및 예탁증권을 별도로 보관하도록 하고 있다.

2 | 투자자예탁금의 별도 예치

(1) 투자자예탁금 별도 예치

투자자예탁금은 투자자로부터 금융투자상품의 매매, 그 밖의 거래와 관련하여 예탁받은 금전을 의미하며, 투자매매업자 또는 투자중개업자는 이를 고유재산과 구분하여 증권금융회사에 예치하거나 신탁업자에 신탁하여야 한다.

투자자예탁금을 신탁업자에 신탁할 수 있는 금융투자업자는 은행, 한국산업은행, 중소기업은행, 보험회사이며, 신탁법 제2조에도 불구하고 자기계약을 할 수 있다.

투자매매업자 또는 투자중개업자는 증권금융회사 또는 신탁업자('예치기관')에게 투자자예탁금을 예치 또는 신탁하는 경우에는 그 투자자예탁금이 투자자의 재산이라는 점을 명시하여야 한다(법 제74조 제3항).

(2) 상계 또는 압류의 금지

누구든지 예치기관에 예치 또는 신탁한 투자자예탁금을 상계(相計)·압류(가압류를 포함)하지 못하며, 투자자예탁금을 예치 또는 신탁한 투자매매업자 또는 투자중개업자('예치 금융투자업자')는 시행령으로 정하는 경우 외에는 예치기관에 예치 또는 신탁한 투자자예탁금을 양도하거나 담보로 제공할 수 없다(법 제74조 제4항).

예치 금융투자업자는 다음의 어느 하나에 해당하는 경우 예외적으로 투자자예탁금을 양도하거나 담보로 제공할 수 있다(시행령 제72조).

❶ 예치 금융투자업자가 다른 회사에 흡수합병되거나 다른 회사와 신설합병함에 따라 그 합병에 의하여 존속되거나 신설되는 회사에 예치기관에 예치 또는 신탁한 투자자예탁금을 양도하는 경우
❷ 예치 금융투자업자가 금융투자업의 전부나 일부를 양도하는 경우로서 양도내용에 따라 양수회사에 예치기관에 예치 또는 신탁한 투자자예탁금을 양도하는 경우
❸ 법 제40조 제4호에 따른 자금이체업무와 관련하여 금융위가 정하여 고시하는 한도 이내에서 금융위가 정하여 고시하는 방법에 따라 예치 금융투자업자가 은행이나 예치기관에 예치 또는 신탁한 투자자예탁금을 담보로 제공하는 경우

❹ 그 밖에 투자자의 보호를 해칠 염려가 없는 경우로서 금융위가 정하여 고시하는 경우

(3) 투자자예탁금의 우선지급

❶ 예치 금융투자업자는 다음의 어느 하나에 해당하게 된 경우에는 예치기관에 예치 또는 신탁한 투자자예탁금을 인출하여 투자자에게 우선하여 지급하여야 함(법 제74조 제5항)

　ㄱ. 인가 취소, 해산 결의, 파산선고

　ㄴ. 투자매매업 또는 투자중개업 전부 양도·전부 폐지가 승인된 경우 및 전부의 정지명령을 받은 경우

　ㄷ. 그 밖에 위의 경우에 준하는 사유가 발생한 경우

❷ 이 경우 그 예치 금융투자업자는 사유 발생일부터 2개월(불가피한 경우 금융위의 확인을 받아 1개월 연장 가능) 이내에 그 사실과 투자자예탁금의 지급시기·지급장소, 그 밖에 투자자예탁금의 지급과 관련된 사항을 둘 이상의 일간신문에 공고하고, 인터넷 홈페이지 등을 이용하여 공시하여야 함(법 제74조 제5항 및 시행령 제73조)

❸ 한편, 예치기관이 인가취소, 파산등 예치 금융투자업자의 우선지급사유와 동일한 사유에 해당되게 된 경우에는 예치 금융투자업자에게 예치 또는 신탁받은 투자자예탁금을 우선하여 지급하여야 함(법 제74조 제6항)

(4) 기타

❶ 예치기관은 예치 또는 신탁받은 투자자예탁금을 자기재산과 구분하여 신의에 따라 성실하게 관리하여야 함

❷ 예치기관은 다음의 어느 하나에 해당하는 방법으로 투자자예탁금을 운용하여야 함

　ㄱ. 국채증권 또는 지방채증권의 매수

　ㄴ. 정부·지방자치단체 또는 은행 등 대통령령으로 정하는 금융기관이 지급을 보증한 채무증권의 매수

　ㄷ. 그 밖에 투자자예탁금의 안정적 운용을 해할 우려가 없는 것으로 증권 또는 원화로 표시된 양도성 예금증서를 담보로 한 대출, 한국은행 또는 체신관서에의 예치, 특수채증권의 매수 등

❸ 그 밖에 투자자예탁금의 범위, 예치 또는 신탁의 시기·주기·비율·방법, 인출

및 관리 등을 위하여 필요한 세부사항은 금융위가 정함

3 투자자 예탁증권의 예탁

투자매매업자 또는 투자중개업자는 금융투자상품의 매매, 그 밖의 거래에 따라 보관하게 되는 투자자 소유의 증권(원화표시 CD, 금융위가 정하는 증권 포함)을 예탁결제원에 지체 없이 예탁하여야 한다(법 제75조).

chapter 05

증권 발행시장 공시제도

증권신고서제도

1 개요

불특정 다수인을 상대로 증권시장 밖에서 증권을 새로이 발행하거나 이미 발행된 증권을 분매하는 경우 해당 증권에 관한 사항과 증권의 발행인에 관한 사항을 투자자에게 알리기 위한 제도이다.

발행공시제도는 투자자에게 교부되는 투자설명서와 투자자에게 제공되는 정보의 진실성을 확보하기 위한 증권신고서제도로 구성된다.

(1) 적용대상

법상 발행공시 규제의 대상이 되는 행위는 증권과 관련된 모든 발행 또는 매도가 아니라 일정한 요건에 해당되는 모집 또는 매출만 해당된다.

(2) 모집 또는 매출의 의의

❶ 모집이라 함은 일정한 방법에 따라 산출한 50인 이상의 투자자에게 새로 발행되는 증권 취득의 청약을 권유하는 것(법 제9조 제7항)

❷ 매출이라 함은 증권시장 밖에서 일정한 방법에 따라 산출한 50인 이상의 투자자에게 이미 발행된 증권 매도의 청약을 하거나 매수의 청약을 권유하는 것(법 제9조 제9항)

(3) 50인 산정방법

50인을 산출하는 경우에는 청약의 권유를 하는 날 이전 6개월 이내에 해당 증권과 같은 종류의 증권에 대하여 모집이나 매출에 의하지 아니하고 청약의 권유를 받은 자를 합산하되, 다음의 어느 하나에 해당하는 자는 제외(시행령 제11조 제1항)

❶ 다음의 어느 하나에 해당하는 전문가
   ㄱ. 국가, 한국은행등 전문투자자(시행령 제10조 제1항 제1호부터 제4호)
   ㄴ. 「공인회계사법」에 따른 회계법인
   ㄷ. 「신용정보의 이용 및 보호에 관한 법률」에 따른 신용평가업자
   ㄹ. 발행인에게 회계, 자문등의 용역을 제공하고 있는 공인회계사 · 감정인 · 변호사 · 변리사 · 세무사 등 공인된 자격증을 가지고 있는 자
   ㅁ. 그 밖에 발행인의 재무상황이나 사업내용 등을 잘 알 수 있는 전문가로서 금융위가 정하여 고시하는 자
❷ 다음의 어느 하나에 해당하는 연고자
   ㄱ. 발행인의 최대주주(법 제9조 제1항 제1호에 따른 최대주주)와 발행주식 총수의 100분의 5 이상을 소유한 주주

ㄴ. 발행인의 임원(「상법」 제401조의2 제1항의 업무집행지시자 포함) 및 「근로자복지기본법」에 따른 우리사주조합원

ㄷ. 발행인의 계열회사와 그 임원

ㄹ. 발행인이 주권비상장법인(주권을 모집하거나 매출한 실적이 있는 법인은 제외)인 경우에는 그 주주

ㅁ. 외국 법령에 따라 설립된 외국 기업인 발행인이 종업원의 복지증진을 위한 주식매수제도 등에 따라 국내 계열회사의 임직원에게 해당 외국 기업의 주식을 매각하는 경우에는 그 국내 계열회사의 임직원

ㅂ. 발행인이 설립 중인 회사인 경우에는 그 발기인

ㅅ. 그 밖에 발행인의 재무상황이나 사업내용 등을 잘 알 수 있는 연고자로서 금융위가 정하여 고시하는 자

(4) 간주모집

청약의 권유를 받는 자의 수가 50인 미만으로서 증권의 모집에 해당되지 아니할 경우에도 해당 증권이 발행일부터 1년 이내에 50인 이상의 자에게 양도될 수 있는 경우로서 증권의 종류 및 취득자의 성격 등을 고려하여 금융위가 정하여 고시하는 전매기준에 해당하는 경우에는 모집으로 간주. 단, 금융위가 정하는 전매제한조치를 취한 경우에는 모집에 해당하지 않는다.

(5) 청약 권유

발행시장 공시와 관련하여 '청약의 권유'란 권유받는 자에게 증권을 취득하도록 하기 위하여 신문·방송·잡지 등을 통한 광고, 안내문·홍보전단 등 인쇄물의 배포, 투자설명회의 개최, 전자통신 등의 방법으로 증권 취득청약의 권유 또는 증권 매도청약이나 매수청약의 권유 등 증권을 발행 또는 매도한다는 사실을 알리거나 취득의 절차를 안내하는 활동을 말한다.

다만, 인수인의 명칭과 증권의 발행금액 및 발행가액을 포함하지 아니하는 등 금융위가 정하여 고시하는 기준에 따라 다음 각 목의 사항 중 전부나 일부에 대하여 광고 등의 방법으로 단순히 그 사실을 알리거나 안내하는 경우는 제외

❶ 발행인의 명칭

❷ 발행 또는 매도하려는 증권의 종류와 발행 또는 매도 예정금액

❸ 증권의 발행이나 매도의 일반적인 조건

❹ 증권의 발행이나 매출의 예상 일정

❺ 그 밖에 투자자 보호를 해칠 염려가 없는 사항으로서 금융위가 정하여 고시하는 사항

| 3 | 적용 면제증권 |

법상의 증권 중 국채증권, 지방채증권, 대통령령으로 정하는 법률에 따라 직접 설립된 법인이 발행한 채권, 그 밖에 다른 법률에 따라 충분한 공시가 행하여지는 등 투자자 보호가 이루어지고 있다고 인정되는 증권으로서 대통령령으로 정하는 증권에 대해서는 증권신고서에 관한 규정이 적용되지 않는다(법 제118조 및 시행령 제119조).

이 중에서 대통령령이 정하는 법률에 따라 직접 설립된 법인이 발행한 채권은 특수채를 말하는 것으로 한국은행법, 한국산업은행법 등 시행령 제119조 제1항에 열거된 33개 법률에 의하여 직접 설립된 법인만 해당된다.

또한, 투자자 보호가 이루어지고 있다고 인정되는 증권으로서 대통령령으로 정하는 증권이라 함은 다음의 증권을 말한다.

❶ 국가 또는 지방자치단체가 원리금의 지급을 보증한 채무증권

❷ 국가 또는 지방자치단체가 소유하는 증권을 미리 금융위와 협의하여 매출의 방법으로 매각하는 경우의 그 증권

❸ 「지방공기업법」 제68조 제1항부터 제6항까지의 규정에 따라 발행되는 채권 중 도시철도의 건설 및 운영과 주택건설사업을 목적으로 설립된 지방공사가 발행하는 채권

❹ 「국제금융기구에의 가입조치에 관한 법률」 제2조 제1항에 따른 국제금융기구가 금융위와의 협의를 거쳐 기획재정부 장관의 동의를 받아 발행하는 증권

❺ 「한국주택금융공사법」에 따라 설립된 한국주택금융공사가 채권유통화계획에 의하여 발행하고 권리금 지급을 보증하는 주택저당증권 및 학자금 대출증권

❻ 「전자단기사채등의 발행 및 유통에 관한 법률」 제2조 제2호에 따른 전자단기사채등으로서 만기가 3개월 이내인 증권

4 신고대상 모집 또는 매출 금액

(1) 일정한 방법에 따라 산정한 모집가액 또는 매출가액 각각의 총액이 일정한 금액 (10억 원) 이상인 경우에는 발행인이 그 모집 또는 매출에 관한 신고서를 금융위에 제출하여 수리되지 아니하면 이를 할 수 없다.

❶ 모집 또는 매출하려는 증권의 모집가액 또는 매출가액과 해당 모집일 또는 매출일부터 과거 1년간(같은 기간 동안 같은 종류의 증권에 대한 모집 또는 매출의 신고가 행하여진 경우에는 그 신고 후의 기간을 말함)에 이루어진 같은 종류 증권의 모집 또는 매출로서 그 신고서를 제출하지 아니한 모집가액 또는 매출가액[소액출자자(그 증권의 발행인과 인수인은 제외)가 제78조에 따른 장외거래 방법에 따라 증권을 매출하는 경우에는 해당 매출가액은 제외] 각각의 합계액이 10억 원 이상인 경우

'소액출자자'란 해당 법인이 발행한 지분증권총수의 100분의 1에 해당하는 금액과 3억 원 중 적은 금액 미만의 지분증권을 소유하는 자(사업보고서 제출대상법인의 경우에는 지분증권 총수의 100분의 10 미만의 지분증권을 소유하는 자를 말함)를 말한다. 다만, 그 법인의 최대주주 및 그 특수관계인은 소액출자자로 보지 아니한다.

❷ 6개월간의 행위를 합산하여 모집 또는 매출을 결정하는 경우에는 그 합산의 대상이 되는 모든 청약의 권유 각각의 합계액이 10억 원 이상인 경우

(2) 소액공모 공시제도

증권신고서 제출의무가 없는 모집 또는 매출의 경우에도 발행인은 투자자 보호를 위하여 재무상태에 관한 사항등 일정한 사항을 공시하는 등의 조치를 취해야 한다(법 제130조).

❶ 증권의 모집 또는 매출 전에 발행인(투자신탁의 수익증권이나 투자익명조합의 지분증권인 경우에는 그 투자신탁이나 투자익명조합을 말하며, 사업보고서 제출대상법인 및 외국법인등은 제외) 의 재무상태와 영업실적을 기재한 서류를 금융위에 제출할 것. 이 경우 해당 서류(집합투자증권인 경우는 제외)는 금융위가 정하여 고시하는 바에 따라 회계감사인의 회계감사를 받거나 공인회계사의 확인과 의견표시를 받은 것이어야 함

☞ 여기에서 외국법인등이란 외국 정부, 외국 지방자치단체, 외국의 법령에 따라 설립되어 공익사업을 영위하는 외국공공단체로서 외국 정부 또는 외국 지

방자치단체가 지분을 보유하고 있는 외국 공공단체, 「국제금융기구에의 가입조치에 관한 법률」 제2조 제1항 각 호의 어느 하나에 해당하는 국제금융기구를 말함

❷ 청약의 권유를 하는 경우에는 모집 또는 매출에 관한 사항, 발행인에 관한 사항, 청약기간, 납부기간등을 인쇄물 등에 기재하거나 표시할 것

❸ 증권의 모집 또는 매출의 개시일 3일 전까지 청약의 권유방법과 청약권유에 관해 인쇄물 등에 기재하거나 표시한 내용을 금융위에 제출할 것. 증권의 모집 또는 매출을 시작한 후 청약의 권유방법이나 인쇄물 등에 기재하거나 표시한 내용을 변경한 경우에도 동일

❹ 투자매매업자, 투자중개업자, 은행 또는 증권금융과 청약증거금관리계약을 체결하고 계좌를 개설할 것

❺ 증권의 모집 또는 매출이 끝난 경우에는 지체 없이 그 모집 또는 매출 실적에 관한 결과를 금융위에 보고할 것

❻ 결산에 관한 다음의 서류를 매 사업연도 경과 후 90일 이내에 금융위에 제출할 것. 다만, 사업보고서 제출대상법인, 외국법인등, 모집 또는 매출한 증권의 상환 또는 소각을 완료한 법인 및 보증사채권만을 발행한 법인의 경우에는 그러하지 아니함

ㄱ. 대차대조표와 그 부속 명세서

ㄴ. 손익계산서와 그 부속 명세서

ㄷ. 이익잉여금처분계산서 또는 결손금처리계산서

ㄹ. 회계감사인의 감사보고

❼ 발행인 및 같은 종류의 증권에 대하여 충분한 공시가 이루어지고 있는 등 대통령령으로 정한 사유에 해당하는 때에는 매출에 관한 증권신고서를 제출하지 아니할 수 있음. 다음의 경우가 이에 해당함. ① 발행인이 사업보고서 제출대상법인으로서 최근 1년간 사업보고서·반기보고서 및 분기보고서를 기한 내에 제출하였을 것, ② 발행인이 최근 1년간 공시위반으로 자본시장법 제429조에 따른 과징금을 부과받거나 이 영 제138조·제175조에 따른 조치를 받은 사실이 없을 것, ③ 최근 2년 이내에 매출하려는 증권과 같은 종류의 증권에 대한 증권신고서가 제출되어 효력이 발생한 사실이 있을 것, ④ 증권시장에 상장하기 위한 목적의 매출이 아닐 것, ⑤ 투자매매업자 또는 투자중개업자를 통하여 매출이 이루어질

것, ⑥ 그 밖에 금융위가 정하여 고시하는 요건을 충족하는 경우임

5 신고의무자

증권신고서의 제출의무자는 언제나 해당 증권의 발행인이다. 다만, 증권예탁증권을 발행함에 있어서는 그 기초가 되는 증권을 발행하였거나 발행하고자 하는 자를 말한다 (법 제9조 제10항).

6 신고서의 수리

원칙적으로 신고서의 효력이 발생한 후 투자설명서를 사용하여 청약의 권유를 하여야 하나, 신고서 제출 시 예비투자설명서 또는 간이투자설명서를 첨부하여 제출한 경우에는 이를 이용한 청약의 권유행위는 가능하다.

7 효력발생

(1) 금융위는 제출된 증권신고서를 수리 전과 수리 후 효력발생 전까지 심사할 수 있고, 심사결과 수리를 거부하거나 정정요구를 할 수 있다.

증권신고서의 형식을 제대로 갖추지 아니한 경우 또는 그 증권신고서 중 중요사항에 관하여 거짓의 기재 또는 표시가 있거나 중요사항이 기재 또는 표시되지 아니한 경우를 제외하고는 그 수리를 거부할 수 없다(법 제120조 제2항).

(2) 금융위가 증권별로 정해진 효력발생기간 동안 별도의 조치하지 않는 한, 증권신고서는 효력이 발생된다.

효력발생의 의미는 금융위가 제출된 신고서 및 첨부서류에 근거하여 심사한 결과, 형식상 또는 내용상 문제가 없다는 의미로서 그 증권신고서의 기재사항이 진실 또는 정확하다는 것을 인정하거나 정부에서 그 증권의 가치를 보증 또는 승인하는 효력을 가지지 아니한다.

8   거래의 제한

증권신고의 효력이 발생하지 아니한 증권의 취득 또는 매수의 청약이 있는 경우에 그 증권의 발행인·매출인과 그 대리인은 그 청약의 승낙을 할 수 없다(법 제121조).

일괄신고추가서류를 제출하여야 하는 경우 그 일괄신고추가서류가 제출되지 아니한 경우에도 그 증권의 발행인·매출인과 그 대리인은 그 증권에 관한 취득 또는 매수의 청약에 대한 승낙을 할 수 없다.

9   증권발행실적보고서

증권신고의 효력이 발생한 증권의 발행인은 금융위가 정하여 고시하는 방법에 따라 그 발행실적에 관한 보고서를 금융위에 제출하여야 한다.

10   특수한 신고서제도

(1) 일괄신고서제도

❶ 일괄신고서 제도는 같은 종류의 증권을 지속적으로 발행하는 회사가 향후 일정 기간 동안 발행예정인 증권을 일괄하여 신고하고, 실제 발행 시 추가서류의 제출만으로 증권신고서를 제출한 것과 동일한 효과를 갖도록 하여 증권의 발행 또는 매도를 원활하게 할 수 있도록 하는 제도임

❷ 일괄신고서를 금융위에 제출하여 수리된 경우에는 그 기간 중에 그 증권을 모집하거나 매출할 때마다 제출하여야 하는 신고서를 따로 제출하지 아니하고 그 증권을 모집하거나 매출할 수 있음. 이 경우 그 증권(개방형집합투자증권 및 금적립계좌는 제외)을 모집하거나 매출할 때마다 일괄신고추가서류를 제출하여야 함

❸ 일괄신고 제출 가능 증권(시행령 제121조 제1항)
　　ㄱ. 주권
　　ㄴ. 자본시장법 제71조 제4호 나목에 따른 주권 관련 사채권 및 이익참가부사채권
　　　　☞ 주권 관련 사채권 : 전환사채권(CB), 신주인수권부사채권(BW) 및 교환사

채권(EB ; 주권, CB 또는 BW와 교환을 청구할 수 있는 EB만 해당)

ㄷ. 위 ㄴ.의 사채권을 제외한 사채권

ㄹ. 고난도금융투자상품이 아닌 파생결합증권

ㅁ. 고난도금융투자상품 중 오랫동안 반복적으로 발행된 것으로서 기초자산의 구
성 및 수익구조가 금융위가 정하여 고시하는 기준에 부합하는 파생결합증권

ㅂ. 개방형 집합투자증권

☞ 환매금지형집합투자기구가 아닌 집합투자기구의 집합투자증권과 이에
준하는 것으로서 외국의 법령에 따라 외국에서 발행된 외국 집합투자증권

(2) 정정신고서제도

❶ 이미 제출한 증권신고서(일괄신고 추가서류 포함)의 기재사항을 정정하고자 하는 경
우 또는 금융위(금감원장)로부터 정정요구를 받은 경우 제출하는 증권신고서를 정
정신고서라 함. 정정신고서가 제출된 경우에는 그 정정신고서가 수리된 날에 당
초 제출한 증권신고서가 수리된 것으로 봄(법 제122조 제5항)

❷ 금융위는 증권신고서의 형식을 제대로 갖추지 아니한 경우 또는 그 증권신고서
중 중요사항에 관하여 거짓의 기재 또는 표시가 있거나 중요사항이 기재 또는 표
시되지 아니한 경우와 중요사항의 기재나 표시내용이 불분명하여 투자자의 합리
적인 투자판단을 저해하거나 투자자에게 중대한 오해를 일으킬 수 있는 경우에
는 그 증권신고서에 기재된 증권의 취득 또는 매수의 청약일 전일까지 그 이유를
제시하고 그 증권신고서의 기재내용을 정정한 신고서의 제출을 요구할 수 있음

금융위(금감원장)의 정정요구가 있는 경우 그 증권신고서는 그 요구를 한 날로
부터 수리되지 아니한 것으로 보며, 정정요구를 받은 후 3개월 내에 발행인이 정
정신고서를 제출하지 아니하는 경우에는 해당 증권신고서를 철회한 것으로 봄(제
122조 제6항)

(3) 철회신고서제도

증권의 발행인은 증권신고를 철회하고자 하는 경우에는 그 증권신고서에 기재된 증
권의 취득 또는 매수의 청약일 전일까지 철회신고서를 금융위에 제출할 수 있다(법 제
120조 제4항).

(1) 전문가로서 제외되는 자

발행인의 재무상황이나 사업내용 등을 잘 알 수 있는 전문가 중 제외되는 자는 다음의 어느 하나에 해당하는 자를 말한다(공시규정 제2－1조 제2항).

❶ 「중소기업창업지원법」에 따른 중소기업창업투자회사
❷ 기타 시행령 및 규정상의 전문가와 유사한 자로서 발행인의 재무내용이나 사업성을 잘 알 수 있는 특별한 전문가라고 감독원장이 정하는 자

(2) 발행인의 연고자 중 제외되는 자

발행인의 재무상황이나 사업내용 등을 잘 알 수 있는 연고자로서 제외되는 자는 다음의 어느 하나에 해당하는 자를 말한다.

❶ 발행인(설립 중인 회사 제외)의 제품을 원재료로 직접 사용하거나 발행인(설립 중인 회사 제외)에게 자사제품을 원재료로 직접 공급하는 회사 및 그 임원
❷ 발행인(설립 중인 회사 제외)과 대리점계약 등에 의하여 발행인의 제품 판매를 전업으로 하는 자 및 그 임원
❸ 발행인이 협회 등 단체의 구성원이 언론, 학술 및 연구등 공공성 또는 공익성이 있는 사업을 영위하기 위하여 공동으로 출자한 회사(설립 중인 회사 포함)인 경우 해당 단체의 구성원
❹ 발행인이 지역상공회의소, 지역상인단체, 지역농어민단체 등 특정지역 단체의 구성원이 그 지역의 산업폐기물 처리, 금융·보험서비스 제공, 농수축산물의 생산·가공·판매등의 공동사업을 영위하기 위하여 공동으로 출자한 회사(설립 중인 회사 포함)인 경우 해당 단체의 구성원
❺ 발행인이 동창회, 종친회 등의 단체 구성원이 총의에 의하여 공동의 사업을 영위

하기 위하여 공동으로 출자한 회사(설립 중인 회사 포함)인 경우 해당 단체의 구성원
❻ 자본시장법 제159조 제1항에 따른 사업보고서 제출대상법인이 아닌 법인('사업
보고서 미제출법인')의 주주가 그 사업보고서 미제출법인의 합병, 주식의 포괄적 교
환·이전, 분할 및 분할합병의 대가로 다른 사업보고서 미제출법인이 발행한 증
권을 받는 경우 그 주주
❼ 기타 시행령 및 규정상의 연고자와 유사한 자로서 발행인의 재무내용이나 사업
성을 잘 알 수 있는 특별한 연고자라고 감독원장이 정하는 자

2 전매 가능성 판단기준

(1) 증권별 전매 가능성 기준(공시규정 제2 – 2조 · 제2 – 2조의2 제1항)

❶ 지분증권 : 지분증권(지분증권과 관련된 증권예탁증권을 포함)의 경우에는 같은 종류의
증권이 모집 또는 매출된 실적이 있거나 증권시장(코넥스시장 제외)에 상장된 경우.
분할 또는 분할합병(「상법」 제530조의12에 따른 물적분할의 경우 제외)으로 인하여 설립
된 회사가 발행하는 증권은 분할되는 회사가 발행한 증권과 같은 종류의 증권으
로 봄
❷ 지분증권(기업어음 증권 제외) 이외의 증권 : 지분증권이 아닌 경우에는 50매 이상으
로 발행되거나 발행 후 50매 이상으로 권면분할되어 거래될 수 있는 경우, 다만
「공사채등록법」 등에 따른 등록 발행의 경우에는 매수가 아닌 거래단위를 기준
으로 적용
❸ 전환권 등의 권리가 부여된 증권 : 전환권, 신주인수권 등 증권에 부여된 권리의
목적이 되는 증권이 위의 ❶ 또는 ❷에 해당되는 경우
❹ 기업어음증권 : 다음 요건의 어느 하나에 해당하는 경우
ㄱ. 50매 이상으로 발행되는 경우
ㄴ. 기업어음의 만기가 365일 이상인 경우
ㄷ. 기업어음이 영 제103조에 따른 특정금전신탁에 편입되는 경우
ㄹ. 자본시장법 제4조 제7항에 따른 파생결합증권이 영 제103조 제1호에 따른
특정금전신탁에 편입되는 경우

(2) 전매제한조치

증권을 발행함에 있어 다음의 어느 하나에 해당하는 경우에는 전매기준에 해당되지 않는 것으로 본다(공시규정 제2-2조·제2-2조의2 제2항).

❶ 증권을 발행한 후 지체 없이 한국예탁결제원('예탁결제원')에 예탁(공사채등록법에 따른 등록을 포함)하고 그 예탁일부터 1년간 해당 증권(증권에 부여된 권리의 행사로 취득하는 증권을 포함)을 인출하거나 매각하지 않기로 하는 내용의 예탁계약을 예탁결제원과 체결한 후 그 예탁계약을 이행하는 경우 또는 「금융산업의 구조개선에 관한 법률」에 따라 정부 또는 예금보험공사가 부실금융기관에 출자하여 취득하는 지분증권에 대하여 취득일부터 1년 이내에 50인 이상의 자에게 전매되지 않도록 필요한 조치를 취하는 경우(제12조 제1항)

❷ 50매 미만으로 발행되는 경우에는 증권의 권면에 발행 후 1년 이내 분할금지특약을 기재하는 경우

❸ 전환권 등이 부여된 경우에는 권리행사금지기간을 발행 후 1년 이상으로 정하는 경우

❹ 다음 요건을 모두 충족하는 채무증권(기업어음은 제외)의 경우

  ㄱ. 다음 a부터 d까지에 해당하는 자(이하 '적격기관투자자'라 함)가 발행인 또는 인수인으로부터 직접 취득하고, 감독원장이 정하는 바에 따라 적격기관투자자 사이에서만 양도·양수될 것. 단, 제5호의 유동화증권을 발행하기 위하여 자산유동화전문회사에 양도하는 경우에는 그러하지 아니함

    a. 영 제10조 제1항 제1호부터 제4호까지의 자(영 제10조 제2항 제11호, 같은 조 제3항 제5호부터 제8호까지에 해당하는 자는 제외)

    b. 주권상장법인, 영 제10조 제3항 제12호·제13호 및 같은 항 제16호에 해당하는 자

    c. 「중소기업진흥에 관한 법률」에 따른 중소기업진흥공단

    d. a.부터 c.까지의 적격기관투자자에 준하는 외국인

  ㄴ. 직전 사업연도말 총자산이 2조 원 이상인 기업이 발행한 증권이 아닐 것. 단, 원화표시채권 또는 외화표시채권을 발행하는 경우에는 그러하지 아니함

❺ 다음 요건을 모두 충족하는 유동화증권('자산유동화에 관한 법률'에서 정하는 방법으로 발행된 증권)의 경우

ㄱ. 위 각 요건을 충족하는 채무증권이 유동화자산의 100분의 80 이상일 것

ㄴ. 적격기관투자자가 발행인 또는 인수인으로부터 직접 취득하고, 감독원장이 정하는 바에 따라 적격기관투자자 사이에서만 양도·양수될 것

❻ 기업어음 및 파생결합증권이 특정금전신탁에 편입되는 경우 : 발행인이 특정금전신탁의 위탁자를 합산하여 50인 이상(영 제11조 제1항 제1호 및 제2호에 해당하는 자는 제외)이 될 수 없다는 뜻을 인수계약서와 취득계약서에 기재하고, 발행인 또는 기업어음, 파생결합증권을 인수한 금융투자업자가 그러한 발행조건의 이행을 담보할 수 있는 장치를 마련한 경우

❼ 단기사채(「주식·사채등의전자등록에관한법률」 제2조 제1호 나목에 따른 권리로서 같은 법 제59조 각 호의 요건을 모두 갖추고 전자등록된 것을 말함)로서 만기가 3개월 이내인 경우

❽ 「근로복지기본법」에 따라 우리사주조합원이 우리사주조합을 통해 취득한 주식을 같은 법 제43조에 따른 수탁기관(이하 이 조에서 '수탁기관'이라 함)에 예탁하고 그 예탁일로부터 1년간 해당 주식(주식에 부여된 권리의 행사로 취득하는 주식을 포함)을 인출하거나 매각하지 않기로 하는 내용의 예탁계약을 수탁기관과 체결한 후 그 예탁계약을 이행하는 경우

❾ 온라인소액투자중개를 통해 지분증권을 모집한 발행인이 일정한 요건을 모두 충족하는 경우

❿ 국내 환류 가능성이 있는 해외발행증권에 해당되는 경우에는 발행 당시 또는 발행일로부터 1년 이내에 해당 증권을 거주자에게 양도할 수 없다는 뜻을 해당 증권의 권면, 인수계약서, 취득계약서 및 청약권유문서에 기재하고, 발행인 또는 인수한 금융투자업자가 취득자로부터 그러한 발행조건을 확인·서명한 동의서를 징구하고, 해당 동의서의 이행을 담보할 수 있는 장치를 강구한 경우

(3) 보호예수된 증권의 인출사유

예탁결제원은 전매제한조치를 위해 예탁된 증권에 대하여 다음의 어느 하나에 해당하는 사유가 발생하는 경우 발행인의 신청에 의하여 해당 증권의 인출을 허용할 수 있다. 이 경우 예탁결제원 또는 수탁기관은 사유가 종료되는 대로 해당 증권이나 전환권 등 권리의 행사에 따라 취득한 증권을 지체 없이 재예탁하도록 하여야 한다.

❶ 통일규격증권으로 교환하기 위한 경우

❷ 전환권, 신주인수권 등 증권에 부여된 권리행사를 위한 경우

❸ 회사의 합병, 분할, 분할합병, 또는 주식의 포괄적 교환·이전에 따라 다른 증권으로 교환하기 위한 경우

❹ 액면 또는 권면의 분할 또는 병합에 따라 새로운 증권으로 교환하기 위한 경우

❺ 전환형 조건부자본증권을 주식으로 전환하기 위한 경우

❻ 기타 상기 사유와 유사한 것으로서 감독원장이 인정하는 경우

3   효력발생시기의 특례

(1) 금융위가 따로 정하는 효력발생시기(공시규정 제2-3조 제1항)

❶ 일괄신고서의 정정신고서는 수리된 날부터 3일이 경과한 날에 그 효력이 발생. 다만, 일괄신고서의 정정신고서가 수리된 날부터 3일이 경과한 날이 당초의 일괄신고서의 효력이 발생하는 날보다 먼저 도래하는 경우에는 당초의 일괄신고서의 효력이 발생하는 날에 그 효력이 발생함

❷ 사업보고서, 반기보고서, 분기보고서 또는 신고서를 제출한 사실이 있는 법인이 신고서의 기재사항 중 영 제125조의 발행인에 관한 사항이 이미 제출한 사업보고서·반기보고서 및 분기보고서 또는 신고서와 동일한 내용의 신고서를 제출하는 경우 무보증사채권(보증사채권 또는 담보부사채권을 제외한 사채권을 말함)의 발행을 위한 신고서는 수리된 날부터 5일, 보증사채권, 담보부사채권의 발행을 위한 신고서는 수리된 날부터 3일이 경과한 날에 각각 그 효력이 발생함. 다만, 「관공서의 공휴일에 관한 규정」 제2조에 따른 휴일은 그 기간에 산입하지 아니함

❸ 사채권의 발행을 위하여 신고서를 제출한 자가 사채거래수익률 등의 변동으로 인한 발행가액의 변경 또는 발행이자율의 변경을 위하여 정정신고서를 제출하는 경우에는 정정신고서가 수리된 다음 날에 그 효력이 발생함. 다만, 당초의 효력발생기간이 경과하기 전에 정정신고서가 수리되어 그 효력이 발생하게 되는 경우에는 당초의 신고서의 효력이 발생하는 날에 그 효력이 발생함

❹ 자본시장법 제4조 제7항 제1호에 해당하는 증권의 모집 또는 매출을 위하여 신고서를 제출한 자가 시장상황의 변동 등으로 동 증권의 지급금액 결정방식을 변경하기 위하여 정정신고서를 제출하는 경우에는 정정신고서를 수리한 날부터 3

일이 경과한 날에 그 효력이 발생함. 다만, 공휴일은 효력발생기간에 산입하지 아니하며 당초 효력발생기간이 경과하기 전에 정정신고서가 수리되어 그 효력이 발생하게 되는 경우에는 당초의 신고서의 효력이 발생하는 날에 그 효력이 발생함

❺ 집합투자기구 간 합병을 위해 신고서를 제출하는 경우로서 수익자총회일의 2주 전부터 합병계획서 등을 공시하는 경우에는 그 신고서가 수리된 날부터 3일이 경과한 날에 그 효력이 발생함

❻ 금적립계좌 발행을 위하여 제출한 일괄신고서가 효력이 발생한 후에 제출하는 정정신고서는 수리된 날에 그 효력이 발생함

(2) 효력발생기간에 영향을 미치지 아니하는 정정신고서

❶ 신고서를 제출한 자가 다음의 어느 하나의 사유로 정정신고서를 제출하는 경우에는 당초의 신고서 효력 발생일에 영향을 미치지 아니함

　ㄱ. 증권시장에 상장하기 위하여 지분증권(지분증권과 관련된 증권예탁증권을 포함)을 모집 또는 매출하는 경우로서 모집 또는 매출할 증권수를 당초에 제출한 신고서의 모집 또는 매출할 증권수의 100분의 80 이상과 100분의 120 이하에 해당하는 증권수로 변경하는 경우

　ㄴ. 초과배정옵션계약을 추가로 체결하거나 초과배정 수량을 변경하는 경우

　ㄷ. 공개매수의 대가로 교부하기 위하여 신주를 발행함에 있어서 발행예정주식 수가 변경되는 경우

　ㄹ. 채무증권(주권 관련 사채권은 제외)을 모집 또는 매출하는 경우로서 모집가액 또는 매출가액의 총액을 당초에 제출한 신고서의 모집가액 또는 매출가액의 총액의 100분의 80 이상과 100분의 120 이하에 해당하는 금액으로 변경하는 경우

❷ 사소한 문구 수정등 투자자의 투자판단에 크게 영향을 미치지 아니하는 경미한 사항을 정정하기 위하여 정정신고서를 제출하는 경우에도 당초의 효력발생일에 영향을 미치지 아니함

❸ 국제금융기구가 원화표시채권을 발행하기 위하여 증권신고서를 제출하는 경우에는 증권신고서가 수리된 날부터 5일이 경과한 날에 효력이 발생함

(3) 효력발생기간을 계산함에 있어 금융위가 신고서를 수리하면 접수된 날에 수리된 것으로 간주

금융위가 신고서를 수리한 때에는 신고서를 제출한 발행인에게 이를 서면으로 통지한다.

4	증권분석기관

(1) 증권분석기관의 의의

증권분석기관이란 모집가액 또는 매출가액의 적정성등 증권의 가치를 평가하는 기관으로서 다음의 어느 하나에 해당하는 자를 말한다(공시규정 제2-5조 제1항).

❶ 인수업무, 모집·사모·매출의 주선업무를 수행하는 자
❷ 신용평가업자
❸ 「공인회계사법」에 따른 회계법인
❹ 채권평가회사

(2) 증권분석기관의 평가제한

증권분석기관이 공모를 하려는 법인과 다음의 어느 하나의 관계가 있는 경우에는 평가를 할 수 없다(공시규정 제2-5조 제3항).

❶ 증권분석기관이 해당 법인에 그 자본금의 100분의 3 이상을 출자하고 있는 경우 및 그 반대의 경우
❷ 증권분석기관에 그 자본금의 100분의 5 이상을 출자하고 있는 주주와 해당 법인에 100분의 5 이상을 출자하고 있는 주주가 동일인이거나 영 제8조에 따른 특수관계인인 경우. 다만, 그 동일인이 영 제11조 제1항 제1호 가목 및 나목에 따른 전문투자자로서 증권분석기관 및 해당 법인과 ❺의 관계에 있지 아니한 경우에는 예외
❸ 증권분석기관의 임원이 해당 법인에 그 자본금의 100분의 1 이상을 출자하고 있거나 해당 법인의 임원이 증권분석기관에 100분의 1 이상을 출자하고 있는 경우
❹ 증권분석기관 또는 해당 법인의 임원이 해당 법인 또는 증권분석기관의 주요 주주의 특수관계인인 경우

❺ 동일인이 증권분석기관 및 해당 법인에 대하여 임원의 임면 등 법인의 주요 경영 사항에 대하여 사실상 영향력을 행사하는 관계가 있는 경우

(3) 분석업무의 제한

감독원장은 증권분석기관이 다음의 어느 하나에 해당하는 경우 증권분석기관에 대하여 일정한 기간을 정하여 증권분석업무를 제한할 수 있다(공시규정 제2-5조 제4항).

❶ 공정한 평가에 필요한 적절한 주의의무를 기울이지 아니하였거나 평가내용 중 허위의 표시 또는 중요 사실에 대한 오해를 유발할 수 있는 표시를 한 경우로서 감독원장이 인정하는 경우
❷ 증권분석기관의 임직원이 평가와 관련하여 지득한 기밀을 누설 또는 업무 외에 이용한 사실이 있는 경우로서 감독원장이 인정하는 경우

(4) 증권분석기관의 평가의견의 생략

소액공모를 하는 경우 또는 모집설립의 경우로서 다음의 어느 하나에 해당하는 경우에는 증권분석기관의 평가의견을 생략할 수 있다(공시규정 제2-5조 제4항).

❶ 「은행법」에 따라 금융위의 금융기관 신설을 위한 예비인가를 받은 경우
❷ 「금융지주회사법」에 따라 금융위의 금융지주회사 신설을 위한 예비인가를 받은 경우
❸ 회사 설립 시에 발행하는 지분증권 중 상당 부분(최대주주로서 설립 시 총지분의 100분의 25 이상을 취득하는 경우를 말함)을 정부 또는 지방자치단체가 취득할 예정인 경우
❹ 특별법에 따라 정부로부터 영업인가 또는 허가를 받은 경우
❺ 그 밖에 사업의 내용 등에 비추어 국민경제 발전을 위하여 필요하다고 금감원장이 인정하는 경우

5 안정조작의 기준 가격

금융위가 정하는 평균 거래 가격이란 다음의 가격을 말한다(공시규정 제2-21조 제1항).

❶ 증권시장에서 거래가 형성된 증권은 다음 각 방법에 따라 산정된 가격의 산술평

균가격

ㄱ. 안정조작기간의 초일 전일부터 과거 20일(동 기간 중에 배당락, 권리락 또는 행사 가격 조정 등으로 인하여 매매기준 가격의 조정이 있는 경우로서 배당락, 권리락 또는 행사 가격 조정 등이 있은 날부터 안정조작기간의 초일 전일까지의 기간이 7일 이상이 되는 경우에는 그 기간)간 공표된 매일의 증권시장에서 거래된 최종시세 가격을 실물거래에 의한 거래량을 가중치로 하여 가중산술평균한 가격

ㄴ. 안정조작기간의 초일 전일부터 과거 7일간 공표된 매일의 증권시장에서 거래된 최종시세 가격을 실물거래에 의한 거래량을 가중치로 하여 가중산술평균한 가격

❷ 증권시장에서 거래가 형성되지 아니한 주식은 해당 법인의 자산상태·수익성 기타의 사정을 참작하여 금감원장이 정하는 가격

<h2>section 03   투자설명서제도</h2>

<h3>1   개요</h3>

모집 또는 매출에 대한 증권신고서는 최종적으로 투자자에게 청약의 권유문서이자 투자권유문서인 투자설명서를 교부하기 위한 심사청구서류라고 할 수 있다.

따라서 투자자에게 실제로 교부되는 것은 증권신고서가 아니라 투자설명서이며, 투자설명서는 증권신고서의 제출 및 효력발생이라는 진행단계에 따라 간이투자설명서, 예비투자설명서, 투자설명서등의 형태로 이용된다.

2 투자설명서의 작성 및 공시

(1) 작성

투자설명서에는 증권신고서(일괄신고추가서류 포함)에 기재된 내용과 다른 내용을 표시하거나 그 기재사항을 누락할 수 없다. 다만, 기업경영등 비밀유지와 투자자 보호와의 형평 등을 고려하여 기재를 생략할 필요가 있는 사항으로서 군사기밀이나, 발행인의 기업비밀에 해당되는 것으로서 금융위의 확인을 받은 사항에 대하여는 그 기재를 생략할 수 있다 (법 제123조 제2항).

(2) 공시

❶ 발행인은 증권을 모집하거나 매출하는 경우 투자설명서 및 간이투자설명서(모집 또는 매출하는 증권이 집합투자증권인 경우로 한정)를 증권신고의 효력이 발생하는 날(일괄 신고추가서류를 제출하여야 하는 경우에는 그 일괄신고추가서류를 제출하는 날)에 금융위에 제 출하여야 하며, 이를 총리령으로 정하는 장소에 비치하고 일반인이 열람할 수 있 도록 하여야 함(법 제123조 제1항)

❷ 발행인은 투자설명서 및 간이투자설명서를 해당 증권의 발행인의 본점, 금융위, 거래소, 청약사무취급장소에 비치 및 공시하여야 함

(3) 개방형집합투자증권 및 파생결합증권에 대한 특례

개방형 집합투자증권 및 파생결합증권(금적립계좌를 말함)의 발행인은 다음의 구분에 따라 투자설명서 및 간이투자설명서를 금융위에 추가로 제출하여야 하며, 금융위·거 래소등 총리령으로 정하는 장소에 비치하고 일반인이 열람할 수 있도록 하여야 한다. 다만, 그 개방형 집합투자증권 및 파생결합증권(금적립계좌)의 모집 또는 매출을 중지한 경우에는 제출·비치 및 공시를 하지 아니할 수 있다(법 제123조 제3항).

❶ 투자설명서 및 간이투자설명서를 제출한 후 1년마다(시행규칙 제13조 제2항) 1회 이 상 다시 고친 투자설명서 및 간이투자설명서를 제출할 것

❷ 변경등록을 한 경우 변경등록의 통지를 받은 날부터 5일 이내에 그 내용을 반영 한 투자설명서 및 간이투자설명서를 제출할 것

3 　정당한 투자설명서의 교부의무

(1) 교부의무

❶ 누구든지 증권신고의 효력이 발생한 증권을 취득하고자 하는 자(전문투자자, 서면으로 수령거부의사를 밝힌 자 등 제외)에게 투자설명서(집합투자증권의 경우 투자자가 제123조에 따른 투자설명서의 교부를 별도로 요청하지 아니하는 경우에는 간이투자설명서를 말함)를 미리 교부하지 아니하면 그 증권을 취득하게 하거나 매도할 수 없음

❷ 이 경우 투자설명서가 전자문서의 방법에 따르는 때에는 다음의 요건을 모두 충족하는 때에 이를 교부한 것으로 간주

　ㄱ. 전자문서에 의하여 투자설명서를 받는 것을 전자문서를 받을 자("전자문서수신자")가 동의할 것

　ㄴ. 전자문서수신자가 전자문서를 받을 전자전달매체의 종류와 장소를 지정할 것

　ㄷ. 전자문서수신자가 그 전자문서를 받은 사실이 확인될 것

　ㄹ. 전자문서의 내용이 서면에 의한 투자설명서의 내용과 동일할 것

❸ 투자설명서의 교부가 면제되는 자

　ㄱ. 전문투자자등 일정한 전문가

　ㄴ. 투자설명서를 받기를 거부한다는 의사를 서면, 전화·전신·모사전송, 전자우편 및 이와 비슷한 전자통신, 그 밖에 금융위가 정하여 고시하는 방법으로 표시한 자

　ㄷ. 이미 취득한 것과 같은 집합투자증권을 계속하여 추가로 취득하려는 자. 다만, 해당 집합투자증권의 투자설명서의 내용이 직전에 교부한 투자설명서의 내용과 같은 경우만 해당함

(2) 투자설명서의 사용방법

누구든지 증권신고의 대상이 되는 증권의 모집 또는 매출, 그 밖의 거래를 위하여 청약의 권유등을 하고자 하는 경우에는 다음의 어느 하나에 해당하는 방법에 따라야 한다.

❶ 증권신고의 효력이 발생한 후 투자설명서를 사용하는 방법

❷ 증권신고서가 수리된 후 신고의 효력이 발생하기 전에 예비투자설명서(신고의 효

력이 발생되지 아니한 사실을 덧붙여 적은 투자설명서)를 사용하는 방법

❸ 증권신고서가 수리된 후 신문·방송·잡지등을 이용한 광고, 안내문·홍보전단 또는 전자전달매체를 통하여 간이투자설명서(투자설명서에 기재하여야 할 사항 중 그 일부를 생략하거나 중요한 사항만을 발췌하여 기재 또는 표시한 문서, 전자문서, 그 밖에 이에 준하는 기재 또는 표시를 말함)를 사용하는 방법

❹ 집합투자증권의 경우 간이투자설명서만을 가지고 사용할 수 있으나, 투자자가 제123조에 따른 투자설명서의 사용을 별도로 요청하는 경우에는 그러하지 아니함. 집합투자증권의 간이투자설명서를 교부하거나 사용하는 경우에는 투자자에게 제123조에 따른 투자설명서를 별도로 요청할 수 있음을 알려야 함

chapter 06

증권 유통시장 공시제도

1 제출대상

주권상장법인과 다음의 법인은 사업보고서, 반기보고서, 분기보고서(이하 '사업보고서 등'이라 한다)를 일정한 기한 내에 금융위와 거래소에 제출하여야 한다(법 제159조, 제160조, 시행령 제167조).

❶ 다음의 어느 하나에 해당하는 증권을 증권시장에 상장한 발행인

　　ㄱ. 주권 외의 지분증권[집합투자증권과 자산유동화계획에 따른 유동화전문회사등(「자산유동 화에 관한 법률」 제3조에 따른 유동화전문회사 등을 말함)이 발행하는 출자지분은 제외]

ㄴ. 무보증사채권(담보부사채권과 제362조 제8항에 따른 보증사채권을 제외한 사채권)

ㄷ. 전환사채권·신주인수권부사채권·이익참가부사채권 또는 교환사채권

ㄹ. 신주인수권이 표시된 것

ㅁ. 증권예탁증권(주권 또는 위의 증권과 관련된 증권예탁증권만 해당)

ㅂ. 파생결합증권

❷ ❶ 외에 다음의 어느 하나에 해당하는 증권을 모집 또는 매출(소액공모 제외)한 발행인(주권상장법인 또는 ❶에 따른 발행인으로서 해당 증권의 상장이 폐지된 발행인을 포함)

ㄱ. 주권

ㄴ. ❶의 어느 하나에 해당하는 증권

❸ ❶ 및 ❷ 외에 「주식회사의 외부감사에 관한 법률」 제2조에 따른 외부감사대상 법인으로서 ❷의 어느 하나에 해당하는 증권별로 금융위가 정하여 고시하는 방법에 따라 계산한 증권의 소유자 수가 500인 이상인 발행인(증권의 소유자 수가 500인 이상이었다가 500인 미만으로 된 경우로서 300인 미만으로 되지 아니하는 발행인을 포함)

2 제출면제

사업보고서등 제출대상법인에 포함되나 파산, 그 밖의 사유로 인해 사업보고서등 제출이 사실상 불가능하거나 실효성이 없는 경우로서 다음의 어느 하나에 해당되는 법인의 경우 사업보고서등 제출이 면제된다(법 제159조 제1항 단서).

❶ 파산으로 인하여 사업보고서의 제출이 사실상 불가능한 경우
❷ 「상법」등에 따라 해산사유가 발생한 법인으로서 최근 사업연도의 사업보고서의 제출이 사실상 불가능한 경우
❸ 주권상장법인등 일정한 증권을 상장한 발행인의 경우에는 상장의 폐지요건에 해당하는 발행인으로서 해당 법인에게 책임이 없는 사유로 사업보고서의 제출이 불가능하다고 금융위의 확인을 받은 경우
❹ 일정한 증권을 모집 또는 매출한 법인의 경우에는 같은 증권별로 각각의 증권마다 소유자 수가 모두 25인 미만인 경우로서 금융위가 인정한 경우. 다만, 그 소유자의 수가 25인 미만으로 감소된 날이 속하는 사업연도의 사업보고서는 제출하여야 함

❺ 주주수 500인 기준에 해당된 발행인의 경우에는 영 제167조 제1항 제2호 각 목의 어느 하나에 해당하는 증권으로서 각각의 증권마다 소유자의 수가 모두 300인 미만인 경우. 다만, 그 소유자의 수가 300인 미만으로 감소된 날이 속하는 사업연도의 사업보고서는 제출하여야 함

<p style="...">

3 제출기한

사업보고서등 제출대상법인의 경우 사업보고서는 사업연도 경과 후 90일 내, 반기보고서와 분기보고서의 경우 반기 및 분기 종료일부터 45일 내에 금융위와 거래소에 제출하여야 한다.

최초로 사업보고서를 제출하여야 하는 법인은 사업보고서 제출대상법인에 해당하게 된 날부터 5일(사업보고서의 제출기간 중에 사업보고서 제출대상법인에 해당하게 된 경우에는 그 제출기한으로 제출하면 됨) 이내에 그 직전 사업연도의 사업보고서를 금융위와 거래소에 제출하여야 한다(법 제159조 제3항). 다만, 그 법인이 증권신고서등을 통하여 이미 직전 사업연도의 사업보고서에 준하는 사항을 공시한 경우에는 직전 사업연도의 사업보고서를 제출하지 아니할 수 있다.

4 기재사항

사업보고서 제출대상법인은 그 회사의 목적, 상호, 사업내용, 임원보수(「상법」, 그 밖의 법률에 따른 주식매수선택권을 포함하되, 그 사업연도에 임원에게 지급된 보수총액), 임원 개인별 보수와 그 구체적인 산정기준 및 방법(임원 개인에게 지급된 보수가 5억 원 이내의 범위에서 대통령령으로 정하는 금액 이상인 경우에 한함), 보수총액기준 상위 5명의 개인별 보수와 그 구체적인 산정기준 및 방법(개인에게 지급된 보수가 5억 원 이내의 범위에서 대통령령으로 정하는 금액 이상인 경우에 한정), 재무에 관한 사항과 시행령에서 정하는 사항을 기재하여야 한다.

금융위가 정하는 서식에 따라 기재사항을 기재하여 하며, 시행령에서 정한 다음의 사항을 포함하여야 한다.

❶ 대표이사와 제출업무를 담당하는 이사의 서명

❷ 회사의 개요

❸ 이사회등 회사의 기관 및 계열회사에 관한 사항

❹ 주주에 관한 사항

❺ 임원 및 직원에 관한 사항

❻ 회사의 대주주(그 특수관계인을 포함) 또는 임직원과의 거래내용

❼ 재무에 관한 사항과 그 부속명세

❽ 회계감사인의 감사의견

❾ 그 밖에 투자자에게 알릴 필요가 있는 사항으로서 금융위가 정하여 고시하는 사항

5 연결재무제표 등에 관한 특례

사업보고서를 제출하여야 하는 법인 중 「주식회사의 외부감사에 관한 법률 시행령」에 따라 연결재무제표 작성대상법인의 경우에는 사업보고서 기재사항 중 재무에 관한 사항과 그 부속명세, 그 밖에 금융위가 정하여 고시하는 사항은 연결재무제표를 기준으로 기재하되 그 법인의 재무제표를 포함하여야 하며, 회계감사인의 감사의견은 연결재무제표와 그 법인의 재무제표에 대한 감사의견을 기재하여야 한다(시행령 제168조 제4항).

그러나 최근 사업연도말 현재의 자산총액이 2조 원 미만인 법인 중 한국회계기준원이 제정한 회계처리기준으로서 국제회계기준에 따라 채택한 기준("한국채택국제회계기준")을 적용하지 아니하는 법인은 그 법인의 재무제표를 기준으로 재무에 관한 사항과 그 부속명세, 그 밖에 금융위가 정하여 고시하는 사항을 기재하고, 그 법인의 재무제표에 대한 회계감사인의 감사의견을 기재한 사업보고서를 사업연도 종료일부터 90일 내에 제출할 수 있다.

이 경우 그 사업연도의 종료 후 90일이 지난 날부터 30일 이내에 연결재무제표를 기준으로 한 재무에 관한 사항과 그 부속명세, 그 밖에 금융위가 정하여 고시하는 사항과 연결재무제표에 대한 회계감사인의 감사의견을 보완하여 제출하여야 한다(시행령 제168조 제5항).

사업보고서 제출대상법인이 「주식회사의 외부감사에 관한 법률」에 따라 기업집단결합재무제표를 작성하여야 하는 기업집단의 소속회사인 경우에는 기업집단결합재무제

표를 사업연도 종료 후 6개월 이내에 금융위와 거래소에 제출하여야 한다.

6 사업보고서등의 제출에 관한 특례

외국법인등의 경우에는 다음의 기준 및 방법에 따라 제출의무를 면제하거나 제출기한을 달리하는등 그 적용을 달리할 수 있다(법 제165조).

❶ 다음의 어느 하나에 해당하는 외국법인등에 대하여는 사업보고서에 관한 규정의 적용을 면제
  ㄱ. 외국 정부
  ㄴ. 외국 지방자치단체
  ㄷ. 외국의 법령에 따라 설립되어 공익사업을 영위하는 외국 공공단체로서 외국 정부 또는 외국 지방자치단체가 지분을 보유하고 있는 외국 공공단체
  ㄹ. 「국제금융기구에의 가입조치에 관한 법률」 제2조 제1항 각 호의 어느 하나에 해당하는 국제금융기구
❷ 외국법인등은 사업보고서를 법에서 정하는 기간이 지난 후 30일 이내에 제출할 수 있고, 반기보고서 및 분기보고서는 법에서 정하는 기간이 지난 후 15일 이내에 제출할 수 있음
  그러나 외국법인등이 사업보고서등에 상당하는 서류를 해당 국가에 제출한 경우에는 그 날부터 10일(주요 사항 보고서의 경우에는 5일) 이내에 사업보고서등을 제출하거나 해당 국가에서 제출한 사업보고서등에 상당하는 서류에 금융위가 정하여 고시하는 요약된 한글번역문을 첨부하여 제출할 수 있음

금융위는 외국법인등의 종류·성격, 외국 법령등을 고려하여 외국법인등의 사업보고서등의 구체적인 기재내용, 첨부서류 및 서식등을 달리 정할 수 있다.

「중소기업기본법」 제2조에 따른 중소기업이 발행한 주권을 매매하는 코넥스시장에 상장된 주권을 발행한 법인의 경우에는 반기·분기보고서의 제출의무가 면제된다.

주요 사항 보고제도

1 개요

자본시장법에서는 공시의무자의 부담을 완화하기 위하여 공적인 규제가 필요한 항목을 종전 주요 경영사항 신고 중 회사존립, 조직재편성, 자본증감 등의 사항과 특수공시사항으로 최소화하여 그 사유발생 다음날까지 금융위에 주요 사항 보고서(법 제161조)로 제출하도록 하는 한편, 그 외의 공시사항에 대해서는 거래소가 운영하는 자율공시제도인 수시공시제도(법 제391조 제2항 제3호)로 이원화하였다.

이에 따라 수시공시사항에 대해서는 거래소와 사업보고서 제출대상법인 간의 자율공시사항으로서 거래소의 공시규정에서 정하는 바에 따르게 되었고, 위반시에도 법적인 제재는 불가능하게 되었다.

2 제출대상

주요 사항 보고서 제도는 정기적으로 제출되는 사업보고서, 반기보고서, 분기보고서를 보완하기 위한 제도이기 때문에 제출대상은 사업보고서 제출대상과 동일하다. 즉, 주권상장법인 외의 법인 역시 보고의무를 부담할 수 있음에 유의해야 한다.

3 주요 사항 보고서 제출사유 및 제출기한

주요 사항 보고 사유에 해당하는 사항이 발생한 경우에는 그 사실이 발생한 날의 다음날까지(제6호의 경우에는 그 사실이 발행한 날부터 3일 이내)에 금융위에 주요 사항 보고서를 제출하여야 한다(법 제161조).

❶ 발행한 어음 또는 수표가 부도로 되거나 은행과의 당좌거래가 정지 또는 금지된 때

❷ 영업활동의 전부 또는 중요한 일부가 정지되거나 그 정지에 관한 이사회 등의 결정이 있은 때

❸ 「채무자 회생 및 파산에 관한 법률」에 따른 회생절차개시의 신청이 있은 때

❹ 이 법, 「상법」, 그 밖의 법률에 따른 해산사유가 발생한 때

❺ 자본증가 또는 자본감소에 관한 이사회의 결의가 있은 때

❻ 「상법」 제360조의2(주식의 포괄적 교환), 제360조의15(주식의 포괄적 이전), 제522조(합병) 및 제530조의2(분할, 분할합병)에 규정된 사실이 발생한 때

❼ 다음에 해당되는 중요한 영업 또는 자산을 양수하거나 양도할 것을 결의한 때

　　ㄱ. 양수·양도하려는 영업부문의 자산액이 최근 사업연도말 현재 자산총액의 100분의 10 이상인 양수·양도

　　ㄴ. 양수·양도하려는 영업부문의 매출액이 최근 사업연도말 현재 매출액의 100분의 10 이상인 양수·양도

　　ㄷ. 영업의 양수로 인하여 인수할 부채액이 최근 사업연도말 현재 부채총액의 100분의 10 이상인 양수

　　ㄹ. 양수·양도하려는 자산액이 최근 사업연도말 현재 자산총액의 100분의 10 이상인 양수·양도. 다만, 일상적인 영업활동으로서 상품·제품·원재료를 매매하는 행위등 금융위가 정하여 고시하는 자산의 양수·양도는 제외

❽ 자기주식을 취득(자기주식의 취득을 목적으로 하는 신탁계약의 체결을 포함) 또는 처분(자기주식의 취득을 목적으로 하는 신탁계약의 해지를 포함)할 것을 결의한 때

❾ 그 밖에 그 법인의 경영·재산 등에 관하여 중대한 영향을 미치는 사항으로서 다음의 사실이 발생한 때

　　ㄱ. 「기업구조조정 촉진법」 제2조 제3호에 따른 주채권은행으로부터 같은 법 제7조 제1항 또는 제2항에 따른 조치를 받은 때

　　ㄴ. 제167조 제1항 제2호 각 목의 어느 하나에 해당하는 증권에 관하여 중대한 영향을 미칠 소송이 제기된 때

　　ㄷ. 해외 증권시장에 주권의 상장 또는 상장폐지가 결정되거나, 상장 또는 상장폐지된 때 및 자본시장법 제437조 제1항에 따른 외국 금융투자감독기관 또는 자본시장법 제406조 제1항 제2호에 따른 외국 거래소 등으로부터 주권의 상장폐지, 매매거래정지, 그 밖의 조치를 받은 때

　　ㄹ. 전환사채권, 신주인수권부사채권 또는 교환사채권의 발행에 관한 결정이 있

은 때

ㅁ. 그 밖에 그 법인의 경영·재산등에 관하여 중대한 영향을 미치는 사항으로서 금융위가 정하여 고시하는 사실이 발생한 때

section 03 수시공시제도

1 개요

투자자들의 정확한 투자판단을 위해 기업에 관한 중요한 변화가 발생하는 경우 이를 지체 없이 거래소에 신고하게 되는 수시공시제도가 운영되는데, 기업의 신고가 있는 경우 거래소는 이를 지체 없이 금융위에 송부하여야 한다(법 제392조 제3항). 거래소는 주권상장법인의 공시에 관한 규정의 제정과 관련 서식의 제·개정 등 공시제도의 운영을 담당한다(법 제391조). 거래소는 주권 등 상장법인의 기업내용 등의 신고·공시 및 관리를 위하여 유가증권시장공시규정, 코스닥시장공시규정 등을 마련하고 있다(법 제391조 제1항). 동 규정상 수시공시의 하부적 유형으로 주요 경영사항의 신고·공시, 자율공시, 조회공시 등이 있다.

2 수시공시의 유형

(1) 주요 경영사항의 신고·공시

주권상장법인은 거래소의 공시규정이 정하는 주요 경영사항에 해당하는 사실 또는 결정이 있는 경우에는 그 내용을 사유발생 당일 혹은 사유발생 다음날까지 거래소에 신고하여야 한다. 이를 자율규제기관(거래소)이 기업으로 하여금 의무적으로 공시하도록 한다는 점에서 의무공시라고 부르기도 한다.

(2) 자율공시

자율공시(혹은 자진공시)는 문자 그대로 기업의 자율적인 판단 및 책임하에 공시하는 것을 말한다. 상장기업이 주요 경영사항 외에 투자판단에 중대한 영향을 미칠 수 있거나 투자자에게 알릴 필요가 있다고 판단되는 사항의 발생 또는 결정이 있는 때에는 그 내용을 거래소에 신고할 수 있으며, 이 경우 그 신고는 사유발생일 다음날까지 하여야 하는 것을 의미한다.

기업은 일반적으로 불리한 정보는 가급적 드러내지 않은 채 유리한 정보를 널리 알리고자 하는 속성을 가지고 있어 주로 불리한 정보를 의무공시하는 한편 유리한 정보는 자율공시하는 경향이 있다. 따라서 기업에 유리한 사실만 공시해 기업의 홍보 수단으로 사용할 경우 투자자로부터 신뢰를 잃을 우려도 있다. 일단 자율공시를 하기만 하면 그 법적 효과는 주요 경영사항 공시와 동일하다.

(3) 조회공시

조회공시는 증권의 공정한 거래와 투자자 보호를 위하여 기업의 주요 경영사항 또는 그에 준하는 사항에 관한 풍문 또는 보도(풍문 등)의 사실 여부나 당해 기업이 발행한 주권 등의 가격이나 거래량에 현저한 변동(시황)이 있는 경우 거래소가 상장기업에게 중요한 정보의 유무에 대한 답변을 요구하고 당해 기업은 이에 응하여 공시하도록 하는 제도이다(법 제391조 제2항 제3호). 조회공시대상이 풍문 또는 보도와 관련한 경우에는 요구시점이 오전인 때에는 당일 오후까지, 오후인 때에는 다음날 오전까지 답변하여야 하며, 시황급변과 관련한 경우에는 요구받은 날로부터 1일 이내에 다음날까지 답변하여야 한다.

---

3   공정공시

공정공시제도는 상장기업이 증권시장을 통해 공시되지 아니한 중요정보를 금융투자상품투자분석가(애널리스트) · 기관투자자 등 특정인에게 선별적으로 제공(selective disclosure)하고자 하는 경우 모든 시장참가자들이 동 정보를 알 수 있도록 그 특정인에게 제공하기 전에 증권시장을 통해 공시하도록 하는 제도이다.

공정공시제도는 근본적으로 수시공시제도를 보완하기 위하여 마련된 것이다. 따라서 공정공시를 이행하였다고 해서 다른 수시공시의무가 무조건적으로 면제되는 것은 아니다.

chapter 07

기업의 인수합병(M&A) 관련 제도

개관

기업의 매수·합병(M&A)에 대해서는 자본시장법 이외에도 수많은 법률들이 관련되지만, 자본시장법은 M&A과정에서의 투자자 보호, 공격과 방어에 있어서의 공정한 경쟁을 보장하기 위해 필요한 공시제도를 규정하고 있는 것이 특징이다. 즉, 자본시장법은 기업의 경영권이 누구에게 귀속되어야 하는가와 무관하게 그 과정에서 공격자와 방어자 모두에게 적용되는 공시제도만을 규정하고 있다.

한편, 종전 증권거래법에서 규정하고 있던 자기주식 취득 및 처분제도는 주요 사항 보고서 제도로, 합병등신고서 제도는 주요 사항 보고서 및 증권신고서 제도로 흡수·변경되었으며, 자본시장법상 M&A 관련 공시제도는 공개매수제도, 5% 보고제도 및 의결권 대리행사 권유제도가 있다.

1 개요

공개매수(tender offer or take – over bid)제도는 증권시장 밖에서 불특정 다수를 대상으로 이루어지는 주식등의 장외 매수에 대해 매수절차, 방법 등을 규정하고 그 내용을 공시하도록 하는 제도이다. 이는 경영권에 영향을 미칠 수 있는 주식등의 장외매수에 대해 경영권 경쟁의 공정성을 확보하고 매수 대상회사의 모든 주주에게 매도의 기회를 동등하게 부여하여 주주평등을 도모하는 데 그 목적이 있다. 자본시장법은 공개매수와 관련하여 공개매수 강제 및 공개매수 시 공개매수신고서 제출의무등을 규정하고 있다.

2 의의 및 적용대상

(1) 공개매수 의의

공개매수란 불특정 다수인에 대하여 의결권 있는 주식등의 매수(다른 증권과의 교환을 포함)의 청약을 하거나 매도(다른 증권과의 교환을 포함)의 청약을 권유하고 증권시장 및 다자간매매체결회사(이와 유사한 시장으로서 해외에 있는 시장을 포함) 밖에서 그 주식등을 매수하는 것을 말한다(법 제133조 제1항).

증권시장에서의 경쟁매매 외의 방법에 의한 주식등의 매수로서 매도와 매수 쌍방당사자 간의 계약, 그 밖의 합의에 따라 종목, 가격과 수량 등을 결정하고, 그 매매의 체결과 결제를 증권시장을 통하는 방법으로 하는 주식등의 매수의 경우(이른바 '블록딜')에는 증권시장 밖에서 행하여진 것으로 간주한다(법 제133조 제4항 및 시행령 제144조).

(2) 공개매수 의무

주식등을 6개월 동안 증권시장 밖에서 10인 이상의 자로부터 매수등을 하고자 하는 자는 그 매수등을 한 후에 본인과 그 특별관계자가 보유하게 되는 주식등의 수의 합계가 그 주식등의 총수의 100분의 5 이상이 되는 경우(본인과 그 특별관계자가 보유하는 주식등의 수의 합계가 그 주식등의 총수의 100분의 5 이상인 자가 그 주식등의 매수 등을 하는 경우를 포함)에는 공개매수를 하여야 한다(법 제133조 제3항).

(3) 적용대상 증권

의결권 있는 주식 및 그와 관계있는 다음의 증권이 공개매수 대상이 된다.

❶ 주권상장법인이 발행한 증권으로서 다음의 어느 하나에 해당하는 증권
- ㄱ. 주권
- ㄴ. 신주인수권이 표시된 것
- ㄷ. 전환사채권
- ㄹ. 신주인수권부사채권
- ㅁ. 위의 ㄱ.부터 ㄹ.까지의 증권과 교환을 청구할 수 있는 교환사채권
- ㅂ. 위의 ㄱ.부터 ㅁ.까지의 증권을 기초자산으로 하는 파생결합증권(권리의 행사로 그 기초자산을 취득할 수 있는 것만 해당)

❷ 주권상장법인 외의 자가 발행한 증권으로서 다음의 어느 하나에 해당하는 증권
- ㄱ. 위 ❶의 증권과 관련된 증권예탁증권
- ㄴ. 위 ❶의 증권이나 위 ㄱ. 증권과 교환을 청구할 수 있는 교환사채권
- ㄷ. ❶의 증권과 위의 ㄱ. 및 ㄴ. 증권을 기초자산으로 하는 파생결합증권(권리의 행사로 그 기초자산을 취득할 수 있는 것만 해당)

(4) 공개매수 의무자

공개매수 해당 여부를 판단하기 위한 지분의 계산은 특정인에 한정되지 않고, 그 특정인(본인)과 일정한 관계가 있는 자(특별관계자)까지 확대하고 있는바, 특별관계자라 함은 특수관계인과 공동보유자를 말한다(시행령 제141조 제1항).

❶ 특수관계인은 다음의 어느 하나에 해당하는 자를 말함(「금융회사의 지배구조에 관한 법률 시행령」 제3조)
- ㄱ. 본인이 개인인 경우
  - a. 배우자(사실상의 혼인관계에 있는 자를 포함)
  - b. 6촌 이내의 혈족
  - c. 4촌 이내의 인척

d. 양자의 생가의 직계존속

e. 양자 및 그 배우자와 양가(養家)의 직계비속

f. 혼인 외의 출생자의 생모

g. 본인의 금전, 그 밖의 재산에 의하여 생계를 유지하는 자 및 본인과 생계를 함께 하는 자

h. 본인이 단독으로 또는 그와 위의 a부터 g까지의 관계에 있는 자와 합하여 법인이나 단체에 100분의 30 이상을 출자하거나, 그 밖에 임원의 임면 등 법인이나 단체의 중요한 경영사항에 대하여 사실상의 영향력을 행사하고 있는 경우에는 해당 법인이나 단체와 그 임원(본인이 단독으로 또는 그와 위의 a부터 i까지의 관계에 있는 자와 합하여 임원의 임면 등의 방법으로 그 법인 또는 단체의 중요한 경영사항에 대하여 사실상의 영향력을 행사하고 있지 아니함이 본인의 확인서등을 통하여 확인되는 경우에는 그 임원은 제외)

i. 본인이 단독으로 또는 그와 위의 a부터 h까지의 관계에 있는 자와 합하여 법인이나 단체에 100분의 30 이상을 출자하거나, 그 밖에 임원의 임면 등 법인이나 단체의 중요한 경영사항에 대하여 사실상의 영향력을 행사하고 있는 경우에는 해당 법인이나 단체와 그 임원(본인이 단독으로 또는 그와 위의 a부터 h까지의 관계에 있는 자와 합하여 임원의 임면 등의 방법으로 그 법인 또는 단체의 중요한 경영사항에 대하여 사실상의 영향력을 행사하고 있지 아니함이 본인의 확인서 등을 통하여 확인되는 경우에는 그 임원은 제외)

ㄴ. 본인이 법인이나 단체인 경우

a. 임원

b. 계열회사 및 그 임원

c. 단독으로 또는 위 ㄱ의 어느 하나의 관계에 있는 자와 합하여 본인에게 100분의 30 이상을 출자하거나, 그 밖에 임원의 임면 등 본인의 중요한 경영사항에 대하여 사실상의 영향력을 행사하고 있는 개인(그와 위 ㄱ의 a부터 i까지의 어느 하나의 관계에 있는 자를 포함) 또는 법인(계열회사는 제외), 단체와 그 임원

d. 본인이 단독으로 또는 본인과 위의 a부터 c까지의 관계에 있는 자와 합하여 법인이나 단체에 100분의 30 이상을 출자하거나, 그 밖에 임원의 임면 등 법인이나 단체의 중요한 경영사항에 대하여 사실상의 영향력을 행사하

고 있는 경우에는 해당 법인, 단체와 그 임원(본인이 임원의 임면 등의 방법으로 그 법인 또는 단체의 중요한 경영사항에 대하여 사실상의 영향력을 행사하고 있지 아니함이 본인의 확인서 등을 통하여 확인되는 경우에는 그 임원은 제외)

❷ 공동보유자는 본인과 합의나 계약 등에 따라 다음의 어느 하나에 해당하는 행위를 할 것을 협의한 자를 말함(시행령 제141조 제2항)

ㄱ. 주식등을 공동으로 취득하거나 처분하는 행위

ㄴ. 주식등을 공동 또는 단독으로 취득한 후 그 취득한 주식을 상호양도하거나 양수하는 행위

ㄷ. 의결권(의결권의 행사를 지시할 수 있는 권한을 포함)을 공동으로 행사하는 행위

❸ 한편, 특수관계인이 소유하는 주식등의 수가 1,000주 미만이거나 공동보유자에 해당하지 아니함을 증명하는 경우에는 공개매수 및 5% 보고제도를 적용할 때 특수관계인으로 보지 아니함(시행령 제141조 제3항)

3 적용 면제

매수등의 목적, 유형, 그 밖에 다른 주주의 권익침해 가능성등을 고려하여 다음에 해당되는 매수등의 경우에는 공개매수 외의 방법으로 매수등을 할 수 있다(법 제133조 제3항 단서, 시행령 제143조).

❶ 소각을 목적으로 하는 주식등의 매수 등

❷ 주식매수청구에 응한 주식의 매수

❸ 신주인수권이 표시된 것, 전환사채권, 신주인수권부사채권 또는 교환사채권의 권리행사에 따른 주식등의 매수 등

❹ 파생결합증권의 권리행사에 따른 주식등의 매수 등

❺ 특수관계인으로부터의 주식등의 매수 등

❻ 그 밖에 다른 투자자의 이익을 해칠 염려가 없는 경우로서 금융위가 정하여 고시하는 주식등의 매수 등

(1) 공개매수의 공고

공개매수를 하고자 하는 자는 공개매수신고서 제출에 앞서 공개매수에 관한 다음의 사항을 「신문등의 진흥에 관한 법률」에 따른 일반 일간신문 또는 경제분야의 특수 일간신문 중 전국을 보급지역으로 하는 둘 이상의 신문에 공고하여야 한다(법 제134조 제1항, 시행령 제145조).

❶ 공개매수를 하고자 하는 자
❷ 공개매수할 주식등의 발행인
　　ㄱ. 증권예탁증권의 경우에는 그 기초가 되는 주식등의 발행인
　　ㄴ. 교환사채권의 경우에는 교환의 대상이 되는 주식등의 발행인
　　ㄷ. 파생결합증권의 경우에는 그 기초자산이 되는 주식등의 발행인
❸ 공개매수의 목적
❹ 공개매수할 주식등의 종류 및 수
❺ 공개매수기간 · 가격 · 결제일 등 공개매수조건
❻ 매수자금의 명세, 그 밖에 투자자 보호를 위하여 필요한 다음의 사항
　　ㄱ. 공개매수자와 그 특별관계자의 현황
　　ㄴ. 공개매수 사무취급자에 관한 사항
　　ㄷ. 공개매수의 방법
　　ㄹ. 공개매수대상 회사의 임원이나 최대주주와 사전협의가 있었는지와 사전협의가 있는 경우에는 그 협의내용
　　ㅁ. 공개매수가 끝난 후 공개매수대상 회사에 관한 장래 계획
　　ㅂ. 공개매수공고 전에 해당 주식 등의 매수 등의 계약을 체결하고 있는 경우에는 그 계약사실 및 내용
　　ㅅ. 공개매수신고서 및 공개매수설명서의 열람장소

(2) 공개매수신고서의 제출

공개매수공고일에 금융위와 거래소에 공개매수기간, 가격, 결제일 등 공개매수조건을 기재한 공개매수신고서를 제출하고, 신고서 사본은 공개매수대상 회사에 송부한다.

(3) 발행인의 의견표명

❶ 공개매수신고서 사본의 송부 및 공고

ㄱ. 공개매수자는 공개매수신고서를 제출하거나 정정신고서를 제출한 경우 지체 없이 그 사본을 공개매수할 주식등의 발행인에게 송부하여야 함(법 제135조, 제136조 제6항)

ㄴ. 공개매수자가 정정신고서를 제출한 경우에는 지체 없이 그 사실과 정정한 내용(공개매수공고에 포함된 사항에 한함)을 공고하여야 함(법 제136조 제5항)

❷ 발행인의 의견표명 방법

ㄱ. 공개매수신고서가 제출된 주식등의 발행인은 다음의 방법에 따라 그 공개매수에 관한 의견을 표명할 수 있음

a. 광고 · 서신(전자우편을 포함), 그 밖의 문서에 의하여야 함

b. 공개매수에 대한 발행인의 찬성 · 반대 또는 중립의 의견에 관한 입장과 그 이유가 포함되어야 하며, 의견표명 이후에 그 의견에 중대한 변경이 있는 경우에는 지체 없이 위의 방법으로 그 사실을 알려야 함

ㄴ. 발행인이 의견을 표명한 경우에는 그 내용을 기재한 문서를 지체 없이 금융위와 거래소에 제출하여야 함(법 제138조, 시행령 제149조)

(4) 공개매수의 실시

❶ 공개매수기간

ㄱ. 공개매수기간은 공개매수신고서의 제출일로부터 20일 이상 60일 이내이어야 함(시행령 제146조 제3항)

ㄴ. 정정신고서를 제출하는 경우 공개매수기간의 종료일은 다음과 같음

a. 그 정정신고서를 제출한 날이 공고한 공개매수기간 종료일 전 10일 이내에 해당하는 경우에는 그 정정신고서를 제출한 날부터 10일이 경과한 날

b. 그 정정신고서를 제출한 날이 공고한 공개매수기간 종료일 전 10일 이내에 해당하지 아니하는 경우에는 그 공개매수기간이 종료하는 날

❷ 공개매수설명서의 작성

ㄱ. 공개매수자(공개매수 사무취급자 포함)는 공개매수를 하고자 하는 경우에는 그 공개매수에 관한 설명서('공개매수설명서')를 작성하여 공개매수공고일에 금융위와 거래소에 제출하여야 하며, 이를 공개매수 사무취급자의 본점과 지점 그

밖의 영업소, 금융위 및 거래소에 비치하고 일반인이 열람할 수 있도록 하여야 함(법 제137조 제1항, 규칙 제16조)

ㄴ. 공개매수설명서에는 공개매수신고서에 기재된 내용과 다른 내용을 표시하거나 그 기재사항을 누락할 수 없음

❸ 공개매수설명서의 교부

ㄱ. 공개매수자는 공개매수할 주식등을 매도하고자 하는 자에게 공개매수설명서를 미리 교부하지 아니하면 그 주식등을 매수할 수 없음

ㄴ. 공개매수설명서가 전자문서의 방법에 따르는 때에는 다음의 요건을 모두 충족하는 때에 이를 교부한 것으로 간주

a. 전자문서에 의하여 공개매수설명서를 받는 것을 전자문서수신자가 동의할 것

b. 전자문서수신자가 전자문서를 받을 전자전달매체의 종류와 장소를 지정할 것

c. 전자문서수신자가 그 전자문서를 받은 사실이 확인될 것

d. 전자문서의 내용이 서면에 의한 공개매수설명서의 내용과 동일할 것

❹ 공개매수기간 중 별도 매수의 금지

ㄱ. 공개매수자(그 특별관계자 및 공개매수 사무취급자를 포함)는 공개매수공고일부터 그 매수기간이 종료하는 날까지 그 주식등을 공개매수에 의하지 아니하고는 매수등을 하지 못함(법 제140조)

ㄴ. 그러나 공개매수에 의하지 아니하고 그 주식등의 매수등을 하더라도 다른 주주의 권익침해가 없는 경우로서 다음의 경우에는 공개매수에 의하지 아니하고 매수등을 할 수 있음

a. 해당 주식등의 매수등의 계약을 공개매수공고 전에 체결하고 있는 경우로서 그 계약체결 당시 법 제133조 제1항에 따른 공개매수의 적용대상에 해당하지 아니하고 공개매수공고와 공개매수신고서에 그 계약사실과 내용이 기재되어 있는 경우

b. 공개매수 사무취급자가 공개매수자와 그 특별관계자 외의 자로부터 해당 주식등의 매수등의 위탁을 받는 경우

❺ 전부매수의무

ㄱ. 공개매수자는 공개매수신고서에 기재한 매수조건과 방법에 따라 응모한 주

식등의 전부를 공개매수기간이 종료하는 날의 다음 날 이후 지체 없이 매수 하여야 함(법 제141조)

ㄴ. 다만, 다음의 어느 하나에 해당하는 조건을 공개매수공고에 게재하고 공개매 수신고서에 기재한 경우에는 그 조건에 따라 응모한 주식등의 전부 또는 일 부를 매수하지 아니할 수 있음

a. 응모한 주식등의 총수가 공개매수 예정주식등의 수에 미달할 경우 응모 주식등의 전부를 매수하지 아니한다는 조건

b. 응모한 주식등의 총수가 공개매수 예정주식등의 수를 초과할 경우에는 공 개매수 예정주식등의 수의 범위에서 비례배분하여 매수하고 그 초과 부분 의 전부 또는 일부를 매수하지 아니한다는 조건

ㄷ. 공개매수자가 공개매수를 하는 경우 그 매수 가격은 균일하여야 함

(5) 공개매수의 철회

❶ 공개매수 철회의 사유 : 공개매수자는 공개매수공고일 이후에는 공개매수를 철회 할 수 없으나, 대항공개매수(공개매수기간 중 그 공개매수에 대항하는 공개매수)가 있는 경 우, 공개매수자가 사망·해산·파산한 경우, 그 밖에 투자자 보호를 해할 우려가 없는 경우로서 다음의 경우 공개매수기간의 말일까지 철회할 수 있음(법 제139조 및 시행령 제150조)

ㄱ. 공개매수자가 발행한 어음 또는 수표가 부도로 되거나 은행과의 당좌거래가 정지 또는 금지된 경우

ㄴ. 공개매수대상 회사에 다음의 어느 하나의 사유가 발생한 경우에 공개매수를 철회할 수 있다는 조건을 공개매수공고 시 게재하고 이를 공개매수신고서에 기재한 경우로서 그 기재한 사유가 발생한 경우

a. 합병, 분할, 분할합병, 주식의 포괄적 이전 또는 포괄적 교환

b. 중요한 영업이나 자산의 양도·양수

c. 해산 및 파산

d. 발행한 어음이나 수표의 부도

e. 은행과의 당좌거래의 정지 또는 금지

f. 주식등의 상장폐지

g. 천재지변·전시·사변·화재, 그 밖의 재해등으로 인하여 최근 사업연도

자산총액의 100분의 10 이상의 손해가 발생한 경우

❷ 철회방법 : 공개매수자가 공개매수를 철회하고자 하는 경우에는 철회신고서를 금융위와 거래소에 제출하고, 그 내용을 공고하여야 하며, 그 사본을 공개매수를 철회할 주식등의 발행인에게 송부하여야 함

❸ 응모주주의 철회 : 공개매수대상 주식 등의 매수의 청약에 대한 승낙 또는 매도 의 청약을 한 자(응모주주)는 공개매수기간 중에는 언제든지 응모를 취소할 수 있음. 이 경우 공개매수자는 응모주주에 대하여 그 응모의 취소에 따른 손해배상 또는 위약금의 지급을 청구할 수 없음

(6) 공개매수결과보고서의 제출

공개매수자는 공개매수가 종료한 때에 지체 없이 공개매수로 취득한 공개매수자의 보유 주식 등의 수, 지분율 등을 기재한 공개매수결과보고서를 금융위와 거래소에 제출하여야 한다(법 제143조).

---

section 03 주식등의 대량보유상황 보고제도

1 개요

주식등의 대량보유상황 보고제도는 주권상장법인의 주식등을 발행주식 총수의 5% 이상 보유하게 되는 경우와 보유지분의 변동 및 보유목적의 변경등 M&A와 관련된 주식등의 보유상황을 공시하도록 하는 제도로서 일반적으로 5% Rule 또는 5% 보고제도 라고 한다.

주식등의 대량보유상황 보고제도는 유통시장에서 주식등의 가격 및 거래등에 영향을 미칠 수 있는 주식등의 대량취득·처분에 관한 정보를 신속하게 공시함으로써 시장의 투명성을 제고하는 한편, 기존 대주주에게 적대적인 M&A 시도를 공시하도록 하여 기업지배권 시장의 공정한 경쟁을 유도하는 데 그 목적이 있다.

| **2** | **적용대상** |

보고대상증권은 '주식등'으로 공개매수의 '주식등'의 개념과 동일(법 제147조)하며, 보고의무자는 본인과 특별관계자를 합하여 주권상장법인의 주식등을 5% 이상 보유하게 된 자 또는 보유하고 있는 자이다(법 제147조).

| **3** | **보고사유** |

(1) 신규 보고와 변동 보고

❶ 새로 5% 이상을 보유하게 되는 경우 – 신규 보고(법 제147조 제1항)

❷ 5% 이상 보유자가 보유비율의 1% 이상이 변동되는 경우 – 변동 보고(법 제147조 제1항)

　　☞ 주식등의 대량보유상황·보유목적 또는 그 변동내용을 보고하는 날 전일까지 새로 변동내용을 보고하여야 할 사유가 발생한 경우 새로 보고하여야 하는 변동내용은 당초의 대량보유상황, 보유목적 또는 그 변동내용을 보고할 때 이를 함께 보고하여야 함(법 제147조 제3항)

❸ 신규 보고 및 변동 보고자의 보유목적(단순·일반투자목적과 경영참가목적 간)의 변경, 보유주식등에 대한 신탁·담보계약, 그 밖의 주요 계약 내용(해당 계약의 대상인 주식등의 수가 그 주식등의 총수의 1% 이상인 경우만 해당)의 변경, 보유형태(소유와 소유 외의 보유 간에 변경이 있는 경우로서 그 보유형태가 변경되는 주식등의 수가 그 주식등의 총수의 1% 이상인 경우만 해당)의 변경 – 변경 보고(법 제147조 제4항 및 시행령 제155조)

(2) 보고의무의 면제

다음의 경우에 해당되는 경우 변동보고의무 면제(법 제147조 제1항, 시행령 제153조 제5항)

❶ 보유 주식등의 수가 변동되지 아니한 경우

❷ 주주가 가진 주식수에 따라 배정하는 방법으로 신주를 발행하는 경우로서 그 배정된 주식만을 취득하는 경우

❸ 주주가 가진 주식수에 따라 배정받는 신주인수권에 의하여 발행된 신주인수권증

서를 취득하는 것만으로 보유주식등의 수가 증가하는 경우

④ 자본감소로 보유주식등의 비율이 변동된 경우

⑤ 신주인수권이 표시된 것(신주인수권증서는 제외), 신주인수권부사채권·전환사채권 또는 교환사채권에 주어진 권리행사로 발행 또는 교환되는 주식등의 발행 가격 또는 교환 가격 조정만으로 보유주식등의 수가 증가하는 경우

4 보고내용

(1) 보고의무자는 그 보유상황, 보유목적(발행인의 경영권에 영향을 주기 위한 목적 여부를 말함), 그 보유주식등에 관한 주요 계약내용과 다음의 사항을 보고하여야 한다(법 제147조 제1항 및 시행령 제153조 제2항).

❶ 대량보유자와 그 특별관계자에 관한 사항

❷ 보유주식등의 발행인에 관한 사항

❸ 변동사유

❹ 취득 또는 처분 일자·가격 및 방법

❺ 보유형태

❻ 취득에 필요한 자금이나 교환대상물건의 조성내역(차입인 경우에는 차입처를 포함)

❼ 위의 ❶부터 ❻까지의 사항과 관련된 세부사항으로서 금융위가 정하여 고시하는 사항

(2) 보유목적이 발행인의 경영권에 영향을 주기 위한 것이 아닌 경우와 '특례적용 전문투자자'의 경우에는 보고 시 약식보고서에 의할 수 있다(법 제147조 제1항 후단 및 시행령 제154조 제3항).

❶ 보유목적이 회사의 경영에 영향을 주기 위한 것이라 함은 다음의 어느 하나에 해당하는 것을 위하여 회사나 그 임원에 대하여 사실상 영향력을 행사(「상법」, 그 밖의 다른 법률에 따라 「상법」 제363조의2·제366조에 따른 권리를 행사하거나 이를 제3자가 행사하도록 하는 것을 포함)하는 것을 말함(시행령 제154조 제1항)

☞ 상법 제363조의2(주주제안권), 제366조(소수주주에 의한 임시주총 소집청구)

ㄱ. 임원의 선임·해임 또는 직무의 정지(다만, 「상법」 제385조제2항(같은 법 제415조에서

준용하는 경우를 포함한다) 또는 제402조에 따른 권리를 행사하는 경우에는 적용하지 않는다)

ㄴ. 이사회등 회사의 기관과 관련된 정관의 변경(다만, 제2항 각 호의 어느 하나에 해당하는 자 또는 그 밖에 금융위원회가 정하여 고시하는 자가 투자대상기업 전체의 지배구조 개선을 위해 사전에 공개한 원칙에 따르는 경우에는 적용하지 않는다)

ㄷ. 회사의 자본금의 변경(다만, 「상법」 제424조에 따른 권리를 행사하는 경우에는 적용하지 않는다)

ㄹ. 회사의 합병, 분할과 분할합병

ㅁ. 주식의 포괄적 교환과 이전

ㅂ. 영업전부의 양수·양도 또는 금융위가 정하여 고시하는 중요한 일부의 양수·양도

ㅅ. 자산 전부의 처분 또는 금융위가 정하여 고시하는 중요한 일부의 처분

ㅇ. 영업전부의 임대 또는 경영위임, 타인과 영업의 손익 전부를 같이하는 계약, 그 밖에 이에 준하는 계약의 체결, 변경 또는 해약

ㅈ. 회사의 해산

(참고) 스튜어드십 코드 도입 활성화 등 기관투자자들의 주주활동을 보장, 장려하는 경우 경영참여 목적으로 해석될 여지를 없애기 위해서, 회사 및 임원의 위법행위 대응을 위한 상법상 소수주주권의 행사, 공적연금금 등이 투자대상기업 전체의 지배구조 개선을 위하여 사전에 공개한 원칙에 따라 상법상 회사의 기관과 관련된 정관 변경 추진, 회사의 배당 결정과 관련된 주주의 활동, 단순한 의견 전달 또는 대외적인 의사표시 등은 '경영에 영향을 주는 것'에 해당하지 않도록 자본시장법 시행령을 개정하였음

보유목적이 "경영권에 영향을 주기 위한 것이 아닌 경우" 중에서도 (1) 주식 등의 수와 관계없이 법률에 따라 보장되는 권리(의결권, 신주인수권, 이익배당청구권 등)만을 행사하기 위한 경우에는 "단순투자 목적"으로 분류하여 최소한의 공시의무를 부과하고, (2) 임원보수, 배당 관련 주주제안 등 경영권 영향 목적은 없으나 적극적인 유형의 주주활동의 경우("일반투자 목적")에는 상대적으로 단순투자 목적에 비하여 강한 공시의무를 부과하는 등 분류를 세분화 (시행령 제154조제3항).

보유목적 유형		보고사항	보고기한*
경영권 영향 목적 ○		**[일반투자자]** (i) 보유상황, (ii) 보유 목적, (iii) 보유주식 등 관련 주요계약내용, (iv) 대량보유자 및 그 특별관계자, (v) 발행인에 관한 사항, (vi) 변동 사유, (vii) 취득 또는 처분 일자·가격 및 방법, (viii) 보유 형태, (ix) 취득에 필요한 자금이나 교환대상물건의 조성내역 등	보유상황 변동일로부터 5일
		[특례 적용 전문투자자] 일반투자자의 단순투자 시 보고사항과 동일	상동
경영권 영향 목적 ×	일반투자 목적	**[일반투자자]** 일반투자자의 단순투자 시 보고사항 중 (i), (ii), (iii), (iv), (v), (vii), (ix)	보유상황 변동일로부터 10일
		[특례 적용 전문투자자] 일반투자자의 단순투자 시 보고사항 중 (i), (ii), (iv), (v)	보유상황 변동이 있었던 달의 다음 달 10일
	단순투자 목적	**[일반투자자]** 일반투자자의 단순투자 시 보고사항 중 (i), (ii), (iv), (v), (vii) 및 보유기간 동안 단순투자 목적 외의 행위 하지 않겠다는 확인	보유상황 변동이 있었던 달의 다음 달 10일
		[특례 적용 전문투자자] 일반투자자의 단순투자 시 보고사항 중 (i), (ii), (iv), (v) 및 보유기간 동안 단순투자 목적 외의 행위 하지 않겠다는 확인	보유상황 변동이 있었던 분기의 다음 달 10일

* 공휴일, 「근로자의 날 제정에 관한 법률」에 따른 근로자의 날, 토요일은 기간계산 시 산입하지 않음(법 제147조 제1항 및 시행령 제153조 제1항)

5 보고기준일

주식등의 대량보유자가 주식등의 보유상황이나 변동내용을 보고하여야 하는 경우 보고기한 계산의 기산일을 보고기준일(시행령 제153조 제3항)이라 하며 다음의 어느 하나에 해당되는 날이다.

❶ 주권비상장법인이 발행한 주권이 증권시장에 상장된 경우에는 그 상장일
❷ 흡수합병인 경우에는 합병을 한 날, 신설합병인 경우에는 그 상장일
❸ 증권시장에서 주식등을 매매한 경우에는 그 계약체결일
❹ 증권시장 외에서 주식등을 취득하는 경우에는 그 계약체결일

❺ 증권시장 외에서 주식등을 처분하는 경우에는 대금을 받는 날과 주식등을 인도하는 날 중 먼저 도래하는 날

❻ 유상증자로 배정되는 신주를 취득하는 경우에는 주금납입일의 다음날

❼ 주식등을 차입하는 경우에는 그 차입계약을 체결하는 날, 상환하는 경우에는 해당 주식등을 인도하는 날

❽ 주식등을 증여받는 경우에는 「민법」에 따른 효력발생일, 증여하는 경우에는 해당 주식등을 인도하는 날

❾ 상속으로 주식등을 취득하는 경우로서 상속인이 1인인 경우에는 단순승인이나 한정승인에 따라 상속이 확정되는 날, 상속인이 2인 이상인 경우에는 그 주식등과 관계되는 재산분할이 종료되는 날

❿ 위 ❶부터 ❾까지의 외의 사유로 인하여 보고하여야 하는 경우에는 「민법」·「상법」 등 관련 법률에 따라 해당 법률행위등의 효력이 발생하는 날

6 보유지분 산정방법

주식등의 보유비율 산정 시 보유주식등의 수와 주식등의 총수산정은 다음의 방법에 따른다(법 제147조 제2항).

(1) 주식등의 수는 다음의 구분에 따라 계산한 수로 함(시행규칙 제17조)

❶ 주권인 경우 : 그 주식의 수

❷ 신주인수권이 표시된 것인 경우 : 신주인수권의 목적인 주식의 수(신주인수권의 목적인 주식의 발행가액 총액 및 발행 가격이 표시되어 있는 경우에는 해당 발행가액 총액을 해당 발행가격으로 나누어 얻은 수를 말함)

❸ 전환사채권인 경우 : 권면액을 전환에 의하여 발행할 주식의 발행 가격으로 나누어 얻은 수. 이 경우 1 미만의 단수는 계산하지 아니함

❹ 신주인수권부사채권인 경우 : 신주인수권의 목적인 주식의 수

❺ 교환사채권인 경우 : 다음의 어느 하나에 해당하는 수

ㄱ. 교환대상 증권이 ❶부터 ❹까지, ❻ 및 ❼에 따른 증권인 경우에는 교환대상 증권별로 ❶부터 ❹까지, ❻ 및 ❼에서 정하는 수

ㄴ. 교환대상 증권이 교환사채권인 경우에는 교환대상이 되는 교환사채권을 기준으로 하여 교환대상 증권별로 제 ❶부터 ❹까지, ❻ 및 ❼에서 정하는 수

❻ 파생결합증권인 경우 : 다음 어느 하나에 해당하는 수

　ㄱ. 기초자산이 되는 증권이 ❶부터 ❺까지 및 ❼에 따른 증권인 경우에는 기초자산이 되는 증권별로 ❶부터 ❺까지 및 ❼에서 정하는 수

　ㄴ. 기초자산이 되는 증권이 파생결합증권인 경우에는 기초자산이 되는 파생결합증권을 기준으로 하여 기초자산이 되는 증권별로 ❶부터 ❺까지 및 ❼에서 정하는 수

❼ 증권예탁증권인 경우 : 그 기초가 되는 증권별로 ❶부터 ❻까지에서 정하는 수

(2) 주식등의 대량보유 여부를 판단할 때 주식등의 총수는 의결권 있는 발행주식 총수와 대량보유를 하게 된 날에 본인과 그 특별관계자가 보유하는 주식등[주권, 교환사채권의 교환대상이 되는 주권(자기주식은 제외), 파생결합증권의 기초자산이 되는 주권(자기주식은 제외) 및 증권예탁증권의 기초가 되는 주권은 제외]의 수를 합하여 계산한 수로 한다.

(3) 주식매수선택권을 부여받은 경우에는 주식등의 수와 주식등의 총수에 해당 주식매수선택권의 행사에 따라 매수할 의결권 있는 주식(자기주식을 포함)을 각각 더하여야 한다.

7	냉각기간

5% 보고 시 보유목적을 발행인의 경영권에 영향을 주기 위한 것으로 보고하는 자는 그 보고하여야 할 사유가 발생한 날부터 보고한 날 이후 5일까지 그 발행인의 주식등을 추가로 취득하거나 보유주식 등에 대하여 그 의결권을 행사할 수 없다(법 제150조 제2항).

또한, 이를 위반하여 추가로 취득한 주식등에 대해서는 의결권의 행사가 금지되며, 금융위는 6개월 내의 기간을 정하여 추가 취득분에 대해 처분명령을 할 수 있다(법 제150조 제3항).

의결권 대리행사 권유제도

1 개요

의결권 대리행사 권유제도는 회사의 경영진이나 주주 기타 제3자가 주주총회에서 다수의 의결권을 확보할 목적으로 기존 주주에게 의결권 행사의 위임을 권유하는 경우 권유절차, 권유방법 등을 규정하고 그 내용을 공시하도록 하는 제도이다.

의결권 대리행사 권유제도는 원래 주주의 주주총회 대리참석의 용이성을 제고하고 주주총회의 원활한 성립을 지원하는 제도였으나 최근에는 기업지배권 경쟁(Proxy contest)을 위한 수단으로 주로 활용됨에 따라 피권유자의 합리적인 의사결정을 지원하여 공정한 기업지배권 경쟁을 유도하는 기능을 수행하고 있다.

2 적용범위

(1) 적용대상자

상장주권(그 상장주권과 관련된 증권예탁증권을 포함)에 대하여 다음의 어느 하나에 해당하는 행위를 하고자 하는 자('의결권 권유자')(법 제152조 제1항 및 제2항)

❶ 자기 또는 제3자에게 의결권의 행사를 대리시키도록 권유하는 행위
❷ 의결권의 행사 또는 불행사를 요구하거나 의결권 위임의 철회를 요구하는 행위
❸ 의결권의 확보 또는 그 취소 등을 목적으로 주주에게 위임장 용지를 송부하거나, 그 밖의 방법으로 의견을 제시하는 행위

(2) 적용제외 및 적용 특례

❶ 다음의 어느 하나에 해당하는 경우에는 이 법에 의한 의결권대리행사 권유로 보지 않음(시행령 제161조)

　ㄱ. 해당 상장주권의 발행인(그 특별관계자를 포함)과 그 임원(그 특별관계자를 포함) 외의 자가 10인 미만의 상대방('의결권 피권유자')에게 그 주식의 의결권 대리행사

의 권유를 하는 경우

ㄴ. 신탁, 그 밖의 법률관계에 의하여 타인의 명의로 주식을 소유하는 자가 그 타인에게 해당 주식의 의결권 대리행사의 권유를 하는 경우

ㄷ. 신문·방송·잡지등 불특정 다수인에 대한 광고를 통하여 대리행사 권유에 해당하는 행위를 하는 경우로서 그 광고내용에 해당 상장주권의 발행인의 명칭, 광고의 이유, 주주총회의 목적사항과 위임장 용지, 참고서류를 제공하는 장소만을 표시하는 경우

❷ 국가기간산업등 국민경제상 중요한 산업을 영위하는 상장법인으로서 다음의 요건을 모두 충족하는 법인 중에서 금융위가 관계 부처장관과의 협의와 국무회의에의 보고를 거쳐 지정하는 법인(공공적 법인)의 경우에는 그 공공적 법인만이 그 주식의 의결권 대리행사의 권유를 할 수 있음(법 제152조 제3항, 시행령 제162조)

ㄱ. 경영기반이 정착되고 계속적인 발전 가능성이 있는 법인일 것

ㄴ. 재무구조가 건실하고 높은 수익이 예상되는 법인일 것

ㄷ. 해당 법인의 주식을 국민이 광범위하게 분산 보유할 수 있을 정도로 자본금 규모가 큰 법인일 것

3 권유방법

(1) 위임장용지·참고서류의 교부

의결권 권유자는 의결권 피권유자에게 의결권 대리행사 권유 이전이나 그 권유와 동시에 다음의 어느 하나에 해당하는 방법으로 위임장 용지 및 참고서류를 교부하여야 한다(법 제152조 제1항, 시행령 제160조).

❶ 의결권 권유자가 의결권 피권유자에게 직접 내어주는 방법

❷ 우편 또는 모사전송에 의한 방법

❸ 전자우편을 통한 방법(의결권 피권유자가 전자우편을 통하여 위임장 용지 및 참고서류를 받는다는 의사표시를 한 경우만 해당)

❹ 주주총회 소집 통지와 함께 보내는 방법(의결권 권유자가 해당 상장주권의 발행인인 경우만 해당)

❺ 인터넷 홈페이지를 이용하는 방법

(2) 위임장용지 · 참고서류의 비치 및 열람

의결권 권유자는 의결권 피권유자에게 위임장 용지 및 참고서류를 제공하는 날의 2일(공휴일, 근로자의 날, 토요일은 제외)전까지 위임장 용지 및 참고서류를 금융위와 거래소에 제출하고 다음의 장소에 비치하여 일반인이 열람할 수 있도록 하여야 한다(법 제153조, 시행규칙 제18조).

❶ 주권상장법인의 본점과 지점, 그 밖의 영업소
❷ 명의개서대행회사
❸ 금융위
❹ 거래소

(3) 발행인의 의견표명

의결권 대리행사 권유대상이 되는 상장주권의 발행인은 의결권 대리행사의 권유에 대하여 의견을 표명한 경우에는 그 내용을 기재한 서면을 지체 없이 금융위와 거래소에 제출하여야 한다(법 제155조).

4	의결권대리행사의 권유

❶ 참고서류에는 의결권대리행사의 권유의 개요, 주주총회의 각 목적사항 및 의결권대리행사를 권유하는 취지를 기재하되 항목별로는 적절한 표제를 붙여야 함(공시규정 제 3 - 15조 제1항)
❷ 권유자 및 그 대리인등에 관한 사항은 다음의 어느 하나에 해당하는 사항을 기재하여야 함(공시규정 제3 - 15조 제2항)
　　ㄱ. 권유자 및 그 특별관계자의 성명, 권유자와 특별관계자가 소유하고 있는 주식의 종류 및 수
　　ㄴ. 권유자의 대리인 성명, 그 대리인이 소유하고 있는 주식의 종류 및 수
　　ㄷ. 피권유자의 범위
　　ㄹ. 권유자 및 그 대리인과 회사와의 관계
❸ 주주총회의 목적사항의 기재와 관련하여 권유자가 해당 상장주권의 발행회사, 그 임원 또는 대주주가 아닌 경우 또는 주주총회 목적사항에 반대하고자 하는 자

인 경우에는 주주총회의 목적사항의 제목만 기재할 수 있음(상세한 내용은 공시규정 제3-15조 제3항 참조)

5 발행인과 의결권 권유자와의 관계

발행인이 아닌 의결권 권유자는 발행인이 의결권 대리행사의 권유를 하는 경우에는 그 발행인에 대하여 ① 발행인이 아닌 의결권 권유자에 대하여 주주명부(제316조에 따른 실질주주명부를 포함)의 열람·등사를 허용하는 행위나 ② 발행인이 아닌 의결권 권유자를 위하여 그 의결권 권유자의 비용으로 위임장 용지 및 참고서류를 주주에게 송부하는 행위를 요구할 수 있으며, 발행인은 요구받은 날부터 2일(대통령령으로 정하는 날은 제외) 이내에 이에 응하여야 한다.

chapter 08

장외거래 및 주식 소유제한

장외거래

1 개요

자본시장법은 증권시장 및 파생상품시장 외에서 금융투자상품을 매매, 그 밖의 거래를 하는 경우 그 매매, 그 밖의 거래방법 및 결제의 방법 등 필요한 사항을 시행령에 위임하고 있다(법 제166조).

법 제166조에 따라 거래소시장 및 다자간매매체결회사 외에서 증권이나 장외파생상품을 매매하는 경우에는 협회를 통한 비상장주권의 장외거래 및 채권중개전문회사를 통한 채무증권의 장외거래를 제외하고는 단일의 매도자와 매수자 간에 매매하는 방법으로 하여야 한다(시행령 제177조).

한편, '08년 리먼브러더스 도산 사태 이후 장외파생상품 거래의 위험성이 재인식됨에 따라 금융투자업자의 장외파생상품 영업기준이 강화되고, 투자자 보호를 위해 장외파생상품 사전심의제가 운영되고 있다(법 제166조의2).

2   비상장주권의 장외거래

(1) 협회가 증권시장에 상장되지 아니한 주권의 장외매매거래에 관한 업무를 수행하거나 종합금융투자사업자가 증권시장에 상장되지 아니한 주권의 장외매매거래에 관한 업무를 수행하는 경우에는 아래의 기준을 준수하여야 한다(시행령 제178조).

❶ 동시에 다수의 자를 각 당사자로 하여 당사자가 매매하고자 제시하는 주권의 종목, 매수하고자 제시하는 가격('매수호가') 또는 매도하고자 제시하는 가격('매도호가')과 그 수량을 공표할 것

❷ 주권의 종목별로 금융위가 정하여 고시하는 단일의 가격 또는 당사자 간의 매도호가와 매수호가가 일치하는 경우에는 그 가격으로 매매거래를 체결시킬 것

❸ 매매거래대상 주권의 지정·해제기준, 매매거래방법, 결제방법 등에 관한 업무기준을 정하여 금융위에 보고하고, 이를 일반인이 알 수 있도록 공표할 것

❹ 금융위가 정하여 고시하는 바에 따라 재무상태·영업실적 또는 자본의 변동등 발행인의 현황을 공시할 것

(2) 협회 또는 종합금융투자사업자 외의 자는 증권시장 및 다자간매매체결회사 외에서 (1)의 방법으로 주권 매매의 중개업무를 하여서는 아니 된다.

3   채권장외거래

(1) 채권중개전문회사

전문투자자만을 대상으로 채무증권에 대한 투자중개업 인가를 받은 투자중개업자('채권중개전문회사')가 증권시장 외에서 채무증권 매매의 중개업무를 하는 경우에는 다음의 기준을 준수하여야 한다(시행령 제179조).

❶ 채무증권 매매의 중개는 매매의 중개대상이 되는 채무증권에 관하여 다음의 어느 하나에 해당하는 자 간의 매매의 중개일 것

　ㄱ. 전문투자자(시행령 제10조 제2항 제1호부터 제17호까지의 자 및 같은 조 제3항 제1호부터 제13호까지의 자)

　ㄴ. 「우체국 예금·보험에 관한 법률」에 따른 체신관서

　ㄷ. 그 밖에 금융위가 정하여 고시하는 자

❷ 동시에 다수의 자를 각 당사자로 하여 당사자가 매매하고자 제시하는 채무증권의 종목, 매수호가 또는 매도호가와 그 수량을 공표할 것

❸ 채무증권의 종목별로 당사자 간의 매도호가와 매수호가가 일치하는 가격으로 매매거래를 체결시킬 것

❹ 업무방법 등이 금융위가 정하여 고시하는 기준을 충족할 것

(2) 채권전문자기매매업자

채권을 대상으로 하여 투자매매업을 하는 자가 소유하고 있는 채권에 대하여 매도호가 및 매수호가를 동시에 제시하는 방법으로 해당 채권의 거래를 원활하게 하는 역할을 수행하는 자로서 금융위가 지정하는 자('채권전문자기매매업자')는 ① 매도호가와 매수호가를 동시에 제시하는 채권 또는 ② 해당 채권전문자기매매업자가 투자자에게 매도한 채권에 대하여 투자자의 매매에 관한 청약이 있는 경우에 해당 채권전문자기매매업자가 정한 투자자별 한도 이내에서 이에 응하여야 한다(시행령 제180조).

채권전문자기매매업자의 지정과 지정취소의 기준, 채권전문자기매매업자의 의무사항, 채권전문자기매매업자에 대한 지원사항, 그 밖에 채권전문자기매매업자에 관하여 필요한 사항은 금융위가 정하여 고시한다.

4 　환매조건부매매

투자매매업자가 일반투자자등(시행령 제7조 제3항 제3호 각 목의 어느 하나에 해당하지 아니하는 자)과 환매조건부매매(대고객 환매조건부매매)를 하는 경우에는 다음의 기준을 준수하여야 한다(시행령 제181조).

한편, '환매조건부매매'란 증권을 일정기간 후에 환매수할 것을 조건으로 매도하는

'환매조건부매도'와 증권을 일정기간 후에 환매도할 것을 조건으로 매수하는 '환매조건부매수'를 말한다(시행령 제81조 제1항 제1호, 제85조 제3호).

❶ 국채증권, 지방채증권, 특수채증권, 그 밖에 금융위가 정하여 고시하는 증권을 대상으로 할 것
❷ 금융위가 정하여 고시하는 매매 가격으로 매매할 것
❸ 환매수 또는 환매도하는 날을 정할 것. 이 경우 환매조건부매수를 한 증권을 환매조건부매도하려는 경우에는 해당 환매조건부매도의 환매수를 하는 날은 환매조건부매수의 환매도를 하는 날 이전으로 하여야 함
❹ 환매조건부매도를 한 증권의 보관·교체 등에 관하여 금융위가 정하여 고시하는 기준을 따를 것

일반투자자 및 전문투자자를 대상으로 ❶에 규정된 증권에 대한 투자매매업(인수업은 제외)을 인가 받은 겸영금융투자업자(금융위가 정하여 고시하는 자는 제외)는 일반투자자등을 상대로 환매조건부매수업무를 영위할 수 없다(시행령 제181조 제2항).

금융기관등(시행령 제7조 제3항 제3호 각목의 어느 하나에 해당하는 자) 상호 간에 투자중개업자를 통하여 환매조건부매매(기관간 환매조건부매매)를 한 경우에는 금융위가 정하여 고시하는 방법에 따라 그 대상증권과 대금을 동시에 결제하여야 한다. 다만, 금융위가 고시하는 경우에는 그 대상증권과 대금을 동시에 결제하지 않을 수 있다(시행령 제181조 제3항).

5 증권 대차거래

투자매매업자 또는 투자중개업자는 증권의 대차거래 또는 그 중개·주선이나 대리업무를 하는 경우에는 다음의 기준을 준수하여야 한다(시행령 제182조).

(1) 대차거래기준

❶ 금융위가 정하여 고시하는 방법에 따라 차입자로부터 담보를 받을 것. 다만, 증권의 대여자와 차입자가 합의하여 조건을 별도로 정하는 대차거래로서 투자매매업자 또는 투자중개업자가 필요하다고 인정하는 대차거래의 중개(대차중개 제외)의 경우에는 담보를 받지 아니할 수 있음

❷ 금융위가 정하여 고시하는 방법에 따라 그 대상증권의 인도와 담보의 제공을 동시에 이행할 것. 다만, 외국인 간의 대차거래의 경우에는 예외

❸ 증권의 대차거래 내역을 협회를 통하여 당일에 공시할 것

(2) 투자매매업자 또는 투자중개업자는 대차중개(금융위가 정하여 고시하는 대차거래 형식의 중개)의 방법으로 대차거래의 중개를 할 수 있다. 한편, 투자매매업자 또는 투자중개업자 외의 자로서 법에 따라 설립되거나 인가를 받은 자가 증권의 대차거래 또는 그 중개주선 또는 대리업무를 하는 경우에는 (1)의 ❶~❸을 준용하며, 금융위가 정하여 고시하는 대차거래 형식의 중개의 방법으로 대차거래의 중개를 할 수 있다.

(3) 담보비율·관리, 대차거래의 공시방법 등에 관하여 필요한 사항은 금융위가 정하여 고시한다.

| 6 | 기업어음증권 장외거래 |

투자매매업자 또는 투자중개업자는 기업어음증권을 매매하거나 중개·주선 또는 대리하는 경우에는 다음의 기준을 준수하여야 한다(시행령 제183조). 이 경우 기업어음증권이란 은행(「은행법」 제2조의 은행과 「은행법」 제5조에서 금융기관으로 보는 신용사업 부문과 산업은행, 중소기업은행을 말함)이 기업의 위탁에 따라 내어준 것으로서 '기업어음증권'이라는 문자가 인쇄된 어음용지를 사용하는 것을 말한다(시행령 제4조).

❶ 둘 이상의 신용평가업자로부터 신용평가를 받은 기업어음증권일 것
❷ 기업어음증권에 대하여 직접 또는 간접의 지급보증을 하지 아니할 것

기타 기업어음증권의 매매 등의 방법, 신용평가 방법 등에 관하여 필요한 사항은 금융위가 정한다.

전자 단기사채 등의 장외거래에 관해서는 위 ❶ 및 ❷를 준용한다.

(1) 해외시장 거래

❶ 일반투자자(금융위가 정하여 고시하는 전문투자자를 포함)는 해외 증권시장(증권시장과 유사한 시장으로 해외에 있는 시장을 말함, 시행령 제2조 제1호)이나 해외 파생상품시장에서 외화증권 및 장내파생상품의 매매거래(외국 다자간매매체결회사에서의 거래를 포함)를 하려는 경우에는 투자중개업자를 통하여 매매거래를 하여야 함(시행령 제184조). 이 경우 해외파생상품시장은 파생상품시장과 유사한 시장으로 해외에 있는 시장과 다음의 거래를 포함함(시행령 제184조 제1항)

ㄱ. 런던금속거래소의 규정에 따라 장외에서 이루어지는 금속거래

ㄴ. 런던귀금속시장협회의 규정에 따라 이루어지는 귀금속거래

ㄷ. 미국선물협회의 규정에 따라 장외에서 이루어지는 외국환거래

ㄹ. 선박운임선도거래업자협회의 규정에 따라 이루어지는 선박운임거래

ㅁ. 일본 금융상품거래법에 따라 장외에서 이루어지는 외국환거래

ㅂ. 유럽연합의 금융상품시장지침에 따라 장외에서 이루어지는 외국환거래

ㅅ. 그 밖에 국제적으로 표준화된 조건이나 절차에 따라 이루어지는 거래로서 금융위가 정하여 고시하는 거래(대륙간 거래소의 규정에 따라 장외에서 이루어지는 에너지 거래)

❷ 투자중개업자가 일반투자자로부터 해외 증권시장 또는 해외 파생상품시장에서의 매매거래를 수탁하는 경우에는 외국 투자중개업자등에 자기계산에 의한 매매거래 계좌와 별도의 매매거래 계좌를 개설하여야 함

❸ 해외 증권시장과 해외 파생상품시장에서의 매매주문의 수탁, 결제, 체결결과 및 권리행사 등의 통지, 그 밖에 투자매매업자·투자중개업자의 외화증권 및 장내파생상품의 국내 거래에 관하여 필요한 사항은 금융위가 정함

(2) 그 밖에 증권의 장외거래

❶ 투자매매업자가 아닌 자는 보유하지 아니한 채권을 증권시장 및 다자간매매체결회사 외에서 매도할 수 없음(시행령 제185조 제1항)

❷ 투자매매업자는 투자자로부터 증권시장 및 다자간매매체결회사의 매매수량 단

위 미만의 상장주권에 대하여 증권시장 및 다자간매매체결회사 외에서 매매주문을 받은 경우에는 이에 응하여야 함. 다만, 그 투자매매업자가 소유하지 아니한 상장주권에 대하여 매수주문을 받은 경우에는 이에 응하지 아니할 수 있음(시행령 제185조 제2항)

❸ 위 ❶ 및 ❷에서 규정한 사항 외에 증권시장 및 다자간매매체결회사 외에서의 증권 등의 매매와 결제방법, 그 밖에 필요한 사항은 증권 등의 종류와 매매, 그 밖의 거래의 형태 등에 따라 금융위가 정하여 고시하는 방법에 따름

8	**장외파생상품의 매매**

❶ 투자매매업자 또는 투자중개업자는 장외파생상품을 대상으로 하여 투자매매업 또는 투자중개업을 하는 경우에는 다음의 기준을 준수하여야 함(법 제166조의2)

   ㄱ. 장외파생상품의 매매 및 그 중개·주선 또는 대리의 상대방이 일반투자자인 경우에는 그 일반투자자가 위험회피 목적의 거래를 하는 경우에 한할 것

       이 경우 투자매매업자 또는 투자중개업자는 일반투자자가 장외파생상품 거래를 통하여 회피하려는 위험의 종류와 금액을 확인하고, 관련 자료를 보관하여야 함

       한편 '위험회피 목적의 거래'란 위험회피를 하려는 자가 보유하고 있거나 보유하려는 자산·부채 또는 계약등("위험회피 대상")에 대하여 미래에 발생할 수 있는 경제적 손실을 부분적 또는 전체적으로 줄이기 위한 거래로서 계약체결 당시 ① 위험회피 대상을 보유하고 있거나 보유할 예정일 것, ② 장외파생거래 계약기간 중 장외파생거래에서 발생할 수 있는 손익이 위험회피 대상에서 발생할 수 있는 손익의 범위를 초과하지 아니할 것 이라는 요건을 충족하는 거래를 말함(시행령 제186조의2)

   ㄴ. 장외파생상품의 매매에 따른 위험액(시장위험액, 신용위험액 및 운영위험액의 합계)이 금융위가 정하는 한도를 초과하지 아니할 것

   ㄷ. 영업용순자본에서 총위험액을 차감한 금액을 법 제15조, 제20조, 제117조의4 제8항 또는 제249조의3 제8항에서 요구하는 인가업무 또는 등록업무 단위별 자기자본(각 해당 조항에서 대통령령으로 정하는 완화된 요건을 말함)을 합계한 금액으로 나눈 값이 100분의 150에 미달하는 경우(겸영금융투자업자의 경우에는 금융위

가 정하여 고시하는 경우를 말함)에는 그 미달상태가 해소될 때까지 새로운 장외파생상품의 매매를 중지하고, 미종결거래의 정리나 위험회피에 관련된 업무만을 수행할 것

ㄹ. 장외파생상품의 매매를 할 때마다 파생상품업무책임자의 승인을 받을 것
　　다만, 금융위가 정하는 기준을 충족하는 계약으로서 거래당사자 간에 미리 합의된 계약조건에 따라 장외파생상품을 매매하는 경우는 제외

ㅁ. 월별 장외파생상품(파생결합증권 포함)의 매매, 그 중개·주선 또는 대리의 거래내역을 다음 달 10일까지 금융위에 보고할 것

❷ 장외파생상품 거래의 매매에 따른 위험관리, 그 밖에 투자자를 보호하기 위하여 필요한 사항은 금융위가 정함

❸ 금감원장은 투자매매업자 및 투자중개업자의 장외파생상품의 매매등과 관련하여 기준 준수 여부를 감독하여야 함

❹ 장외거래의 청산의무 : 금융투자업자는 다른 금융투자업자(외국 금융투자업자 포함)와 청산의무거래(장외파생상품의 매매 및 그 밖의 장외거래를 말하며 그 거래에 따른 채무의 불이행이 국내 자본시장에 중대한 영향을 줄 우려가 있는 경우로 한정)를 하는 경우 금융투자상품거래청산회사(영 제186조의3 3항에 의거 금융위원회가 승인한 외국금융투자상품거래청산회사 포함)에게 청산의무거래에 따른 자기와 거래상대방의 채무를 채무인수, 경개 그 밖의 방법으로 부담하게 하여야 함

❺ 차액결제거래

ㄱ. 투자매매업자 또는 투자중개업자가 다음 모두 해당하는 장외파생상품 거래(이하 '차액결제거래'라 함)를 하는 경우에는 증거금을 징구하여야 함. 이 경우 증거금은 대용증권으로 대신할 수 있음

　a. 장래의 일정기간 동안 미리 정한 가격으로 기초자산이나 기초자산의 가격·이자율·지표·단위 또는 이를 기초로 하는 지수 등에 의하여 산출된 금전등을 교환할 것을 약정하는 계약

　b. 주식, 주가지수, 통화(외국 통화 포함), 일반상품 등 기초자산 가격 변화와 연계하여 계약 체결 당시 약정가격과 계약에 따른 약정을 소멸시키는 반대거래 약정가격 간의 차액을 현금으로 결제할 것

　c. 기초자산 가격 변화의 일정배율(음의 배율을 포함한다)로 연계될 것

　d. 전문투자자와의 거래일 것

ㄴ. ㄱ의 증거금은 위 a에 따른 기초자산의 가액에 투자자의 신용상태 및 종목별 거래상황 등을 고려하여 정한 비율에 상당하는 금액(100분의 40 이상)으로 함

ㄷ. 투자매매업자 또는 투자중개업자는 차액결제거래 취급 규모를 신용공여 한 도에 포함하여 자기자본의 100% 이내로 관리해야 함

ㄹ. 투자매매업자 또는 투자중개업자는 협회가 정하는 바에 따라 매일 당일의 차 액결제거래 잔고 등을 협회에 제출하여야 함

❻ 장외파생상품의 투자요건 : 개인인 전문투자자가 위험회피 목적의 거래가 아닌 장외파생상품 거래를 하려는 경우에는 최근 5년 중 1년 이상의 기간 동안 지분증 권, 파생상품, 고난도파생결합증권의 금융투자상품을 월말 평균잔고 기준으로 3 억 원 이상 보유한 경험이 있을 것

section 02 공공적 법인의 주식 소유제한

1 공공적 법인의 개념

자본시장법상 '공공적 법인'이라 함은 국가기간산업 등 국민경제상 중요한 산업을 영위하는 법인으로서 다음 각 호의 요건을 모두 충족하는 법인 중에서 금융위가 관계 부처장관과의 협의와 국무회의에의 보고를 거쳐 지정하는 상장법인을 말한다(법 제152조 제3항, 시행령 제162조).

❶ 경영기반이 정착되고 계속적인 발전 가능성이 있는 법인일 것
❷ 재무구조가 건실하고 높은 수익이 예상되는 법인일 것
❸ 해당 법인의 주식을 국민이 광범위하게 분산 보유할 수 있을 정도로 자본금 규모 가 큰 법인일 것

2 주식 소유제한 내용

누구든지 공공적 법인이 발행한 주식을 누구의 명의로 하든지 자기의 계산으로 다음의 기준을 초과하여 소유할 수 없다. 이 경우 의결권 없는 주식은 발행주식 총수에 포함되지 아니하며, 그 특수관계인의 명의로 소유하는 때에는 자기의 계산으로 취득한 것으로 본다(법 제167조).

❶ 그 주식이 상장된 당시에 발행주식 총수의 100분의 10 이상을 소유한 주주는 그 소유비율
❷ 위 ❶에 따른 주주 외의 자는 발행주식 총수의 100분의 3 이내에서 정관이 정하는 비율

다만, 소유비율 한도에 관하여 금융위의 승인을 받은 경우에는 그 소유비율 한도까지 공공적 법인이 발행한 주식을 소유할 수 있다(법 제167조 제2항).

상기 기준을 초과하여 사실상 주식을 소유하는 자는 그 초과분에 대하여는 의결권을 행사할 수 없으며, 금융위는 그 기준을 초과하여 사실상 주식을 소유하고 있는 자에 대하여 6개월 이내의 기간을 정하여 그 기준을 충족하도록 시정할 것을 명할 수 있다(법 제167조 제3항).

section 03 외국인의 증권 소유제한

1 외국인의 증권 또는 장내파생상품 거래의 제한

외국인은 국내에 6개월 이상 주소 또는 거소를 두지 아니한 개인을 말하며, 외국법인등은 다음의 어느 하나에 해당하는 자를 말한다(법 제9조 제16항, 법 제168조 제1항, 시행령 제13조).

❶ 외국 정부

❷ 외국 지방자치단체

❸ 외국 공공단체

❹ 외국 법령에 따라 설립된 외국 기업

❺ 조약에 따라 설립된 국제기구

❻ 외국 법령에 따라 설정·감독하거나 관리되고 있는 기금이나 조합

❼ 외국 정부, 외국 지방자치단체가 또는 외국 공공단체에 의하여 설정·감독하거나 관리되고 있는 기금이나 조합

❽ 조약에 따라 설립된 국제기구에 의하여 설정·감독하거나 관리되고 있는 기금이나 조합

외국인 또는 외국법인등에 의한 증권 또는 장내파생상품의 매매, 그 밖의 거래에 관하여는 다음의 기준 및 방법에 따라 그 취득한도등을 제한할 수 있다(법 제168조 제1항).

❶ 외국인 또는 외국법인등은 금융위가 정하여 고시하는 경우를 제외하고는 누구의 명의로든지 자기의 계산으로 다음에서 정한 취득한도를 초과하여 공공적 법인이 발행한 지분증권을 취득할 수 없음. 이 경우 한도초과분의 처분, 취득한도의 계산기준·관리 등에 관하여 필요한 사항은 금융위가 정함

　ㄱ. 종목별 외국인 또는 외국법인등의 1인 취득한도 : 해당 공공적 법인의 정관에서 정한 한도

　ㄴ. 종목별 외국인 및 외국법인등의 전체 취득한도 : 해당 종목의 지분증권 총수의 100분의 40

❷ 금융위는 증권시장(다자간매매체결회사에서의 거래 포함) 및 파생상품시장의 안정과 투자자 보호를 위하여 필요하다고 인정하는 경우에는 위의 취득한도 제한 외에 증권 또는 장내파생상품(파생상품시장에서 거래되는 것만 해당)에 대하여 업종별, 종류별 또는 종목별·품목별 취득한도를 정할 수 있음

외국인 또는 외국법인등에 의한 공공적 법인의 주식 취득에 관하여는 위의 제한에 추가하여 그 공공적 법인의 정관이 정하는 바에 따라 따로 이를 제한할 수 있다(법 제168조 제2항).

외국인에 대한 한도 제한을 위반하여 주식을 취득한 자는 그 주식에 대한 의결권을 행사할 수 없으며, 금융위는 위 ❶ 또는 ❷를 위반하여 증권 또는 장내파생상품을 매

매한 자에게 6개월 이내의 기간을 정하여 그 시정을 명할 수 있다.

2   외국인의 상장증권 등의 거래 시 준수사항

외국인 또는 외국법인등은 상장증권 또는 장내파생상품을 매매하거나 그 밖의 거래를 하려는 경우에는 다음의 기준을 준수하여야 한다(시행령 제188조).

❶ 상장증권, 상장이 예정된 증권을 취득 또는 처분하기 위하여 매매거래 계좌를 개설하는 경우 : 금융위가 정하여 고시하는 방법 및 절차에 따라 본인의 인적 사항 등의 확인을 거쳐 개설할 것
❷ 상장증권을 매매하는 경우
　ㄱ. 금융위가 정하여 고시하는 경우를 제외하고는 증권시장(다자간매매체결회사에서의 거래를 포함)을 통하여 매매할 것
　ㄴ. 매매거래 계좌의 개설, 매수증권의 보관, 국내 대리인의 선임, 매매내역의 보고 등에 관하여 금융위가 정하여 고시하는 기준을 충족할 것
❸ 장내파생상품을 매매하는 경우에는 매매거래 계좌의 개설, 매매내역의 보고 등에 관하여 금융위가 고시하는 기준을 충족할 것
❹ 상장증권을 매매 외의 방식으로 거래하는 경우에는 그 거래내역의 신고 등에 관하여 금융위가 정한 신고기준 등을 충족할 것

chapter 09

불공정거래행위에 대한 규제

section 01 **총칙**

    증권 불공정거래는 자본시장법에서 요구하는 각종 의무를 이행하지 않고 주식을 거래하거나 거래 상대방을 속여 부당한 이득을 취하는 일체의 증권거래 행위로서 시세조종(주가조작), 미공개정보 이용(내부자거래), 부정거래행위, 시장질서 교란행위, 단기매매 차익 거래, 주식소유 및 대량보유 보고의무 위반, 신고·공시의무 위반이 이에 해당된다.

미공개정보 이용(내부자거래) 규제

1 개요

내부자거래 규제란 협의로는 상장회사의 내부자 등이 당해 회사의 미공개 중요정보를 당해 회사의 증권거래에 이용하는 것을 금지하는 미공개 중요정보 이용행위의 금지를 의미하나, 광의로는 미공개 시장정보의 이용행위 규제와 내부자 등의 미공개 중요정보의 사적 이용행위를 예방할 수 있는 제반 공시제도를 포함한다. 자본시장법상의 내부자거래 규제는 미공개 중요정보 이용행위의 금지, 공개매수 관련 정보 이용행위 금지, 대량취득·처분 관련 정보 이용행위 금지, 단기매매차익반환제도, 임원 및 주요 주주의 특정 증권등 상황보고제도·장내파생상품 대량보유 보고제도로 구성된다.

내부자거래 규제는 증권 및 파생상품시장에서의 정보의 비대칭을 야기하는 행위를 사전적 또는 사후적으로 방지하기 위한 제도이다. 즉, 증권 거래자 사이에 내부정보의 사적 이용을 금지하고 그에 대한 공시의무를 강화함으로써 정보의 비대칭으로 시장의 신뢰가 훼손되는 것을 예방하는 데 그 목적이 있다. 우리나라의 내부자거래 규제는 이사 등 회사 관계자를 중심으로 규제되어 왔으며 자본시장법도 회사 관계자를 주된 규제대상으로 하고 있으나 규제대상 증권 및 내부자의 범위 등이 확대되어 규제의 실효성이 제고되었다.

한편, 회사의 내부에서 생성되지 않은 정보의 경우에는 내부정보가 아니므로 규제대상에서 제외되는 것을 방지하기 위해 자본시장법은 시장정보라 하더라도 시장 참여자 간에 정보의 격차가 발생하고 투자자들의 투자판단에 영향을 미쳐 주가 변동을 초래할 수 있는 공개매수 관련 정보의 이용행위(법 제174조 제2항) 및 대량취득처분 관련 정보의 이용행위(법 제174조 제3항)를 금지하고 있다.

2 미공개 중요정보 이용행위의 금지

(1) 적용대상

내부자거래 규제의 적용대상 법인은 '상장법인'(증권시장에 상장된 증권을 발행한 법인 및 6개월 내 상장이 예정된 법인)(법 제9조 제15항, 법 제174조 제1항)이다.

(2) 규제대상

내부자거래 규제의 대상증권은 다음의 '특정 증권등'이다(법 제172조 제1항). 이 경우 특정 증권등에는 당해 법인이 발행한 증권에 한정되지 않고 당해 법인과 관련한 증권을 기초자산으로 하는 금융투자상품이 포함되어 국내 기업이 외국에서 발행한 증권예탁증권(DR)과 ELS, ELW 등과 같은 파생결합증권은 물론, call option, put option 등 파생상품의 매매도 당해 법인과 관련한 증권만을 기초자산으로 하는 경우 규제대상에 포함된다.

❶ 상장법인이 발행한 증권(다음의 증권 제외)
　　ㄱ. CB, BW, PB 및 EB 이외의 채무증권
　　ㄴ. 수익증권
　　ㄷ. 파생결합증권(❹에 해당하는 파생결합증권은 제외)
❷ ❶의 증권과 관련된 증권예탁증권
❸ 상장법인 외의 자가 발행한 것으로서 ❶ 또는 ❷의 증권과 교환을 청구할 수 있는 교환사채권
❹ ❶부터 ❸까지의 증권만을 기초자산으로 하는 금융투자상품

(3) 규제대상자

내부자거래 규제대상자는 다음의 ❶~❸의 어느 하나에 해당하는 자(다음의 ❶~❷의 어느 하나에 해당하지 않게 된 날부터 1년이 경과하지 아니한 자를 포함)를 말한다. 자본시장법은 종전 증권거래법상 규제대상자에 공정거래법상 계열회사 임직원, 주요 주주, 당해 법인과 계약체결을 교섭 중인 자, 당해 법인의 임직원, 대리인이 법인인 경우 그 법인의 임직원 및 대리인 등을 추가하여 규제범위를 확대하였다. 이 경우 임원은 상법 제401조의 2 제1항에 따른 업무집행지시자를 포함한다(법 제172조 제1항). 미공개중요정보의 2차 · 3

차 수령자의 이용행위나 목적성 없이 시세에 영향을 주는 행위 등과 같은 '시장질서 교란행위'를 금지하고 위반 시 과징금 부과규정이 있다(법 제178조의2, 제429조의2).

❶ 내부자

ㄱ. 그 법인(그 계열회사를 포함) 및 그 법인의 임직원·대리인으로서 그 직무와 관련하여 미공개 중요정보를 알게 된 자

ㄴ. 그 법인(그 계열회사를 포함)의 주요 주주로서 그 권리를 행사하는 과정에서 미공개 중요정보를 알게 된 자

❷ 준내부자

ㄷ. 그 법인에 대하여 법령에 따른 허가·인가·지도·감독, 그 밖의 권한을 가지는 자로서 그 권한을 행사하는 과정에서 미공개 중요정보를 알게 된 자

ㄹ. 그 법인과 계약을 체결하고 있거나 체결을 교섭하고 있는 자로서 그 계약을 체결·교섭 또는 이행하는 과정에서 미공개 중요정보를 알게 된 자

ㅁ. ㄴ부터 ㄹ까지의 어느 하나에 해당하는 자의 대리인(이에 해당하는 자가 법인인 경우에는 그 임직원 및 대리인을 포함)·사용인, 그 밖의 종업원(ㄴ부터 ㄹ까지의 어느 하나에 해당하는 자가 법인인 경우에는 그 임직원 및 대리인)으로서 그 직무와 관련하여 미공개 중요정보를 알게 된 자

❸ 정보수령자 : ㄱ부터 ㄹ까지의 어느 하나에 해당하는 자(ㄱ부터 ㄹ까지의 어느 하나의 자에 해당하지 아니하게 된 날부터 1년이 경과하지 아니한 자를 포함)로부터 미공개 중요정보를 받은 자

(4) 규제대상행위

규제대상행위는 업무 등과 관련된 미공개 중요정보를 특정 증권등의 매매, 그 밖의 거래에 이용하거나 타인에게 이용하게 하는 행위. 즉, 증권의 매매거래 자체가 금지되는 것이 아니라 미공개 중요정보의 이용행위가 금지되는 것이다.

여기에서 미공개 중요정보란 투자자의 투자판단에 중대한 영향을 미칠 수 있는 정보로서 해당 법인(해당 법인으로부터 공개권한을 위임받은 자를 포함) 또는 그 법인의 자회사(그 자회사로부터 공개권한을 위임받은 자를 포함)가 다음의 어느 하나에 해당하는 방법으로 공개하고 해당 사항에 따라 정한 기간이나 시간이 지나는 방법으로 불특정 다수인이 알 수 있도록 공개하기 전의 것을 말한다.

❶ 법령에 따라 금융위 또는 거래소에 신고되거나 보고된 서류에 기재되어 있는 정보 : 그 내용이 기재되어 있는 서류가 금융위 또는 거래소가 정하는 바에 따라 비치된 날부터 1일

❷ 금융위 또는 거래소가 설치·운영하는 전자전달매체를 통하여 그 내용이 공개된 정보 : 공개된 때부터 3시간

❸ 「신문등의 진흥에 관한 법률」에 따른 일반 일간신문 또는 경제분야의 특수 일간 신문 중 전국을 보급지역으로 하는 둘 이상의 신문에 그 내용이 게재된 정보 : 게재된 날의 다음 날 0시부터 6시간. 다만, 해당 법률에 따른 전자간행물의 형태로 게재된 경우에는 게재된 때부터 6시간

❹ 「방송법」에 따른 방송 중 전국을 가시청권으로 하는 지상파방송을 통하여 그 내용이 방송된 정보 : 방송된 때부터 6시간

❺ 「뉴스통신진흥법에 관한 법률」에 따른 연합뉴스사를 통하여 그 내용이 제공된 정보 : 제공된 때부터 6시간

3 공개매수 관련 정보의 이용행위 금지

(1) 규제대상자

주식등의 공개매수와 관련하여 다음의 어느 하나에 해당하는 자(❶부터 ❺까지에 해당하지 않게 된 날부터 1년이 경과하지 아니한 자를 포함)(법 제174조 제2항). 자본시장법은 미공개중요정보 이용행위 규제의 경우에서와 같이 종전 증권거래법상 규제대상자에 공정거래법상 계열회사 임직원, 주요 주주, 당해 법인과 계약체결을 교섭 중인 자, 당해 법인의 임직원, 대리인이 법인인 경우 그 법인의 임직원 및 대리인 등을 추가하여 규제범위를 확대하였다. 한편, 임원에는 상법 제401조의2 제1항에 따른 업무집행지시자 등이 포함된다(법 제172조 제1항).

❶ 공개매수 예정자(그 계열회사 포함) 및 공개매수 예정자의 임직원·대리인으로서 그 직무와 관련하여 공개매수의 실시 또는 중지에 관한 미공개 정보를 알게 된 자

❷ 공개매수 예정자(그 계열회사 포함)의 주요 주주로서 그 권리를 행사하는 과정에서 공개매수의 실시 또는 중지에 관한 미공개 정보를 알게 된 자

❸ 공개매수 예정자에 대하여 법령에 따른 허가·인가·지도·감독, 그 밖의 권한을

가지는 자로서 그 권한을 행사하는 과정에서 공개매수의 실시 또는 중지에 관한
미공개 정보를 알게 된 자

❹ 공개매수 예정자와 계약을 체결하고 있거나 체결을 교섭하고 있는 자로서 그 계
약을 체결·교섭 또는 이행하는 과정에서 공개매수의 실시 또는 중지에 관한 미
공개 정보를 알게 된 자

❺ ❷부터 ❹까지의 어느 하나에 해당하는 자의 대리인(이에 해당하는 자가 법인인 경우
에는 그 임직원 및 대리인을 포함)·사용인, 그 밖의 종업원(❷부터 ❹까지의 어느 하나에
해당하는 자가 법인인 경우에는 그 임직원 및 대리인)으로서 그 직무와 관련하여 공개매수
의 실시 또는 중지에 관한 미공개 정보를 알게 된 자

❻ 공개매수 예정자 또는 ❶부터 ❺까지의 어느 하나에 해당하는 자(❶부터 ❺까지
의 어느 하나의 자에 해당하지 아니하게 된 날부터 1년이 경과하지 아니한 자를 포함)로부터 공개
매수의 실시 또는 중지에 관한 미공개 정보를 받은 자

(2) 규제대상 행위

규제대상 행위는 주식등에 대한 공개매수의 실시 또는 중지에 관한 미공개 정보를
그 주식등과 관련된 특정 증권등의 매매, 그 밖의 거래에 이용하거나 타인에게 이용하
게 하는 행위이다. 다만, 정보이용이 부득이 한 경우, 즉 공개매수 예정자가 공개매수
를 목적으로 거래하는 경우에는 예외(법 제174조 제2항)

여기에서 공개매수의 실시 또는 중지에 관한 미공개정보란 공개매수의 실시 또는 중
지에 관한 정보로서 공개매수 예정자(그로부터 공개권한을 위임받은 자를 포함)가 법령이 정한
방법으로 불특정 다수인이 알 수 있도록 공개하기 전의 것을 말하며, 공개 여부의 판단
기준 및 특정 증권등의 범위는 미공개 중요정보 이용행위 규제의 경우와 같고(시행령 제
201조 제2항), 공개매수 및 주식등의 개념은 공개매수 규제(법 제133조)의 경우와 동일

4 **대량취득 및 처분 관련 정보 이용행위 금지**

(1) 규제대상자

주식등의 대량·취득처분과 관련하여 다음의 어느 하나에 해당하는 자(❶부터 ❺까지
의 어느 하나의 자에 해당하지 아니하게 된 날부터 1년이 경과하지 아니한 자 포함)(법 제174조 제3항). 주

식등의 대량취득·처분정보 이용규제는 자본시장법에 새로 도입된 제도로서 자본시장법은 기업의 지배권 변동 및 투자자의 투자판단에 중대한 영향을 미칠 수 있는 대량거래 정보를 공개매수 뿐 아니라 경영권에 영향을 미칠 수 있는 대량취득·처분으로 확대하여 규제의 실효성을 강화하였다. 한편, 임원에는 상법 제401조의2 제1항에 따른 업무집행지시자 등이 포함된다(법 제172조 제1항)

❶ 대량취득·처분을 하려는 자(그 계열회사 포함) 및 대량취득·처분을 하려는 자의 임직원·대리인으로서 그 직무와 관련하여 대량취득·처분의 실시 또는 중지에 관한 미공개 정보를 알게 된 자

❷ 대량취득·처분을 하려는 자(그 계열회사 포함)의 주요 주주로서 그 권리를 행사하는 과정에서 대량취득·처분의 실시 또는 중지에 관한 미공개 정보를 알게 된 자

❸ 대량취득·처분을 하는 자에 대하여 법령에 따른 허가·인가·지도·감독, 그 밖의 권한을 가지는 자로서 그 권한을 행사하는 과정에서 대량취득·처분의 실시 또는 중지에 관한 미공개 정보를 알게 된 자

❹ 대량취득·처분을 하려는 자와 계약을 체결하고 있거나 체결을 교섭하고 있는 자로서 그 계약을 체결·교섭 또는 이행하는 과정에서 대량취득·처분의 실시 또는 중지에 관한 미공개 정보를 알게 된 자

❺ ❷부터 ❹까지의 어느 하나에 해당하는 자의 대리인(이에 해당하는 자가 법인인 경우에는 그 임직원 및 대리인 포함)·사용인, 그 밖의 종업원(❷부터 ❹까지의 어느 하나에 해당하는 자가 법인인 경우에는 그 임직원 및 대리인)으로서 그 직무와 관련하여 대량취득·처분의 실시 또는 중지에 관한 미공개 정보를 알게 된 자

❻ 대량취득·처분을 하는 자 또는 ❶부터 ❺까지의 어느 하나에 해당하는 자(❶부터 ❺까지의 어느 하나의 자에 해당하지 아니하게 된 날부터 1년이 경과하지 아니한 자 포함)로부터 대량취득·처분의 실시 또는 중지에 관한 미공개 정보를 알게 된 자

(2) 규제대상 행위

주식등의 대량취득·처분의 실시 또는 중지에 관한 미공개정보를 그 주식등과 관련된 특정 증권등의 거래에 이용하거나 이용하는 행위가 금지된다. 여기에서 대량취득·처분의 실시 또는 중지에 관한 미공개정보란 대량취득·처분의 실시 또는 중지에 관한 정보로서 대량취득·처분을 할 자(그로부터 공개권한을 위임받은 자를 포함)가 법령이 정한 방

법으로 불특정 다수인이 알 수 있도록 공개하기 전의 것을 말하며, 공개 여부의 판단기준 및 특정 증권등의 범위는 미공개 중요정보 이용행위 규제의 경우와 같고(시행령 제201조 제5항), 주식등의 개념은 공개매수 규제(법 제133조)의 경우와 동일하다.

한편, 주식등의 대량취득·처분은 다음에서 정하는 요건을 모두 충족하는 주식등의 취득·처분을 말한다(법 제174조 제3항, 시행령 제201조 제4항).

❶ 회사나 그 임원에 대하여 사실상 영향력을 행사할 목적(시행령 제154조 제1항에 규정된 목적을 말함)의 취득

❷ 금융위가 정하는 고시하는 비율 이상의 대량취득·처분일 것

❸ 그 취득·처분이 5% 보고대상에 해당할 것

5 내부자의 단기매매차익 반환제도

(1) 반환대상자

단기매매차익 반환제도는 일정 범위의 내부자에 대해 미공개 중요정보의 이용여부와 관계없이 특정 증권등의 단기매매거래에 따른 이익을 회사에 반환하도록 하여 내부자의 미공개 중요정보 이용행위를 예방하는 제도이다.

자본시장법은 단기매매차익 반환대상자를 주권상장법인의 주요 주주, 임원(상법 제401조의2 제1항에 따른 업무집행지시자 등 포함) 및 직원으로 규정(법 제172조 제1항). 다만, 직원의 경우 다음의 어느 하나에 해당하는 자로서 증권선물위원회가 직무상 제174조 제1항의 미공개중요정보를 알 수 있는 자로 인정한 자에 한한다(시행령 제194조).

❶ 그 법인에서 주요사항보고 대상에 해당하는 사항의 수립·변경·추진·공시, 그 밖에 이에 관련된 업무에 종사하고 있는 직원

❷ 그 법인의 재무·회계·기획·연구개발에 관련된 업무에 종사하고 있는 직원

(2) 반환대상 – 특정 증권등의 단기매매차익

주권상장법인의 특정 증권등을 매수한 후 6개월 이내에 매도하거나 특정 증권등을 매도한 후 6개월 이내에 매수하여 얻은 이익('단기매매차익'이라 함)(법 제172조 제1항). 이 경우 단기매매차익의 산정방법은 다음과 같다(시행령 제195조).

한편, 특정 증권등의 범위는 미공개 중요정보 금지 대상증권과 동일하다.

❶ 해당 매수(권리 행사의 상대방이 되는 경우로서 매수자의 지위를 가지게 되는 특정 증권등의 매도를 포함) 또는 매도(권리를 행사할 수 있는 경우로서 매도자의 지위를 가지게 되는 특정 증권등의 매수를 포함) 후 6개월(초일을 산입) 이내에 매도 또는 매수한 경우에는 매도단가에서 매수단가를 뺀 금액에 매수수량과 매도수량 중 적은 수량('매매일치수량')을 곱하여 계산한 금액에서 해당 매매일치수량분에 관한 매매거래수수료와 증권거래세액 및 농어촌특별세액을 공제한 금액을 이익으로 계산하는 방법. 이 경우 그 금액이 0원 이하인 경우에는 이익이 없는 것으로 봄

❷ 해당 매수 또는 매도 후 6개월 이내에 2회 이상 매도 또는 매수한 경우에는 가장 시기가 빠른 매수분과 가장 시기가 빠른 매도분을 대응하여 ❶에 따른 방법으로 계산한 금액을 이익으로 산정하고, 그 다음의 매수분과 매도분에 대하여는 대응할 매도분이나 매수분이 없어질 때까지 같은 방법으로 대응하여 ❶에 따른 방법으로 계산한 금액을 이익으로 산정하는 방법. 이 경우 대응된 매수분이나 매도분 중 매매일치수량을 초과하는 수량은 해당 매수 또는 매도와 별개의 매수 또는 매도로 보아 대응의 대상으로 함

ㄱ. ❶ 및 ❷에 따라 이익을 계산하는 경우 매수 가격·매도 가격은 특정 증권등의 종류 및 종목에 따라 다음에서 정하는 가격으로 계산(시행령 제195조 제2항)

    a. 매수 특정 증권등과 매도 특정 증권등이 종류는 같으나 종목이 다른 경우 : 매수 후 매도하여 이익을 얻은 경우에는 매도한 날의 매수 특정 증권등의 최종 가격을 매도 특정 증권등의 매도 가격으로 하고, 매도 후 매수하여 이익을 얻은 경우에는 매수한 날의 매도 특정 증권등의 최종 가격을 매수 특정 증권등의 매수 가격으로 함

    b. 매수 특정 증권등과 매도 특정 증권등이 종류가 다른 경우 : 지분증권 외의 특정 증권등의 가격은 증선위가 정하여 고시하는 방법에 따라 지분증권으로 환산하여 계산한 가격으로 함

ㄴ. 매수 특정 증권등과 매도 특정 증권등이 종류가 다른 경우 그 수량의 계산은 증선위가 정하여 고시하는 방법에 따라 계산된 수량으로 산정함

ㄷ. 단기매매차익 산정 시 매수 또는 매도 후 특정 증권등의 권리락·배당락 또는 이자락, 그 밖에 이에 준하는 경우로서 증선위가 정하여 고시하는 사유가 있는 경우에는 이를 고려하여 환산한 가격 및 수량을 기준으로 이익을 계산

함(시행령 제195조 제4항)

   ㄹ. 단기매매차익 계산의 구체적인 기준과 방법 등 필요한 세부사항은 증선위가
정함

(3) 단기매매차익 반환의 예외

임직원 또는 주요 주주로서 행한 매도 또는 매수의 성격, 그 밖의 사정 등을 고려하
여 정한 다음의 경우 및 주요 주주가 매도·매수한 시기 중 어느 한 시기에 있어서 주
요 주주가 아닌 경우에는 적용하지 아니한다(법 제172조 제6항 및 시행령 제198조).

❶ 법령에 따라 불가피하게 매수하거나 매도하는 경우

❷ 정부의 허가·인가·승인 등이나 문서에 의한 지도·권고에 따라 매수하거나 매
도하는 경우

❸ 안정조작이나 시장조성을 위하여 매수·매도 또는 매도·매수하는 경우

❹ 모집·사모·매출하는 특정 증권등의 인수에 따라 취득하거나 인수한 특정 증권
등을 처분하는 경우

❺ 주식매수선택권의 행사에 따라 주식을 취득하는 경우

❻ 이미 소유하고 있는 지분증권, 신주인수권이 표시된 것, 전환사채권 또는 신주인
수권부사채권의 권리행사에 따라 주식을 취득하는 경우

❼ 증권예탁증권의 예탁계약 해지에 따라 증권을 취득하는 경우

❽ 교환사채권 또는 교환사채권의 권리행사에 따라 증권을 취득하는 경우

❾ 모집·매출하는 특정 증권등의 청약에 따라 취득하는 경우

❿ 「근로자복지기본법」 제36조부터 제39조까지 또는 제44조에 따라 우리사주조합
원에게 우선 배정된 주식의 청약에 따라 취득하는 경우(그 취득한 주식을 같은 법 제43
조에 따라 수탁기관에 예탁한 경우에 한함)

⓫ 주식매수청구권의 행사에 따라 주식을 처분하는 경우

⓬ 공개매수에 응모함에 따라 주식 등을 처분하는 경우

⓭ 「국민연금법」에 따른 국민연금기금, 「공무원연금법」에 따른 공무원연금기금,
「사립학교교직원연금법」에 따른 사립학교교직원연금기금의 관리나 운용을 위한
매매로서 다음 각 목의 요건을 모두 갖춘 경우

   ㄱ. 발행인의 경영권에 영향을 주기 위한 것(영 제154조 제1항이 정하는 것을 말한다)이

아닐 것

ㄴ. 미공개중요정보의 이용을 방지하기 위하여 다음의 요건을 모두 갖춘 것으로 증권선물위원회가 의결로써 인정하는 경우. 이 경우 증권선물위원회는 내부통제기준의 적정성, 내부통제기준에 대한 준수 내용 등을 종합적으로 고려하여야 함

    a. 의결권 행사 및 이와 관련된 업무를 전담하는 부서(이하 수탁자책임 부서라 한다)와 특정증권등의 운용 관련 업무를 수행하는 부서(이하 운용부서라 한다) 간 독립적 구분

    b. 수탁자책임 부서와 운용 부서 간 사무공간 및 전산설비 분리

    c. 수탁자책임 부서가 업무 과정에서 알게 된 정보를 운용부서 또는 외부 기관에 부당하게 제공하는 행위의 금지 및 이를 위반한 임직원에 대한 처리 근거 마련

    d. 수탁자책임 부서가 운용부서 또는 외부 기관과 의결권 행사 또는 이와 관련된 업무에 관한 회의를 하거나 통신을 한 경우 그 회의 또는 통신에 관한 기록의 작성 및 유지

    e. a부터 d까지의 사항을 포함하는 내부통제기준의 마련

❹ 그 밖에 미공개 중요정보를 이용할 염려가 없는 경우로서 증선위가 인정하는 경우

(4) 단기매매차익에 대한 공시

증선위는 단기매매차익의 발생사실을 알게 된 경우에는 해당 법인에 이를 통보하여야 한다. 이 경우 그 법인은 통보받은 내용을 인터넷 홈페이지 등을 이용하여 공시하여야 한다(법 제172조 제3항).

(5) 투자매매업자에 대한 준용

단기매매차익 반환제도는 주권상장법인이 모집·사모·매출하는 특정 증권등을 인수한 투자매매업자에 대하여 당해 투자매매업자가 인수계약을 체결한 날부터 3개월 이내에 매수 또는 매도하여 그 날부터 6개월 이내에 매도 또는 매수하는 경우(인수증권 처분의 경우 제외)에 준용한다.

다만, 투자매매업자가 안정조작이나 시장조성을 위하여 매매하는 경우에는 해당 안정조작이나 시장조성기간 내에 매수 또는 매도하여 그 날부터 6개월 이내에 매도 또는 매수

하는 경우(당해 안정조작 또는 시장조성을 위한 경우 제외)에 준용(법 제172조 제7항, 시행령 제199조)

이 경우 안정조작이란 투자매매업자가 모집 또는 매출의 청약기간 종료일 전 20일부터 그 청약기간의 종료일까지의 기간 동안 증권의 가격을 안정시켜 증권의 모집 또는 매출을 원활하도록 하는 매매를 말하며, 시장조성이란 투자매매업자가 일정한 방법에 따라 모집 또는 매출한 증권의 수요·공급을 그 증권이 상장된 날부터 1개월 이상 6개월 이하의 범위에서 인수계약으로 정한 기간 동안 조성하는 매매를 말한다(법 제176조 제3항).

6 임원 및 주요 주주의 특정 증권등 소유상황 보고

주권상장법인의 임원 또는 주요 주주는 임원 또는 주요 주주가 된 날부터 5일(공휴일, 근로자의 날, 토요일은 제외) 이내에 누구의 명의로 하든지 자기의 계산으로 소유하고 있는 특정 증권등의 소유상황을, 그 특정 증권등의 소유상황에 변동이 있는 경우에는 그 변동이 있는 날부터 5영업일까지 그 내용을 각각 증선위와 거래소에 보고하여야 한다(법 제173조 및 시행령 제200조).

(1) 보고대상자

특정 증권등의 소유상황 보고제도는 내부정보 접근 가능성이 큰 내부자에 대해 특정 증권등의 소유상황을 공시하도록 하여 미공개 중요정보의 사적 이용행위를 예방하는 제도이다. 자본시장법은 보고대상자를 주권상장법인의 임원(상법 제401조의2 제1항에 따른 업무집행지시자 등 포함) 및 주요 주주로 규정(법 제173조 제1항)하고 있다.

(2) 보고방법

❶ 임원 또는 주요 주주가 된 날부터 5영업일 이내에 누구의 명의로든 자기의 계산으로 소유하고 있는 특정 증권등의 소유상황을, 그 특정 증권등의 소유상황에 변동이 있는 경우에는 누적변동수량이 1,000주 이상이거나, 누적취득(처분) 금액이 1천만 원 이상인 경우 그 변동이 있는 날부터 5영업일까지 증선위와 거래소에 보고

❷ 보고서 기재사항(시행령 제200조 제2항)은 다음과 같고, 보고서의 서식과 작성방법 등에 관하여 필요한 사항은 증선위가 정하여 고시함(시행령 제200조 제5항)

ㄱ. 보고자

ㄴ. 해당 주권상장법인

ㄷ. 특정 증권등의 종류별 소유현황 및 그 변동에 관한 사항

❸ 소유상황 보고 기준일(시행령 제200조 제3항)

ㄱ. 주권상장법인의 임원이 아니었던 자가 해당 주주총회에서 임원으로 선임된 경우 : 그 선임일

ㄴ. 「상법」 제401조의2 제1항 각 호의 자인 경우 : 해당 지위를 갖게 된 날

ㄷ. 주권상장법인이 발행한 주식의 취득 등으로 해당 법인의 주요 주주가 된 경우 : 그 취득등을 한 날

ㄹ. 주권비상장법인이 발행한 주권이 증권시장에 상장된 경우 : 그 상장일

ㅁ. 주권비상장법인의 임원(「상법」 제401조의2 제1항 각 호의 자를 포함) 또는 주요 주주가 합병, 분할합병 또는 주식의 포괄적 교환·이전으로 주권상장법인의 임원이나 주요 주주가 된 경우 : 그 합병, 분할합병 또는 주식의 포괄적 교환·이전으로 인하여 발행된 주식의 상장일

❹ 변동상황 보고 변동일(시행령 제200조 제4항)

ㄱ. 증권시장(다자간매매체결회사에서의 거래 포함, 이하 이 조에서 같음)이나 파생상품시장에서 특정 증권등을 매매한 경우에는 그 결제일

ㄴ. 증권시장이나 파생상품시장 외에서 특정 증권등을 매수한 경우에는 대금을 지급하는 날과 특정 증권등을 인도받는 날 중 먼저 도래하는 날

ㄷ. 증권시장이나 파생상품시장 외에서 특정 증권등을 매도한 경우에는 대금을 수령하는 날과 특정 증권등을 인도하는 날 중 먼저 도래하는 날

ㄹ. 유상증자로 배정되는 신주를 취득하는 경우에는 주금납입일의 다음날

ㅁ. 특정 증권등을 차입하는 경우에는 그 특정 증권등을 인도받는 날, 상환하는 경우에는 그 특정 증권등을 인도하는 날

ㅂ. 특정 증권등을 증여받는 경우에는 그 특정 증권등을 인도받는 날, 증여하는 경우에는 그 특정 증권등을 인도하는 날

ㅅ. 상속으로 특정 증권등을 취득하는 경우로서 상속인이 1인인 경우에는 단순승인이나 한정승인에 따라 상속이 확정되는 날, 상속인이 2인 이상인 경우에는 그 특정 증권등과 관계되는 재산분할이 종료되는 날

ㅇ. ㄱ부터 ㅅ까지 외의 경우에는 「민법」·「상법」 등 관련 법률에 따라 해당 법

률행위 등의 효력이 발생하는 날

7 장내파생상품의 대량보유 보고

(1) 장내파생상품의 대량보유 보고

동일 품목의 장내파생상품(일반상품, 금융위가 정하여 고시하는 기준과 방법에 따른 주가지수를 기초자산으로 하는 것으로서 파생상품시장에서 거래되는 것에 한함)을 금융위가 정하여 고시하는 수량 이상 보유(누구의 명의로든지 자기의 계산으로 소유하는 경우)하게 된 자는 그 날부터 5일(공휴일, 근로자의 날, 토요일은 제외) 이내에 그 보유 상황 등을 금융위와 거래소에 보고하여야 하며, 그 보유 수량이 금융위가 정하여 고시하는 수량 이상으로 변동된 경우에는 그 변동된 날부터 5일(공휴일, 근로자의 날, 토요일은 제외) 이내에 그 변동 내용을 금융위와 거래소에 보고하여야 한다(법 제173조의2 제1항 및 시행령 제200조의2).

❶ 보고내용은 다음과 같으며, 보고의 방법 및 절차 등에 관하여 필요한 사항은 금융위가 정하여 고시함
  ㄱ. 대량보유자 및 그 위탁을 받은 금융투자업자에 관한 사항
  ㄴ. 해당 장내파생상품거래의 품목 및 종목
  ㄷ. 해당 장내파생상품을 보유하게 된 시점, 가격 및 수량
  ㄹ. 위의 내용과 관련된 사항으로서 금융위가 정하는 사항
❷ 금융위와 거래소에 보고하여야 할 자가 위탁자인 경우에는 금융투자업자로 하여금 대신하여 보고하게 할 수 있으며, 장내파생상품의 대량보유 상황이나 그 변동 내용을 보고하는 날 전날까지 새로 변동 내용을 보고하여야 할 사유가 발생한 경우에는 새로 보고하여야 하는 변동 내용을 당초의 대량보유 상황이나 그 변동 내용을 보고할 때 함께 보고하여야 함

(2) 파생상품 관련 정보의 누설 금지 등

다음의 어느 하나에 해당하는 자로서 파생상품시장에서의 시세에 영향을 미칠 수 있는 정보를 업무와 관련하여 알게 된 자와 그 자로부터 그 정보를 전달받은 자는 그 정보를 누설하거나, 장내파생상품 및 그 기초자산의 매매나 그 밖의 거래에 이용하거나, 타인으로 하여금 이용하게 할 수 없다(법 제173조의2 제2항).

❶ 장내파생상품의 시세에 영향을 미칠 수 있는 정책을 입안·수립 또는 집행하는 자

❷ 장내파생상품의 시세에 영향을 미칠 수 있는 정보를 생성·관리하는 자

❸ 장내파생상품의 기초자산의 중개·유통 또는 검사와 관련된 업무에 종사하는 자

8 위반에 대한 제재

(1) 형사책임

다음의 어느 하나에 해당하는 자는 1년 이상의 유기징역 또는 그 위반행위로 얻은 이익 또는 회피한 손실액의 3배 이상 5배 이하에 상당하는 벌금에 처한다. 다만, 그 위반행위로 얻은 이익 또는 회피한 손실액이 없거나 산정하기 곤란한 경우 또는 그 위반행위로 얻은 이익 또는 회피한 손실액의 5배에 해당하는 금액이 5억 원 이하인 경우에는 벌금의 상한액을 5억 원으로 한다(법 제443조 제1항).

❶ 상장법인의 업무 등과 관련된 미공개 중요정보를 특정 증권등의 매매, 그 밖의 거래에 이용하거나 타인에게 이용하게 한 자

❷ 주식등에 대한 공개매수의 실시 또는 중지에 관한 미공개 정보를 그 주식등과 관련된 특정 증권등의 매매, 그 밖의 거래에 이용하거나 타인에게 이용하게 한 자

❸ 주식등의 대량취득·처분의 실시 또는 중지에 관한 미공개 정보를 그 주식등과 관련된 특정 증권등의 매매, 그 밖의 거래에 이용하거나 타인에게 이용하게 한 자

(2) 손해배상책임

❶ (1)의 **❶**~**❸** 해당하는 자는 해당 특정 증권등의 매매, 그 밖의 거래를 한 자가 그 매매, 그 밖의 거래와 관련하여 입은 손해를 배상할 책임을 짐(법 제175조)

❷ 이에 따른 손해배상청구권은 청구권자가 그 위반한 행위가 있었던 사실을 안 날부터 2년간 또는 그 행위가 있었던 날부터 5년간 이를 행사하지 아니한 경우에는 시효로 인하여 소멸함

(3) 과징금

불공정거래행위에 아래와 같이 과징금을 병과할 수 있다.

❶ (1)의 **❶**~**❸** 해당하는 자에게는 그 위반행위로 얻은 이익 또는 회피한 손실액의 2배에 상당하는 금액 이하의 과징금을 부과할 수 있다(법 제429조의2 제1항 본문).

❷ 다만, 위반행위와 관련된 거래로 얻은 이익 또는 이로 인하여 회피한 손실액이 없거나 산정하기 곤란한 경우에는 40억 원 이하의 과징금을 부과할 수 있다(법 제429조의2 제1항 단서).

---

section 03　시세조종행위 규제

1　개요

시세조종행위란 협의로는 증권시장 및 파생상품시장에서 시장기능에 의하여 자연스럽게 형성되어야 할 가격이나 거래동향을 인위적으로 변동시킴으로써 부당이득을 취하는 행위를 말한다. 시세조종행위는 증권시장 및 파생상품시장의 가격 결정 기능과 공정한 거래질서를 훼손하여 투자자의 신뢰를 저해함으로써 자본시장의 기능을 파괴할 수 있다.

이에 자본시장법은 협의의 시세조종행위는 물론, 합리성이 결여된 비경제적 매매주문 또는 매매성황을 오인케 하거나 중요사실에 대한 허위의 표시 등 증권시장 및 파생상품시장의 시장기능을 저해하는 일련의 행위를 유형화하여 엄격히 금지하는 한편, 증권시장과 파생상품시장 간 현·선연계 시세조종행위 및 파생결합증권과 그 기초자산인 증권 간 연계 시세조종행위 등 새로운 유형의 시세조종행위에 대한 법적 규제를 강화하였다.

2　규제대상

(1) 위장매매에 의한 시세조종

누구든지 상장증권 또는 장내파생상품의 매매에 관하여 그 매매가 성황을 이루고 있는 듯이 잘못 알게 하거나, 그 밖에 타인에게 그릇된 판단을 하게 할 목적으로 다음의 어느 하나에 해당하는 행위 및 그 행위를 위탁하거나 수탁할 수 없다(법 제176조 제1항).

❶ 통정매매
　　ㄱ. 자기가 매도하는 것과 같은 시기에 그와 같은 가격 또는 약정수치로 타인이 그 증권 또는 장내파생상품을 매수할 것을 사전에 그 자와 서로 짠 후 매도 하는 행위
　　ㄴ. 자기가 매수하는 것과 같은 시기에 그와 같은 가격 또는 약정수치로 타인이 그 증권 또는 장내파생상품을 매도할 것을 사전에 그 자와 서로 짠 후 매수 하는 행위
❷ 가장매매 : 그 증권 또는 장내파생상품의 매매를 함에 있어서 그 권리의 이전을 목적으로 하지 아니하는 거짓으로 꾸민 매매를 하는 행위

(2) 현실매매에 의한 시세조종

누구든지 상장증권 또는 장내파생상품의 매매를 유인할 목적으로 그 증권 또는 장내 파생상품의 매매가 성황을 이루고 있는 듯이 잘못 알게 하거나 그 시세(증권시장 또는 파 생상품시장에서 형성된 시세, 다자간매매체결회사가 상장주권의 매매를 중개함에 있어서 형성된 시세, 상장 되는 증권에 대하여 증권시장에서 최초로 형성되는 시세를 말함)를 변동시키는 매매 또는 그 위탁 이나 수탁을 하는 행위를 할 수 없다(법 제176조 제2항 제1호).

(3) 허위표시 등에 의한 시세조종

누구든지 상장증권 또는 장내파생상품의 매매를 유인할 목적으로 다음의 행위를 할 수 없다(법 제176조 제2항 제2호 및 제3호).

❶ 그 증권 또는 장내파생상품의 시세가 자기 또는 타인의 시장 조작에 의하여 변동 한다는 말을 유포하는 행위
❷ 그 증권 또는 장내파생상품의 매매를 함에 있어서 중요한 사실에 관하여 거짓의 표시 또는 오해를 유발시키는 표시를 하는 행위

(4) 가격 고정 또는 안정조작행위

❶ 누구든지 상장증권 또는 장내파생상품의 시세를 고정시키거나 안정시킬 목적으

로 그 증권 또는 장내파생상품에 관한 일련의 매매 또는 그 위탁이나 수탁을 하는 행위를 할 수 없음(법 제176조 제3항)

❷ 가격 고정 또는 안정조작행위 금지의 예외

ㄱ. 모집 또는 매출되는 증권의 발행인 또는 소유자와 인수계약을 체결한 투자매매업자가 일정한 방법(시행령 제204조)에 따라 그 증권의 모집 또는 매출의 청약기간의 종료일 전 20일부터 그 청약기간의 종료일까지의 기간 동안 증권의 가격을 안정시킴으로써 증권의 모집 또는 매출을 원활하도록 하기 위한 매매거래('안정조작')를 하는 경우

ㄴ. 투자매매업자가 일정한 방법(시행령 제205조)에 따라 모집 또는 매출한 증권의 수요·공급을 그 증권이 상장된 날부터 1개월 이상 6개월 이내에서 인수계약으로 정한 기간 동안 조성하는 매매거래('시장조성')를 하는 경우

ㄷ. 모집 또는 매출되는 증권 발행인의 임원 등이 투자매매업자에게 안정조작을 위탁하는 경우

ㄹ. 투자매매업자가 안정조작을 수탁하는 경우

ㅁ. 모집 또는 매출되는 증권의 인수인이 투자매매업자에게 시장조성을 위탁하는 경우

ㅂ. 투자매매업자가 시장조성을 수탁하는 경우

(5) 현·선연계 시세조종행위

누구든지 상장증권 또는 장내파생상품의 매매와 관련하여 다음의 어느 하나에 해당하는 행위를 할 수 없다(법 제176조 제4항).

❶ 현·선연계 시세조종

ㄱ. 장내파생상품 매매에서 부당한 이익을 얻거나 제3자에게 부당한 이익을 얻게 할 목적으로 그 장내파생상품의 기초자산의 시세를 변동 또는 고정시키는 행위

ㄴ. 장내파생상품의 기초자산의 매매에서 부당한 이익을 얻거나 제3자에게 부당한 이익을 얻게 할 목적으로 그 장내파생상품의 시세를 변동 또는 고정시키는 행위

❷ 현·현연계 시세조종 : 증권의 매매에서 부당한 이익을 얻거나 제3자에게 부당한

이익을 얻게 할 목적으로 그 증권과 연계된 증권('연계증권')의 시세를 변동 또는 고정시키는 행위

ㄱ. 전환사채권이나 신주인수권부사채인 경우 연계증권(시행령 제207조 제1호)

    a. 그 전환사채권이나 신주인수권부사채권과 교환을 청구할 수 있는 교환사채권

    b. 지분증권

    c. 그 전환사채권 또는 신주인수권부사채권을 기초자산으로 하는 파생결합증권

    d. 그 전환사채권 또는 신주인수권부사채권과 관련된 증권예탁증권

ㄴ. 교환사채권인 경우 연계증권(시행령 제207조 제2호)

    a. 교환대상이 되는 전환사채권 또는 신주인수권부사채권

    b. 교환대상이 되는 지분증권

    c. 교환대상이 되는 파생결합증권

    d. 교환대상이 되는 증권예탁증권

ㄷ. 지분증권인 경우 연계증권(시행령 제207조 제3호)

    a. 전환사채권 또는 신주인수권부사채권

    b. 그 지분증권과 교환을 청구할 수 있는 교환사채권

    c. 그 지분증권을 기초자산으로 하는 파생결합증권

    d. 지분증권과 관련된 증권예탁증권

    e. 그 지분증권 외의 지분증권

ㄹ. 파생결합증권인 경우 연계증권(시행령 제207조 제4호)

    a. 기초자산이 되는 전환사채권 또는 신주인수권부사채권

    b. 기초자산이 되는 교환사채권(전환사채권, 신주인수권부사채권, 지분증권, 증권예탁증권과 교환을 청구할 수 있는 것에 한함)

    c. 지분증권

    d. 증권예탁증권

ㅁ. 증권예탁증권인 경우 연계증권(시행령 제207조 제5호)

    a. 기초자산이 되는 전환사채권 또는 신주인수권부사채권

    b. 기초자산이 되는 교환사채권(전환사채권, 신주인수권부사채권, 지분증권, 파생결합증권과 교환을 청구할 수 있는 것에 한함)

c. 기초자산이 되는 지분증권

d. 기초자산이 되는 파생결합증권

3 위반 시 제재

(1) 형사책임

시세조종금지에 위반한 자에 대해서는 1년 이상의 유기징역 또는 그 위반행위로 얻은 이익 또는 회피한 손실액의 3배 이상 5배 이하에 상당하는 벌금에 처한다. 다만, 그 위반행위로 얻은 이익 또는 회피한 손실액이 없거나 산정하기 곤란한 경우 또는 그 위반행위로 얻은 이익 또는 회피한 손실액의 5배에 해당하는 금액이 5억 원 이하인 경우에는 벌금의 상한액을 5억 원으로 한다(법 제443조 제1항).

(2) 손해배상책임

시세조종행위 금지를 위반한 자는 그 위반행위로 인하여 형성된 가격에 의하여 해당 상장증권 또는 장내파생상품의 매매를 하거나 위탁을 한 자가 그 매매 또는 위탁으로 인하여 입은 손해를 배상할 책임을 진다(법 제177조).

section 04 부정거래행위 규제

1 개요

증권시장에서 발생하는 불공정행위 수법은 매우 다양하며 새로운 유형의 불공정거래 행위가 계속 등장하고 있어 자본시장법은 포괄적으로 부정거래행위를 금지하고 있다.

2 부정거래의 유형

누구든지 금융투자상품의 매매(증권의 경우 모집·사모·매출을 포함), 그 밖의 거래와 관련하여 다음의 어느 하나에 해당하는 행위를 할 수 없다(법 제178조 제1항).

❶ 부정한 수단, 계획 또는 기교를 사용하는 행위
❷ 중요사항에 관하여 거짓의 기재 또는 표시를 하거나 타인에게 오해를 유발시키지 아니하기 위하여 필요한 중요사항의 기재 또는 표시가 누락된 문서, 그 밖의 기재 또는 표시를 사용하여 금전, 그 밖의 재산상의 이익을 얻고자 하는 행위
❸ 금융투자상품의 매매, 그 밖의 거래를 유인할 목적으로 거짓의 시세를 이용하는 행위

누구든지 금융투자상품의 매매, 그 밖의 거래를 할 목적이나 그 시세의 변동을 도모할 목적으로 풍문의 유포, 위계(僞計)의 사용, 폭행 또는 협박을 할 수 없다(법 제178조 제2항).

3 위반 시 제재

(1) 형사벌칙

부정거래행위 금지에 위반한 자에 대해서는 1년 이상의 유기징역 또는 그 위반행위로 얻은 이익 또는 회피한 손실액의 3배 이상 5배 이하에 상당하는 벌금에 처한다. 다만, 그 위반행위로 얻은 이익 또는 회피한 손실액이 없거나 산정하기 곤란한 경우 또는 그 위반행위로 얻은 이익 또는 회피한 손실액의 5배에 해당하는 금액이 5억 원 이하인 경우에는 벌금의 상한액을 5억 원으로 한다(법 제443조 제1항).

(2) 손해배상책임

부정거래행위 금지에 위반한 자는 그 위반행위로 인하여 금융투자상품의 매매, 그 밖의 거래를 한 자가 그 매매, 그 밖의 거래와 관련하여 입은 손해를 배상할 책임을 진다(법 제179조).

시장질서 교란행위 규제

1 정보이용형 교란행위

기존 미공개중요정보이용 금지조항(법 제174조)은 2차 이상 정보수령자, 상장법인 등의 외부정보(시장정보, 정책정보 이용 등)를 규제할 수 없었으나, 2015년 7월부터 시장질서 교란행위 규제가 도입되면 2차 이상의 다차 정보수령자의 미공개정보이용, 외부정보이용, 해킹 등 부정한 방법으로 지득한 정보이용 등이 규제되고 있다.

다음의 자가 상장증권, 장내파생상품 또는 이를 기초자산으로 하는 파생상품의 매매, 그 밖의 거래에 미공개정보를 이용하거나 타인에게 이용하게 하는 행위(법 제178조의2 제1항)

❶ 내부자 등으로부터 나온 미공개(중요)정보인 점을 알면서 이를 받거나 전득(轉得)한 자

❷ 직무와 관련하여 미공개정보를 생산하거나 알게 된 자

❸ 해킹, 절취, 기망, 협박 등 부정한 방법으로 정보를 알게 된 자

❹ ❷와 ❸의 자들로부터 나온 정보인 점을 알면서 이를 받거나 전득한 자

2 시세관여형 교란행위

기존 시세조종행위 금지조항(법 제176조)이나 부정거래행위 금지조항(법 제178조)은 매매유인이나 부당이득 목적 등이 없으면 규제하기 어려웠으나, 2015년 7월부터 시장질서 교란행위 규제가 도입되면서 비록 매매유인이나 부당이득을 얻을 목적 등이 없다고 할 지라도 허수성 주문을 대량으로 제출하거나, 가장성 매매, 통정성 매매, 풍문유포 등을 하여 시세에 부당한 영향을 주거나 줄 우려가 있다고 판단되면 해당 행위자에게 과징금을 부과할 수 있게 되었다.

상장증권 또는 장내파생상품에 관한 매매등과 관련하여 다음 중 어느 하나에 해당하는 행위(❶~❸의 경우는 시세에 부당한 영향을 주거나 줄 우려가 있어야 함)(법 제178조의2 제2항)

❶ 거래 성립 가능성이 희박한 호가를 대량으로 제출하거나 호가를 제출한 후 해당 호가를 반복적으로 정정·취소

❷ 권리이전을 목적으로 하지 않고 거짓으로 꾸민 매매

❸ 손익이전 또는 조세회피 목적으로 타인과 서로 짜고 하는 매매

❹ 풍문을 유포하거나 거짓으로 계책을 꾸며 상장증권 등의 수급상황이나 가격에 대하여 오해를 유발하거나 가격을 왜곡할 우려가 있는 행위

3 과징금 부과(행정책임)

시장질서 교란행위에 대해서는 5억 원 이하의 과징금을 부과할 수 있으며, 위반행위와 관련된 거래로 얻은 이익 등의 1.5배가 5억 원을 넘는 경우에는 그 금액 이하의 과징금을 부과할 수 있다(법 제429조의2). 다만, 위반행위와 관련된 거래로 얻은 이익 또는 이로 인하여 회피한 손실액이 없거나 산정하기 곤란한 경우에는 40억 원 이하의 과징금을 부과할 수 있다.

chapter 10

금융기관 검사 및 제재에 관한 규정

1 규정 개요

(1) 검사의 목적

검사대상기관의 업무운영과 관련한 공정성을 확보하고 사회적 책임의 이행을 유도하며 건전경영을 통하여 금융기관 이용자를 보호하여 국민경제 발전에 기여함에 있다.

(2) 검사의 주요 기능

❶ 업무 및 재산 운영에 대한 비교·검증·분석·평가기능 수행
❷ 현장 정보를 바탕으로 한 정책결정의 효과적 지원 수행(피드백 기능)
❸ 업무처리의 공정성 확보 및 사고예방기능 수행

2 검사대상기관

금감원의 검사대상기관은 「금융위설치법」 제38조에 따른 검사대상기관으로 다음의 기관을 말한다.

❶ 은행법에 따른 인가를 받아 설립된 은행
❷ 자본시장법에 따른 금융투자업자, 증권금융회사, 종합금융회사 및 명의개서대행 회사
❸ 보험업법에 따른 보험사업자
❹ 상호저축은행법에 따른 상호저축은행과 그 중앙회
❺ 신용협동조합법에 따른 신용협동조합 및 그 중앙회
❻ 여신전문금융업법에 따른 여신전문금융회사 및 겸영여신업자
❼ 농업협동조합법에 따른 농협은행
❽ 수산업협동조합법에 따른 수협은행
❾ 다른 법령에서 금감원이 검사를 하도록 규정한 기관
❿ 기타 금융업 및 금융 관련 업무를 영위하는 자로서 대통령령이 정하는 자

3 검사 실시

금감원장은 금융기관의 업무 및 재산상황 또는 특정 부문에 대한 검사를 실시(검사규정 제8조)

❶ 관계법령에 의하여 금융위가 금감원장으로 하여금 검사를 하게 할 수 있는 금융 기관에 대하여는 따로 정하는 경우를 제외하고는 금감원장이 검사를 실시
❷ 검사의 종류는 정기검사와 수시검사로 구분하고, 검사의 실시는 현장검사 또는 서면검사의 방법으로 행함.
❸ 감독원장은 매년 당해 연도의 검사업무의 기본방향과 당해 연도 중 검사를 실시 한 금융기관, 검사의 목적과 범위 및 검사실시기간 등이 포함된 검사계획을 금융 위에 보고하여야 함.

4 검사의 방법 및 절차

(1) 검사의 사전통지

금감원장은 현장검사를 실시하는 경우에는 검사목적 및 검사기간 등이 포함된 검사 사전예고통지서를 당해 금융기관에 검사착수일 1주일 전(종합검사의 경우 1개월 전)까지 통지하여야 한다. 다만, 검사의 사전통지에 따라 검사목적 달성이 어려워질 우려가 있는 다음 어느 하나에 해당하는 경우에는 그러하지 아니하다.

❶ 사전에 통지할 경우 자료·장부·서류 등의 조작·인멸, 대주주의 자산은닉 우려 등으로 검사목적 달성에 중요한 영향을 미칠 것으로 예상되는 경우
❷ 검사 실시 사실이 알려질 경우 투자자 및 예금자 등의 심각한 불안 초래 등 금융시장에 미치는 악영향이 클 것으로 예상되는 경우
❸ 긴급한 현안사항 점검 등 사전통지를 위한 시간적 여유가 없는 불가피한 경우
❹ 기타 검사목적 달성이 어려워질 우려가 있는 경우로서 감독원장이 정하는 경우

(2) 검사방법

현장 검사는 검사대상기관에 실제로 임하여 필요한 사항을 조사하는 반면, 서면검사는 장부, 서류를 제출받아 그 내용을 조사·검토하는 것으로 종합검사는 대부분 현장검사의 방법으로 실시

(3) 검사절차

검사절차는 주로 사전조사(자료 파악 등) → 검사 실시(관련 문서 징구, 관련자 진술 청취 등) → 결과보고(위법·부당사항 적출내용 보고) → 검사결과조치(경영유의, 문책 등) → 사후관리(시정사항 이행보고 등)의 순에 의한다.

5 검사결과의 처리

금감원장은 금융기관에 대한 검사결과를 검사서에 의해 당해 금융기관에 통보하고 필요한 조치를 취하거나 당해 금융기관의 장에게 이를 요구할 수 있다(검사규정 제14조).

검사결과 조치는 금융위 심의·의결을 거쳐 조치하되 금감원장 위임사항은 금감원장이 직접 조치하며, 금융투자업자 또는 그 임직원에 대한 과태료 부과, 자본시장법에 의한 조치·명령 등은 증선위의 사전 심의를 거쳐 조치한다.

6 제재절차

(1) 심의회의 설치(검사규정 제34조)

금감원장은 제재에 관한 사항을 심의하기 위하여 제재심의위원회를 설치·운영. 다만, 금감원장이 필요하다고 인정하는 때에는 심의회의 심의를 생략할 수 있다.

(2) 검사결과 적출된 지적사항에 대하여는 심사·조정 또는 심의회의 심의를 거쳐 금융위에 제재를 건의하거나 금감원장이 조치한다(검사규정 제33조).

(3) 사전통지 및 의견진술 등(검사규정 제35조)

❶ 금감원장이 제재조치를 하는 때에는 위규행위 사실, 관련 법규, 제재 예정내용 등을 제재대상자에게 구체적으로 사전 통지하고 상당한 기간을 정하여 구술 또는 서면에 의한 의견진술 기회를 주어야 함. 다만, 당해 처분의 성질상 의견청취가 현저히 곤란하거나 명백히 불필요하다고 인정될 만한 상당한 이유가 있는 등 행정절차법 제21조에서 정한 사유가 있는 경우에는 사전통지를 아니할 수 있음
❷ 금감원장은 사전통지를 하는 때에는「행정절차법」제21조에 따를 것임을 표시하여야 함
❸ 금융업 관련법 등에서 의견청취방법을 청문 등으로 별도로 정하고 있는 때에는 그 정한 바에 따름

(4) 불복절차(검사규정 제36조)

금융기관 또는 그 임직원에 대하여 제재를 하는 경우에 금감원장은 그 제재에 관하여 이의신청·행정심판·행정소송의 제기, 기타 불복을 할 수 있는 권리에 관한 사항을 제재대상자에게 알려주어야 한다.

(5) 이의신청(검사규정 제37조)

❶ 제재를 받은 금융기관 또는 그 임직원은 당해 제재처분 또는 조치요구가 위법 또는 부당하다고 인정하는 경우에는 금융위 또는 금감원장에게 이의를 신청할 수 있음. 다만, 과징금·과태료 등 금융 관련 법규에서 별도의 불복절차가 마련되어 있는 경우에는 그에 따름

❷ 당해 금융기관의 장으로부터 특정한 조치가 예정된 직원은 당해 자율 처리 필요사항이 위법·부당하다고 인정하는 경우에는 당해 금융기관의 장을 통하여 금융위 또는 금감원장에게 이의를 신청할 수 있음

❸ 금감원장은 금융기관 또는 그 임직원의 이의신청에 대하여 다음과 같이 처리

ㄱ. 금융위의 제재사항에 대하여는 당해 처분의 취소·변경 또는 이의신청의 기각을 금융위에 건의. 다만, 이의신청이 이유 없다고 인정할 명백한 사유가 있는 경우에는 금감원장이 이의신청을 기각할 수 있음

ㄴ. 금감원장의 제재처분 또는 조치요구사항에 대하여는 이유가 없다고 인정하는 경우에는 이를 기각하고, 이유가 있다고 인정하는 경우에는 당해 처분을 취소 또는 변경할 수 있음

❹ 이의신청 처리결과에 대하여는 다시 이의신청할 수 없음

❺ 금감원장은 증거서류의 오류·누락, 법원의 무죄판결 등으로 그 제재가 위법 또는 부당함을 발견하였을 때에는 직권으로 재심하여 조치를 취할 수 있음

(6) 제재내용의 이사회 등 보고(검사규정 제38조)

금융기관의 장은 제재조치를 받은 경우 금감원장이 정하는 바에 따라 이사회 앞 보고 또는 주주총회 부의 등 필요한 절차를 취하여야 한다.

---

7   내부통제

금융기관은 금융사고의 예방등을 위하여 다음 내용을 포함한 내부통제제도를 자체 실정에 맞게 수립·운영하여야 한다(검사규정 제39조).

❶ 영업점 주변에서의 피탈사고와 도난사고 방지를 위한 자체경비 강화 대책

❷ 어음·수표, 예금증서 등의 중요 증서와 현금, 중요 인장, 채권서류 등에 대한 보

관 관리

8 자체감사 등

금융기관은 부당영업행위 및 금융사고의 예방 등을 위하여 연간 감사계획을 수립하여 자체감사를 실시하여야 하며, 금감원장이 요구하는 경우 연간 또는 분기 감사계획을 제출하여야 한다(검사규정 제40조).

9 금융사고

금융기관은 그 소속 임직원이나 소속 임직원 이외의 자가 위법·부당한 행위를 함으로써 당해 금융기관 또는 금융거래자에게 손실을 초래하게 하거나 금융질서를 문란하게 한 경우에는 이를 즉시 금감원장에게 보고하여야 한다(검사규정 제41조).

❶ 금융기관은 금융사고에 관련이 있는 소속 임직원에 대하여 지체 없이 책임소재를 규명하고 소정 절차에 따라 징계등 필요한 조치를 취하여야 하며, 금융사고 보고를 고의로 지연하거나 숨긴 자에 대하여도 금융사고에 관련이 있는 임직원에 준하여 처리

❷ 금융사고 보고의 대상 및 보고시기와 관련한 사항은 금감원장이 따로 정함

10 주요 정보사항 보고

금융기관은 다음에 해당하는 정보사항을 금감원장에게 보고하여야 한다(검사규정 제42조).

❶ 민사소송에서 패소확정되거나, 소송물 가액이 최직근 분기말 현재 자기자본의 100분의 1(자기자본의 100분의 1이 10억 원 미만인 경우에는 10억 원) 또는 100억 원을 초과하는 민사소송에 피소된 경우

❷ 금융사고에는 해당되지 아니하나 금융기관이 보고할 필요가 있다고 판단하는 중요한 사항 또는 사건

chapter 11

자본시장조사 업무규정

1 규정 개요

❶ 종전 증권거래법 등에 의한 증권선물조사업무규정은 자본시장법 제정에 따라 자본시장조사 업무규정으로 변경

❷ 법률적으로 조사는 자본시장법령 또는 금융위의 규정이나 명령에 위반된 불공정거래가 있는지의 여부 및 공익 또는 투자자 보호를 위하여 필요하다고 인정되는 사항을 조사하여 필요한 조치를 취하는 업무로 정의(광의)

☞ 그러나 일반적으로 조사업무는 시장기능에 의해 자유롭게 형성되어야 할 증권의 가격이나 거래동향에 의도적으로 관여하여 이득을 취하거나 손실을 회피하는, 소위 시세조종등 불공정거래에 대한 조사라는 의미로 해석(협의)

불공정거래에 대한 조사는 원칙적으로 당사자의 동의와 협조를 전제로 한 청문적 성격의 행정상 임의조사의 성격을 띠지만, 시세조종 등에 대한 조사와

같이 압수·수색 등 강제조사의 성격이 함께 혼재된 특수한 성격을 갖기도 함

2 조사의 주요 대상

❶ 미공개정보 이용행위
❷ 시세조종등 불공정거래행위
❸ 내부자의 단기매매차익 취득
❹ 상장법인의 공시의무 위반
❺ 상장법인 임원등의 특정 증권등 및 변동상황 보고의무 위반 등
❻ 주식의 대량보유등의 보고(5% Rule)(법 제147조)

3 조사의 실시

(1) 조사대상

금융위는 아래의 어느 하나에 해당하는 경우에는 조사를 실시할 수 있다.

❶ 금융위 및 금감원의 업무와 관련하여 위법행위의 혐의사실을 발견한 경우
❷ 한국거래소로부터 위법행위의 혐의사실을 이첩받은 경우
❸ 각 급 검찰청의 장으로부터 위법행위에 대한 조사를 요청받거나 그 밖의 행정기관으로부터 위법행위의 혐의사실을 통보받은 경우
❹ 위법행위에 관한 제보를 받거나 조사를 의뢰하는 민원을 접수한 경우
❺ 기타 공익 또는 투자자 보호를 위하여 조사의 필요성이 있다고 인정하는 경우

(2) 면제대상

금융위는 아래의 어느 하나에 해당하는 경우에는 조사대상에 해당함에도 불구하고 조사를 실시하지 아니할 수 있다.

❶ 당해 위법행위에 대한 충분한 증거가 확보되어 있고 다른 위법행위의 혐의가 발견되지 않는 경우
❷ 당해 위법행위와 함께 다른 위법행위의 혐의가 있으나 그 혐의내용이 경미하여

조사의 실익이 없다고 판단되는 경우

❸ 공시자료, 언론보도등에 의하여 널리 알려진 사실이나 풍문만을 근거로 조사를 의뢰하는 경우

❹ 민원인의 사적인 이해관계에서 당해 민원이 제기된 것으로 판단되는 등 공익 및 투자자 보호와 직접적인 관련성이 적은 경우

❺ 당해 위법행위에 대한 제보가 익명 또는 가공인 명의의 진정·탄원·투서 등에 의해 이루어지거나 그 내용이 조사단서로서의 가치가 없다고 판단되는 경우

❻ 당해 위법행위와 동일한 사안에 대하여 검찰이 수사를 개시한 사실이 확인된 경우

4 조사결과 조치

(1) 형사벌칙 대상 행위

금융위는 조사결과 발견된 위법행위로서 형사벌칙의 대상이 되는 행위에 대해서는 관계자를 고발 또는 수사기관에 통보하여야 한다(조사규정 제24조).

(2) 시정명령(조사규정 제27조)

금융위는 다음의 위법행위가 발견된 경우 해당 법률에서 정한 시정명령 또는 처분명령을 할 수 있다.

❶ 법 제133조 제1항 또는 제134조 제2항의 규정에 위반한 주식등의 매수
❷ 법 제147조 제1항 또는 제3항의 규정에 따른 보고의무 위반
❸ 법 제167조 제1항 및 제2항의 규정에 위반한 공공적법인의 주식취득
❹ 법 제168조 제1항 또는 제2항의 규정에 위반한 주식의 취득

(3) 과태료부과, 단기매매차익 발생사실의 통보 등(조사규정 제26조 및 제28조)

(4) 상장법인 및 피검사기관에 대한 조치(조사규정 제29조 및 제30조)

1년 이내의 범위에서 증권의 발행제한, 임원에 대한 해임권고, 인가·등록취소 등

(5) 과징금부과(조사규정 제25조)

금융위는 자본시장법 제429조의 규정에 의한 과징금의 부과대상에 해당하는 경우에는 과징금을 부과할 수 있다.

☞ 주요 사항 보고서의 과징금 기준금액 및 주가 변동률 산정 시 공시위반사항 외의 다른 요소가 주가에 개입되지 않도록 산정대상기간을 종전 공시의무발생일 전후 3개월간 → 공시의무발생일(거짓기재·기재누락의 경우 제출일) 전후 15거래일간으로 단축(2010. 4. 26 조사규정 별표 제2호 개정)

01 자본시장법상 금융투자상품에 대한 설명으로 적절하지 않은 것은?

① 주가연계증권(ELS)은 파생상품에 속한다.

② 금융투자상품 중 취득 이후에 추가적인 지급의무를 부담하는 것은 파생상품으로 분류된다.

③ 특정 투자자가 그 투자자와 타인 간의 공동사업에 금전 등을 투자하고 주로 타인이 수행한 공동사업의 결과에 따른 손익을 귀속받는 계약상의 권리가 표시된 것을 투자계약증권이라 한다.

④ 금융투자상품 중 원본을 손실한도액으로 하는 것은 증권으로 분류한다.

02 자본시장법상 투자매매업자 또는 투자중개업자의 불건전영업행위 금지에 대한 설명으로 적절하지 않은 것은?

① 일반적으로 가격에 중대한 영향을 미칠 수 있는 고객의 주문을 체결하기 전에 자기의 계산으로 매수 또는 매도를 해서는 아니 된다.

② 조사분석자료가 이미 공표된 자료와 비교하여 새로운 내용을 담고 있지 아니한 경우에는 내용이 사실상 확정된 때부터 공표 후 24시간 이내라도 대상 금융투자상품을 자기의 계산으로 매매할 수 있다.

③ 조사분석자료의 작성을 담당하는 자에 대해서는 일정한 기업금융업무와 연동된 성과보수를 지급할 수 있다.

④ 일반적으로 투자매매업자 또는 투자중개업자는 일임매매를 할 수 없지만 예외적으로 투자일임업의 형태로 하는 것은 가능하다.

해설

01 ① 주가연계증권(ELS), 주가연계워런트(ELW), 파생연계증권(DLS), 신용연계증권(CLN), 재해연계증권(CAT Bond) 등은 파생결합증권으로 증권에 해당한다.

02 ③ 조사분석자료의 작성을 담당하는 자에 대해서는 일정한 기업금융업무와 연동된 성과보수를 지급할 수 없다.

03 다음 중 자본시장법상 적정성 원칙의 적용대상이 되는 파생상품등에 해당하지 않는 것은?

① 파생결합증권(원금보장형 제외)

② 집합투자재산의 50%를 초과하여 파생결합증권에 운용하는 집합투자기구의 집합투자증권

③ 파생상품

④ 파생상품 매매에 따른 위험평가액이 펀드 자산총액의 5%를 초과하여 투자할 수 있는 집합투자기구의 집합투자증권

04 다음 중 자본시장법상 미공개 중요정보 이용금지 규제대상에 해당하지 않는 것은?

① 직무와 관련하여 미공개 중요정보를 알게 된 해당 법인 임직원

② 권리행사 과정에서 미공개 중요정보를 알게 된 해당 법인 주주

③ 해당 법인과 계약 체결을 하고 있는 자로서 계약 체결 과정에서 미공개 중요정보를 알게 된 자

④ 회사 내부자로부터 미공개 중요정보를 받은 자

05 다음 중 '금융소비자 보호에 관한 법률'상 전문금융소비자에게 적용되는 투자권유원칙을 설명한 것으로 옳은 것은?

① 고객 파악 의무   ② 적합성 원칙

③ 설명의무   ④ 부당권유의 금지

해설

03 ④ 적정성 원칙 적용대상이 되는 "파생상품 등"에는 파생상품, 파생결합증권, 집합투자재산의 50%를 초과하여 파생결합증권에 운용하는 집합투자기구의 집합투자증권, 파생상품 매매에 따른 위험평가액이 펀드자산 총액의 10%를 초과하여 투자할 수 있는 집합투자기구의 집합투자증권 등이 이에 해당된다.

04 ② 미공개 중요정보 이용금지규정은 주요 주주, 즉 해당 법인의 10% 이상 보유주주 및 법인의 주요 경영사항에 대하여 사실상 영향력을 행사하고 있는 주주를 규제대상으로 하고 있다.

05 ④ 부당권유의 금지 규정은 일반금융소비자(투자자) 뿐만 아니라 전문금융소비자(투자자)에게도 적용되는 투자권유 규제이다.

06 다음 중 공개매수에 대한 설명으로 옳은 것은?

① 공개매수는 의결권이 있는 주식 등을 전제로 하므로 의결권이 없는 주식에 대해서는 의무공개매수 규정이 적용되지 않는다.

② 적용대상증권인 '주식 등'에는 주권, 신주인수권증권, 신주인수권부사채 등이 포함되나, 전환사채 및 교환사채는 포함되지 않는다.

③ 공개매수 해당 여부 판단 시 본인과 특수관계인이 보유한 지분을 합산하되, 공동보유자의 지분은 합산하지 않는다.

④ 공개매수자는 공개매수공고일 이후라도 철회신고서 제출로써 언제든지 공개매수를 철회할 수 있다.

07 다음 중 불공정거래행위에 대한 설명으로 옳은 것은?

① 내부자거래 금지규정 적용대상은 상장법인 및 6개월 내 상장예정법인으로, 6개월 내 우회상장 예정법인은 대상이 아니다.

② 임원·주요 주주 소유상황보고가 면제되는 경미한 변동의 기준은 변동수량 1천 주 미만, 그 취득 및 처분금액 1천만 원 미만이다.

③ 단기매매차익반환의무는 상장법인의 주요 주주 및 모든 임직원이 부담한다.

④ 차입한 상장증권으로 결제하고자 하는 매도는 공매도에 해당하지 않는다.

해설

06 ① 적용대상증권에 전환사채권과 교환사채권도 포함되고, 공개매수 해당 여부 판단 시 본인과 특별관계자의 지분을 합산하며, 특별관계자란 특수관계인과 공동보유자를 말한다. 원칙적으로 공개매수공고일 이후 공개매수 철회는 금지된다.

07 ② 자본시장법 개정으로 6개월 이내에 상장법인과의 합병, 주식의 포괄적 교환, 그 밖에 대통령령으로 정하는 기업결합 방법에 따라 상장되는 효과가 있는 비상장법인도 내부자거래 금지규정 적용대상에 포함되게 되었고, 단기매매차익반환의무 대상 직원은 직무상 미공개중요정보를 알 수 있는 직원으로 한정되었으며, 소유하지 아니한 상장증권의 매도뿐 아니라 차입한 상장증권으로 결제하고자 하는 매도도 공매도에 해당한다. 다만, 차입할 상장증권으로 결제하고자 하는 매도는 일정요건 하에 허용되는 공매도이다.

08 다음 중 증권의 모집으로 보는 전매기준에 해당하지 않는 것은?

① 지분증권의 경우에는 같은 종류의 증권이 모집 또는 매출된 실적이 있거나 증권시장에 상장된 경우

② 지분증권이 아닌 경우에는 발행 후 50매 이상으로 권면분할되어 거래될 수 있는 경우

③ 전환권이 부여된 전환사채권에 부여된 권리의 목적이 되는 증권이 증권시장에 상장되어 있는 경우

④ 50매 미만으로 발행되는 경우 증권의 권면에 발행 후 1년 이내 분할금지특약을 기재한 경우

09 다음 중 투자매매업자·투자중개업자가 장외파생상품을 대상으로 영업을 하는 경우 적용되는 사항에 대한 설명으로 적절하지 않은 것은?

① 장외파생상품의 매매에 따른 위험액이 금융위원회가 정하여 고시하는 한도를 초과하여서는 아니 된다.

② 위험액은 시장위험액·신용위험액·운영위험액을 합산하여 산정한다.

③ 겸영금융투자업자 이외의 투자매매업·투자중개업자의 경우 위험액이 자기자본의 100분의 100을 초과하여서는 아니 된다.

④ 원칙적으로 장외파생상품의 매매거래 시마다 해당 업무를 관장하는 파생상품 업무책임자의 승인을 받아야 한다.

10. 자본시장법상 종합금융투자사업자에 대한 설명으로 가장 거리가 먼 것은?

① 종합금융투자사업자란 투자매매업자 또는 투자중개업자 중 금융위원회로부터 종합금융투자사업자의 지정을 받은 자이다.

② 종합금융투자사업자는 상법에 따른 주식회사이어야 한다.

③ 종합금융투자사업자는 5조 원 이상의 자기자본을 갖추고 있어야 한다.

④ 종합금융투자사업자는 기업에 대한 신용공여 업무를 영위할 수 있다.

해설

08 ④ 전매기준에 해당되지 아니하는 것으로 보는 경우이다.

09 ③ 자기자본의 100분의 30을 초과하여서는 아니 된다.

10 ③ 자기자본 3조 원 이상이어야 한다.

11 자본시장법상 금융투자업에 대한 설명으로 가장 거리가 먼 것은?

① 누구의 명의로 하든지 자기의 계산으로 증권의 발행·인수를 영업으로 하는 것은 투자매매업에 해당한다.

② 자기가 투자신탁의 수익증권을 발행하는 경우는 투자매매업에 해당한다.

③ 투자권유대행인이 투자권유를 대행하는 경우에는 투자중개업에 해당하므로 개인에게 적용되는 인가요건을 충족하여야 한다.

④ 금융투자상품에 대한 투자판단에 관한 자문에 응하는 것을 영업으로 하는 것은 투자자문업에 해당한다.

12 '금융소비자 보호에 관한 법률'상 금융상품판매업자등의 분류에 해당하지 않는 것은?

① 금융상품직접판매업자　　　　② 금융상품판매대리·중개업자

③ 금융상품자문업자　　　　　　④ 금융상품일임업자

13 '금융소비자 보호에 관한 법률'상 금융상품의 유형에 대한 분류에 해당하는 것으로 가장 거리가 먼 것은?

① 보장성 상품　　　　　　　　② 투자성 상품

③ 예금성 상품　　　　　　　　④ 대부업 상품

해설

11　③ 투자권유대행인의 투자권유는 투자중개업의 적용을 배제한다. 또한 인가는 법인에만 해당하고 개인인가요건이란 것은 존재하지 아니 한다.

12　④ 금소법상 금융상품판매업자등은 금융상품직접판매업자, 금융상품판매대리·중개업자, 금융상품자문업자를 통칭하는 명칭임

13　④ 금소법상 금융상품 유형은 보장성 상품, 투자성 상품, 예금성 상품, 대출성 상품으로 구분

정답 01 ① | 02 ③ | 03 ④ | 04 ② | 05 ④ | 06 ① | 07 ② | 08 ② | 09 ③ | 10 ③ | 11 ③ | 12 ④ | 13 ④

part 02

금융소비자 보호법

chapter 01

금융소비자보호법
제정 배경

section 01 **제정 배경**

한국은 2008년 국내외 금융위기 등을 겪으면서 금융소비자의 권익을 신장함과 동시에 금융산업에 대한 국민적 신뢰 제고를 위한 통합적이고 집약적인 금융규제체계를 마련하고자 적극적인 모색을 추진하였다. 특히, 키코사태, 파워인컴펀드사태, DLF·라임 사모펀드 사태 등이 연달아 발생하여 금융소비자보호 강화 필요성에 대한 국민적 관심이 더욱 고조되었다고 할 것이다.

외국의 사례를 보더라도 금융소비자를 우선적으로 보호하려는 경향으로 금융정책의 패러다임이 금융소비자보호 중심으로 변화·발전하는 것은 사실이다. 영국과 일본 등 주요국은 이미 각 업권 통합법 성격의 금융소비자보호 법체계를 이미 마련해 놓았고 미국, 영국 등은 별도의 금융소비자보호기구를 설치해 운영 중에 있는 것이 그 반증일 것이다.

　「금융소비자보호에 관한 법률(이하 '금융소비자보호법')」은 2020년 3월 5일 본회를 통과한 후 1년이 경과한 2021년 3월 25일부로 시행되었다. 다만, 금융상품자문업 관련 규정 및 금융회사의 내부통제기준 마련 등 일부사항은 6개월 추가 유예되어 2021년 9월 25일 시행되었다.

　금융소비자보호법 제정 과정을 살펴보면, 우선 최초 발의는 2008년 금융위기가 촉발의 계기가 되었다고 해도 과언은 아니다. 당시 금융투자로 손해를 본 금융소비자를 두텁게 그리고 세심하게 보호하자는 논의에 불을 붙였고 마침내 2011년 처음 법안(박선숙 의원 대표발의)이 국회에 발의되었다.

　이후 정부안을 포함해 총 14개의 제정법안이 발의되어 논의를 이어갔으나 난항을 겪다가 2019년 발생한 DLF 및 라임사모펀드 사태를 계기로 금융소비자보호법에 대한 제정 논의가 본격적으로 진행되었고, 이러한 논의 끝에 2019년 말 5개 금융소비자보호법 제정안과 「자본시장 및 금융투자업에 관한 법률(이하 '자본시장법')」 등 6개 관련 법안을 통합하여 국회 정무위원장이 대안을 발의하였고 이 법안으로 국회를 최종 통과하게 되었다.

chapter 02

금융소비자보호법 개관

section 01 | 금융소비자보호법 시행 후 주요 제도 변화

표 2-1 | 금융소비자보호법 시행 전후 비교

구분		시행 전	시행 후
사전 규제	6大 판매규제	자본시장법 등 일부 금융업법	원칙적으로 모든 금융상품
	소비자보호 내부통제기준	법령상 규율 없음	기준 마련 의무 부과
사후 제재	금전적 제재	과태료 최대 5천만 원	징벌적 과징금 신설 과태료 최대 1억 원
	형벌	3년 이하 징역, 1억 원 이하 벌금	5년 이하 징역, 2억 원 이하 벌금
신설된 소비자 권리	청약철회권	투자자문업 · 보험 有	일부 상품에 한정 (단위형 고난도펀드 등)
	위법계약해지권	없음	일부 상품에 한정 (계속적 계약＋해지시 재산상 불이익 발생)
	자료열람요구권	금융투자업 有 (금융투자업규정)	소송, 분쟁조정 시 자료 열람 요구 가능
사후 구제	소액분쟁 시 금융회사의 분쟁조정 이탈 금지	없음	신설
	분쟁조정 중 소 제기 시 법원의 소송중지		
	손해배상 입증책임 전환		설명의무 위반 시 고의 · 과실 존부 입증에 적용
	판매제한명령권		재산상 현저한 피해 우려가 명백한 경우 발동

금융소비자보호법 구성

금융소비자보호법의 구성은 우선 법률은 총 8개 장(章), 69개 조항으로 구성되어 있다. 동법 시행령은 법률에서 정한 장(章) 구분을 그대로 따라 51개 조항으로 마련되어 있으며 마지막으로 「금융소비자보호에 관한 감독규정(이하 '감독규정')」은 총 35개 조항으로 마련되어 있다.

표 2-2   **금융소비자보호법 구성 및 요약**

1장. 총칙(§1~§6)	• 금융상품 · 전문금융소비자의 정의(§2) • 금융상품의 유형(§3) 및 금융회사 등의 업종 구분(§4)
2장. 기본 권리 · 책무 (§7~§10)	• 금융소비자의 기본권(§7), 금융소비자 · 국가 · 금융상품판매업자 등의 책무(§8 · 9 · 10)
3장. 등록요건 (§11 · 12)	• 법상 등록되지 않은 자의 금융상품 판매 · 자문 금지(§11) • 상품별 · 업종별 등록요건(§12, 독립자문업자 등록요건 법제화)
4장. 영업행위 준수사항 (§13~§28)	• 내부통제기준 마련 의무 부과(§16) • 방문판매 및 전화권유판매 시 준수사항(§16의2) • 금융상품 유형별 영업행위 준수사항(§17~§22, 6大 판매규제 등) • 업종별 준수사항(§24~§28, 대리중개업자 · 자문업자 영업행위 준칙, 소비자 자료요구권 등)
5장. 금융소비자 보호 (§29~§47)	• 금융교육(§30 · 31) · 금융상품 비교공시 · 소비자보호실태평가(§32) • 분쟁조정 제도(§33~§43, 위원회 구성 · 법원 소송중지 · 조정이탈금지 제도 등) • 손해배상책임(§44 · 45) · 청약철회권(§46) · 위법계약해지권(§47)
6장. 감독 및 처분 (§48~§64)	• 판매제한명령제 운영에 관한 사항(§49) • 징벌적 과징금(§57~§64) 부과 기준 및 절차
7장. 보칙(§65 · 66) 8장. 벌칙(§67~§69)	• 업무위탁에 관한 사항, 과태료, 양벌규정 등

금융소비자보호법의 내용상 주요 체계

◇ '동일기능 – 동일규제' 원칙이 적용될 수 있도록 금융상품 및 판매업 등의 유형을 재분류

1 금융상품

금융소비자보호법은 금융업과 관련한 각종 현행 법률 등에 규정된 모든 금융상품과 서비스를 '투자성 상품', '예금성 상품', '보장성 상품' 및 '대출성 상품'으로 다시 분류하였다. 구분방법은 다음과 같다.

표 2-3 **금융상품 구분**

구분	개념	대상
투자성	자본시장법상 금융투자상품 및 이와 유사한 것으로서 대통령령으로 정하는 것	펀드 등 금융투자상품, 신탁계약, 투자일임계약
예금성	은행법상 예금 및 이와 유사한 것으로서 대통령령으로 정하는 것	예·적금 등
보장성	보험업법상 보험상품 및 이와 유사한 것으로서 대통령령으로 정하는 것	보험상품 등
대출성	은행법상 대출 및 이와 유사한 것으로서 대통령령으로 정하는 것	대출상품, 신용카드 등

2 금융상품판매업자등

금융상품을 판매하는 자는 '금융상품직접판매업자(금융회사)', '금융상품판매대리·중개업자' 그리고 '금융상품자문업자"로 그 유형을 재분류하였다.

'투자성 상품' 판매를 취급하는 금융상품직접판매업자와 관련하여 특히 주의해야 할 사항은 자본시장법상 집합투자업자도 직접판매업을 영위하는 경우에는 금융상품직접판매업자에 해당한다는 점이다.

이는 금융소비자보호법을 보면 금융관계 현행법상 금융상품판매업에 해당하는 업무에 대하여 인가, 허가 또는 등록한 경우 외에도 해당 금융관계 현행법상 인허가를 받거나 등록하지 아니한 경우라도 해당 판매업을 영위하도록 규정한 경우에는 "금융상품판매업자"에 해당된다고 규정하고 있기 때문이다(법 §2.3호).

특히 '금융상품판매업'에서 적용제외하는 근거가 대통령령에 있으나 "자본시장법 제7조 제6항 제3호에 따른 일반 사모집합투자업자가 자신이 운용하는 사모집합투자기구의 집합투자증권을 판매하는 경우"에는 적용제외 사유로 들지 않고 있기 때문에 일반 사모집합투자업자는 금융상품판매업자에 해당되고 현재 자본시장법상 집합투자업자는 모두 일반 사모집합투자업자에 해당되기 때문에 원칙적으로 모든 집합투자업자가 금융상품직접판매에 해당된다 할 것이다.

표 2-4 금융상품판매업자등 구분

구분	개념	대상(예시)
직접 판매업자	자신이 직접 계약의 상대방으로서 금융상품에 관한 계약체결을 영업으로 하는 자 ※ 투자성 상품의 경우 자본시장법에 따른 '투자중개업자'를 포함	-금융투자업자(증권회사·선물회사 등) 및 겸영금융투자업자 -은행, 보험, 저축은행 등 -신협중앙회 공제사업부문, P2P사업자, 대부업자, 증권금융 등* -신용협동조합 등**
판매대리·중개업자	금융회사와 금융소비자의 중간에서 금융상품판매를 중개하거나 금융회사의 위탁을 받아 판매를 대리하는 자	투자권유대행인, 보험설계·중개사, 보험대리점, 카드·대출모집인 등
자문업자	금융소비자가 본인에게 적합한 상품을 구매할 수 있도록 자문을 제공	-투자자문업자(자본시장법) -독립자문업자(금소법)

* 금융소비자법 시행령에서 규정
** 금융소비자보호에 관한 감독규정에서 규정

section 04 금융소비자보호법의 위치

금융투자회사와 그 임직원은 업무수행과 관련하여 금융소비자보호법을 확인함에 있어 자본시장과 금융투자업을 규율하는 기존의 자본시장법과의 적용상 순위에 대하여

혼란을 가질 수 있을 것이다. 그 내용을 보면 우선 금융소비자보호법은 금융소비자를 대상으로 하는 금융상품 판매와 금융소비자 보호에 관한 일반법적 효력을 가진다고 할 것이다. 다시 말해 금융소비자 보호에 관해 다른 법률에서 특별히 정한 경우를 제외하면 금융소비자보호법이 적용된다.

예를 들어, 투자성 상품의 판매와 관련된 사항이 일부 자본시장법에서 정해진 내용이 있다면 자본시장법상 해당 내용에 한해 금융소비자보호법과 관해서는 특별법 지위에 있다고 할 것이다. 즉 자본시장법 내용이 우선 적용될 것이다.

section 05 금융소비자보호법의 적용예외

금융소비자보호법도 금융관계 현행법 중 법 취지 및 규제 실질에 따라 법적용이 어려운 사항이 있다. 이러한 점을 감안하여 「부동산투자회사법」, 「선박투자회사법」, 「문화산업진흥 기본법」, 「산업발전법」, 「벤처투자 촉진에 관한 법률」, 「여신전문금융업법」 등 개별 법률에 따라 사모의 방법으로 금전 등을 모아 운용·배분하는 상품에 대해서는 금융소비자보호법을 적용을 하지 않는다는 것을 규정함으로써 예외사항을 입법적으로 해결하였다.

section 06 전문금융소비자 분류

금융소비자보호법은 현행 자본시장법상 전문투자자 범위를 기본 토대로 전문금융소비자 범위를 정하되 투자성·보장성·대출성·예금성 상품의 개별 특성을 감안하여 각각 전문금융소비자 범위를 보완하는 방법으로 규정하였다.
- 투자성 상품 중 장외파생상품 거래의 경우 주권상장법인, 해외 증권시장에 상장된 주권을 발행한 국내법인, 개인전문투자자 등은 일반금융소비자로 대우 받다가 자

신이 전문금융소비자와 같은 대우를 받겠다는 의사를 서면으로 표시한 주권상장 법인에 한하여 전문금융소비자로 취급할 수 있다(☞자본시장법을 그대로 계수함).

- 대출성 상품의 경우 상시근로자 5인 이상의 법인·조합·단체, 겸영여신업자 그리고 자산의 취득 또는 자금의 조달 등 특정목적을 위해 설립된 법인(PFV 등 SPC)도 전문금융소비자로 포함된다.
- 판매대리·중개업자의 경우 예금성 상품을 제외하고 각각 상품별로 전문금융소비자로 포함되었다.
- 대부업자의 경우에는 예금성 상품을 제외하고 투자성 상품, 보장성 상품, 대출성 상품에서 모두 전문금융소비자로 신규 포함된 사실에 유의할 필요가 있다.

표 2-5 **전문금융소비자 유형**

투자성 상품	보장성 상품	대출성 상품	예금성 상품
국가 / 한국은행 / 금융회사 / 주권상장법인			
지방자치단체			
금감원, 신보, 기보, 수출입은행, 한국투자공사, 거래소, 금융공공기관			
신협·농협·수협·산림조합·새마을금고 각 중앙회, 신협 단위조합, 금융권 협회			
금융지주회사, 집합투자업자, 집합투자기구, 증권금융회사, 단기금융회사, 자금중개회사, P2P업자			
법률상 기금 관리·운용 공공기관, 법률상 공제사업 영위 법인·조합·단체			
외국정부, 국제기구, 외국 중앙은행, 외국에 상장된 국내법인			
투자성 상품 판매대리중개업자	보장성 상품 판매대리중개업자	대출성 상품 판매대리중개업자	–
적격투자 단체 및 개인	보험요율 산출기관	상시근로자 5인 이상의 법인·조합·단체	법인 등 단체
	보험 관계 단체	겸영여신업자	성년 (제외 : 피성년후견인 / 피한정후견인 / 65세 이상의 고령자)
	단체보험· 기업성보험· 퇴직연금 가입자	자산취득 또는 자금의 조달 등 특정목적을 위해 설립된 법인	
대부업자	대부업자	대부업자	–

금융소비자의 권리와 책무 등

1 금융소비자의 권리와 책무

금융소비자보호법은 투자정보 등에서 약자에 해당되는 금융소비자의 권익 보호를 위해 금융소비자의 기본적 권리를 규정하는 한편, 금융소비자 스스로 역량 강화를 위해 기본적 책무도 아울러 규정하고 있다.

- **(권리)** ① 금융상품판매업자등의 위법한 영업으로 인한 재산상 손해로부터 보호받고 신속·공정한 절차에 따라 적절한 보상을 받을 권리, ② 금융상품의 선택·소비에 필요한 정보제공, 금융교육을 받을 권리, ③ 소비생활 관련 국가·지자체의 정책에 의견 반영 권리 등
- **(책무)** ① 금융시장의 구성 주체로서 금융상품의 올바른 선택, 금융소비자의 권리를 정당하게 행사할 책무, ② 금융소비자 스스로 필요한 지식·정보를 습득하도록 노력할 책무

2 국가 및 금융상품판매업자등의 책무

금융소비자보호법은 금융소비자의 기본적 권리가 실현될 수 있도록 국가와 금융상품판매업자등의 책무를 규정하고 있다.

- **(국가)** ① 금융소비자의 권익 증진에 필요한 시책을 수립·실시할 책무, ② 관련 법령을 제·개정 및 폐지할 책무, ③ 필요한 행정조직을 정비·운영 개선할 책무
- **(금융상품판매업자등)** ① 국가의 금융소비자 권익 증진 시책에 적극 협력할 책무, ② 금융소비자의 합리적 선택·이익을 침해할 우려가 있는 거래조건·거래방법을 사용하지 않을 책무, ③ 금융소비자에게 금융상품 정보를 성실·정확하게 제공할 책무, ④ 금융소비자의 개인정보를 성실하게 취급할 책무

6대 판매원칙

◇ 기능별 규제체계를 기반으로 일부 상품에만 적용 중인 판매행위 원칙을 원칙적으로
  全금융상품에 확대 적용함
  ① 적합성 원칙, ② 적정성 원칙, ③ 설명의무, ④ 불공정영업행위, ⑤ 부당권유금지,
  ⑥ 광고규제

1 적합성 원칙

판매업자등은 일반금융소비자의 재산상황, 금융상품 취득·처분 경험 등에 비추어
부적합한 금융상품 계약체결의 권유를 할 수 없다(법 §17).

과거 금융투자상품 및 변액보험에만 도입되어 있었으나, 이러한 규제를 대출성 상
품, 대통령령으로 정하는 보장성 상품 등으로 적용을 확대하였다.

2 적정성 원칙

판매업자등은 일반금융소비자가 자발적으로 구매하려는 금융상품이 소비자의 재산
등*에 비추어 부적정할 경우 이를 고지·확인하여야 한다(법 §18).

* 재산상황, 투자경험(투자성 상품), 신용 및 변제계획(대출성 상품) 등

과거 자본시장법상 파생상품, 파생결합증권 등에 대해서만 도입되어 있었으나 대출
성 상품과 일부 보장성 상품으로 확대되었다.

3 설명의무

판매업자등은 금융상품 계약 체결을 권유하거나 일반금융소비자가 설명을 요청시
상품의 중요한 사항을 설명하여야 한다(법 §18).

금융상품 유형별로 필수 설명사항을 세부적으로 규율하고, 이를 일반금융소비자가

이해할 수 있도록 설명을 의무화하였다.

즉, 자본시장법·은행법·보험업법·여전법 등 현행 주요 금융업법에 도입되어 있는 설명의무를 금융소비자보호법으로 통합·이관하였다고 볼 수 있다.

4	**불공정영업행위 금지**

판매업자등이 금융상품 판매 시 우월적 지위를 이용하여 금융소비자의 권익을 침해하는 행위가 금지된다(법 §20).

불공정영업행위 유형

① 대출과 관련하여 다른 금융상품 계약을 강요하는 행위

② 대출과 관련하여 부당한 담보를 요구하는 행위

③ 대출과 관련하여 제3자의 연대보증을 요구하는 행위

④ 업무와 관련하여 편익을 요구하는 행위

⑤ 연계·제휴서비스를 부당하게 축소·변경하는 행위 등

특히, 대출성 상품과 관련하여 대출 실행 후 3년 경과 시 중도상환수수료를 부과하는 것도 금지사항으로 포함되었다. 은행·보험 등 업권에서는 일부내용을 규정하고 있었으나, 동 금지사항을 정비하여 全판매채널(직접판매, 대리·중개, 자문)에 적용하도록 하였다.

5	**부당권유행위 금지**

판매업자등이 금융상품 계약 체결의 권유 시 금융소비자가 오인할 수 있는 허위 사실 등을 알리는 행위가 금지된다(법 §21).

부당권유행위 유형

① 불확실한 사항에 대한 단정적 판단을 제공하는 행위

② 금융상품의 내용을 사실과 다르게 알리는 행위

---

③ 금융상품의 가치에 중대한 영향을 미치는 사항을 알리지 않는 행위

④ 객관적 근거 없이 금융상품을 비교하는 행위

⑤ 내부통제기준에 따른 직무수행 교육을 받지 않은 자로 하여금 계약체결 권유와 관련된 업무를 하게 하는 행위 등

금융투자 또는 보험 등 업권에서 일부내용을 규정하고 있었으나, 동 금지사항을 정비하여 全판매채널에 적용하도록 하였다.

6 광고규제

판매업자등이 금융상품 또는 판매업자등의 업무에 관한 광고 시 필수적으로 포함해야 하는 사항과 금지행위 등을 금융소비자보호법에 규정하였다(법 §22).

기존 자본시장법·은행법·보험업법·여전법 등에서 개별적으로 규정하거나, 별도 광고규제가 없었던 것을 금융소비자보호법으로 통합·이관하여 규정한데 의미가 있다.

광고규제 관련 필수 포함사항 및 금지행위

• 필수 포함사항

① 금융상품 설명서 및 약관을 읽어볼 것을 권유하는 내용

② 금융상품판매업자등의 명칭, 금융상품의 내용

③ 보장성 상품 : 보험료 인상 및 보장내용 변경 가능 여부

④ 투자성 상품 : 운용실적이 미래수익률을 보장하지 않는다는 사항 등

• 금지행위

① 보장성 상품 : 보장한도, 면책사항 등을 누락하거나 충분히 고지하지 않는 행위

② 투자성 상품 : 손실보전 또는 이익보장이 되는 것으로 오인하게 하는 행위

③ 대출성 상품 : 대출이자를 일단위로 표시하여 저렴한 것으로 오인하게 하는 행위

---

chapter 03

금융소비자보호법 주요내용

◇ 금융소비자보호법은 개별 금융 관련법에 산재되어 있던 금융상품 판매에 관한 사항을 일률적으로 규율하는 법인바, 이하에서는 자본시장에 관한 '투자성 상품' 관련 내용을 중심으로 기술함

section 01 투자성 상품 및 대출성 상품

1 투자성 상품

금융소비자보호법은 투자성 상품으로 ① 자본시장법에 따른 금융투자상품, ② 투자일임계약, ③ 신탁계약(관리형 신탁 및 투자성 없는 신탁은 제외)으로 분류하고 있고 있다.

다만, 금융소비자보호법상 투자성 상품으로 나열된 "연계투자"는 「온라인투자연계금융업 및 이용자보호에 관한 법률」 제2조 제1호에 따른 연계투자로 금융투자업자의 상품판매와 관련해서는 해당사항이 없음을 유의하여야 한다.

참고로 "연계투자"란 온라인플랫폼을 통하여 특정 차입자에게 자금을 제공할 목적으로 투자한 투자자의 자금을 투자자가 지정한 해당 차입자에게 대출 등의 방법으로 자금을 공급하고 그에 따른 원리금수취권을 투자자에게 제공하는 것을 말하며 시중에서는 P2P투자로 알려져 있다.

2 　대출성 상품

금융소비자보호법상 대출성 상품으로는 대표적으로 은행의 신용대출이나, 주택담보대출이 있으나, 금융투자업자에 해당하는 판매업자등과 관련해서는 자본시장법령 및 금융투자업규정에서 규정하고 있는 ① 신용거래융자·신용대주, ② 증권담보대출, ③ 청약자금대출 등 신용공여 상품이 대표적이다.

이외에도 금융투자업자가 금융소비자에게 어음할인·매출채권매입(각각 금융소비자에게 금전의 상환을 청구할 수 있는 계약에 한정)·대출·지급보증 또는 이와 유사한 것으로 금전 또는 그 밖의 재산적 가치가 있는 것을 제공하고 장래에 금전등 및 그에 따른 이자 등의 대가를 받기로 하는 계약은 모두 대출성 상품에 포섭할 수 있도록 광범위하게 규정하였다.

다만, 6대 판매원칙 중 하나인 적정성 원칙과 관련하여 대출성 상품도 적용대상으로 규정되었는데 모든 대출성 상품이 적용되는 것은 아니고 증권 등 재산을 담보로 계약을 체결하는 대출성 상품만 적정성 원칙을 적용하는 것으로 규정된 점을 유의하여야 한다.

1 **적합성 원칙**

1) 개요

금융상품판매업자등은 투자권유 또는 자문업무를 하는 경우 먼저 해당 금융소비자가 일반금융소비자인지 전문금융소비자인지 확인해야 한다.

그 다음으로 임직원은 면담, 질문 등을 통하여 일반금융소비자의 금융상품 취득 또는 처분의 목적, 재산상황, 취득 또는 처분 경험 등의 정보를 고려한 투자성향을 파악하고 투자성향에 적합하지 아니하다고 인정되는 때에는 계약체결을 권유해서는 안 된다.

이때, 파악된 정보 등은 일반금융소비자의 확인을 받아 유지·관리하며, 확인받은 내용을 일반금융소비자에게 지체없이 제공하여야 한다.

표 3-1 **금융상품별 파악해야 하는 일반금융소비자 정보 내용**

투자성 상품	대출성 상품

1) 금융상품 취득·처분 목적
 2) 재산상황
   (부채를 포함한 자산 및 소득에 관한 사항)
 3) 금융상품의 취득·처분 경험
 4) 소비자의 연령
 5) 금융상품에 대한 이해도
 6) 기대이익(손실) 등을 고려한 위험에 대한 태도
	1) 재산상황
	   (부채를 포함한 자산 및 소득에 관한 사항)
	 2) 신용* 및 변제계획
	 3) 소비자의 연령
	 4) 계약체결의 목적(대출 限)

* 신용정보법에 따른 신용정보 또는 자본시장법에 따른 신용등급으로 한정

금융상품판매업자등이 일반금융소비자에게 해당 상품이 적합한지 여부를 판단할 때에는 금융상품 유형별 적합성 판단 기준에 따라야 한다.

다만, 분양된 주택의 계약 또는 주택조합 조합원의 추가 부담금 발생에 따른 중도금지급 목적 대출, 주택 재건축·재개발에 따른 이주비 확보 목적 대출, 환매조건부채권 등 원금손실 위험이 현저히 낮은 투자성 상품은 금융상품판매업자등의 자체 기준에 따라 평가가 가능하다.

표 3-2	금융상품별 적합성 판단기준
구분	판단 기준
투자성 상품	일반금융소비자의 정보를 파악한 결과 손실에 대한 감수능력이 적정한 수준일 것
대출성 상품	일반금융소비자의 정보를 파악한 결과 상환능력이 적정한 수준일 것

2) 적용대상

자본시장법상 온라인소액투자중개대상증권, 「온라인투자연계금융업 및 이용자보호에 관한 법률」상 연계투자계약 등을 제외한 투자성 상품이 모두 적용되는 것이 원칙이다.

《참 고》
• 모든 대출성 상품과 보장성 상품 중 변액보험과 보험료 또는 공제료 일부를 자본 시장법에 따른 금융투자상품 취득·처분 또는 그 밖의 방법으로 운용할 수 있도록 하는 보험 또는 공제는 적합성 원칙이 적용
  − 예금성 상품은 금융소비자보호법상 근거는 있으나 동법 시행령으로 구체적인 적용대상을 정하지 않았으므로 적용되는 구체적인 예금성 상품은 없다고 할 것임

3) 적용특례

판매업자등이 자본시장법상 일반 사모펀드 판매 시에는 원칙적으로 적합성 원칙 적 용이 면제되지만 자본시장법상 적격투자자 중 일반금융소비자가 요청할 경우에는 적 합성 원칙을 적용하도록 되어 있다.

이때, 일반금융소비자는 ① 서면 교부, ② 우편 또는 전자우편, ③ 전화 또는 팩스, ④ 휴대전화 문자서비스 또는 이에 준하는 전자적 의사표시 방법으로 금융상품판매업 자등에게 적합성 원칙을 적용해 줄 것을 요청해야 한다.

금융투자판매업자등도 일반금융소비자에게 적합성 원칙을 적용받을 수 있다는 사실 을 계약체결의 권유를 하기 전에 위와 같이 서면 교부, 전자우편 등의 방법으로 미리 알려야 한다는 점을 유의하여야 한다.

2 | 적정성 원칙

1) 개요

금융상품판매업자등은 위험성의 정도가 높은 투자성 상품 또는 대출성 상품에 대해서는 계약체결의 권유가 없는 경우에도 해당 일반금융소비자에게 적정한지를 살펴보고 적정성 여부를 해당 일반금융소비자에게 알리도록 하여 일반금융소비자 보호를 강화하였다.

앞서 살펴본 적합성 원칙은 금융상품판매업자등의 계약체결의 권유가 있는 경우에만 적용되는 반면에 적정성 원칙은 소비자가 자발적으로 계약체결 의사를 밝힌 경우에도 적용되는 것이 차이다.

적정성 원칙을 적용하는 방법으로 금융상품판매업자등은 면담, 질문 등을 통하여 일반금융소비자의 금융상품 취득 또는 처분의 목적, 재산상황, 취득 또는 처분 경험 등의 정보를 고려한 투자성향을 파악하고 적정성 판단기준에 따라 해당 상품이 해당 일반금융소비자에게 적정하지 않다고 판단되는 경우 이를 해당 일반금융소비자에게 알리고 이를 확인을 받아야 한다. 이때 금융상품판매업자등은 적정성 판단결과와 그 이유를 기재한 서류 및 해당 상품의 설명서를 함께 제공하도록 되어 있다.

2) 적용대상

적정성 원칙이 적용되는 상품은 아래와 같다. 다만 유의해야 할 점은 대출성 상품의 경우 금융소비자보호법 시행령에 따르면 증권, 지식재산권 등의 재산을 담보로 계약을 체결하는 대출성 상품에 한해 적정성 원칙을 적용하도록 되어 있기 때문에 금융투자업계의 경우 앞서 설명한 ① 신용거래융자 · 신용대주, ② 증권담보대출, ③ 청약자금대출 등 신용공여 상품이 주로 적용될 것이다.

다만, 증권시장에서 매도계약이 체결된 증권을 담보로 계약을 체결하는 대출성 상품(대표적으로 매도주식담보대출)은 담보의 안정성을 감안하여 적정성 원칙을 적용하지 않는다.

표 3-3   적정성 원칙 대상상품

구분	대상상품
투자성 상품	① 파생상품 : 장내파생상품 및 장외파생상품(금소법 시행령 제12조 제1항 제2호 가목) ② 파생결합증권(단, 금적립 계좌등은 제외)(금소법 시행령 제12조 제1항 제2호 가목) ③ 사채(社債) 중 일정한 사유가 발생하는 경우 주식으로 전환되거나 원리금을 상환해야 할 의무가 감면될 수 있는 사채(「상법」 제469조 제2항, 제513조 또는 제516조의2에 따른 사채는 제외)(조건부 자본증권)(금소법 시행령 제12조 제1항 제2호 나목) ④ 고난도금융투자상품, 고난도금전신탁계약, 고난도투자일임계약(금소법 시행령 제12조 제1항 제2호 다목) ⑤ 파생형 집합투자증권(레버리지・인버스 ETF 포함). 다만, 금소법 감독규정 제11조 제1항 단서에 해당되는 인덱스 펀드는 제외(금융소비자보호 감독규정 제11조 제1항 제1호) ⑥ 집합투자재산의 50%를 초과하여 파생결합증권에 운용하는 집합투자기구의 집합투자증권(금융소비자보호 감독규정 제11조 제1항 제2호) ⑦ 위 적정성 원칙 대상상품 중 어느 하나를 취득・처분하는 금전신탁계약의 수익증권(이와 유사한 것으로서 신탁계약에 따른 수익권이 표시된 것도 포함)(금융소비자보호 감독규정 제11조 제1항 제3호)
대출성 상품	자본시장법 제72조에 따른 신용공여(신용거래융자, 신용거래대주, 증권담보융자 등) 등 대출성 상품, 다만 증권시장에서 매도계약이 체결된 증권을 담보로 계약을 체결하는 대출성 상품은 제외

3) 적용특례

적정성 원칙도 자본시장법상 일반 사모펀드 판매 시에는 원칙적으로 적용되지 않지만 자본시장법상 적격투자자 중 일반금융소비자가 이를 요청할 경우에는 적정성 원칙을 적용하도록 하고 있다.

이때, 일반금융소비자는 ① 서면 교부, ② 우편 또는 전자우편, ③ 전화 또는 팩스, ④ 휴대전화 문자서비스 또는 이에 준하는 전자적 의사표시 방법으로 금융상품판매업자등에 적정성 원칙 적용을 요청해야 하며, 반대로 금융투자판매업자등도 일반금융소비자에게 적정성 원칙을 적용받을 수 있다는 사실을 계약체결의 권유를 하기 전에 서면 교부, 전자우편 등의 방법으로 미리 알려야 한다.

3 설명의무

1) 개요

금융상품판매업자등은 일반금융소비자에게 계약체결을 권유하거나 일반금융소비자가 설명을 요청하는 경우에는 금융상품에 관한 중요한 사항(일반금융소비자가 특정 사항에 대한 설명만을 원하는 경우 해당 사항에 한정)을 이해할 수 있도록 설명해야 한다.

다만, 종전 자본시장법과 동일하게 위험감수능력과 관련지식을 갖춘 것으로 보는 전문금융소비자에 대해서는 설명의무가 면제된다.

실무적인 쟁점사항으로 본인이 아닌 대리인에게 설명하는 경우, 전문금융소비자 여부는 본인 기준으로 판단하고 설명의무 이행 여부는 대리인을 기준으로 판단하는 것이 합리적인 것으로 판단된다.

2) 설명사항

금융상품판매업자등이 설명해야 하는 중요한 사항은 다음과 같다.

금융소비자보호법은 일반금융소비자가 원하는 경우 중요 사항 중 특정 사항만을 설명할 수 있는 것으로 규정하고, 이에 따라 금융소비자보호법 제19조 제1항에서 중요 사항을 정하고 있고 이러한 사항에 대해서는 모두 설명의무를 이행*하도록 해 금융소비자보호 공백을 최소화하고 있다.

 * 금융상품 설명의무의 합리적 이행을 위한 가이드라인(금융위·금감원 2021.7.14)

3) 설명서

설명서에는 금융소비자보호법 제19조 제1항 각 호의 구분에 따른 사항이 포함되어야하며 중요한 내용은 부호, 색채 등으로 명확하게 표시하는 등 일반금융소비자가 쉽게 이해할 수 있도록 작성되어야 한다.

다만, 자본시장법 제123조 제1항에 따른 투자설명서 또는 간이투자설명서를 제공하는 경우에는 해당내용에 대해서는 제외가 가능하다.

아울러, 금융소비자보호법은 설명한 사람이 설명한 내용과 실제 설명서 내용이 같다

표 3 - 4	금융상품에 관한 중요한 사항
구분	중요한 사항
투자성 상품	① 투자성 상품의 내용 ② 투자에 따르는 위험 ③ 투자성 상품의 위험등급(금융상품판매업자가 정함) ④ 금융소비자가 부담해야 하는 수수료, 계약의 해지·해제 ⑤ 증권의 환매 및 매매 ⑥ 금융소비자보호 감독규정(별표 3)에서 정하는 사항 　1) 계약기간 　2) 금융상품의 구조 　3) 기대수익(객관적·합리적인 근거가 있는 경우에 한정). 이 경우 객관적·합리적인 근거를 포함하여 설명해야 한다. 　4) 손실이 발생할 수 있는 상황(최대 손실이 발생할 수 있는 상황을 포함) 및 그에 따른 손실 추정액. 이 경우, 객관적·합리적인 근거를 포함하여 설명해야 한다. 　5) 위험등급에 관한 다음의 사항 　　가) 해당 위험등급으로 정해진 이유 　　나) 해당 위험등급의 의미 및 유의사항 　6) 계약상 만기에 이르기 전에 일정 요건이 충족되어 계약이 종료되는 금융상품의 경우 그 요건에 관한 사항
대출성 상품	① 금리 및 변동 여부, 중도상환수수료(금융소비자가 대출만기일이 도래하기 전 대출금의 전부 또는 일부를 상환하는 경우에 부과하는 수수료를 의미한다.) 부과 여부·기간 및 수수료율 등 대출성 상품의 내용 ② 상환방법에 따른 상환금액·이자율·시기 ③ 담보권 설정에 관한 사항, 담보권 실행사유 및 담보권 실행에 따른 담보목적물의 소유권 상실 등 권리변동에 관한 사항 ④ 대출원리금, 수수료 등 금융소비자가 대출계약을 체결하는 경우 부담하여야 하는 금액의 총액 ⑤ 그밖에 금소법 시행령 및 금융소비자보호 감독규정에서 정한 사항
공통사항	① 각 금융상품과 연계되거나 제휴된 금융상품 또는 서비스 등이 있는 경우 　1) 연계·제휴서비스등의 내용 　2) 연계·제휴서비스등의 이행책임에 관한 사항 ② 청약철회의 기한, 행사방법, 효과에 관한 사항 ③ 그 밖에 금소법 시행령 및 금융소비자보호 감독규정에서 정한 사항

는 사실을 서명 등을 통해 확인해야 하는 의무를 규정했고 설명서 교부 방법도 서면, 우편 또는 전자우편 외에 휴대전화 문자메시지 또는 이에 준하는 전자적 의사표시를 추가하여 온라인매체를 많이 사용하는 최근 시대현상을 반영하였다.

　설명서 교부와 관련하여 특히 유의해야 할 사항은 금융소비자보호법은 금융상품판매업자등에게 금융소비자의 의사와 관계없이 설명서 교부 의무를 부과하고 있다는 점이다.

그러나, 자본시장법에서는 공모 집합투자증권의 투자설명서 또는 간이설명서, 사모 집합투자증권의 핵심상품설명서 및 고난도 금융투자상품·고난도 투자일임계약·고난도 금전신탁계약에 대한 요약설명서의 경우는 투자자가 원하지 않을 경우에는 해당 설명서를 교부하지 않을 수 있는 것으로 되어 있는 점은 유의해야 한다(자본시장법 시행령 제68조 제5항 제2의 3호 나목, 같은법 시행령 제132조 제2호).

금융소비자보호법에서 설명서를 교부하지 않아도 되는 일부 예외 사항을 두고 있는데 ① 기존 계약과 동일한 내용으로 계약을 갱신하는 경우, ② 기본계약을 체결하고 그 계약내용에 따라 계속적·반복적으로 거래를 하는 경우 등이 있으며 계속적·반복적 거래의 경우로는 주식 등에 대한 매매거래계좌를 설정하는 등 금융투자상품을 거래하기 위한 기본계약을 체결하고 그 계약내용에 따라 계속적·반복적으로 거래하는 것을 들 수 있다.

투자성 상품과 관련한 설명서는 다음과 같다.

표 3-5 　투자성 상품에 대한 각종 설명서 내역

구 분		설 명 서		고난도금융투자상품
공모	집합투자증권 外	투자설명서 (금소법 시행령 §14①, 자본시장법 §123①)	금소법상 설명서[1]	요약설명서 (자본시장법 시행령 §68⑤2의3)[2]
	집합투자증권	투자설명서 또는 간이투자설명서 (금소법 시행령 §14①, 자본시장법 §123①)		
기타	사모펀드	사모펀드 핵심상품설명서 (자본시장법 §249의4②~④)	금소법상 설명서	
	일임, 신탁	금소법상 설명서 (금소법 시행령 §14①)		고난도 상품에 대한 요약설명서

1) 자본시장법상 투자설명서 또는 간이투자설명서에 기재된 내용은 금소법상 설명서에서 제외 가능
2) 공모펀드의 경우 간이투자설명서 교부 시, 사모펀드의 경우에는 핵심상품설명서 제공 시에는 고난도 상품 요약설명서 교부의무 면제

1) 개요

금융상품판매업자등이 금융상품 판매 시 우월적 지위를 이용하여 부당한 금융상품 거래를 유발시키는 등 금융소비자의 권익침해를 제한하는 것이 목적으로 주로 대출성 상품과 관련한 규제로 인식된다.

적용대상은 금융소비자, 즉 일반금융소비자 및 전문금융소비자도 모두 해당된다는 점을 유의해야 한다.

2) 불공정영업행위 유형

금융소비자보호법이 규정하고 있는 불공정영업행위는 다음과 같다.

❶ 대출성 상품에 관한 계약체결과 관련하여 금융소비자의 의사에 반하여 다른 금융상품의 체결을 강요하는 행위(일명 "꺾기 규제")

❷ 대출성 상품에 관한 계약체결과 관련하여 부당하게 담보를 요구하거나 보증을 요구하는 행위

❸ 금융상품판매업자등 또는 그 임직원이 업무와 관련하여 편익을 요구하거나 보증을 요구하는 행위

❹ 대출성 상품과 관련하여,
- 자기 또는 제3자의 이익을 위하여 금융소비자에게 특정 대출 상환방식을 강요하는 행위
- 대출계약 성립일로부터 3년 이내 상환, 타 법령상에 중도상환수수료 부과를 허용하는 등의 경우를 제외하고 수수료·위탁금·중도상환수수료를 부과하는 행위
- 개인에 대한 대출과 관련하여 제3자의 연대보증을 요구하는 경우(금융소비자보호법 시행령 등에서 정한 예외사항은 제외)

❺ 연계·제휴서비스등이 있는 경우 연계·제휴서비스등을 부당하게 축소하거나 변경하는 행위. 다만, 연계·제휴서비스등을 불가피하게 축소하거나 변경하더라도

금융소비자에게 그에 상응하는 다른 연계·제휴서비스등을 제공하는 경와와 금융상품판매업자등의 휴업·파산·경영상의 위기 등에 따른 불가피한 경우에는 제외

- 시행령 등에서 정하는 세부적인 행위유형은 다음과 같음
  - 다음 방법 중 2개 이상의 방법으로 연계·제휴서비스등을 축소·변경한다는 사실을 축소·변경하기 6개월 전부터 매월 고지하지 않은 경우

  〈고지방법〉
  1. 서면교부
  2. 우편 또는 전자우편
  3. 전화 또는 팩스
  4. 휴대전화 문자메시지 또는 이에 준하는 전자적 의사표시

  - 연계·제휴서비스등을 정당한 이유 없이 금융소비자에게 불리하게 축소하거나 변경하는 행위. 다만, 연계·제휴서비스등이 3년 이상 제공된 후 그 연계·제휴서비스등으로 인해 해당 금융상품의 수익성이 현저히 낮아진 경우는 제외

3) 투자성 상품관련 유의해야 하는 불공정영업행위 유형

금융상품판매업자등은 특히, 대출성 상품 계약을 빌미로 중소기업 등에게 투자성 상품 등을 끼워 판매하는 "꺾기 규제"를 유의해야 한다. 그 유형은 다음과 같다.

❶ 금융소비자에게 제3자의 명의를 사용하여 다름 금융상품(투자성 상품, 보장성 상품 등)의 계약을 체결할 것을 강요하는 행위
❷ 금융소비자에게 다른 금융상품직접판매업자를 통해 다른 금융상품에 관한 계약을 체결할 것을 강요하는 행위
❸ 금융소비자가 「중소기업기본법」에 따른 중소기업인 경우 그 대표자 또는 관계인[중소기업의 대표자·임원·직원 및 그 가족(민법상 배우자 및 직계혈족)]에게 다른 금융상품의 계약체결을 강요하는 행위
❹ 대출성 상품에 관한 계약을 체결하고 최초로 이행된 전·후 1개월 내에 다음의 구분에 따른 다른 금융상품에 대한 계약체결을 하는 행위(꺾기 규제)

– 투자성 상품의 경우 판매한도 1%는 금융상품직접판매업자에게 지급되는 "월 지급액"을 기준으로 계산함(※ 예 : 1억 2천만원 대출시 매월 적립식 펀드매수금액이 100만원을 초과시 불공정영업행위에 해당될 수 있음)

| 표 3-6 | **금융상품 꺾기 규제 요약** |

판매제한 금융상품	취약차주*	그 밖의 차주** (투자성 상품의 경우 개인에 한정)
일부 투자성 상품 (펀드, 금전신탁, 일임계약에 한정)	금지	1% 초과 금지
보장성 상품	금지	1% 초과 금지
예금성 상품	1% 초과 금지	규제 없음

* (취약차주) 중소기업 및 그 기업의 대표자, 개인신용평점이 하위 10%에 해당하는 사람, 피성년후견인 또는 피한정후견인
** (그 밖의 차주) 취약차주에 해당되지 않는 차주

– 유의할 점을 자본시장법 제72조 제1항에 따른 신용공여는 주식담보대출의 특성상 금융투자회사가 차주에 비해 우월적 지위에 있지 않다는 점을 감안해 꺾기 규제와 관련한 대출성 상품의 종류에는 포함되지 않음. 따라서 금융투자회사가 취급하는 신용거래융자 등과 관련하여 다른 금융상품과 꺾기 규제는 별도로 없음(감독규정 §14⑤ 제1호 라목)

4) 기타 유의해야 할 불공정영업행위 유형

❶ 금융상품판매업자 또는 그 임원·직원이 업무와 관련하여 직·간접적으로 금융소비자 또는 이해관계자로부터 금전, 물품 또는 편익 등을 부당하게 요구하거나 제공받는 행위

❷ 금융소비자가 계약해지를 요구하는 경우에 계약해지를 막기 위해 재산상 이익의 제공, 다른 금융상품으로의 대체권유 또는 해지 시 불이익에 대한 과장된 설명을 하는 행위

❸ 금융소비자가 청약을 철회하겠다는 이유로 금융상품에 관한 계약에 불이익을 부과하는 행위. 다만, 같은 금융상품직접판매업자에 같은 유형의 금융상품에 관한 계약에 대하여 1개월 내 2번 이상 청약의 철회의사를 표시한 경우는 제외함

1) 개요

금융상품판매업자등이 금융상품 계약의 체결을 권유할 때 금융소비자가 오인할 우려가 있는 허위의 사실, 단정적인 판단 등을 제공하여 금융소비자의 올바른 판단 형성에 방해가 없도록 하여야 한다.

이때, 적용 대상은 금융소비자로 일반금융소비자 및 전문금융소비자 모두 보호하도록 되어 있다.

2) 부당권유행위 유형

금융소비자보호법이 규정하고 있는 부당권유행위의 유형은 다음과 같다.

❶ 불확실한 사항에 대하여 단정적 판단을 제공하거나 확실하다고 오인하게 할 소지가 있는 내용을 알리는 행위
❷ 금융상품의 내용을 사실과 다르게 알리는 행위
❸ 금융상품의 가치에 중대한 영향을 미치는 사항을 미리 알고 있으면서 금융소비자에게 알리지 아니하는 행위
❹ 금융상품 내용의 일부에 대하여 비교대상 및 기준을 밝히지 아니하거나 객관적인 근거 없이 다른 금융상품과 비교하여 해당 금융상품이 우수하거나 유리하다고 알리는 행위

3) 투자성 상품관련 유의해야 하는 부당권유행위 유형

❶ 투자성 상품의 경우 금융소비자로부터 계약의 체결권유를 해줄 것을 요청받지 아니하고 방문·전화 등 실시간 대화의 방법을 이용하는 행위(일명 불초청 권유 금지). 다만, 금융소비자 보호 및 건전한 거래질서를 해칠 우려가 없는 행위로 투자권유 전에 금융소비자의 개인정보 취득경로, 권유하려는 금융상품의 종류·내용 등을 금융소비자에게 미리 안내하고, 해당 금융소비자가 투자권유를 받을 의사를 표시한 경우에는 아래의 상품을 제외하고는 투자권유를 할 수 있다(금융소비자

보호법 시행령 제16조 제1항 제1호).

　ㄱ. 일반금융소비자의 경우 : 고난도금융투자상품, 고난도투자일임계약, 고난도 금전신탁계약, 사모펀드, 장내파생상품, 장외파생상품

　ㄴ. 전문금융소비자의 경우 : 장외파생상품

❷ 투자성 상품의 경우 계약의 체결권유를 받은 금융소비자가 이를 거부하는 취지 의 의사를 표시하였는데도 계약의 체결권유를 계속하는 행위(일명 재권유 금지)

－ 다음과 같은 경우에는 재권유 금지 예외를 적용함

　1. 투자성 상품에 대한 계약의 체결권유를 받은 금융소비자가 이를 거부하는 취지의 의사를 표시한 후 1개월이 지난 경우에는 해당 상품을 재권유할 수 있음

　2. 다른 유형의 투자성 상품은 재권유 금지대상이 아니며 투자성 상품의 유형 은 다음과 같이 구분함

　　1) 자본시장법에 따른 금융투자상품

　　　가. 수익증권

　　　나. 장내파생상품

　　　다. 장외파생상품

　　　라. 증권예탁증권

　　　마. 지분증권

　　　바. 채무증권

　　　사. 투자계약증권

　　　아. 파생결합증권

　　2) 자본시장법에 따른 신탁계약

　　　가. 자본시장법 제103조 제1항 제1호의 신탁재산에 대한 신탁계약

　　　나. 자본시장법 제103조 제1항 제2호부터 제7호까지의 신탁재산에 대 한 신탁계약

　　3) 자본시장법에 따른 투자자문계약 또는 투자일임계약

　　　가. 자본시장법에 따른 장내파생상품에 관한 계약

　　　나. 자본시장법에 따른 장외파생상품에 관한 계약

　　　다. 자본시장법에 따른 증권에 관한 계약

　　4) 장외파생상품의 경우 기초자산 및 구조가 다른 경우 다른 유형으로 구

분함

　가. (기초자산) 금리, 통화, 지수 등

　나. (구조) 선도, 스왑, 옵션 등

❸ 투자성 상품에 관한 계약의 체결을 권유하면서 일반금융소비자가 요청하지 않은 다른 대출성 상품을 안내하거나 관련 정보를 제공하는 행위

　– 예를 들면 금융상품판매업자등이 주식 위탁매매를 권유하면서 일반금융소비자에게 먼저 신용거래융자 이용을 권유할 수 없음. 이때 적용대상은 일반금융소비자에 한정되므로 전문금융소비자에 대해서는 신용공여 관련사항을 먼저 안내할 수 있음

❹ 투자성 상품의 가치에 중대한 영향을 미치는 사항을 알면서 그 사실을 금융소비자에 알리지 않고 그 금융상품의 매수 또는 매도를 권유하는 행위

❺ 자기 또는 제3자가 소유한 투자성 상품의 가치를 높이기 위해 금융소비자에게 해당 투자성 상품의 취득을 권유하는 행위

❻ 금융소비자가 자본시장법 제174조(미공개중요정보 이용행위), 제176조(시세조종행위 등) 또는 제178조(부정거래행위 등)에 위반되는 매매, 그 밖의 거래를 하고자 한다는 사실을 알고 그 매매, 그 밖의 거래를 권유하는 행위

4) 기타 유의해야 하는 부당권유행위 유형

금융소비자보호법에 특별히 신설된 부당권유행위에 대해서 주의할 필요가 있는데 그 유형은 다음과 같다.

❶ 적합성 원칙을 적용함에 있어서 일반금융소비자의 금융상품 취득 또는 처분목적, 재산상황 또는 취득 또는 처분 경험 등의 투자성향 정보를 조작하여 권유하는 행위

❷ 금융상품판매업자등이 적합성 원칙(법§17)을 적용받지 않고 권유하기 위해 일반금융소비자로부터 계약 체결의 권유를 원하지 않는다는 의사를 서면 등으로 받는 행위

❸ 내부통제기준에 따른 직무수행 교육을 받지 않은 자로 하여금 계약체결 권유와 관련된 업무를 하게 하는 행위

　– 금융상품판매업자등의 내부통제기준에 금융상품에 대한 계약체결의 권유를

담당하는 임직원에 대한 직무윤리, 상품지식 등을 함양하는 직무교육체계(자체 교육 또는 전문교육기관 이용 등)를 수립하고 해당 교육을 이수한 임직원에 대해서만 판매업무를 수행하도록 해 판매임직원 역량 강화 및 소비자보호 환경 마련

6 광고규제

1) 개요

금융소비자보호법은 금융상품 또는 금융상품판매업자등의 업무에 관한 광고 시 필수 포함사항 및 금지행위 등을 규정하고 광고주체를 제한하는 등의 규제로 허위·과장 광고로부터 금융소비자 보호하고자 한다.

유의할 것은 광고의 대상은 금융상품 뿐 아니라 금융상품판매업자등의 수행하는 업무로서 금융상품판매업자등이 제공하는 각종 서비스가 될 수 있다.

2) 광고주체

금융소비자보호법은 광고주체로 원칙적으로 금융상품직접판매업자, 금융상품판매대리·중개업자, 금융상품자문업자, 금융상품판매업자등을 자회사·손자회사로 하는 금융지주회사, 자본시장법에 따른 증권의 발행인 또는 매출인(해당 증권에 관한 광고에 한정), 각 금융협회 그리고 집합투자업자 등이 해당된다.

유의할 점은 집합투자업자도 집합투자증권을 제조하는 등 자본시장법상 광고주체로 기능을 해왔던 내용이 금융소비자보호법에도 그대로 계수되었다는 점이다.

3) 광고주체 제한

금융소비자보호법상 광고규제의 특징적인 점은 광고주체를 제한하는 것인데 특히 투자성 상품의 경우 금융상품판매대리·중개업자는 금융상품뿐 아니라 금융상품판매업자등의 업무에 관한 광고도 수행할 수 없다.

투자성 상품과 관련된 금융상품판매대리·중개업자는 자본시장법상 투자권유대행인에 해당되는데 이들은 금융상품직접판매업자에 1사 전속으로 소속되어 활동하는 개인

이므로 별다른 투자광고의 필요성이 없었을 뿐 아니라, 만약 허용하더라도 개인이 활동하는 업무특성상 광고규제가 원활하게 작동되지 않는 등의 문제점을 감안한 조치로 자본시장법상 특성이 그대로 계수되었다고 볼 수 있다.

4) 광고방법 및 절차

- **(광고방법)** 광고주체는 글자의 색깔·크기 또는 음성의 속도 등이 금융소비자(일반 또는 전문)가 금융상품의 내용을 오해하지 않도록 명확하고 공정하게 전달하며 금융상품으로 인해 얻는 이익과 불이익을 균형 있게 전달해야 한다.
  - 또한 광고주체가 금융상품 등에 대한 광고를 하는 경우에는 「금융회사의 지배구조에 관한 법률」 제25조 제1항에 따른 준법감시인(준법감시인이 없는 경우에는 감사)의 심의를 받아야 한다.
- **(광고 포함사항)** 다음의 내용을 광고에 포함하여야 한다.
  - 금융상품에 관한 계약을 체결하기 전에 금융상품 설명서 및 약관을 읽어 볼 것을 권유하는 내용
  - 투자성 상품의 경우 금융상품의 명칭, 수수료, 투자에 따른 위험(원금손실발생 가능성, 원금손실에 대한 소비자의 책임), 과거 운용실적을 포함하여 광고하는 경우에는 그 운용실적이 미래의 수익률을 보장하는 것이 아니라는 사항, 금융상품의 이자, 수익 지급시기 및 지급제한 사유 등
- **(금지사항)** 특히, 투자성 상품에 관한 광고 시 다음의 행위를 하여서는 안 된다.
  - 손실보전 또는 이익보장이 되는 것으로 오인하게 하는 행위
  - 수익률이나 운용실적을 표시하는 경우 수익률이나 운용실적이 좋은 기간의 수익률이나 운용실적만을 표시하는 경우

5) 광고심사

협회는 금융상품판매업자등의 광고규제 준수 여부를 확인하고 그 결과에 대한 의견을 해당 금융상품판매업자등에게 통보할 수 있다.

투자성 상품의 경우 한국금융투자협회가 이를 수행하고 있으며 앞서 설명한 바와 같이 금융상품 판매·대리업자는 광고행위를 할 수 없으며 이에 따라 협회도 관련하여 광고심사를 하지 않고 있다.

금융상품판매대리 · 중개업자에 대한 영업행위규제

1 개요

금융소비자보호법은 같은 법 또는 관련법률에 따른 금융상품판매대리 · 중개업자가 아닌 자에게 금융상품에 대한 권유 또는 계약의 대리 · 중개를 하지 못하도록 하고 금지행위를 정함으로써 금융소비자를 보다 두텁게 보호하고 있다(금융소비자보호법 제24조~제26조, 금융소비자보호법 시행령 제23조~제24조).

2 금지행위

투자성 상품과 관련하여 금융상품판매대리 · 중개업자(투자권유대행인)에 대한 주요한 금지행위는 다음과 같다.

- 금융소비자로부터 투자금 등 계약의 이행으로서 급부를 받는 행위
- 금융상품판매대리 · 중개업자가 대리 · 중개하는 업무를 제3자에게 하게 하거나 그러한 행위에 관하여 수수료 · 보수나 그 밖의 대가를 지급하는 행위
- 금융상품직접판매업자로부터 정해진 수수료 외의 금품, 그 밖의 재산상 이익을 요구하거나 받는 행위
- 금융상품직접판매업자를 대신하여 계약을 체결하는 행위
- 자본시장법에 따른 투자일임재산이나 같은 법에 따른 신탁재산을 각각의 금융소비자별 또는 재산별로 운용하지 않고 모아서 운용하는 것처럼 투자일임계약이나 신탁계약의 계약체결등(계약의 체결 또는 계약 체결의 권유를 하거나 청약을 받는 것)을 대리 · 중개하거나 광고하는 행위
- 금융소비자로부터 금융투자상품을 매매할 수 있는 권한을 위임받는 행위
- 투자성 상품에 관한 계약의 체결과 관련하여 제3자가 금융소비자에 금전을 대여하도록 대리 · 중개하는 행위

투자성 상품과 관련하여 금융상품판매대리·중개업자(투자권유대행인)가 금융소비자에게 알려야 하는 고지의무 등은 다음과 같다.

- 금융상품판매대리·중개업자가 대리·중개하는 금융상품직접판매업자의 명칭 및 업무 내용
- 하나의 금융상품직접판매업자만을 대리하거나 중개하는 금융상품판매대리·중개업자인지 여부
- 금융상품판매대리·중개업자 자신에게 금융상품계약을 체결할 권한이 없다는 사실
- 금융소비자보호법 제44조와 제45조에 따른 손해배상책임에 관한 사항
- 금융소비자의 금융상품 매매를 대신할 수 없다는 사실
- 자신이 금융상품판매대리·중개업자라는 사실을 나타내는 표지를 게시하거나 증표를 금융소비자에게 보여 줄 것

section 04   방문(전화권유)판매 규제

1   개요

방문판매란 방문판매(방문판매 등에 관한 법률 제2조 제1호에 따른 것) 및 전화권유판매(방문판매 등에 관한 법률 제2조 제3호에 따른 것) 방식으로 금융상품을 판매하는 것을 말하고 이 법에서는 금융상품판매업자 등과 그 임직원이 이러한 방식으로 금융상품을 판매하는 경우에 적용되는 규제를 말한다.

1) 방문전화권유)판매 시 불초청권유금지

법상 원칙적으로는 금융상품판매업자 등이 금융소비자로부터 계약의 체결을 해줄 것을 요청받지 아니하고 방문·전화 등 실시간 대화의 방법을 이용하는 행위를 부당권 유행위로 규정하고 있다.

그러나, 현재 시장의 거래실질을 감안하여 투자권유를 하기 전에 금융소비자의 개인 정보 취득경로, 권유하려는 금융상품의 종류·내용 등을 금융소비자에게 미리 안내(사 전안내)하고, 해당 금융소비자가 투자권유를 받을 의사를 표시한 경우에는 초청을 받은 권유로 보도록 하였다.

다만, 상품의 위험정도와 금융소비자의 유형을 감안하여 사전안내가 불가한 투자성 상품과 금융소비자 유형을 아래와 같이 분류하고 있다.

❶ 일반금융소비자의 경우 : 고난도금융투자상품, 고난도투자일임계약, 고난도금전 신탁계약, 사모펀드, 장내파생상품, 장외파생상품
❷ 전문금융소비자의 경우 : 장외파생상품

2) 방문판매원등에 대한 명부작성 등

금융상품판매업자 등은 방문판매 및 전화권유판매 방식으로 영업을 하려는 경우 방 문판매 및 전화권유판매를 하려는 임직원(이하 "방문판매원등"이라 한다)의 명부를 작성해야 한다. 명부에는 방문판매원 등의 성명·소속 전화번호가 포함되어야 한다.

또한, 홈페이지를 운영하는 경우 금융소비자가 그 홈페이지를 통하여 특정 방문판매 원 등이 그 금융상품판매업자 등에게 소속되어 있음을 쉽게 확인할 수 있도록 하여야 한다.

3) 방문전화권유)판매 관련 준수사항

• 금융상품판매업자 등은 금융소비자가 요청하면 언제든지 금융소비자로 하여금 방 문판매 및 전화권유판매를 하려는 임직원의 신원을 확인할 수 있도록 하여야 한

다. 또한 방문판매 및 전화권유판매로 금융상품을 판매하려는 경우에는 금융소비자에게 미리 해당 방문 또는 전화가 판매를 권유하기 위한 것이라는 점과 방문판매 및 전화권유판매를 하려는 임직원의 성명 또는 명칭, 판매하는 금융상품의 종류 및 내용을 밝혀야 한다.

- 금융상품판매업자 등은 일반금융소비자에게 자신에게 연락금지요구권이 있음과 행사방법 및 절차를 알려야 한다. 만약 방문판매원등이 그 내용을 구두로만 알린 경우에는 알린 날로부터 1개월 이내에 그 내용을 서면, 전자우편, 휴대전화 문자메시지 및 그 밖에 금융위원회가 정하는 방법으로 추가로 알려야 한다. 금융상품판매업자 등은 일반금융소비자가 이 권리를 행사하면 즉시 따라야 하며, 이때 개인인 금융소비자가 연락금지요구에 따라 발생하는 금전적 비용이 부담하지 않도록 조치해야 한다.

- 금융상품판매업자 등은 야간(오후 9시부터 다음날 오전 8시까지)에 금융상품을 소개하거나 계약체결을 권유할 목적으로 연락하거나 방문하여서는 아니 된다. 다만 금융소비자가 요청한 경우에는 예외로 한다.

4) 방문전화권유)판매 관련 전속관할

- 방문판매 및 유선·무선·화상통신·컴퓨터 등 정보통신기술을 활용한 비대면 방식을 통한 금융상품 계약과 관련된 소(訴)는 제소 당시 금융소비자 주소를, 주소가 없는 경우에는 거소를 관할하는 지방법원의 전속관할로 한다. 다만, 제소 당시 금융소비자의 주소 또는 거소가 분명하지 아니한 경우에는 「민사소송법」의 관계 규정을 준용한다.

5) 방문전화권유)판매규제 위반 시 벌칙

- (벌금) 금융상품판매업자 등과 그 방문판매원등의 성명 또는 명칭, 판매하려는 금융상품의 종류 및 내용 등을 거짓으로 밝힌 자는 1천만 원 이하의 벌금에 처한다.
- (과태료) 아래의 경우에는 1천만 원 이하의 과태료를 부과한다.
  - 연락금지를 요구한 일반금융소비자에게 금융상품을 소개하거나 계약체결을 권유할 목적으로 연락한 자
  - 야간(오후 9시 이후부터 다음 날 오전 8시까지)에 금융상품을 소개하거나 계약체결을

권유할 목적으로 금융소비자를 방문하거나 연락한 자

• **(과태료)** 아래의 경우에는 5백만 원 이하의 과태료를 부과한다.
  – 금융상품판매업자 등이 명부를 작성하지 않거나 신원확인에 응하지 않아 방문판매원등의 신원을 확인 할 수 없도록 한 경우 또는 방문판매원등의 성명 등을 밝히지 아니한 경우에는 500만 원 이하의 과태료를 부과한다.

금융소비자 권익강화 제도

1 계약서류 제공의무

1) 개요

금융상품직접판매업자 및 금융상품자문업자는 금융소비자(일반 또는 전문)와 금융상품 또는 금융상품자문에 관한 계약을 체결하는 경우 금융소비자에게 계약서류를 지체없이 교부하도록 하여 금융소비자 권익을 보장하고 있다(금융소비자보호법 제23조).

• **(계약서류)** 금융소비자보호법에서 정하는 계약서류의 종류에는 ① 금융상품 계약서, ② 금융상품의 약관, ③ 금융상품 설명서(금융상품판매업자만 해당)

• **(계약서류 제공의무 예외)** 자본시장법에 따른 온라인소액투자중개업자로서 같은 법에 따라 계약서류가 제공된 경우에는 금융소비자보호법상 계약서류 제공의무 면제
  – 아울러, 금융소비자 보호에 관한 감독규정에 따라 아래와 같은 경우 계약서류 제공의무 면제
    1. 기본계약을 체결하고 그 계약내용에 따라 계속적·반복적으로 거래하는 경우
    2. 기존계약과 동일한 내용으로 계약을 갱신하는 경우
    3. 법인인 전문금융소비자와 계약을 체결하는 경우(설명서에 한하여 제공의무 면제)

2) 계약서류 제공방법

금융상품직접판매업자 및 금융상품자문업자가 계약서류를 제공하는 때에는 다음 각 호의 방법으로 제공하여야 한다. 다만, 금융소비자가 다음 각 호의 방법 중 특정 방법으로 제공해 줄 것을 요청하는 경우에는 그 방법으로 제공해야 한다.

〈교부방법〉
1. 서면교부
2. 우편 또는 전자우편
3. 휴대전화 문자메시지 또는 이에 준하는 전자적 의사표시

아울러, 판매업자등이 유의해야 할 점은 계약서류가 법령 및 내부통제기준에 따른 절차를 거쳐 제공된다는 사실을 해당 계약서류에 포함하여 교부해야 한다는 사실이다.

3) 계약서류 제공사실 증명

판매업자등은 계약서류의 제공 사실에 관하여 금융소비자와 다툼이 있는 경우에는 금융상품직접판매업자 및 금융상품자문업자가 이를 증명해야 한다.

2 자료의 기록 및 유지·관리 등

1) 개요

금융상품판매업자등은 금융상품판매업등의 업무와 관련한 자료를 기록하고 유지·관리하며 금융소비자(일반 또는 전문)의 요구에 응해 열람하게 함으로써 금융소비자의 권리구제 등을 지원하여야 한다.
특히, 금융상품판매업자등은 자료의 기록, 유지 및 관리를 위해 적절한 대책을 수립·시행하여야 한다.

2) 자료의 종류

금융상품판매업자등이 유지·관리해야 하는 자료는 다음과 같다.

1. 계약체결에 관한 자료

2. 계약의 이행에 관한 자료

3. 금융상품등에 관한 광고 자료

4. 금융소비자의 권리행사에 관한 다음 각 목의 자료

　　가. 금융소비자의 자료 열람 연기·제한 및 거절에 관한 자료

　　나. 청약의 철회에 관한 자료

　　다. 위법계약의 해지에 관한 자료

5. 내부통제기준의 제정 및 운영 등에 관한 자료

6. 업무 위탁에 관한 자료

7. 제1호부터 제6호까지의 자료에 준하는 것으로서 금융위원회가 정하여 고시하는 자료

3) 유지·관리 기간

금융상품판매업자등은 원칙적으로 10년 간 유지·관리하되 내부통제기준의 제정 및 운영 등에 관한 자료는 5년으로 한다.

4) 열람요구

금융소비자는 분쟁조정 또는 소송의 수행 등 권리구제를 위한 목적으로 금융상품판매업자 등이 기록 및 유지·관리하는 자료의 열람(사본의 제공 또는 청취를 포함한다)을 요구할 수 있다.

금융상품판매업자 등은 금융소비자로부터 열람을 요구받았을 때에는 해당 자료의 유형에 따라 요구받은 날부터 6영업일 이내에 해당 자료를 열람할 수 있도록 하여야 한다. 이 경우 해당 기간 내에 열람할 수 없는 정당한 사유가 있을 때에는 금융소비자에게 그 사유를 알리고 열람을 연기할 수 있으며, 그 사유가 소멸하면 지체 없이 열람하게 하여야 한다.

특히, 법은 위와 같은 금융소비자의 열람요구권에 반하는 특약으로 일반금융소비자에게 불리한 것은 무효로 규정하고 있다.

5) 열람제공

금융상품판매업자등은 금융소비자로부터 자료열람의 요구를 받은 날로부터 8일 이내에 금융소비자가 해당 자료를 열람하도록 해야 한다.

그러나, 해당 기간 내에 열람할 수 없을 때에는 정당한 사유를 금융소비자에게 알리고 열람을 연기할 수 있으며 그 사유가 해소되면 지체 없이 열람하게 해야 한다.

이때, 금융상품판매업자등은 실비를 기준으로 수수료 또는 우송료를 금융소비자에게 청구할 수 있도록 규정되어 있다.

6) 열람제한

금융소비자보호법은 열람을 제한하거나 거절할 수 있는 요건으로 다음의 5가지 사례를 들고 있다. 이때 금융상품판매업자등은 금융소비자에게 그 사유를 알리고 열람을 제한하거나 거절할 수 있다.

1. 법령에 따라 열람을 제한하거나 거절할 수 있는 경우
2. 다른 사람의 생명·신체를 해칠 우려가 있거나 다른 사람의 재산과 그 밖의 이익을 부당하게 침해할 우려가 있는 경우
3. 해당 금융회사의 영업비밀(「부정경쟁방지 및 영업비밀보호에 관한 법률」 제2조 제2호에 따른 영업비밀)이 현저히 침해될 우려가 있는 경우
4. 개인정보의 공개로 인해 사생활의 비밀 또는 자유를 부당하게 침해할 우려가 있는 경우
5. 열람하려는 자료가 열람목적과 관련이 없다는 사실이 명백한 경우

3 　청약의 철회

1) 개요

청약철회권은 일반금융소비자가 금융상품 등 계약의 청약을 한 후 일정기간 내에 청약과정 등에 하자가 없음에도 불구하고 일반금융소비자에게 청약철회권을 부여하는 제도이다(금융소비자보호법 제46조, 금융소비자보호법 시행령 제37조).

따라서, 일반금융소비자가 청약철회로 인한 불이익이 없이 해당 계약에서 탈퇴할 수 있는 기회를 제공함으로써 일반금융소비자의 권익향상에 기여하고자 한다.

2) 청약의 철회

❶ 투자성 상품 : 일반금융소비자는 투자성 상품 중 청약철회가 가능한 상품에 한하여 다음의 어느 하나에 해당되는 날로부터 7일(금융상품판매업자등과 일반금융소비자 간에 해당기간 보다 긴 기간으로 약정한 경우에는 그 기간) 내에 청약의 철회를 할 수 있음
1. 계약서류를 제공 받은 날
2. 계약 체결일

- **(청약철회의 효력 발생)** 일반금융소비자가 금융상품판매업자등에게 청약철회의 의사를 서면, 전자우편, 휴대전화 문자메시지 등의 방법으로 발송한 때 청약철회의 효력이 발생하며, 일반금융소비자가 서면 등을 발송한 때에는 지체없이 그 발송사실을 해당 금융상품판매업자등에게 알려야 함
- **(청약철회권 배제)** 투자성 상품에 관한 계약의 경우 일반금융소비자가 예탁한 금전등(금전 또는 그 밖의 재산적 가치가 있는 것을 포함)을 지체 없이 운용하는 데 동의한 경우에는 청약철회권을 행사하지 못함

  ☞ 실무상 유의사항으로 금융상품판매업자등은 해당 일반금융소비자에게 "투자자가 지체 없이 운용하는 데 동의하는 경우 7일 간 청약철회권 행사를 할 수 없다"는 사실 등을 설명하고 투자자가 직접 서명, 기명날인, 녹취 등의 방법으로 동의(확인)하는 회사와 투자자 간 개별약정 방식으로 진행해야 함(약관·계약서·집합투자규약 등에 "투자자가 지체 없이 운용하는데 동의(확인)합니다" 등의 문구를 미리 넣어 작성해 놓고 이를 투자자에게 교부하는 방식으로 투자자의 동의 의사를 확인할 경우 약관규제법 위반 소지)

- **(금전등의 반환)** 금융상품판매업자등은 청약의 철회를 접수한 날로부터 3영업일 이내에 이미 받은 금전·재화 및 해당 상품과 관련하여 수취한 보수·수수료 등을 반환
- **청약철회가 가능한 투자성 상품**
  1. 고난도금융투자상품(일정 기간에만 금융소비자를 모집하고 그 기간이 종료된 후에 금융

소비자가 지급한 금전등으로 자본시장법에 따른 집합투자를 실시하는 것만 해당)

　2. 고난도투자일임계약, 고난도금전신탁계약

　3. 비금전신탁

❷ 대출성 상품 : 금융투자회사와 관련해서는 자본시장법 제72조 제1항에 따른 신용
공여가 대표적인 청약철회의 대상이며 일반금융소비자는 다음의 어느 하나에 해
당되는 날로부터 14일(금융상품판매업자등과 일반금융소비자 간에 해당기간보다 긴 기간으로
약정한 경우에는 그 기간) 내에 청약의 철회를 할 수 있음

　1. 계약서류를 제공 받은 날

　2. 계약 체결일

☞ 실무적으로는 금융투자회사와 관련된 대출성 상품은 자본시장법 제72조 제1
항에 따른 신용공여이며 그 중에 일반금융소비자와 관련해서는 신용거래(신용
거래융자 또는 신용거래대주)가 주로 청약철회권의 대상이 될 것임

　이때, 신용거래(신용거래융자 또는 신용거래대주)시 청약철회권 행사기간(14일)을 기
산하는 시점은 금융투자회사와 일반금융소비자 간에 신용거래의 계약체결일
또는 신용거래 계약서류를 제공 받은 날임(계약체결일 이후 신용거래융자 또는 신용
거래대주가 실행된 날이 아님)

금융위 신속처리반 회신

신용거래*는 계약체결 후 금전지급일이 소비자의 선택에 따라 달라지는 특성이 있어 금
소법 제46조 제1항 제3호 각 목 외 부분의 "금전 등의 지급이 늦게 이루어진 경우"가 적
용되기 어렵습니다.

* 자본시장법 제72조 제1항에 따른 신용공여

　- (청약철회권 배제) 다만, 담보로 제공한 증권이 자본시장법에 따라 처분된
경우에는 청약철회권을 행사할 수 없음

　- (청약철회의 효력 발생) 일반금융소비자가 금융상품판매업자등에게 청약철
회의 의사를 서면, 전자우편, 휴대전화 문자메시지 등의 방법으로 발송하고,
금융상품판매업자등에게 이미 공급받은 금전등을 회사에 반환한 때에 비로소
청약철회의 효력이 발생하는 점을 유의. 또한 일반금융소비자가 서면 등을
발송한 때에는 지체 없이 그 발송사실을 해당 금융상품판매업자등에게 알려

야 함

- (금전등의 반환) 금융상품판매업자등은 일반금융소비자로부터 금전등을 반환받은 날로부터 3영업일 이내에 신용공여와 관련하여 투자자로부터 받은 수수료를 포함하여 이미 받은 금전등을 반환하고, 반환이 늦어진 기간에 대해서는 해당 금융상품의 계약에서 정해진 연체이자율을 금전·재화·용역의 대금에 곱한 금액을 일 단위로 계산하여 지급하여야 함

  ☞ 실무적으로는 금융투자회사는 고객으로부터 받은 수수료(증권 매매수수료 등은 제외) 등을 고객에게 반환하며, 반대로 고객은 금융투자회사에 대출원금, 이자, 인지대 등을 반환해야 함

3) 청약철회권 관련 추가적인 소비자 보호 장치

금융상품판매업자등은 청약이 철회된 경우 투자자에 대하여 청약의 철회에 따른 손해배상 또는 위약금 등 금전 지급을 청구할 수 없으며, 청약의 철회에 대한 특약으로서 투자자에게 불리한 것은 무효로 금융소비자보호법은 규정하고 있다.

또한, 금융상품판매업자등은 청약이 철회된 경우 투자자에 대하여 청약의 철회에 따라 금전(이자 및 수수료를 포함)을 반환하는 경우에는 투자자가 지정하는 입금계좌로 입금해야 한다.

| **4** | **금융분쟁의 조정** |

1) 개요

금융소비자 및 그 밖의 이해관계인은 금융과 관련하여 분쟁이 있을 때에는 금융감독원장에게 분쟁조정을 신청할 수 있으며, 분쟁의 당사자가 조정안에 대해 수락할 경우 재판상 화해와 동일한 효과를 볼 수 있다(금융소비자보호법 제33조~제43조, 금융소비자보호법 시행령 제32조~제34조).

2) 시효중단 효과

금융소비자보호법에 따라 분쟁조정이 신청된 경우 시효중단의 효력이 있음을 유의

해야 한다. 다만, 합의권고를 하지 아니하거나 조정위원회에 회부하지 아니할 때에는 시효중단 효력은 없으나, 이때에도 1개월 이내에 재판상의 청구, 파산절차참가, 압류 또는 가압류, 가처분을 한 때에는 시효는 최초의 분쟁조정의 신청으로 인하여 중단된 것으로 본다.

3) 분쟁조정 관련 주요 신규제도

금융소비자보호법에 따른 분쟁조정 신청 시 아래와 같은 제도가 신규로 도입되어 금융소비자 권익이 한층 강화되었다.

❶ 소송중지제도 : 분쟁조정 신청 전·후에 소가 제기되면, 법원은 조정이 있을 때까지 소송절차를 중지할 수 있고, 법원이 소송절차를 중지하지 않으면 조정위원회가 조정절차를 중지해야 함
　－ 조정위원회가 조정이 신청된 사건과 동일 원인으로 다수인이 관련되는 동종·유사 사건 소송이 진행중일 경우, 조정절차를 중지할 수 있음
❷ 소액사건 조정이탈금지제도 : 금융회사는 일반금융소비자가 신청한 소액(권리가액 2천만원 이내) 분쟁 사건에 대하여 조정안 제시 전까지 소 제기 불가
❸ 분쟁조정위원회 객관성 확보 : 분쟁조정위원회 회의시 구성위원은 위원장이 회의마다 지명하는데, 이때 분쟁조정위원회의 객관성·공정성 확보를 위해 소비자단체와 금융업권 추천 위원은 동수(同數)로 지명

| 5 | 손해배상책임 |

1) 개요

금융소비자보호법은 금융상품판매업자등의 손해배상책임을 규정하면서 금융소비자의 입증책임을 완화하고 금융상품판매대리·대리업자와 관련된 손해에 대하여 금융상품직접판매업자에게도 손해배상책임을 부과함으로써 금융소비자 보호에 대한 실효성을 더욱 제고하였다(금융소비자보호법 제44조~제45조).

2) 입증책임 전환

금융소비자보호법은 설명의무를 위반하여 금융소비자(일반 또는 전문)에게 손해를 입힌 경우에 금융상품판매업자등에게 손해배상책임을 부과하고 있다.

이때, 금융소비자는 금융상품판매업자등의 설명의무 위반사실, 손해발생 등의 요건만 입증하면 되고, 반면에 금융상품판매업자등은 자신에게 고의 또는 과실이 없음을 입증하지 못하면 손해배상책임을 면할 수 없다.

☞ 민법상 손해배상청구시 가해자의 ① 고의·과실, ② 위법성, ③ 손해, ④ 위법성과 손해와의 인과관계 등을 입증하여야 하나, 설명의무 위반에 한정하여 입증책임을 전환함으로써 소비자 피해구제를 강화(신용정보법·공정거래법 등 입법례를 감안하여 '고의·과실' 요건에 한정)

3) 금융상품직접판매업자의 사용자책임

금융소비자보호법은 금융상품판매대리·중개업자등이 판매과정에서 소비자에 손해를 발생시킨 경우, 금융상품직접판매업자에게도 손해배상책임을 부과하고 있다.

다만, 금융상품직접판매업자가 손해배상책임을 면하기 위해서는 금융상품판매대리·중개업자에 대한 선임과 업무 감독에 대해 적절한 주의를 하고 손해 방지를 위한 노력을 한 사실을 입증하여야 한다.

---

section 06 | 판매원칙 위반시 제재 강화

1 위법계약 해지권

1) 개요

위법계약해지권이란 금융소비자(일반 또는 전문)는 판매규제를 위반한 계약에 대해 일정기간 내에 해당 계약을 해지할 수 있는 권리를 말한다.

금융소비자에게 해지 수수료·위약금 등 불이익 없이 위법한 계약으로부터 탈퇴할 수 있는 기회를 제공함으로써 금융상품판매업자등의 위법행위를 억제하고 금융소비자의 권익도 강화하고자 하는 취지에서 신규로 도입되었다(금융소비자보호법 제47조, 금융소비자보호법 시행령 제38조).

2) 행사요건

금융소비자는 금융상품판매업자등이 ① 5대 판매규제를 위반하여 ② 금융상품 계약을 체결한 경우 ③ 일정 기간 내에 계약해지 요구 가능하다. 자세히 살펴보면 다음과 같다.

❶ 판매규제 위반 : 적합성원칙, 적정성원칙, 설명의무, 불공정영업행위금지, 부당권유행위금지를 위반한 경우(광고규제 위반은 제외)

❷ 적용상품 : 계속적 거래가 이루어지고 금융소비자가 해지 시 재산상 불이익이 발생하는 금융상품으로 투자일임계약, 금전신탁계약, 금융상품자문계약 등이 해당됨
  − 또한, 금융소비자보호법은 "계약의 체결로 자본시장법 제9조 제22항에 따른 집합투자규약이 적용되는 경우에는 그 적용기간을 포함한다"라고 규정하여 수익증권, 즉 펀드를 계속적 계약에 포함하고 있음

❸ 적용제외상품 : ① P2P업자와 체결하는 계약, ② 자본시장법상 원화표시 양도성 예금증서, ③자본시장법상 표지어음

❹ 해지요구 기간 : 계약체결일로부터 5년 이내 범위의 기간 내에 해지요구가 가능하되, 금융소비자가 위법사실을 인지한 경우에는 위법사실을 안 날로부터 1년 이내의 기간

3) 행사방법

금융소비자는 금융상품직접판매업자 또는 자문업자에게 ① 금융상품 명칭과 ② 법위반사실이 기재된 계약해지요구서를 제출함으로써 신청할 수 있다.

4) 수락통지 등

금융상품판매업자등은 10일 이내 금융소비자의 해지요구에 대한 수락여부를 통지하여야 하며 금융상품판매업자등이 해지요구를 거절할 경우 거절사유도 함께 통지하여야 한다.

이때, 금융상품판매업자등이 정당한 사유 없이 해지 요구를 따르지 않는 경우 금융소비자가 일방적으로 해지하는 것도 가능하도록 되어 있다.

〈정당한 사유〉

1. 금융소비자가 위반사실에 대한 근거자료를 제시하지 않거나 거짓으로 제시한 경우
2. 계약체결 당시에는 위반사항이 없었으나 계약 후에 발생한 사정변경을 이유로 위반사항을 주장하는 경우
3. 금융소비자의 동의를 받아 위반사항을 시정한 경우
4. 금융상품판매업자등이 계약의 해지 요구를 받은 날부터 10일 이내에 법 위반사실이 없음을 확인하는 데 필요한 객관적·합리적인 근거자료를 금융소비자에 제시한 경우
   - 다만, 10일 이내에 금융소비자에 제시하기 어려운 경우에는 다음 각 목의 구분에 따름
      가. 계약의 해지를 요구한 금융소비자의 연락처나 소재지를 확인할 수 없거나 이와 유사한 사유로 법 제47조 제1항 후단에 따른 통지기간 내 연락이 곤란한 경우 : 해당 사유가 해소된 후 지체 없이 알릴 것
      나. 법 위반사실 관련 자료 확인을 이유로 금융소비자의 동의를 받아 법 제47조 제1항 후단에 따른 통지기한을 연장한 경우 : 연장된 기한까지 알릴 것
5. 금융소비자가 금융상품판매업자등의 행위에 법 위반사실이 있다는 사실을 계약을 체결하기 전에 알았다고 볼 수 있는 명백한 사유가 있는 경우

5) 위법계약해지의 효력

금융상품판매업자등이 금융소비자의 해지요구를 수락하거나 금융소비자가 금융소비자보호법에 따라 해지하는 경우, 해당 계약은 장래에 대하여 효력이 상실된다는 점을 유의하여야 한다. 따라서 금융상품판매업자등의 원상회복 의무는 없다.

금융소비자의 해지요구권 등에 따라 해당 계약이 종료된 경우 금융상품판매업자등은 금융소비자에 대해 해지 관련 비용(수수료, 위약금 등)을 요구할 수 없다.

2 판매제한명령

1) 개요

금융상품의 판매과정에서 소비자 피해가 가시화되거나 확대되는 것을 미연에 방지하여 소비자 피해를 최소화하기 위해 금융위원회에 해당 금융상품에 대해 판매제한 또는 금지를 명하는 제도를 도입하였다(금융소비자보호법 제49조, 금융소비자보호법 시행령 제40조).

2) 명령권 발동요건

금융소비자보호법 및 동법 시행령은 다양한 유사사태에 유연하게 대처할 수 있도록 명령권 발동요건을 포괄적으로 규정한 것이 특징이다.

> **금융소비자보호법 제49조(금융위원회의 명령권)**
> ② 금융위원회는 금융상품으로 인하여 금융소비자의 재산상 현저한 피해가 발생할 우려가 있다고 명백히 인정되는 경우로서 대통령령으로 정하는 경우에는 그 금융상품을 판매하는 금융상품판매업자에 대하여 해당 금융상품 계약 체결의 권유 금지 또는 계약 체결의 제한·금지를 명할 수 있다.
>
> **금융소비자보호법 시행령 제49조(금융위원회의 명령권)**
> ② 법 제49조 제2항에서 "대통령령으로 정하는 경우"란 투자성 상품, 보장성 상품 또는 대출성 상품에 관한 계약 체결 및 그 이행으로 인해 금융소비자의 재산상 현저한 피해가 발생할 우려가 있다고 명백히 인정되는 경우를 말한다.

3) 명령권 행사절차

❶ 사전고지 : 금융위원회는 명령대상자에게 명령의 필요성 및 판단근거, 명령 절차 및 예상시기, 의견제출 방법을 사전 고지할 것

❷ 의견제출 : 금융위원회는 명령 발동 전 명령대상자에 금융위의 명령에 대해 의견을 제출할 수 있는 충분한 기간을 보장할 것
❸ 대외공시 : 금융위원회는 금융소비자 보호 차원에서 명령 발동 후 지체없이 그 내용을 홈페이지에 게시할 것

〈공시사항〉

1. 해당 금융상품 및 그 금융상품의 과거 판매기간
2. 관련 금융상품의 명칭
3. 판매제한명령권의 내용·유효기간 및 사유(법령 위반 관련성)
4. 판매제한명령권 발동시점 이전에 체결된 계약의 효력에 영향을 미치지 않는다는 사실
5. 판매제한명령 이후 이행현황을 주기적으로 확인한다는 사실
6. 기타 금융소비자보호에 관한 사항, 공시로 인한 불이익 등

4) 판매제한·금지명령 중단

금융위원회는 이미 금융소비자의 재산상 피해발생 우려를 제거하거나 신규 판매행위를 중단한 경우, 판매제한명령권 필요성 및 대상자가 입는 불이익을 고려하여 판매제한명령권 행사를 중단할 수 있다.

이때, 금융위원회는 판매제한·금지명령을 한 사실을 지체 없이 홈페이지에 게시해야 한다.

3 징벌적 과징금

1) 개요

징벌적 과징금 제도의 신규도입 목적은 위법행위로 인해 발생한 수입의 환수 등을 통해 위법행위 의욕을 사전에 제거하는 등 규제의 실효성을 확보하기 위함이다.

징벌적 과징금은 금융상품직접판매업자 또는 금융상품자문업자가 주요 판매원칙을 위반할 경우 위반행위로 인한 수입 등의 50%까지 부과될 수 있다(금융소비자보호법 제57조).

2) 적용되는 위반행위

징벌적 과징금이 부과되는 위법행위로는 설명의무 위반, 불공정영업행위, 부당권유행위, 광고규제 등이 적용된다.

따라서, 적합성 원칙·적정성 원칙 위반은 징벌적 과징금 대상이 아님을 유의해야 한다.

3) 부과대상

금융상품직접판매업자 또는 금융상품자문업자가 부과대상이다.

유의할 점은 1사 전속 금융상품판매대리·중개업자 또는 금융상품직접판매업자에서 근무하는 임직원의 위반행위에 대해서는 그 금융상품직접판매업자에 대하여 과징금을 부과할 수 있다. 다만, 이 경우에도 금융상품직접판매업자가 적절한 주의와 감독을 게을리 하지 아니한 사정이 입증되는 경우에는 그 금액을 감경하거나 면제될 수 있다.

4) 부과방법

부과방법은 상품 유형별로 다음과 같다.

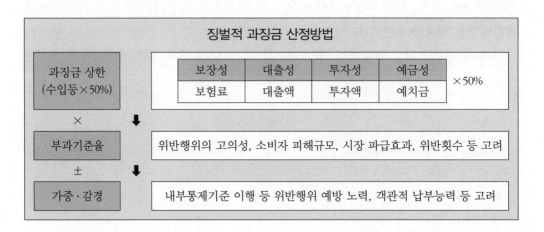

징벌적 과징금 산정방법

| 과징금 상한 (수입등×50%) | 보장성 | 대출성 | 투자성 | 예금성 | ×50% |
| | 보험료 | 대출액 | 투자액 | 예치금 | |

× 부과기준율 → 위반행위의 고의성, 소비자 피해규모, 시장 파급효과, 위반횟수 등 고려

± 가중·감경 → 내부통제기준 이행 등 위반행위 예방 노력, 객관적 납부능력 등 고려

- 투자성 상품은 투자액, 대출성 상품은 대출금 등으로 규정하여 거래규모가 클수록 제재강도가 높아지도록 규정
- 다만 수입금액이 없거나 산정이 곤란한 경우에는 10억원 이내 범위에서 과징금 부과 가능

4 과태료

1) 개요

금융소비자보호법은 금융상품판매업자등의 위반행위 유형별로 과태료 상한액을 규정하고 개별 위반행위의 과태료 기준금액을 시행령으로 구체화하였다(금융소비자보호법 제69조, 금융소비자보호법 시행령 제51조).

2) 부과사유

6대 판매원칙 위반, 내부통제기준 미수립, 계약서류 제공의무 위반 등을 과태료 부과 사유로 규정하였다. 특히, 적합성·적정성 원칙 위반행위에 대해 과거 자본시장법 등과 달리 과태료(3천만원) 부과 규정을 신설한 점을 유의하여야 한다.

3) 부과대상

과태료 부과대상을 '위반한 자'로 규정하여, 과징금과 달리 금융상품대리·중개업자에게도 직접 부과가 가능하다. 특히, 관리책임이 있는 금융상품대리·중개업자(재위탁이 허용된 경우) 또는 금융상품직접판매업자에 대한 과태료 부과도 가능한 점을 유의해야 한다.

☞ 실무적으로는 금융투자업의 경우 금융상품대리·중개업자(투자권유대행인)이 다른 금융상품대리·중개업자에게 재위탁하는 경우는 없기 때문에 관리책임이 있는 금융상품대리·중개업자에 대한 과태료 부과 사례는 없음

표 4-1   금융소비자보호법상 과징금과 과태료 비교

구분	과징금		과태료	
부과 목적	• 부당이득 환수로 징벌적 목적		• 의무위반에 부과(행정처분)	
부과 대상	• 금융상품직접판매업자 　(원칙적으로 소속 임직원, 대리 · 중개업자 　위반행위시에도 책임) • 금융상품자문업자		• 규정 위반자 　(부과대상에 제한없음)	
부과 사유	① 설명의무 위반 ② 불공정영업행위금지 위반 ③ 부당권유금지 위반 ④ 광고규제 위반		1억 원	① 내부통제기준 미수립 ② 설명의무 위반 ③ 불공정영업행위금지 위반 ④ 부당권유금지 위반 ⑤ 광고규제 위반 ⑥ 계약서류제공의무 위반 ⑦ 자문업자 영업행위준칙 위반 ⑧ 자료유지의무 위반 ⑨ 검사거부 · 방해 · 기피
법정 한도액		업무정지처분에 갈음 한 과징금의 경우 → 업무정기기간(6월내) 동안 얻을 이익	3천만 원	① 적합성 · 적정성 원칙 위반 ② 판매대리 · 중개업자 금지의무 　및 고지의무 위반
			1천만 원	①변동보고의무 위반

※ 음영(   )은 6대 판매원칙 위반 부분

01 금융소비자보호법에서 규정하고 있는 소비자보호장치가 아닌 것은?

① 위법계약해지권

② 소액사건 분쟁조정이탈금지

③ 징벌적과징금

④ 손해배상금액 추정

02 투자성 상품의 경우 청약철회권이 적용되지 않는 상품은 무엇인가?

① 파생결합증권

② 고난도 투자일임계약

③ 고난도 금전신탁계약

④ 부동산신탁계약

03 금융소비자보호법에 따른 전문금융소비자의 내용과 다른 것은?

① 국가, 한국은행, 금융회사를 제외한 주권상장법인 등은 장외파생상품 거래시 전문금융소비자와 같은 대우를 받겠다는 의사를 회사에 서면통지한 경우에 전문금융소비자 대우를 받는다.

② 투자권유대행인은 투자성 상품과 관련하여 전문금융소비자이다.

③ 대출성 상품의 경우 상시근로자 10인 이상 법인도 전문금융소비자이다.

④ 대부업자는 대출성 상품에는 전문금융소비자이지만 투자성 상품에는 일반금융소비자이다.

해설

01 ④ 손해배상금액 추정 조항은 자본시장법에 규정되어 있고 금융소비자보호에 관한 법률에는 설명의무 위반에 대하여 고의 또는 과실이 없음을 금융상품판매업자등에게 지우는 입증책임전환 조항이 신설되어 있음

02 ① 금융소비자보호에 관한 법률상 청약철회권 적용대상 상품은 고난도 투자일임계약, 고난도 금전신탁계약, 非금전신탁계약 그리고 일정기간에만 모집하고 그 기간이 종료된 후에 집합투자를 실시하는 고난도 금융투자상품(단위형 펀드 : ELF, DLF 등)이므로 파생결합증권은 해당되지 않음

03 ④ 금융소비자보호법상 대부업자는 대출성 상품, 투자성 상품, 보장성 상품에 대하여 전문금융소비자로 분류됨

04 금융소비자보호법에서 정하고 있는 부당권유행위 금지와 관련한 내용이 틀린 것은?

① 증권에 대해서도 금융소비자부터 요청받지 아니하고 방문 또는 전화 등 실시간 대화의 방법으로 계약의 권유를 할 수 없다.

② 보호받을 수 있는 대상은 일반금융소비자와 전문금융소비자이다.

③ 적합성 원칙을 적용받지 않고 권유하기 위해 일반금융소비자로부터 투자권유 불원 의사를 서면 등으로 받는 행위를 하여서는 아니 된다.

④ 투자성 상품에 관한 계약체결을 권유하면서 일반금융소비자가 요청하지 않은 다른 대출성 상품을 안내하거나 관련정보를 제공해서는 아니 된다.

05 금융소비자보호법에서 정하고 있는 내용과 상이한 것은?

① 청약철회에 대한 특약으로 투자자에게 불리한 것은 무효이다.

② 위법계약해지의 효력은 소급하여 무효이다.

③ 금융소비자의 자료열람요구에도 법령이 정한 경우 또는 다른 사람의 생명·신체를 해칠 우려가 있는 등의 사유가 있을 때는 제한할 수 있다.

④ 금융감독원 분쟁조정위원회 회의 시 구성위원은 소비자 단체와 금융업권 추천위원이 각각 동수(同數)로 지명된다.

해설

04 ① 금융소비자보호법에도 과거 자본시장법과 동일하게 증권 또는 장내파생상품은 불초청권유금지 조항에 대하여 적용 예외됨(불초청권유 : 금융소비자로부터 계약의 체결권유를 해줄 것을 요청받지 아니하고 방문·전화 등 실시간 대화의 방법으로 권유하는 행위)

05 ② 금융소비자보호법상 위법계약해지권의 도입취지는 해지수수료 등의 불이익이 없이 위법한 계약으로부터 신속하게 탈퇴할 수 있는 기회를 부여하고 이후에 손해배상 등의 책임을 물을 수 있기 때문에 위법계약해지는 장래에 대해서만 효력이 있음

06 금융소비자보호법에 따라 방문판매원등이 금융소비자에게 미리 사전안내하고 해당 금융소비자가 응한 경우 방문(전화권유)판매를 할 수 있으나 투자성 상품 및 금융소비자 유형별로는 방문판매원등의 사전연락이 금지된 경우도 있다. 사전연락금지에 대한 기술이 잘못된 것은?

① 고난도금융투자상품 대상 방문판매 목적으로 일반금융소비자에게 사전연락을 할 수 없다.

② 전문금융소비자에게는 장내파생상품을 방문판매하기 위하여 사전연락을 할 수 있다.

③ 장외파생상품을 방문판매하기 위하여 일반금융소비자에게 사전연락을 할 수 없다.

④ 장외파생상품을 방문판매하기 위하여 전문금융소비자에게 사전연락을 할 수 있다.

해설

06 ④ 장외파생상품의 경우에는 일반금융소비자이든 전문금융소비자이든 구분 없이 방문판매원등이 먼저 금융소비자에게 연락해서 방문판매의 뜻을 전달하는 것이 금지되어 있음

정답 01 ④ | 02 ① | 03 ④ | 04 ① | 05 ② | 06 ④

part 03

한국금융투자 협회 규정

certified securities investment advisor

chapter 01

금융투자회사의 영업 및 업무에 관한 규정

section 01 투자권유 등

1 개요

금융투자회사의 영업 및 업무에 관한 규정(이하 '영업규정'이라 한다)에서는 금융투자회사가 일반투자자(금융소비자보호법·시행령·감독규정 등이 적용되는 경우에는 금융소비자보호법 제2조 제10호의 일반금융소비자를 의미. 이하 같다)를 대상으로 금융투자상품의 매매, 투자자문계약, 투자일임계약 또는 신탁계약(관리형신탁계약 및 투자성 없는 신탁계약은 제외. 이하 같다)의 체결을 권유함에 있어 준수하여야 할 사항을 정하고 있다.

(1) 적합성 확보

❶ 투자자 정보 확인의무 등

ㄱ. 투자자 정보 확인 : 금융소비자보호법(제17조)에서는 금융상품판매업자등이 금융상품계약체결등을 하거나 자문업무를 하는 경우에 상대방인 금융소비자가 일반투자자인지 여부를 확인하도록 하고 있으며, 일반투자자에게 금융상품 계약 체결을 권유(금융상품자문업자가 자문에 응하는 경우 포함)하는 경우에는 면담·질문 등을 통하여 고객의 투자목적·재산상황 및 투자경험 등의 정보(이하 "투자자정보"라 한다)를 파악하도록 하고 있음

ㄴ. 투자자 정보 확인 방법 : 일반투자자로부터 파악한 투자자정보의 내용은 해당 일반투자자로부터 서명(「전자서명법」 제2조 제2호에 따른 전자서명을 포함. 이하 같다), 기명날인, 녹취 (이하 "서명 등"이라 한다) 등의 방법으로 확인받아 이를 유지·관리하여야 함. 또한 확인한 투자자정보의 내용은 해당 일반투자자에게 지체 없이 제공하여야 함

ㄷ. 투자권유의 적합성 : 금융투자회사는 일반투자자의 투자자정보에 비추어 해당 파생상품등이 그 일반투자자에게 적정하지 아니하다고 판단되는 경우에는 금융소비자보호법 제18조 제2항에 따라 그 사실을 알리고, 일반투자자로부터 서명등의 방법으로 확인을 받아야 함

❷ 파생상품등에 대한 특례 : 일반투자자에게 금융소비자보호법 제18조 및 동법 시행령 제12조 제1항 제2호에 따른 투자성 상품(이하 "파생상품등"이라 한다)에 관한 판매 계약을 체결하려는 경우에는 투자권유를 하지 아니하더라도 면담·질문 등을 통하여 그 일반투자자의 투자자정보를 파악하여야 함

❸ 부적합투자자, 투자권유 불원투자자 대상 판매현황 공시

금융투자회사는 금융소비자보호법 제17조 또는 제18조에 따라 투자자정보를 파악한 결과, 판매 상품이 적합 또는 적정하지 아니하다고 판단되는 일반투자자(이하 "부적합투자자"라 한다)와 투자자정보를 제공하지 않거나 투자권유를 희망하지 않는 일반투자자(이하 "투자권유 불원 투자자"라 한다)를 대상으로 상품을 판매한 실적을 협회의 인터넷 홈페이지에 공시하여야 함

(2) 설명의무

❶ 설명서(투자설명서) : 금융투자회사는 금융소비자보호법 제19조 제2항에 따라 일반투자자를 대상으로 투자권유를 하는 경우에는 설명서(제안서, 설명서 등 명칭을 불문한다. 이하 같다)를 일반투자자에게 제공하여야 함. 다만, 법 제123조 제1항에 따른 투자설명서, 법 제124조 제2항 제3호에 따른 공모집합투자기구 집합투자증권의 간이투자설명서 및 법 제249조의4제2항에 따른 일반 사모집합투자기구 집합투자증권의 핵심상품설명서(이하 "핵심상품설명서"라 한다)에 대해서는 일반투자자가 영 제132조 제2호에 따라 수령을 거부하는 경우에는 그러하지 아니함. 이 경우 법 제123조 제1항에 따른 투자설명서와 법 제124조 제2항 제3호에 따른 간이투자설명서를 제외한 설명서 및 핵심상품설명서는 준법감시인 또는 금융소비자보호 총괄책임자의 사전심의를 받아야 하며, 내용 중 금융소비자보호법규에 따라 중요한 내용은 부호, 색채, 굵고 큰 글자 등으로 명확하게 표시하여 알아보기 쉽게 작성하여야 함

❷ 핵심설명서 : 금융투자회사는 다음 어느 하나에 해당하는 경우 핵심설명서를 추가로 교부하고 그 내용을 충분히 설명하여야 함

ㄱ. 일반투자자가 고난도금융투자상품(법 시행령 제2조 제7호 이하 같음) 이외의 공모의 방법으로 발행된 파생결합증권(주식워런트증권, 상장지수증권, 금적립계좌등은 제외)을 매매하는 경우. 다만, 법 제124조 제2항 제3호의 간이투자설명서를 사용하는 경우에는 그러하지 아니함

ㄴ. 일반투자자 또는 자본시장법 시행령 제10조 제3항 제17호에 따른 개인전문투자자가 공모 또는 사모의 방법으로 발행된 고난도금융투자상품을 매매하거나 고난도금전신탁계약, 고난도투자일임계약을 체결하는 경우

ㄷ. 일반투자자가 신용융자거래 또는 유사해외통화선물거래를 하고자 하는 경우

❸ 파생결합증권에 대한 특례 : 금융투자회사는 공모의 방법으로 발행된 파생결합증권(주식워런트증권, 상장지수증권 및 금적립계좌등은 제외하고 금융소비자보호 감독규정 제11조 제1항 제2호에 따른 금융투자상품 및 이를 운용대상으로 하는 금전신탁계약의 수익증권을 포함. 이하 같다)에 대해서는 일반투자자가 미리 지정한 서신, 전화, 전자우편 및 그 밖에 이와 유사한 전자통신의 방법으로 다음의 정보를 제공하여야 함(다만, 해당 일반투자자가 서명 등의 방법으로 수령을 거부한 경우에는 통지를 하지 아니할 수 있다)

ㄱ. 만기일 이전에 최초로 원금손실 조건(기초자산의 가격이 만기평가일 기준으로 원금손

실조건에 해당되는 경우를 포함)에 해당되는 경우

    a. 원금손실 조건에 해당되었다는 사실

    b. 기초자산의 현재 가격

    c. 자동조기상환조건 및 자동조기상환시 예상수익률

    d. 만기상환조건 및 만기상환시 예상수익률

    e. 중도상환 청구 관련 사항

    f. 공정가액

ㄴ. 판매 후 비정기적인 정보 제공 : 다음의 어느 하나에 해당하는 경우 해당 사실

    a. 최초 기준가격 확정시: 최초 기준가격 및 원금손실 조건에 해당하는 기초자산의 가격

    b. 자동조기상환조건을 충족하지 못한 경우: 자동조기상환의 순연사실

    c. 발행회사의 신용등급이 하락한 경우: 신용등급의 변동내역

ㄷ. 판매 후 비정기적인 정보 제공 : 분기 1회 이상 파생결합증권의 공정가액 및 기초자산의 가격 등에 관한 정보

❹ 주식워런트증권(ELW), 상장지수증권(ETN), 상장지수집합투자기구 집합투자증권(ETF) 에 대한 투자자 보호 특례

ㄱ. 별도 거래신청서 작성 : 금융투자회사는 일반투자자가 최초로 주식워런트증권이나 상장지수증권을 매매하고자 하는 경우에는 기존에 위탁매매거래계좌가 있더라도 서명 등의 방법으로 매매의사를 별도로 확인하여야 하며, 일반투자자가 최초로 변동성지수선물(거래소 「파생상품시장업무규정」 제21조의2에 따른 변동성지수선물 또는 이와 유사한 것으로서 해외 파생상품시장에 상장된 변동성지수선물을 말함)의 가격을 기초로 하는 지수의 변동과 연계한 상장지수증권을 매매하고자 하는 경우에는 가격등락이 크게 발생할 수 있다는 위험 등을 고지하고 매매의사를 추가[1]로 확인하여야 함

ㄴ. 사전 교육 실시 : 금융투자회사는 일반투자자가 주식워런트증권, 1배(−1배)를 초과하는 레버리지 ETN · ETF를 매매하고자 하는 경우 협회가 인정하는 교육을 사전에 이수하도록 하고 그 이수 여부를 확인하여야 함. 다만, 법인 · 단체, 외국인, 투자일임계약 또는 비지정형 금전신탁계약에 따라 거래하려는

---

1 일반 ETN의 매매의사 확인 서류(예 : ETN 거래신청서)가 아닌 별도의 서류(예 : 변동성 ETN 거래신청서)를 통해 매매의사를 확인

개인투자자의 경우 사전교육 대상에서 제외

❺ 장내파생상품시장 적격 개인투자자 제도

ㄱ. 실질적인 투자능력을 갖춘 개인투자자에 한해 파생상품시장 신규진입을 허용하기 위해 적격 개인투자자 제도가 도입됨에 따라 선물거래 및 옵션거래를 하고자 하는 경우 1시간 이상의 파생상품교육과정(협회 또는 금융투자회사가 개설하여 운영하는 파생상품 관련 교육과정)과 3시간 이상의 파생상품 모의거래과정(한국거래소가 개설하여 운영하는 파생상품 모의거래과정 또는 한국거래소가 인증한 금융투자회사의 파생상품 모의거래과정)을 사전에 이수하도록 하고 기본예탁금을 예탁하여야만 거래가 가능. 금융투자회사는 이에 따른 파생상품교육과정 및 파생상품 모의거래과정을 투자자별로 적용하기 위하여 투자자의 투자성향, 투자경험 등을 고려하여 내부기준을 마련하여야 함

ㄴ. 예외 : 거래 희망자의 사전지식 등 전문성 정도를 감안하여, 자율규제위원회[2] 위원장(이하 '자율규제위원장'이라 함)이 인정하는 파생상품 업무경험이 1년 이상이고 파생상품 관련 자격시험에 합격한 사실이 있는 자에 대해서는 사전 의무교육 및 모의거래 이수를 면제하고, 파생상품 관련 자격시험에 합격하고 합격의 효력이 상실되지 않은 자에 대해서는 사전 의무교육을 면제

❻ 판매절차 적정성 점검 : 금융투자회사는 일반투자자를 대상으로 금융투자상품을 매매하거나 투자자문계약, 투자일임계약 또는 신탁계약을 체결하는 경우, 7영업일 이내에 판매절차가 관계법규 및 당해 회사가 마련한 투자권유준칙에서 정하는 방법과 절차에 따라 적정하게 이행되었는지 여부를 투자자로부터 확인하여야 함. 다만, 금융투자회사는 금융투자회사의 인력현황, 계약건수, 금융투자상품의 위험도 등을 감안하여 확인하고자 하는 금융투자상품 또는 투자자의 범위 등을 조정할 수 있음

(3) 위험고지

❶ 일중매매거래(day trading) : '일중매매거래'란 같은 날에 동일 종목의 금융투자상품을 매수한 후 매도하거나, 매도한 후 매수함으로써 해당 금융투자상품의 일

---

2 ① 자율규제위원회는 위원장과 6인의 위원 등 총 7인으로 구성
  ② 자율규제위원회는 금융투자회사 또는 그 임직원이 금융 관련 법령의 위반, 협회 정관·규정 등을 위반 시 제재(회사) 또는 권고(임직원) 가능
  ③ 위원장은 회원 및 그 임직원에 대한 제재조치 부과 시 그 내용 등을 공표

중 가격 등락의 차액을 얻을 목적으로 행하는 매매거래를 말함

주식, 주식워런트증권 및 장내파생상품을 거래하기 위한 계좌를 개설하고자 하는 경우 회사가 정한 '일중매매거래 위험고지서'를 교부하고 이를 충분히 설명하여야 함

또한 회사는 일중매매거래에 대하여 회사의 인터넷 홈페이지 및 온라인거래를 위한 컴퓨터 화면에 일중매매위험을 설명하는 설명서를 게시하여야 함

❷ 시스템매매 : '시스템매매'란 투자자 자신의 판단을 배제하고 사전에 내장된 일련의 조건에 의하여 금융투자상품 매매종목, 매매시점 또는 매매호가에 대한 의사결정 정보를 제공하거나 이에 의하여 자동매매주문을 내는 전산소프트웨어에 의하여 금융투자상품을 매매하는 투자방법을 말함

일반투자자가 시스템매매 프로그램에 의한 매매거래를 신청하는 경우 시스템매매가 반드시 수익을 보장해 주지 않고, 올바른 이해 없이 활용하는 경우 큰 손실이 발생될 수 있다는 유의사항을 고지하여야 하며, 회사가 정한 '시스템매매 위험고지서'를 교부하고 충분히 설명하여야 함

회사는 인터넷 홈페이지 및 온라인거래를 위한 컴퓨터 화면에 시스템매매 위험고지서를 게시하여야 함

일반투자자가 시스템매매 프로그램에 의한 매매거래를 신청하는 경우 프로그램에 내재된 가격 예측 이론 및 사용방법 등에 대한 사전교육 이수 여부를 확인하여야 하며, 별도의 신청서에 의하여 처리하여야 함

(4) 펀드(집합투자증권) 판매

❶ 펀드(집합투자증권) 판매 시 금지행위 : 펀드를 판매하는 경우 다음의 행위를 하여서는 아니 됨

ㄱ. 회사가 받는 판매보수 또는 판매수수료가 높다는 이유로 특정 펀드의 판매에 차별적인 판매촉진 노력(영업직원에 대한 차별적인 보상이나 성과보수의 제공 및 집중적 판매독려 등)을 하는 행위. 다만, 투자자의 이익에 부합된다고 볼 수 있는 합리적 근거가 있어 판매대상을 단일 집합투자업자의 펀드로 한정하거나 차별적인 판매촉진 노력을 하는 경우는 제외

ㄴ. 펀드 판매의 대가로 집합투자재산의 매매주문을 판매회사나 제3자에게 배정하도록 집합투자업자에게 요구하는 행위

ㄷ. 펀드 판매의 대가로 다른 투자자보다 부당하게 높은 매매거래 수수료를 요구하는 행위

ㄹ. 예상수익률의 보장, 예상수익률의 확정적인 단언 또는 이를 암시하는 표현, 실적배당상품의 본질에 반하는 주장이나 설명등을 하는 행위

ㅁ. 자기가 판매하는 펀드의 집합투자재산에 관한 정보를 회사 고유재산의 운영 또는 자기가 판매하는 다른 펀드의 판매를 위하여 이용하는 행위

ㅂ. 집합투자증권의 판매와 관련하여 허위의 사실, 그 밖에 근거 없는 소문을 유포하는 행위

ㅅ. 집합투자회사가 판매회사와 그 임직원을 통하여 집합투자기구를 판매함으로써 취득하게 된 투자자에 관한 정보를 이용하여 집합투자기구의 집합투자증권을 직접 판매하는 행위. 다만, 집합투자회사가 판매회사의 금융지주회사인 경우에는 일부 정보를 이용할 수 있음

ㅇ. 집합투자기구의 수익률에 대하여 단정적인 판단을 제시하는 행위

ㅈ. 판매회사의 직원이 집합투자업과 관련된 수탁업무·자산보관업무·일반사무 관리업무 또는 고유재산 운용업무를 겸직하는 행위

ㅊ. 판매회사 변경과 관련하여 부당하게 다른 판매회사의 고객을 유인하는 등 공정한 거래질서를 해하거나, 그 임직원 또는 투자권유대행인으로 하여금 이를 행하도록 하는 행위

ㅋ. 정당한 사유 없이 공모로 발행되는 집합투자증권의 판매를 거부하는 행위

ㅌ. 집합투자증권의 판매의 대가로 집합투자회사에게 집합투자재산의 매매주문을 회사나 제3자에게 배정하도록 요구하거나, 유사한 다른 투자자의 매매거래보다 부당하게 높은 거래 수수료를 요구하는 행위

ㅍ. 투자자로부터 집합투자증권 취득자금 수취와 관련하여 다음 각 목의 어느 하나에 해당하는 행위

    a. 판매회사의 임직원 이외의 자를 통해 자금을 받는 행위

    b. 판매대금을 분할 납부하도록 하거나 판매회사 또는 임직원이 선납하는 행위

    c. 자금의 실제 납입이 이루어지기 전에 납입이 이루어진 것으로 처리하는 행위

ㅎ. 일반투자자에게 계열회사등('계열회사 또는 계열회사에 준하는 회사'를 말함)인 집합

투자회사가 운용하는 집합투자기구의 집합투자증권만을 투자권유하거나 안내하는 행위

❷ 집합투자증권 판매 시 준수사항

　ㄱ. 펀드 판매 창구의 구분 및 표시 : 판매회사는 영업점에 자금입출 등 통상적인 창구와 구분될 수 있도록 집합투자증권에 대한 투자권유 및 판매 등 집합투자증권 관련 업무를 수행하는 창구에 별도의 표시를 하거나, 판매직원이 협회에 펀드투자권유자문인력으로 등록된 자임을 투자자가 확인할 수 있도록 표시하여야 함

　ㄴ. 펀드 연계 판매 시 준수사항 : 판매회사는 집합투자증권의 판매를 다른 금융투자상품 등의 판매나 계약의 체결, 기타 서비스 제공 등과 연계하는 경우 다음의 사항을 준수하여야 함

　　a. 관계법규에서 정하는 금지행위에 해당되거나 규제를 회피할 목적이 아닐 것
　　b. 펀드투자권유자문인력으로 협회에 등록되어 있는 자가 투자권유를 할 것
　　c. 투자자에게 환매제한 등의 부당한 제약을 가하지 아니할 것
　　d. 집합투자증권의 실적배당원칙이 훼손되지 아니할 것

　ㄷ. 실적평가 시 법규등 준수 여부 반영 : 투자권유를 한 임직원의 집합투자증권 판매 실적 또는 투자권유대행인의 집합투자증권 투자권유 실적평가 시 관계법규 등의 준수 여부 및 민원발생 여부 등을 반영하여야 함

　ㄹ. 펀드 온라인 판매 시 적합성 원칙 구현 절차 마련 : 판매회사는 일반투자자에게 투자권유를 하지 아니하고 온라인거래를 통하여 집합투자증권을 판매 시 일반투자자가 원하는 경우 해당 투자의 적합 또는 적정 여부를 확인할 수 있는 절차를 마련하여야 함

　ㅁ. 일반투자자에게 계열회사등인 집합투자회사가 운용하는 집합투자기구의 집합투자증권을 투자권유하는 경우 그 집합투자회사가 자기의 계열회사등이라는 사실을 고지하여야 함

　ㅂ. 판매회사는 다음의 사항을 해당 판매회사 및 협회의 인터넷 홈페이지에 공시하여야 함

　　a. 판매한 집합투자증권이 계열회사등인 집합투자회사가 운용하는 집합투자기구의 집합투자증권인지 여부를 구분하여 그 판매비중·수익률·비용
　　b. 당해 판매회사의 임직원 및 투자권유대행인이 집합투자증권에 대한 불완

전판매로 판매회사가 감독당국으로부터 제재를 받았을 경우 그 사실

　　c. 'a'에 따른 판매비중이 실제 판매비율과 50%p 이상 차이가 나는 경우 그 사유

(5) 방문판매

❶ 방문판매등 개념 : 다음의 방식으로 투자성 상품 및 대출성 상품에 대한 계약 체결의 권유 또는 계약의 청약을 받아 계약을 체결하여 상품을 판매하는 것

　ㄱ. 방문판매 : 금융투자회사의 영업소, 지점, 출장소 등 사업장 외의 장소로 고객을 방문하여 상품을 판매하는 방식

　ㄴ. 전화권유판매 : 전화를 이용하여 고객에게 상품을 판매하는 방식

　ㄷ. 화상권유판매 : 영상통화, 컴퓨터시스템 등의 매체를 활용하여 고객과 방문판매인력이 화상을 통해 상호 간에 얼굴을 보면서 실시간 대화를 통해 상품을 판매하는 방식

❷ 방문판매인력의 요건 : 방문판매인력은 다음의 요건을 모두 갖추어야 함. 다만, 아래 'ㄴ'과 관련하여 관계법규에서 정하는 자격요건이 없는 경우에는 'ㄴ'을 적용하지 아니함.

　ㄱ. 금융투자회사의 임직원 또는 금융투자회사로부터 투자권유의 업무를 위탁받은 투자권유대행인일 것

　ㄴ. 「금융투자전문인력과 자격시험에 관한 규정」 제2-1조에 따라 금융투자전문인력으로 등록하였거나 「금융투자전문인력과 자격시험에 관한 규정」 제3-20조에 따라 투자권유대행인으로 등록하였을 것

　ㄷ. 협회가 주관하는 방문판매인력 사전교육을 이수할 것

　ㄹ. 협회가 주관하는 방문판매인력 직무교육을 연간 1회 이상 이수할 것(단, 'ㄷ'의 사전교육을 이수한 해당 연도는 직무교육을 면제함)

❸ 방문판매인력의 명부관리 : 금융투자회사는 다음의 내용을 포함한 방문판매인력에 대한 명부를 작성하고 이를 유지·관리하여야 함

　ㄱ. 소속회사, 성명, 연락처

　ㄴ. 금융투자전문인력 또는 투자권유대행인 등록 현황

　ㄷ. 교육이수(사전교육 및 연간 1회 이상의 직무교육) 현황

전문투자자란 금융투자상품에 관한 전문성 구비 여부, 소유자산규모 등에 비추어 투자에 따른 위험 감수능력이 있는 투자자로서 인정되는 자를 말하며, 전문투자자 이외의 투자자는 일반투자자로 본다.

(1) 전문투자자의 구분

전문투자자는 자신의 의사 여부에 관계없이 전문투자자로 구분되는 전문투자자(국가, 금융기관, 증권유관단체 등), 일반투자자자로의 전환을 신청할 수 있는 전문투자자(주권상장법인, 지자체 등) 및 일반투자자가 일정 요건을 갖추고 전문투자자로의 지정을 신청하여 전환된 전문투자자의 세 가지로 구분된다.

(2) 전문투자자의 관리 등

일반투자자자로의 전환을 신청할 수 있는 전문투자자(주권상장법인, 지자체 등)가 일반투자자와 같은 대우를 받겠다는 의사를 금융투자회사에 서면으로 통지하는 경우 금융투자회사는 정당한 사유가 없는 한 이에 동의하여야 하며, 그러한 경우 전문투자자라 하더라도 해당 금융투자회사에서는 일반투자자로 간주된다.

일반투자자가 일정 요건을 갖추고 전문투자자로의 지정을 신청하여 전환된 전문투자자는 기본적으로 일반투자자이지만 전문투자자와 비슷한 수준의 금융전문 지식을 갖추고 있다고 간주하여 거래 절차의 편의성 등을 위하여 전문투자자로 전환 신청을 할 수 있도록 법에서 인정하여 준 것이다.

일반투자자가 장외파생상품거래를 하고자 할 경우 법에서 위험회피 목적의 경우로 한정하고 있기 때문에 만약 위험회피 목적 이외의 장외파생상품거래를 하기 위해서는 전문투자자가 되어야 가능하며 개인의 경우 충분한 투자경험(최근 5년 내 1년 이상 지분증권, 파생상품, 고난도파생결합증권에 해당하는 투자상품의 월말평균잔고가 3억 원 이상)을 갖추어야 가능하다.

법인 또는 단체(외국 법인 또는 외국 단체 포함)의 경우 본인이 직접 또는 금융투자회사가 대행하여 협회에 전문투자자로의 지정신청을 할 수 있고, 개인(외국인인 개인 포함)의 경우 금융투자회사[3]에 지정신청 할 수 있다. 개인의 경우 해당 금융투자회사에서 최초 전문투자자 지정 시 대면 또는 영상통화를 통해 본인 여부를 확인하여야 한다. 금융투자회사는 일반투자자 개인(외국인인 개인 포함)을 전문투자자로 지정하는 경우 해당 투자자에게 향후 적합성 원칙, 적정성 원칙, 설명의무 등이 적용되지 아니한다는 사실과 투자자가 요청하는 경우에는 일반투자자와 같은 대우를 받을 수 있다는 사실을 설명하고, 설명한 내용을 해당 투자자가 이해하였음을 녹취 또는 녹화로 확인받아야 한다.

(3) 전문투자자 분류

전문투자자로 지정을 받은 자가 전문투자자의 대우를 받고자 하는 경우 금융투자회사에 전문투자자 확인증을 제시하고 전문투자자로 분류해 줄 것을 요청하여야 하며 이 경우 금융투자회사는 전문투자자 지정여부 및 잔존 효력기간 등을 확인하여야 한다. 이에 따라 금융투자회사가 일반투자자를 전문투자자로 분류하는 경우에는 해당 전문투자자에게 향후 적합성 원칙, 적정성 원칙, 설명의무 등이 적용되지 아니한다는 사실과 투자자가 요청하는 경우에는 일반투자자와 같은 대우를 받을 수 있다는 사실을 설명하여야 한다. 다만, 개인 전문투자자(외국인 개인 포함)의 경우 설명한 내용을 해당 투자자가 이해하였음을 서면으로 확인받아야 한다.

금융투자회사는 전문투자자 지정효력 기간이 만료하거나 전문투자자가 일반투자자와 같은 대우를 받겠다는 의사를 서면으로 통지한 경우 정당한 사유가 없는 한 해당 전문투자자를 일반투자자로 분류하고 그 사실을 해당 전문투자자에게 즉시 통보하여야 한다.

금융투자회사는 개인 전문투자자(외국인 개인 포함)를 전문투자자로 분류한 이후 고난도금융투자상품을 판매하거나 고난도금전신탁계약, 고난도투자일임계약을 체결하는 경우 적합성 원칙, 적정성 원칙, 설명의무 등이 적용되지 아니한다는 사실과 투자자가 요청하는 경우에는 일반투자자와 같은 대우를 받을 수 있다는 사실을 설명하고, 설명한 내용을 해당 투자자가 이해하였음을 서면으로 확인받아야 한다.

---

3 최근 사업연도말 자산총액(대차대조표상의 자산총액에서 투자자예탁금을 뺀 금액을 말한다) 1천억 원 이상 및 장외파생상품 투자매매업 또는 증권 투자매매업(인수업을 경영하는 자만 해당한다)을 경영

(요약) 개인전문투자자를 대상으로 위험고지하는 경우

구분	심사 회사	타 회사
(1) 지정 심사	녹취 또는 녹화	–
(2) 전문투자자 분류	서면	서면
(3) 고난도금융투자상품 판매 등	서면	서면

금융투자회사는 전문투자자에서 일반투자자 또는 일반투자자에서 전문투자자로 전환된 투자자의 성명, 지정일자, 효력기간 등을 관리대장에 기록·유지하여야 한다.

4 투자권유대행인

(1) 투자권유대행인의 구분

투자권유대행인은 금융투자회사의 임직원이 아닌 자로서 금융투자회사와의 계약에 의하여 투자권유업무를 위탁받은 개인을 말하는데, 법에서는 파생상품등에 대해서는 투자권유를 위탁할 수 없도록 하고 있다(법 제51조). 투자권유대행인의 구분 및 가능 업무는 다음과 같다.

❶ 펀드투자권유대행인 : 펀드(파생상품등은 제외)의 매매를 권유하거나 투자자문계약, 투자일임계약 또는 신탁계약(파생상품등에 투자하는 특정금전신탁계약, 고난도금전신탁계약 및 고난도투자일임계약은 제외. 이하 같다)의 체결을 권유하는 자

❷ 증권투자권유대행인 : 증권(펀드 및 파생상품등은 제외) 및 MMF형 CMA 매매를 권유하거나 투자자문계약, 투자일임계약 또는 신탁계약의 체결을 권유하는 자

(2) 투자권유대행인의 자격요건

❶ 펀드투자권유대행인 : 펀드투자권유자문인력 적격성 인증시험 또는 펀드투자권유대행인 시험에 합격한 자로서 협회가 주관하는 펀드투자권유자문인력 투자자보호교육 또는 펀드투자권유대행인 등록교육을 이수한 자. 다만, 투자자문계약, 투자일임계약 또는 신탁계약의 체결을 권유하고자 하는 경우 다음의 요건을 추가로 갖추어야 함

ㄱ. 투자자문계약 또는 투자일임계약의 체결을 권유하고자 하는 경우 : 협회가

실시하는 '투자자문·투자일임 등록교육'을 이수할 것

ㄴ. 신탁계약의 체결을 권유하고자 하는 경우 : 협회가 실시하는 '신탁 등록교육'을 이수할 것

❷ 증권투자권유대행인 : 증권투자권유자문인력 적격성인증시험, 투자자산운용사시험 또는 증권투자권유대행인 시험에 합격한 자로서 협회가 주관하는 증권투자권유자문인력 투자자 보호교육 또는 증권투자권유대행인 등록교육을 이수한 자. 다만, 투자자문계약, 투자일임계약 또는 신탁계약의 체결을 권유하고자 하는 경우 다음의 요건을 추가로 갖추어야 함

ㄱ. 투자자문계약 또는 투자일임계약의 체결을 권유하고자 하는 경우 : 협회가 실시하는 '투자자문·투자일임 등록교육'을 이수할 것

ㄴ. 신탁계약의 체결을 권유하고자 하는 경우 : 협회가 실시하는 '신탁 등록교육'을 이수할 것

(3) 투자권유대행인의 등록 절차 및 등록의 효력등

❶ 등록 및 변경등록 신청 : 투자권유대행인은 금융투자회사로부터 위탁받은 업무 범위 내에서만 투자권유가 가능하며 금융투자회사를 통하여 협회에 등록을 신청하여야 함

ㄱ. 등록신청 : 금융투자회사는 자신의 임직원이 아닌 개인에게 투자권유를 위탁하고자 하는 경우 등록신청서 등 필요서류를 제출하고 협회에 투자권유대행인 등록을 신청하여야 함

ㄴ. 변경등록 신청 : 금융투자회사는 투자권유대행인에 대한 업무위탁범위가 변경된 경우 협회에 투자권유대행인 변경등록을 신청하여야 함

❷ 등록 및 등록거부

ㄱ. 투자권유대행인 등록증 발급 : 협회는 금융투자회사가 투자권유대행인 등록을 신청한 경우 필요서류의 누락 여부 및 투자권유가 가능한 해당 자격요건의 구비 여부를 확인하여 '투자권유대행인 등록원부'에 기재하고 '투자권유대행인 등록증'을 발급

ㄴ. 등록거부 : 협회는 확인 결과 자격요건을 구비하지 아니하는 등 하자가 있거나 장기간(5년 이상) 투자권유업무를 수행하지 않고, 보수교육 등을 이수하지 않은 경우 등록을 거부할 수 있음

❸ 보수교육 : 투자권유대행인은 협회가 실시하는 소정의 보수교육을 매년 1회 이상 이수하여야 함. 투자권유대행인으로 협회에 등록된 해당 연도는 보수교육을 면제함

❹ 등록의 말소 및 효력정지

ㄱ. 등록의 말소 : 금융위원회가 투자권유대행인에 대하여 등록 취소조치를 부과하거나 금융투자회사와의 위탁계약이 해지된 경우 협회는 해당 투자권유대행인의 등록을 말소함

ㄴ. 등록의 효력정지 : 금융위원회가 법 제53조 제2항에 따라 투자권유대행인에게 직무정지 조치를 부과한 경우 또는 협회가 실시하는 보수교육을 이수하지 아니한 경우 협회는 투자권유대행인의 등록의 효력을 정지할 수 있음

section 02 조사분석자료 작성 및 공표

'조사분석자료'란 금융투자회사의 명의로 공표 또는 제3자에게 제공되는 것으로 특정 금융투자상품(집합투자증권은 제외)의 가치에 대한 주장이나 예측을 담고 있는 자료를 말한다.

'금융투자분석사'란 금융투자회사 임직원으로서 조사분석자료의 작성, 심사 및 승인 업무를 수행하는 자로 전문인력규정 제3-1조에 따라 협회에 등록된 금융투자전문인력을 말한다.

'조사분석 담당부서'란 명칭에 관계없이 조사분석자료의 작성, 심사 및 승인 등의 업무를 수행하는 부서를 말한다. '공표'란 조사분석자료의 내용을 다수의 일반인이 인지할 수 있도록 금융투자회사 또는 조사분석 담당부서가 공식적인 내부절차를 거쳐 발표(언론기관 배포·인터넷 게재·영업직원에 대한 통보·전자통신수단에 의한 통지 등을 포함)하는 행위를 말한다.

조사분석자료의 작성, 심사 및 승인 등의 업무를 수행하기 위하여는 협회가 인정하는 금융투자분석사(애널리스트) 자격을 취득하여야 한다.

1   조사분석자료 작성 원칙 등

조사분석자료는 많은 투자자들에게 영향을 미치기 때문에 윤리성이 매우 중요하다. 자기 또는 타인의 부당한 이익을 도모하지 않고 투자자를 최우선으로 생각하며, 신의 성실의 원칙하에 객관적이고 독립적인 사고와 판단을 가지고 작성하여야 한다.

(1) 조사분석의 원칙

❶ 금융투자회사 및 금융투자분석사는 조사분석업무를 수행함에 있어 선량한 관리 자로서의 주의의무를 다하여야 한다.

❷ 금융투자회사 및 금융투자분석사는 조사분석의 대가로 조사분석 대상법인 등 이 해관계인으로부터 부당한 재산적 이득을 제공받아서는 아니 된다.

❸ 금융투자회사 및 금융투자분석사는 조사분석 대상법인 등 외부로부터 취득한 자 료를 인용하는 경우 해당 자료의 신뢰도를 철저히 검증하여야 한다.

❹ 금융투자회사 및 금융투자분석사는 공정성을 현저하게 결여하거나 합리적 근거 가 없는 조사분석자료를 작성하거나 이를 공표하여서는 아니 된다.

(2) 금융투자분석사의 확인

❶ 금융투자분석사는 조사분석자료를 타인의 부당한 압력이나 간섭 없이 본인의 의 견을 정확하게 반영하여 신의성실하게 작성한 경우 그 사실을 조사분석자료에 명시하여야 한다.

❷ 금융투자회사는 금융투자분석사의 확인 없이 조사분석자료를 공표하거나 제3자 에게 제공하여서는 아니 된다.

❸ 금융투자회사는 해당 금융투자회사의 임직원이 아닌 제3자가 작성한 조사분석 자료를 공표하는 경우 해당 제3자의 성명(법인의 경우 법인명)을 조사분석자료에 기 재하여야 한다.

❶ 금융투자회사 및 임직원의 금융투자분석사에 대한 부당한 압력이나 권한 행사 금지 : 금융투자회사 및 그 임직원은 금융투자분석사에게 부당한 압력이나 권한을 행사하여서는 아니 된다. 따라서 협회 규정에서는 조사분석담당부서가 기업금융업무 관련부서나 상품운용부서 또는 분석대상이 되는 기업으로부터 부당한 압력이나 간섭을 받지 않도록 회사 내부적인 기준을 마련하도록 하고 있다.

❷ 조사분석업무 독립적 수행을 위한 내부통제기준 제정 등 필요조치 이행의무 : 금융투자회사는 금융투자분석사가 조사분석업무를 독립적으로 수행할 수 있도록 내부통제기준 및 조사분석자료의 품질 및 생산실적, 투자의견의 적정성 등이 포함된 보수산정 기준을 제정·운영하여야 한다.

❸ 조사분석자료 공표 전 사전 제공 제한 : 금융투자회사 및 금융투자분석사는 조사분석자료를 공표하기 전에 내부기준에 따른 승인 절차를 거치지 아니하고 제3자에게 조사분석자료 또는 그 주된 내용을 제공할 수 없다.

❹ 조사분석자료 사전제공 금지대상 명문화 : 금융투자회사 및 금융투자분석사는 조사분석자료를 공표하기 전에 조사분석대상법인 및 조사분석자료의 작성·심의에 관여하지 않은 임직원에게 조사분석자료 또는 그 주된 내용을 제공하여서는 아니 된다.

❺ 금융투자분석사의 기업금융업무부서와의 협의 조건 : 금융투자분석사와 기업금융업무 관련 부서 간의 의견 교환은 원칙적으로 제한되고 있지만, 많은 비용을 수반하는 조사분석담당부서에 대한 활용도를 엄격하게 제한하는 것은 기업활동을 지나치게 억제하게 되는 부작용이 있다. 따라서 원칙적으로는 기업금융 관련 부서와의 의견교류를 제한하되 준법감시부서의 통제하에 예외적으로 허용하고 있다.

　금융투자분석사가 기업금융업무(영 제68조 제2항 각 호의 업무를 말함) 관련 부서와 협의하고자 하는 경우 자료교환은 준법감시부서를 통하고 준법감시부서 직원의 입회하에 이루어져야 하며, 회의의 주요 내용은 서면으로 기록·유지되어야 한다.

❻ 조사분석 담당 임원의 기업금융·법인영업 및 고유계정 운용업무 겸직 금지 : 금융투자회사는 조사분석 담당부서의 임원이 기업금융·법인영업 및 고유계정 운용업무를 겸직하도록 하여서는 아니 된다. 다만, 임원수의 제한 등으로 겸직이 불

가피하다고 인정되는 경우에는 예외가 인정된다.

3　조사분석대상법인의 제한 등

조사분석자료를 작성하지 못하거나 이해관계를 고지하도록 하는 것은 소속 회사와 고객 간, 고객과 고객 간의 이해상충 방지를 위한 대표적 사례라고 할 수 있다.

(1) 조사분석대상법인의 제한

금융투자회사는 다음의 어느 하나에 해당하는 금융투자상품에 대하여는 조사분석자료를 공표하거나 특정인에게 제공하여서는 아니 된다.

❶ 자신이 발행한 금융투자상품
❷ 자신이 발행한 주식을 기초자산으로 하는 주식선물 · 주식옵션 및 주식워런트증권(ELW)
❸ 다음의 어느 하나에 해당하는 법인이 발행한 주식 및 주권 관련 사채권과 해당 주식을 기초자산으로 하는 주식선물 · 주식옵션 및 주식워런트증권
　ㄱ. 자신이 안정조작 또는 시장조성 업무를 수행하고 있는 증권을 발행한 법인
　ㄴ. 자신이 인수 · 합병의 중개 · 주선 · 대리 · 조언 등의 업무를 수행하는 경우로서 해당 인수 · 합병의 대상 법인 및 그 상대 법인(인수 · 합병의 규모가 해당 법인의 자산총액 또는 발행주식 총수의 100분의 5를 초과하는 경우에 한함)
　ㄷ. 자신이 공개입찰 방식에 의한 지분매각 또는 해당 지분의 매입을 위한 중개 · 주선 등의 업무를 수행하는 경우로서 다음 중 어느 하나에 해당하는 법인
　　a. 지분매각에 대한 주선등의 경우 매각대상법인 및 지분을 매입하고자 하는 법인. 이 경우 매입하고자 하는 법인에 대하여는 해당 지분의 매입을 위하여 입찰참여의향서를 제출한 시점부터 적용한다.
　　b. 지분매입에 대한 주선등의 경우 해당 지분을 매입하고자 하는 법인 및 매입대상법인. 이 경우 매입대상법인에 대하여는 지분매입을 위하여 입찰참여의향서를 제출한 시점부터 적용한다.
　ㄹ. 자신이 발행주식 총수의 100분의 5 이상의 주식등(신주인수권, 전환사채, 신주인수권증서, 신주인수권부사채권 및 교환사채를 통하여 취득 가능한 주식의 수 포함)을 보유 또

는 소유하고 있는 법인

ㅁ. 최근 사업연도 재무제표에 대한 감사인의 감사의견이 부적정 또는 의견거절이거나 한정인 법인. 다만, 이 경우라도 투자등급 및 목표 가격 등을 하향 조정하기 위한 경우에는 조사분석자료를 공표 또는 특정인에게 제공할 수 있다.

ㅂ. 법 제71조 제4호에 해당되는 법인[4]

(2) 회사와의 이해관계 고지

금융투자회사는 자신이 채무이행을 직·간접적으로 보장하거나, 발행주식 총수의 1% 이상의 주식등을 보유하는 등 각종 이해관계가 있는 경우 법인이 발행한 금융투자상품과 해당 법인이 발행한 주식을 기초자산으로 하는 주식선물·주식옵션·주식워런트증권에 대한 조사분석자료를 공표하거나 특정인에게 제공하는 경우 회사와의 이해관계를 조사분석자료에 명시하여야 한다.

4   조사분석자료의 의무 공표

회사는 증권시장에 주권을 최초로 상장하기 위하여 대표주관업무를 수행한 경우 해당 법인에 대하여 최초 거래일로부터 1년간 2회 이상의 조사분석자료를 무료로 공표하여야 하며, 조사분석자료에는 회사가 대표주관업무를 수행하였다는 사실을 고지하여야 한다.

5   조사분석자료 공표 중단 사실 고지

금융투자회사는 최근 1년간 3회 이상의 조사분석자료(투자의견 및 목표 가격 등에 대한 상세한 분석이 이루어진 조사분석자료를 말함)를 공표한 경우 최종 공표일이 속하는 월말로부터 6개월 이내에 조사분석자료를 추가로 공표하여야 하며, 만약 더 이상 자료를 공표하지 않고자 할 경우에는 중단 사실과 사유를 고지하여야 한다.

---

4 자본시장법 제71조 제4호에서는 주권(주권 관련 사채권을 포함)의 모집 또는 매출과 관련한 계약을 체결한 날부터 그 주권이 증권시장에 최초로 상장된 후 40일 이내에 그 주권에 대한 조사분석자료를 공표하거나 특정인에게 제공하는 행위를 금지하고 있다.

법 제71조에서 조사분석자료가 확정된 시점부터 공표 후 24시간까지는 회사의 고유재산으로 조사분석대상이 된 금융투자상품을 매매하지 못하도록 하고 있는 것과 유사하게 금융투자분석사 개인에게도 이해상충 문제 해소를 위해 매매거래 제한 및 이해관계 고지의무를 협회 자율규제 차원에서 부과하고 있다.

❶ 금융투자분석사의 매매거래 제한 : 금융투자분석사는 자격을 취득하기 전에 취득한 금융투자상품을 처분하는 등 불가피한 예외적인 경우를 제외하고는 자신이 담당하는 업종에 속하는 법인이 발행한 주식, 주권 관련 사채권, 신주인수권이 표시된 것, 이러한 주식을 기초자산으로 하는 주식선물·주식옵션 및 주식워런트증권을 매매하여서는 안 된다.

　　또한 금융투자분석사는 소속 금융투자회사에서 조사분석자료를 공표한 금융투자상품을 매매하는 경우에는 공표 후 24시간이 경과하여야 하며, 해당 금융투자상품의 공표일부터 7일 동안은 공표한 투자의견과 같은 방향으로 매매하여야 한다.

❷ 금융투자분석사의 24시간 매매거래 제한의 예외 허용 : 자본시장법은 조사분석자료 공표 후 24시간이 경과하기 전에 해당 회사가 자기계산으로 매매하는 행위를 금지하나, 조사분석자료가 새로운 내용을 담고 있지 않은 경우 등에 대해서는 예외적으로 매매를 허용하고 있으므로, 협회 규정에서도 법상 고유계정(회사의 계산)에 적용되는 24시간 매매제한의 예외사항을 금융투자분석사의 자기계산 매매에 대해서도 허용하고 있다.

금융투자분석사에 대한 이해상충 우려에 따라 일반적인 금융투자회사 임직원은 금융투자상품 매매거래내역을 분기별로 회사에 보고하면 되지만 금융투자분석사는 매월 보고하도록 하고 있다.

❶ 금융투자분석사의 재산적 이해관계 고지의무 : 금융투자분석사 또는 조사분석자

료의 작성에 영향력을 행사하는 자가 조사분석자료를 공표하거나 일반투자자를 대상으로 자신의 재산적 이해에 영향을 미칠 수 있는 금융투자상품의 매매를 권유하는 경우 그 재산적 이해관계를 고지하여야 한다.

❷ 재산적 이해관계 고지대상 제외사유 : 금융투자상품 및 주식매수선택권의 보유가액의 합계가 3백만 원 이하인 경우에는 고지대상에서 제외할 수 있는데 이 경우라도 레버리지 효과가 큰 주식선물·주식옵션 및 주식워런트증권은 보유가액의 크기와 관계없이 고지하여야 한다.

8 조사분석자료 관련 각종 공시 등

금융투자회사는 한국거래소에 상장된 주식에 대하여 조사분석자료를 공표하는 경우 다음의 사항을 조사분석자료에 게재하여야 한다. 다만, 투자등급 및 목표 가격 등의 구체적 내용 없이 매수·매도 등의 단순한 투자의견만 제시한 조사분석자료는 예외로 한다.

또한 조사분석자료에 해당 조사분석자료의 작성에 관여한 금융투자분석사의 성명, 재산적 이해관계, 외부자료를 인용한 경우 해당 자료의 출처 등을 명기하여야 한다.

❶ 투자등급 및 목표 가격 등 구체적 내용 표기 : 투자등급의 의미와 공표일부터 과거 2년간 해당 금융투자상품에 대하여 제시한 투자등급 및 목표 가격 변동추이를 게재하여야 하며, 목표 가격과 해당 금융투자상품의 가격 (주식의 경우 증권시장에서 형성된 종가를 말하며 기세를 포함)의 변동추이는 그래프로 표기하여야 한다.

❷ 투자의견 비율공시 : 최근 1년간 투자의견을 3단계 (매수/중립/매도)로 구분하여 최소 분기 1회 이상 갱신하여 조사분석자료에 명기하여야 한다.

협회는 조사분석자료를 공표하는 모든 증권회사의 최근 1년간 투자의견 비율을 종합하여 매분기마다 전자공시시스템(http://dis.kofia.or.kr/)을 통하여 갱신하여 공시한다. 투자의견 비율공시 의무는 조사분석자료에 대한 투자자의 신뢰 제고와 매도리포트의 활성화 등을 위해 도입되었다.

❸ 괴리율 공시 : 조사분석자료에 제시된 목표 가격과 실제 주가 간의 괴리율을 조사분석자료에 명기하여야 한다. 이때 실제 주가는 조사분석자료 공표일 익일부터 목표 가격에 도달할 것으로 제시한 기간(목표 가격이 변경되면 변경일 전일까지)까지의 주가 중 최고·최저 주가 및 해당 기간까지의 일평균 주가 모두를 말하므로

각각의 괴리율을 표기하여야 한다. 다만, 조사분석자료가 전문투자자만을 대상으로 제공되는 경우에는 예외로 한다.

9	교육연수

금융투자회사는 소속 금융투자분석사에 대하여 연간 2시간 이상의 윤리교육을 실시하여야 하며, 교육 실시 결과를 교육 종료일의 익월 말일까지 협회에 보고하여야 한다(협회가 개설한 윤리교육 및 보수교육 이수 내역은 보고 대상에서 제외).

section 03 투자광고

1	총칙

(1) 자본시장법상 투자권유와 투자광고

자본시장법시행령(제7조 제4항)은 '투자성 상품을 취급하는 금융상품판매업자나 금융상품자문업자의 업무에 관한 광고 또는 투자성 상품에 관한 광고'를 '투자광고'로 정의하고 있다. 자본시장법상 투자권유는 특정 투자자를 상대로 금융투자상품의 매매 또는 일임·자문·신탁 계약(관리형신탁계약 및 투자성 없는 신탁계약은 제외)의 체결을 권유하는 행위로 정의되어 있다(법 제9조 제4항).

따라서 자본시장법에서는 투자광고 시 의무표시사항, 표시금지사항 등을 규정함으로써 투자자를 보호하고 있다.

또한 금융소비자보호법(제22조)에서는 원칙적으로 금융투자업자가 아닌 자는 투자광고를 하지 못하도록 하고 있으며,[5] 금융투자업자는 투자광고를 시행하기 전에 준법감시인의 사전확인을 거친 후 협회의 심사를 받도록 하고 있다.

---

5 다만, 금융투자업자가 아닌 자 중에서 협회, 금융지주회사 및 증권의 발행인·매출인(해당 발행·매출 증권에 한정)에 대하여는 예외적으로 투자광고를 허용하고 있다.

(2) 협회 규정상 투자광고의 정의

'금융투자회사가 금융투자회사의 영위업무 또는 투자성 상품, 대출성 상품 등을 널리 알리는 행위' 즉 수단이나 매체 등에 관계없이 업무 및 금융투자상품 등을 알리는 행위를 투자광고로 정의한다.

---

2   의무표시사항

투자광고 시에는 다음의 내용을 의무적으로 포함하여야 한다(금융소비자보호법 제22조).

(1) 일반적 의무표시사항(펀드 및 대출성 상품 제외)

❶ 금융상품 계약체결 전 금융상품 설명서 및 약관을 읽어볼 것을 권유하는 내용
❷ 금융상품 판매업자 등의 명칭, 금융상품의 내용(금융상품 명칭, 이자율, 수수료 등)
❸ 투자에 따른 위험(원금 손실 발생가능성 및 원금손실에 대한 소비자의 책임)
❹ 과거 운용실적을 포함하여 광고하는 경우에는 그 운용실적이 미래의 수익률을 보장하는 것이 아니라는 사실
❺ 일반금융소비자는 금융회사로부터 설명을 받을 수 있는 권리가 있다는 사실
❻ 법령 및 내부통제기준에 따른 광고 관련 절차의 준수에 관한 사항
❼ 예금보험관계의 성립여부와 그 내용 등
❽ 광고의 유효기간이 있는 경우 해당 유효기간, 통계수치나 도표 등을 인용하는 경우 해당 자료의 출처 등
❾ 수수료 부과기준 및 절차, 손실이 발생할 수 있는 상황 및 그에 따른 손실 추정액, 과거의 실적을 표시하는 경우 투자광고 시점 및 미래에는 이와 다를 수 있다는 내용, 최소비용을 표기하는 경우 그 최대비용과 최대수익을 표기하는 경우 그 최소수익 등

(2) 펀드 투자광고 시 의무표시사항(한정된 공간에 다수의 펀드를 광고하는 경우에는 일부 완화)

❶ 금융상품 계약체결 전 금융상품 설명서 및 약관을 읽어볼 것을 권유하는 내용
❷ 금융상품 판매업자 등의 명칭, 금융상품의 내용(금융상품 명칭, 이자율, 수수료 등)

❸ 투자에 따른 위험(원금 손실 발생가능성 및 원금손실에 대한 소비자의 책임)

❹ 과거 운용실적을 포함하여 광고하는 경우에는 그 운용실적이 미래의 수익률을 보장하는 것이 아니라는 사실

❺ 일반금융소비자는 금융회사로부터 설명을 받을 수 있는 권리가 있다는 사실

❻ 법령 및 내부통제기준에 따른 광고 관련 절차의 준수에 관한 사항

❼ 예금보험관계의 성립여부와 그 내용 등

❽ 환매수수료 및 환매신청 후 환매금액의 수령이 가능한 구체적인 시기

❾ 증권거래비용이 발생할 수 있다는 사실과 투자자가 직·간접적으로 부담하게 되는 각종 보수 및 수수료

❿ 고유한 특성 및 위험성 등이 있는 집합투자기구의 경우 해당 특성 및 위험성 등에 관한 설명

⓫ 광고의 유효기간이 있는 경우 해당 유효기간, 통계수치나 도표 등을 인용하는 경우 해당 자료의 출처 등

⓬ 수수료 부과기준 및 절차, 손실이 발생할 수 있는 상황 및 그에 따른 손실 추정액, 과거의 실적을 표시하는 경우 투자광고 시점 및 미래에는 이와 다를 수 있다는 내용, 최소비용을 표기하는 경우 그 최대비용과 최대수익을 표기하는 경우 그 최소수익 등

(3) 대출성 상품 투자광고 시 의무표시사항

❶ 금융상품 계약체결 전 금융상품 설명서 및 약관을 읽어볼 것을 권유하는 내용

❷ 금융상품 판매업자 등의 명칭, 금융상품의 내용(금융상품 명칭, 이자율, 수수료 등)

❸ 대출조건(갖춰야할 신용수준에 관한 사항, 원리금 상환방법)

❹ 일반금융소비자는 금융회사로부터 설명을 받을 수 있는 권리가 있다는 사실

❺ 상환능력에 비해 대출금이 과도할 경우 개인신용평점이 하락할 수 있으며 이로 인해 금융거래와 관련된 불이익이 발생할 수 있다는 사실

❻ 적정 담보비율 미달시 기한 내 추가담보를 제공하지 않으면 담보증권이 임의처분될 수 있다는 사실

(4) 주요 매체별 위험고지 표시기준 강화

위 의무표시사항 중 위험고지와 관련되는 사항은 다음의 방법으로 표시하도록 하

고 있다.

❶ 바탕색과 구별되는 색상으로 선명하게 표시할 것

❷ A4용지 기준 9포인트 이상의 활자체로 투자자가 쉽게 알아볼 수 있도록 표시할 것. 다만, 신문에 전면으로 게재하는 광고물의 경우 10포인트 이상의 활자체로 표시

❸ 영상매체를 이용한 투자광고의 경우 1회당 투자광고 시간의 3분의 1 이상의 시간 동안 투자자가 쉽게 알아볼 수 있도록 충분한 면적에 걸쳐 해당 위험고지내용을 표시하거나 1회 이상(단, 10분 이상의 광고물은 2회 이상) 소비자가 명확하게 인식할 수 있는 속도의 음성과 자막으로 설명할 것

❹ 인터넷 배너를 이용한 투자광고의 경우 위험고지내용이 3초 이상 보일 수 있도록 할 것. 다만, 파생상품, 그 밖에 투자위험성이 큰 거래에 관한 내용을 포함하는 경우 해당 위험고지내용이 5초 이상 보일 수 있도록 하여야 함

3 투자광고 시 금지행위

금융투자회사는 투자광고를 할 때에 투자자 보호 및 건전한 영업질서 유지를 위하여 다음의 행위를 하여서는 아니 된다.

❶ 투자자들이 손실보전 또는 이익보장으로 오인할 우려가 있는 표시를 하는 행위
(다만, 영 제104조제1항 단서에 따라 손실이 보전되거나 이익이 보장되는 경우는 제외)

❷ 수익률이나 운용실적을 표시하면서 다음의 어느 하나에 해당하는 경우
ㄱ. 수익률이나 운용실적이 좋은 기간의 수익률이나 운용실적만을 표시하는 행위
ㄴ. 세전·세후 여부를 누락하여 표시하는 행위
ㄷ. 파생결합증권 및 ELF의 상환조건별 예상수익률을 표시하면서 예상손실률을 근접 기재하지 않거나 크기, 색상, 배열 등에 있어 동등하지 않은 수준으로 표시하는 행위
ㄹ. 수수료를 일(日) 단위로 표시하는 등 금융소비자의 경제적 부담이 작아보이도록 하거나 계약체결에 따른 이익을 크게 인지하도록 하여 금융상품을 오인하게끔 표현하는 행위

❸ 집합투자기구등 운용실적에 따라 수익이 결정되는 금융투자상품 및 투자자문계약, 투자일임계약 또는 신탁계약등에 대하여 예상수익률 또는 목표수익률 등 실

현되지 아니한 수익률을 표시하거나 구성자산 중 일부의 수익률만을 표시하는 행위.[6] 다만, 실현되지 아니한 수익률 및 그 밖에 이와 유사한 수익률이 다음의 어느 하나에 해당하는 경우에는 제외

ㄱ. 집합투자기구의 상환목표수익률 및 분할매수형 집합투자기구의 기준 수익률
ㄴ. 전환형 집합투자기구의 전환목표수익률
ㄷ. 파생결합증권(주식워런트증권을 제외)을 투자대상으로 하는 집합투자기구의 상환조건별 예상수익률
ㄹ. 영 제88조제1항에 따른 성과보수형 집합투자기구의 기준수익률
ㅁ. ㈜코스콤 홈페이지에 1년 이상 수익률을 공시한 전자적 투자조언장치(로보어드바이저)의 위험유형별 수익률을 기준일자와 함께 제시하는 경우로써 집합투자기구 수익률 광고에 준하여 표시하는 행위

❹ 집합투자증권에 관한 투자광고에 집합투자기기구의 명칭, 종류, 투자목적 및 운용전략, 기타 법령에서 정한 사항[7] 이외의 사항을 표시하는 행위

❺ 사모의 방법으로 발행하거나 발행된 금융투자상품에 관한 내용을 표시하는 행위 (다만, 투자광고 전날의 금융투자상품 잔고가 1억 원 이상인 일반투자자를 대상으로 서면, 전화, 전자우편 등의 방법으로 행하는 일반 사모펀드의 투자광고는 허용)

❻ 비교대상 및 기준을 분명하게 밝히지 않거나 객관적인 근거 없이 다른 금융상품 등과 비교하는 행위

❼ 투자일임재산을 각각의 투자자별로 운용하지 아니하고 여러 투자자의 자산을 집합하여 운용하는 것처럼 표시하는 행위

❽ 여러 신탁재산을 집합하여 운용한다는 내용을 표시하는 행위. 다만, 영 제6조 제4항 제2호[8]에 해당하는 경우는 제외

❾ 특정금전신탁의 특정한 상품(신탁업자가 신탁재산의 구체적인 운용방법을 미리 정하여 위탁자의 신탁재산에 대한 운용방법 지정이 사실상 곤란한 상품을 말함)에 대한 내용을 표시하는

---

6 다만, 집합투자기구의 상환목표수익률, 전환형 집합투자기구의 전환목표수익률, 주식워런트증권을 제외한 파생결합증권을 투자대상으로 하는 집합투자기구의 조건별 예상수익률은 표시할 수 있다.
7 금융소비자보호법 시행령 제20조 제3항 각호 및 금융소비자감동규정 제19조 제2항 각호.
8 2. 다음 각 목의 어느 하나에 해당하는 경우로서 신탁업자가 신탁재산을 효율적으로 운용하기 위하여 수탁한 금전을 공동으로 운용하는 경우
　　가. 법 제103조 제2항에 따른 종합재산신탁으로서 금전의 수탁비율이 100분의 40 이하인 경우
　　나. 신탁재산의 운용에 의하여 발생한 수익금의 운용 또는 신탁의 해지나 환매에 따라 나머지 신탁재산을 운용하기 위하여 불가피한 경우

행위

⑩ 금융투자회사의 경영실태 및 위험에 대한 평가의 결과(관련 세부내용 포함)를 다른 금융투자회사의 그것과 비교하여 표시하는 행위(금융투자상품만 해당)

⑪ 다른 종류의 금융투자상품 또는 영위업무에 대한 광고내용을 형식적으로 분리하지 않아 투자자의 투자판단에 오해를 주는 행위

⑫ 수익률, 수수료, 수상실적 및 통계수치를 표시하는 경우 다음의 어느 하나에 해당하는 행위

ㄱ. 수익률, 수수료 등(이하 "수익률등"이라 함)을 특별히 우대하여 제시하면서 우대조건·기간 등을 수익률등의 글자 크기의 3분의 1 미만으로 표시하거나 이를 수익률등과 분리하여 표시하는 행위

ㄴ. 집합투자기구의 운용실적 또는 운용실적(이하 "운용실적등"이라 함)의 비교표시를 하면서 기준일, 산출기간 또는 집합투자기구의 유형, 비교대상의 수를 운용실적등의 글자 크기의 3분의 1 미만으로 표시하거나 이를 운용실적등과 분리하여 표시하는 행위 및 기준일을 투자자가 쉽게 인식할 수 있도록 표시하지 않는 행위

ㄷ. 수상실적 또는 통계수치(이하 "수상실적등"이라 함)를 특별히 강조하여 표시하면서 그 출처, 시기, 조건 등을 수상실적등의 글자 크기의 3분의 1 미만으로 표시하거나 이를 수상실적등과 분리하여 표시하는 행위

⑬ 사진·문자·그림 등을 이용하여 법인·단체를 포함한 타인의 명예를 훼손하거나 초상권을 침해할 우려가 있는 표시 행위

⑭ 계약 체결 여부나 금융소비자의 권리·의무에 중대한 영향을 미치는 사항을 사실과 다르게 알리거나 분명하지 않게 표현하는 행위

⑮ 영업규정 별표 10의 "금융투자회사의 투자광고관련 금지행위"에서 열거하는 행위

⑯ 휴대전화 메시지·메신저·알람, 이메일 광고에 파생결합증권등(영업규정 제2-5조 제3항에 따른 파생결합증권과 금융소비자보호 감독규정 제11조제1항제2호에 따른 금융투자상품 및 상법 제469조 제2항 제3호에 따른 사채로서 법 제4조 제7항 제1호에 해당하는 증권을 포함)의 수익률, 만기, 조기상환조건을 기재하는 행위(해당 광고를 이용하여 수익률, 만기, 조기상환조건과 투자설명서 또는 간이투자설명서를 조회할 수 있는 인터넷 홈페이지 등의 주소를 소개하거나 해당 홈페이지 등에 접속할 수 있는 장치를 제공하는 것은 제외). 다만, 투자성향 평가결과 제2-5조 제3항에 따른 파생결합증권에 대한 투자가 적합한 만 65세 미만의 투자

자에게 협회가 정하는 기준을 준수하여 기재하는 경우에는 그러하지 아니함

⓱ 대출성 상품의 광고에서 다음 각목의 어느 하나에 해당하는 행위

　ㄱ. 대출이자율의 범위·산정방법, 대출이자의 지급·부과 시기 및 부수적 혜택·비용을 명확히 표시하지 아니하여 금융소비자가 오인하게 하는 행위

　ㄴ. 대출이자를 일 단위로 표시하여 대출이자가 저렴한 것으로 오인하게 하는 행위

⓲ 불확실한 사항에 대해 단정적 판단을 제공하거나 확실하다고 오인하게 할 소지가 있는 내용을 알리는 행위

⓳ 투자광고에서 금융상품과 관련하여 해당 광고매체 또는 금융상품판매대리·중개업자의 상호를 부각시키는 등 금융소비자가 금융상품직접판매업자를 올바르게 인지하는 것을 방해하는 행위

⓴ 금융소비자에 따라 달라질 수 있는 거래조건을 누구에게나 적용될 수 있는 것처럼 오인하게 만드는 행위

㉑ 투자광고에서 글자의 색깔·크기 또는 음성의 속도·크기 등이 해당 금융상품으로 인해 금융소비자가 받을 수 있는 혜택과 불이익을 균형 있게 전달하지 않는 행위

4　집합투자기구의 운용실적 표시

금융투자회사가 투자광고에 집합투자기구의 운용실적을 표시하고자 하는 경우 다음의 사항을 준수하여야 한다.

(1) 대상

기준일[9] 현재 집합투자기구 설정일 또는 설립일로부터 1년 이상 경과하고 순자산총액이 100억(세제펀드는 50억) 이상 집합투자기구(단, 펀드의 유형별 운용실적 표기 시 기준일 현재 동일 유형 내 펀드의 순자산총액이 500억 이상일 것)여야 하며, 집합투자기구의 적립식 투자에 따른 수익률(이하 "적립식수익률"이라 한다)을 표시하고자 하는 경우 신고서 제출일이 속한 달 직전월의 마지막 영업일(이하 "기간말영업일"이라 한다) 현재 설립일부터 3년 이상 경과

9　기준일은 투자광고계획신고서 제출일이 속한 월의 직전월 마지막 영업일(다만, 직전월 마지막 영업일에 공시자료 또는 평가자료가 없는 경우에는 전전월 마지막 영업일)임

하고 순자산총액이 100억 원 이상일 것

(2) 표시방법

기준일로부터 과거 1개월 이상 수익률 사용하되, 과거 6개월 및 1년 수익률 함께 표시(단, 3년 이상 펀드는 과거 1년 및 3년, 설립일로부터 기준일까지의 수익률 함께 표시)하여야 하며 적립식수익률의 경우 매월 첫 영업일에 일정금액의 해당 펀드를 매입하고 기간말영업일의 가격으로 평가한 수익률을 이용하여 기간말영업일로부터 연 단위로 과거 3년 이상의 적립식수익률을 사용하되, 기간말영업일로부터 과거 3년 적립식수익률을 함께 표시

(3) 의무표시사항

집합투자기구의 유형, 기준일 및 기준일 현재의 순자산총액, 설립일, 수익률 산출기간 및 산출기준, 세전·세후 여부, 벤치마크 수익률(단 MMF, 부동산 펀드 등 벤치마크 선정이 어려운 펀드는 벤치마크 수익률 생략 가능)

(4) 준수사항

❶ 방송법 제2조 제1호에 따른 방송을 이용한 광고 불가
❷ 집합투자증권의 가격으로 평가한 운용실적 사용
❸ 종류형 집합투자기구의 운용실적을 표시하는 경우 종류별 집합투자증권에 부과되는 보수·수수료 차이로 운용실적이 달라질 수 있다는 사실 표시
❹ MMF 운용실적을 표시하는 경우 과거 1개월 수익률(연환산 표시 가능)을 표시할 것. 다른 금융투자회사가 판매하는 MMF와 운용실적 등에 관한 비교광고를 하지 말 것.

(5) 비교광고

금융투자회사가 투자광고에 펀드 운용실적 또는 유형별 판매실적 등을 비교하고자 하는 경우 다음을 준수하여야 한다.

❶ 비교대상이 동일한 유형의 집합투자기구일 것
❷ 협회 등 증권유관기관의 공시자료 또는 집합투자기구평가회사의 평가자료를 사용할 것

❸ 기준일로부터 과거 1년, 2년 및 3년 수익률과 설정일 또는 설립일로부터 기준일까지의 수익률(유형별 판매펀드수익률의 경우에는 기준일로부터 과거 1년, 3년, 5년 수익률)을 표시하되, 연 단위 비교대상 내의 백분위 순위 또는 서열 순위 등을 병기할 것. 이 경우 평가자료에 포함된 전체 비교대상의 수를 근접 기재하여야 함

❹ 평가자료의 출처 및 공표일을 표시할 것

5 투자광고의 심의

(1) 준법감시인의 사전승인 및 점검

투자광고를 하고자 하는 경우 준법감시인의 사전승인을 거친 후 협회에 심사를 청구하여야 한다. 다만, 단순한 이미지 광고나 지점 광고 등 일부의 경우에는 협회 심사 절차를 거치지 않고 준법감시인의 사전승인만 받으면 투자광고가 가능하다. 또한 금융투자회사는 영업점에서의 투자광고물 사용의 적정성을 확인하기 위하여 연 1회 이상 현장점검을 실시하여야 한다.

(2) 협회의 심사

❶ 절차 : 협회에 투자광고 심사청구를 위하여는 '투자광고계획신고서'와 투자광고안을 함께 제출하여야 하며, 협회는 신고서 접수일부터 3영업일 이내(수정 또는 추가 자료 작성 기간은 제외)에 심사결과(적격·조건부적격·부적격)를 금융투자회사에 통보하도록 되어 있다.

❷ 재심사 청구 : 협회의 투자광고 심사결과에 이의가 있는 경우 심사결과 통보서를 받은 날부터 7영업일 이내에 협회에 재심사를 청구할 수 있다. 재심사는 자율규제위원회에서 심사하도록 되어 있으며, 자율규제위원회의 심사결과에 대하여는 다시 재심사를 청구할 수 없다.

❸ 협회의 투자광고 수정 또는 추가 자료 제출 요구 : 협회는 투자광고를 심사함에 있어 필요하다고 인정되는 경우 금융투자회사에 대하여 투자광고의 수정 또는 추가 자료의 제출을 요구할 수 있다.

(3) 부당한 광고의 사용금지

금융투자회사는 다음의 어느 하나에 해당하는 투자광고를 사용하여서는 아니 된다.

❶ 준법감시인의 사전승인 대상 투자광고에 해당하지 아니하는 경우로서 협회로부터 적격통보를 받지 아니한 투자광고
❷ 협회가 적격통보 하였거나 투자광고의 내용 및 방법 등에 따라 준법감시인의 사전승인만으로 시행한 투자광고의 내용을 임의로 변경한 투자광고. 단, 투자광고의 유효기간 내에서 다음을 변경하는 것은 허용됨
  ㄱ. 규격, 색상(단, 의무표시사항의 변경은 제외), 금융투자회사의 명칭, 로고, 전화 등 통신매체의 번호, 주소 및 우편번호, 인터넷 홈페이지 주소, 이메일 주소, 판매회사·수탁회사·영업점의 명칭, 약도를 변경하는 경우
  ㄴ. 수시로 변경될 수 있는 부분(일자, 상장주식의 종목명 등 기타 협회가 인정하는 단순한 항목에 한함)과 변경될 수 없는 부분을 별도로 구분하여 협회로부터 "적격"통보를 받고 변경될 수 있는 부분만을 변경하는 경우
❸ 준법감시인의 사전승인 대상 투자광고에 해당하는 경우로서 준법감시인의 사전승인을 받지 아니한 투자광고
❹ 유효기간이 경과한 투자광고(단, 온라인 광고 심사기준에서 달리 정할 수 있음)
❺ 사실과 다른 내용을 포함하고 있거나 제도·시장 상황의 변화 등으로 협회가 그 내용이 적절하지 아니하다고 인정하는 투자광고
❻ 협회로부터 사용중단을 요구받은 투자광고

section 04 영업보고서 및 경영공시 등

1 영업보고서의 작성 및 공시

(1) 대표이사의 서명

금융투자회사의 대표이사는 영업보고서가 영 제36조 제4항에 따라 작성되고, 기재내

용이 사실과 다름없음을 확인한 후 영업보고서에 서명 또는 기명날인하여야 한다.

(2) 공시방법

❶ 금융투자회사는 분기별 업무보고서를 금융위원회에 제출한 날부터 1년간 영업보고서를 본점과 지점, 그 밖의 영업소에 비치하고, 해당 금융투자회사의 인터넷 홈페이지 등을 이용하여 공시하여야 하며, 인터넷 홈페이지가 없는 경우에는 협회의 인터넷 홈페이지를 이용하여 공시하여야 함. 다만, 법 제159조 제1항에 따른 사업보고서 제출대상법인인 경우에는 반기보고서와 분기보고서를 공시한 경우 해당 분기의 영업보고서를 공시한 것으로 봄

❷ 금융투자회사는 주주·투자자 및 그 밖에 이해관계인 등으로부터 영업보고서의 교부를 요청받은 경우 이를 실비 또는 무상으로 제공하거나 컴퓨터등 유·무선 전자통신수단을 통해 열람할 수 있도록 하여야 함

(3) 영업보고서의 제출

❶ 금융투자회사는 영업보고서를 매분기 종료 후 45일(사업연도 경과 후 확정된 재무제표를 기준으로 재작성된 결산기 영업보고서의 경우 결산기 종료 후 90일) 이내에 전산파일과 함께 협회에 제출하여야 함. 다만, 사업보고서 제출대상법인인 금융투자회사가 법 제160조에 따라 반기보고서와 분기보고서를 전산파일과 함께 제출한 경우에는 해당 분기의 영업보고서를 제출한 것으로 봄

❷ 금융투자회사는 협회에 제출한 영업보고서에 오류 또는 변동사항이 있는 경우 당초의 기재사항과 정정사항을 비교한 내용을 문서로 작성하여 협회에 즉시 제출하여야 함

 2   **주요 경영상황 공시**

❶ 금융투자회사는 직전 분기말 자기자본의 100분의 10에 상당하는 금액을 초과하는 부실채권이 발생하는 등 공시사항[10]이 발생한 경우 지체 없이 해당 금융투자회사(인터넷 홈페이지가 있는 경우에 한함) 및 협회의 인터넷 홈페이지에 공시하여야

---

10 금융투자업규정 제3－70조 제1항 제1호부터 제6호까지

함. 다만, 해당 금융투자회사가 발행한 주권이 유가증권시장 또는 코스닥시장에 상장되어 있는 경우에는 유가증권시장 또는 코스닥시장에 공시하여야 함

❷ 상장법인이 아닌 금융투자회사('비상장 금융투자회사')는 재무구조에 중대한 변경을 초래하는 등[11]의 사실 또는 결정(이사회의 결의 또는 대표이사 그 밖에 사실상의 권한이 있는 임원·주요 주주 등의 결정을 말함. 이 경우 이사회의 결의는 상법 제393조의2의 규정에 의한 이사회내의 위원회의 결의를 포함)이 있는 경우 그 내용을 지체 없이 해당 금융투자회사(인터넷 홈페이지가 있는 경우에 한함) 및 협회의 인터넷 홈페이지에 공시하여야 함. 다만, 금융지주회사법 제2조 제1항 제1호 및 제2호에 따른 지주회사(상장법인에 한함)의 자회사인 비상장 금융투자회사는 해당 지주회사가 한국거래소의 유가증권시장 공시규정 제8조 또는 코스닥시장공시규정 제7조의 규정에 따라 신고한 경우 해당 신고로써 공시에 갈음할 수 있음

| 3 | 기타 공시사항 |

(1) 반기·분기보고서의 제출

사업보고서 제출대상 금융투자회사는 법 제160조의 규정에서 정한 반기보고서와 분기보고서를 각각 그 기간 경과 후 45일 이내에 전산파일과 함께 협회에 제출하여야 한다.

(2) 수수료 부과기준 제출 등

금융투자회사는 수수료 부과기준 및 절차에 관한 사항을 정하거나 이를 변경한 경우 지체 없이 그 내용을 협회에 통보하여야 한다.

(3) 관계인수인과의 거래

금융투자회사가 관계인수인으로부터 매수한 채권의 종목, 수량 등 거래내역을 공시하고자 하는 경우, 매분기말일을 기준으로 거래내역을 작성하여 매분기 종료 후 1개월 이내에 협회에 제출하여야 한다.

---

11 금융투자업규정 제3-70조 제1항 제7호 각목

재산상 이익의 제공 및 수령

1 재산상 이익 수수 대상

자본시장법 시행령 및 금융투자업규정에서는 금융투자회사가 업무와 관련하여 거래상대방(금융투자업규정에 의하여 금융투자회사로부터 재산상 이익을 제공받거나 금융투자회사에 제공하는 자를 말함) 등에게 제공하거나 거래상대방으로부터 제공받는 금전, 물품, 편익 등 재산상의 이익의 범위가 일반인이 통상적으로 이해하는 수준에 반하지 않을 것을 요구하고 있다. 또한, 이를 위해 필요한 구체적 기준을 협회가 정하도록 하고 있다.

이 규정의 취지는 회사가 정상적 영업활동의 일환으로 인정될 수 있는 접대나 경품 제공 등을 절대적으로 금지하거나 제한하는 것이 아니라 회사의 합리적 통제하에 절차를 준수하여 제공하고 제공받으라는 것이다.

다만, 자본시장법 시행령에서는 업무와 관련된 재산상 이익만을 규제하고 있기 때문에 업무와 관련되지 않는 일반적 접대비에 해당하는 것은 세법 또는 회사의 내부통제기준을 따라야 할 것이다.

특히, 「부정청탁 및 금품등 수수의 금지에 관한 법률」(일명 '김영란법')의 시행에 따라 공직자 등에 대한 접대비 등 제공 시에는 동 법률의 내용에 따라 회사가 정한 내부통제기준 및 제공한도 등을 미리 살펴보아야 한다.

2 재산상 이익의 범위

(1) 재산상 이익으로 보지 않는 범위

다음 어느 하나에 해당하는 물품등은 재산상 이익으로 보지 아니한다.

❶ 금융투자상품에 대한 가치분석·매매정보 또는 주문의 집행등을 위하여 자체적으로 개발한 소프트웨어 및 해당 소프트웨어의 활용에 불가피한 컴퓨터 등 전산기기

❷ 금융투자회사가 자체적으로 작성한 조사분석자료

❸ 경제적 가치가 3만 원 이하의 물품, 식사, 신유형 상품권(물품 제공형 신유형 상품권을 의미), 거래실적에 연동되어 거래상대방에게 차별없이 지급되는 포인트 및 마일리지

❹ 20만 원 이하의 경조비 및 조화·화환

❺ 국내에서 불특정 다수를 대상으로 하여 개최되는 세미나 또는 설명회로서 1인당 재산상 이익의 제공금액을 산정하기 곤란한 경우 그 비용. 이 경우 대표이사 또는 준법감시인은 그 비용의 적정성 등을 사전에 확인하여야 함

(2) 재산상 이익의 가치 산정

재산상 이익의 가치는 다음과 같이 산정한다.

❶ 금전의 경우 해당 금액

❷ 물품의 경우 구입 비용

❸ 접대의 경우 해당 접대에 소요된 비용. 다만, 금융투자회사 임직원과 거래상대방이 공동으로 참석한 경우 해당 비용은 전체 소요경비 중 거래상대방이 점유한 비율에 따라 산정된 금액

❹ 연수·기업설명회·기업탐방·세미나의 경우 거래상대방에게 직접적으로 제공되었거나 제공받은 비용

❺ 기타 위에 해당하지 아니하는 재산상 이익의 경우 해당 재산상 이익의 구입 또는 제공에 소요된 실비

---

3   재산상 이익 제공 및 수령내역 공시

금융투자업규정 개정('17.3.22)에 따라 재산상 이익의 제공 시 부과되어 온 인별(회당, 연간), 회사별(연간) 한도규제는 모두 폐지하는 대신, 특정한 거래상대방과의 거래를 목적으로 고액의 편익을 제공하거나 제공받는 행위에 대해서는 공시의무를 부과하였다.

❶ 공시대상 : 금전·물품·편익 등을 10억 원(최근 5개 사업연도를 합산)을 초과하여 특정 투자자 또는 거래상대방에게 제공하거나 특정 투자자 또는 거래상대방으로부터 제공받은 경우

❷ 공시내용 : 제공(수령)기간, 제공받은 자(수령한 경우에는 제공한 자)가 속하는 업종, 제공(수령)목적, 제공(수령)한 경제적 가치의 합계액

❸ 공시방법 : 인터넷 홈페이지 등에 공시

4 재산상 이익의 제공 한도

금융투자회사 영업활동의 자율성을 보장하기 위해 재산상 이익의 제공 한도 규제를 폐지하였으나, 거래의 위험성이 높은 파생상품에 대해서는 재산상 이익 제공을 활용한 고객 유치경쟁을 제한하기 위해 예외적으로 재산상 이익의 제공 한도 규제를 유지하였다.

이에 따라, 파생상품과 관련하여 추첨 기타 우연성을 이용하는 방법 또는 특정 행위의 우열이나 정오의 방법으로(이하 '추첨 등'이라 함) 선정된 동일 일반투자자에게 1회당 제공할 수 있는 재산상 이익은 300만 원을 초과할 수 없으며, 유사해외통화선물 및 주식워런트증권과 관련하여서는 추첨 등의 방법으로 선정된 일반투자자에게 종전과 동일하게 재산상 이익을 제공할 수 없다.

5 재산상 이익의 수령 한도

회사의 윤리경영과도 직결되기도 하는 문제이기도 한 만큼 협회가 일률적인 금액 기준을 제시하지는 않고 있으며, 1회당 한도 및 연간 한도 등을 회사가 스스로 정하여 준수하도록 하고 있다. 이 경우 해당 재산상 이익의 한도는 일반적으로 용인되는 사회적 상규를 초과하여서는 아니 된다.

다만, 외부에서 개최하는 연수·기업설명회·기업탐방·세미나의 경우 그 성격이 업무상 꼭 필요한 경우가 많으며 1회 참석으로도 그 비용이 상당할 수 있기 때문에 이와 관련하여 거래상대방으로부터 제공받은 교통비 및 숙박비는 대표이사 또는 준법감시인의 확인을 받아 재산상 이익에서 제외할 수 있도록 하고 있다.

6 재산상 이익 관련 내부통제 등

재산상 이익의 제공에 관한 한도가 폐지되면서, 이사회 등을 통한 금융투자회사의 자체적인 내부통제기능은 대폭 강화하였다.

❶ 기록유지 : 금융투자회사가 거래상대방에게 재산상 이익을 제공하거나 제공받은 경우 제공목적, 제공내용, 제공일자, 거래상대방, 경제적 가치 등을 5년 이상 기록 보관하여야 함
❷ 이사회를 통한 내부통제 : 이사회가 정한 금액을 초과하는 재산상 이익을 제공하고자 하는 경우에는 미리 이사회 의결을 거쳐야 하며, 금융투자회사는 재산상 이익의 제공현황 및 적정성 점검 결과 등을 매년 이사회에 보고하여야 함

7 부당한 재산상 이익의 제공 및 수령 금지

금융투자회사는 다음 중 어느 하나에 해당하는 재산상 이익을 제공하거나 제공받아서는 아니 되며, 금융투자회사는 임직원 및 투자권유대행인이 이 규정을 위반하여 제공한 재산상 이익을 보전하여 주어서는 아니 된다.

❶ 경제적 가치의 크기가 일반인이 통상적으로 이해하는 수준을 초과하는 경우
❷ 재산상 이익의 내용이 사회적 상규에 반하거나 거래상대방의 공정한 업무수행을 저해하는 경우
❸ 재산상 이익의 제공 또는 수령이 비정상적인 조건의 금융투자상품 매매거래, 투자자문계약, 투자일임계약 또는 신탁계약의 체결 등의 방법으로 이루어지는 경우
❹ 다음의 어느 하나에 해당하는 경우로서 거래상대방에게 금전, 상품권, 금융투자상품을 제공하는 경우(다만, 사용범위가 공연·운동경기 관람, 도서·음반 구입등 문화활동으로 한정된 상품권을 제공하는 경우는 제외)
  ㄱ. 집합투자회사, 투자일임회사(투자일임업을 영위하는 금융투자회사를 말함) 또는 신탁회사등 타인의 재산을 일임받아 이를 금융투자회사가 취급하는 금융투자상품 등에 운용하는 것을 업무로 영위하는 자(그 임원 및 재산의 운용에 관하여 의사결정을 하는 자를 포함)에게 제공하는 경우

ㄴ. 법인 기타 단체의 고유재산관리업무를 수행하는 자에게 제공하는 경우

ㄷ. 집합투자회사가 자신이 운용하는 집합투자기구의 집합투자증권을 판매하는 투자매매회사(투자매매업을 영위하는 금융투자회사를 말함), 투자중개회사(투자중개업을 영위하는 금융투자회사를 말함) 및 그 임직원과 투자권유대행인에게 제공하는 경우

❺ 재산상 이익의 제공 또는 수령이 위법·부당행위의 은닉 또는 그 대가를 목적으로 하는 경우

❻ 거래상대방만 참석한 여가 및 오락활동 등에 수반되는 비용을 제공하는 경우

❼ 금융투자상품 및 경제정보 등과 관련된 전산기기의 구입이나 통신서비스 이용에 소요되는 비용을 제공하거나 제공받는 경우(자체적으로 개발한 소프트웨어 및 해당 소프트웨어의 활용에 불가피한 컴퓨터 등 전산기기의 제공은 제외)

❽ 집합투자회사가 자신이 운용하는 집합투자기구의 집합투자증권의 판매실적에 연동하여 이를 판매하는 투자매매회사·투자중개회사(그 임직원 및 투자권유대행인을 포함)에게 재산상 이익을 제공하는 경우

❾ 투자매매회사 또는 투자중개회사가 판매회사의 변경 또는 변경에 따른 이동액을 조건으로 하여 재산상 이익을 제공하는 경우

---

section 06 | 직원 채용 및 복무 기준

1 채용결정 전 사전조회

금융투자회사는 직원을 채용하고자 하는 경우 채용예정자가 다음의 징계면직 전력 등의 여부와 「금융투자전문인력과 자격시험에 관한 규정」에 따른 금융투자전문인력 자격시험 응시 제한기간 또는 금융투자전문인력 등록거부기간 경과 여부를 채용결정 전에 비위행위 확인의뢰서의 제출 또는 전자통신 등의 방법으로 협회에 조회하여야 한다. 금융투자회사는 직원 채용 시 타 금융투자회사와의 근로계약 종료, 직무 전문성,

윤리 및 준법의식 등을 심사하여 채용 여부를 결정(채용심사)하여야 하며 이러한 채용심사 시 다음의 징계면직 전력 등을 고려할 수 있다.

❶ 자율규제위원회 운영 및 제재에 관한 규정 제9조 각 호 또는 전문인력규정 제3-13조 제1항 각 호에 해당하는 위법·부당행위(이하 이조에서 "위법·부당행위"라 한다)로 징계면직 처분(임원이었던 자의 경우에는 해임 처분, 이하 이 조에서 같음)을 받거나 퇴직 후 징계면직 상당의 처분을 받은 후 5년이 경과하였는지 여부

❷ 위법·부당행위로 금고 이상의 형을 선고받고 그 집행이 종료(집행이 종료된 것으로 보는 경우를 포함)되거나 면제된 후 5년(다만, 금고 이상의 형의 집행유예를 선고받은 경우 또는 금고 이상의 형의 선고를 유예받은 경우에는 그 유예기간에 한함)이 경과하였는지 여부

2 금융투자회사 직원의 금지행위

금융투자회사의 직원은 다음의 행위를 하여서는 아니 된다.

❶ 관계법규를 위반하는 행위
❷ 투자자에게 금융투자상품의 매매거래, 투자자문계약, 투자일임계약 또는 신탁계약의 체결 등과 관련하여 본인 또는 제3자의 명의나 주소를 사용토록 하는 행위
❸ 본인의 계산으로 금융투자상품의 매매거래, 투자자문계약, 투자일임계약 또는 신탁계약을 체결함에 있어 타인의 명의나 주소 등을 사용하는 행위
❹ 금융투자상품의 매매거래, 투자자문계약, 투자일임계약 또는 신탁계약의 체결 등과 관련하여 투자자와 금전의 대차를 하거나 소속 금융투자회사와 제휴관계를 맺지 아니한 제3자와의 금전의 대차 등을 중개·주선 또는 대리하는 행위
❺ 그 밖에 사회적 상규에 반하거나 투자자 보호에 배치되는 행위

3 징계내역 보고 및 열람

(1) 징계내역 보고

금융투자회사는 임직원(퇴직자 포함)이 일정한 사유(「자율규제위원회 운영 및 제재에 관한 규정」 제9조 각 호 또는 「금융투자전문인력과 자격시험에 관한 규정」 제3-13조 제1항 각 호에 해당하는 사

유)로 금고 이상의 형의 선고를 받은 사실을 인지하거나 임직원에게 주의적 경고 또는 견책 이상의 징계처분(퇴직자의 경우 주의적 경고 또는 견책 이상에 상당하는 처분을 말함)을 부과한 경우(임직원이 금융감독기관 등 다른 기관으로부터 제재를 받은 경우를 포함) 인지일 또는 부과일부터 10영업일 이내에 그 사실을 협회에 보고하여야 한다. 다만, 임원에 대한 징계처분이 주의적 경고이거나 직원에 대한 징계처분이 견책 이상 3월 이하의 감봉(퇴직자에 대한 3월 이하의 감봉에 상당하는 처분을 포함)인 경우에는 해당 징계처분을 받은 자의 책임의 종류가 행위자, 지시자, 공모자, 그 밖에 적극 가담자인 경우에 한한다.

겸영금융투자회사, 일반사무관리회사, 집합투자기구평가회사, 채권평가회사 및 신용평가회사도 금융투자전문인력 또는 펀드관계회사인력인 임직원에 대하여 징계처분을 부과하는 경우 그 징계처분 내역을 협회에 보고하여야 한다.

(2) 징계내역 열람신청

투자자가 자신의 계좌 또는 자산을 관리하는 직원(관리 예정 직원을 포함하며 해당 투자자의 계좌가 개설되어 있는 영업점에 근무하는 자에 한함)의 징계내역 열람을 서면으로 신청하는 경우 회사는 지체 없이 해당 직원의 동의서를 첨부하여 협회에 징계내역 열람신청을 하여야 한다.

다만, 해당 직원이 투자자의 징계내역 열람에 동의하지 않는 경우에는 협회에 열람신청을 하지 않아도 되며, 조회를 신청한 투자자에게 해당 직원이 징계내역 열람에 동의하지 않는다는 사실을 통보하여야 한다.

(3) 징계내역 조회제도 안내

금융투자회사는 투자자가 신규로 계좌를 개설하거나 투자자문계약, 투자일임계약 또는 신탁계약을 체결하고자 하는 경우 '징계내역 열람제도 이용안내'를 교부하고, 징계내역 열람제도의 이용절차 및 방법 등을 충분히 설명하여야 한다.

(4) 징계자에 대한 준법교육

감봉 이상의 징계로 인한 금융투자전문인력 자격제재를 부과받은 임직원(퇴직자 포함)은 제재의 기산일로부터 1개월 내에 자율규제위원장이 정하는 준법교육을 이수하여야 한다.

section 07 신상품 보호

1 신상품 보호의 취지

협회 규정 중 신상품 보호는 금융투자회사의 신상품 개발에 따른 선발이익을 보호함에 있어 필요한 사항을 정함으로써 금융투자회사 간 신상품의 개발을 촉진시키고 금융산업발전에 기여함을 목적으로 한다.

(1) 신상품의 정의

신상품이란 금융투자상품 또는 이에 준하는 서비스로서 다음의 어느 하나에 해당하는 것을 말한다. 다만 국내외에서 이미 공지되었거나 판매된 적이 없어야 한다.

❶ 새로운 비즈니스 모델을 적용한 금융투자상품 또는 이에 준하는 서비스
❷ 금융공학 등 신금융기법을 이용하여 개발한 금융투자상품 또는 이에 준하는 서비스
❸ 기존의 금융투자상품 또는 이에 준하는 서비스와 구별되는 독창성이 있는 금융투자상품 또는 이에 준하는 서비스

(2) 배타적 사용권의 정의

배타적 사용권이란 신상품을 개발한 금융투자회사가 일정기간 동안 독점적으로 신상품을 판매할 수 있는 권리를 말한다.

2 배타적 사용권 보호

(1) 배타적 사용권 침해배제 신청

배타적 사용권을 부여받은 금융투자회사는 배타적 사용권에 대한 직접적인 침해가 발생하는 경우 협회 신상품 심의위원회(이하 '심의위원회'라 함)가 정한 서식에 따라 침해배

제를 신청할 수 있다.

(2) 배타적 사용권 침해배제 신청에 대한 심의 등

심의위원회 위원장은 침해배제 신청 접수일로부터 7영업일 이내에 심의위원회를 소집하여 배타적 사용권 침해배제 신청에 대하여 심의하여야 한다. 침해배제 신청이 이유가 있다고 결정된 경우 심의위원회는 지체 없이 침해회사에 대해 침해의 정지를 명할 수 있다.

3 금지행위

금융투자회사 및 금융투자회사 임직원은 다음의 어느 하나에 해당하는 행위를 하여서는 아니 된다.

❶ 타 금융투자회사의 배타적 사용권을 침해하는 행위
❷ 심의위원회에 제출하는 자료의 고의적인 조작행위
❸ 타당성이 없는 빈번한 이의신청 등으로 심의위원회의 업무 또는 배타적 사용권의 행사를 방해하는 행위

금지행위를 위반한 경우 협회는 그 위반내용 등을 협회 인터넷 홈페이지 등을 통하여 공시하고, 심의위원회는 협회 정관 제3장 제3절에서 정하는 절차에 따라 자율규제위원회에 제재를 요청할 수 있다.

section 08 계좌관리 및 예탁금 이용료의 지급 등

1 투자자 계좌의 통합

(1) 예탁자산의 관리

금융투자회사는 현금 및 금융투자상품등 예탁자산의 평가액이 10만 원 이하이고 최

근 6개월간 투자자의 매매거래 및 입출금·입출고 등이 발생하지 아니한 계좌는 다른 계좌와 구분하여 통합계좌로 별도 관리할 수 있다.

(2) 예탁자산의 평가

예탁자산의 평가는 다음에서 정하는 방법에 따라 산정하며, 그 밖의 금융투자상품은 금융투자회사가 정하는 방법에 따라 산정한다.

❶ 청약하여 취득하는 주식 : 취득가액. 다만, 해당 주식이 증권시장에 상장된 후에는 당일 종가(당일 종가에 따른 평가가 불가능한 경우에는 최근일 기준 가격)

❷ 상장주권(주권과 관련된 증권예탁증권을 포함)·주식워런트증권·상장지수집합투자기구의 집합투자증권 : 당일 종가(당일 종가에 따른 평가가 불가능한 경우에는 최근일 기준 가격). 다만, 「채무자 회생 및 파산에 관한 법률」에 따른 회생절차개시신청을 이유로 거래 정지된 경우에는 금융투자회사가 자체적으로 평가한 가격으로 하며, 주식워런트증권의 권리행사 시에는 결제금액(실물결제의 경우에는 상장주권 평가 가격을 준용)

❸ 상장채권 및 공모 주가연계증권 : 2 이상의 채권평가회사가 제공하는 가격정보를 기초로 금융투자회사가 산정한 가격

❹ 집합투자증권(상장지수집합투자기구의 집합투자증권을 제외) : 당일에 고시된 기준 가격(당일에 고시된 기준 가격에 따른 평가가 불가능한 경우에는 최근일에 고시된 기준 가격)

(3) 통합계좌로 분류된 계좌의 관리

통합계좌로 분류된 계좌에 대하여는 입·출금(고) 및 매매거래 정지 조치를 취하여야 한다. 다만, 배당금 및 투자자예탁금 이용료 등의 입금(고)은 예외로 한다. 통합계좌로 분류된 계좌의 투자자가 입·출금(고) 또는 매매거래의 재개 등을 요청하는 경우 본인 확인 및 통합계좌 해제 절차를 거친 후 처리하여야 한다.

2	투자자 계좌의 폐쇄

금융투자회사는 투자자가 계좌의 폐쇄를 요청하거나 계좌의 잔액·잔량이 0이 된 날로부터 6개월이 경과한 경우에는 해당 계좌를 폐쇄할 수 있다.

폐쇄된 계좌의 투자자가 배당금(주식)등의 출금(고)을 요청하는 경우 본인 확인 절차를 거친 후 처리하여야 한다.

계좌가 폐쇄된 날부터 6개월이 경과한 때에는 해당 계좌의 계좌번호를 새로운 투자자에게 부여할 수 있다.

3 　고객예탁금 이용료

금융투자회사가 투자자에게 이용료를 지급하여야 하는 투자자예탁금은 다음과 같으며 투자자 계좌에 입금하는 방법으로 지급하여야 한다.

❶ 위탁자예수금
❷ 집합투자증권투자자예수금
❸ 장내파생상품거래예수금. 단, 장내파생상품거래예수금 중 한국거래소의 '파생상품시장 업무규정'에 따른 현금예탁필요액은 제외 가능. 즉, 거래소규정상 필요한 현금예탁필요액을 초과하여 현금으로 예탁한 위탁증거금이 투자자예탁금이용료 지급대상

section 09 　신용공여

신용공여는 크게 청약자금대출, 신용거래(신용거래융자·신용거래대주) 및 증권담보융자로 나뉜다. 기존 증권거래법상 유가증권매입자금대출은 연속매매가 되지 않는다는 점만 제외하고는 그 구조가 신용거래융자와 차이가 없어 자본시장법에서는 신용거래융자로 통합되었다.

청약자금대출이란 모집·매출, 주권상장법인의 신주발행에 따른 주식을 청약하여 취득하는 데 필요한 자금을 대출해주는 것을 말하며, 증권시장에서의 매매거래를 위하여 투자자(개인에 한함)에게 제공하는 매수대금을 융자(신용거래융자)하거나 매도증권을 대여(신용거래대주)하는 행위를 신용거래라 한다.

증권담보융자는 투자자 소유의 전자등록주식등(「주식·사채 등의 전자등록에 관한 법률」에 따른 전자등록주식등을 말함.이하 같음) 또는 예탁증권(매도되었거나 환매 청구된 전자등록주식등 또는 예탁증권을 포함)을 담보로 하는 금전의 융자를 말한다.

1 담보증권의 관리

(1) 담보증권의 제한

금융투자회사는 신용공여를 함에 있어 증권담보융자를 하거나 추가 담보를 징구하는 경우 가치산정이 곤란하거나 담보권의 행사를 통한 대출금의 회수가 곤란한 증권을 담보로 징구하여서는 안 된다. 이에 따라 금융투자회사는 자체적인 리스크 관리기준에 따라 대출가능 여부를 결정하여야 한다.

(2) 담보증권의 처분방법

금융투자회사가 신용공여와 관련하여 담보로 징구한 증권 중 증권시장에 상장되지 아니한 증권의 처분방법은 다음과 같다. 증권시장에 상장된 증권을 처분하는 경우에는 투자자와 사전에 합의한 방법에 따라 호가를 제시하여야 한다.

❶ 상장지수집합투자기구 이외의 집합투자증권 : 해당 집합투자증권을 운용하는 금융투자회사 또는 해당 집합투자증권을 판매한 금융투자회사에 환매청구
❷ 파생결합증권 : 발행회사에 상환청구
❸ 그 밖의 증권 : 금융투자회사와 투자자가 사전에 합의한 방법

2 신용공여 시 담보 가격의 산정

(1) 금융투자업규정상 담보 가격 산정 방법

금융투자업규정 제4-26조에서는 신용공여와 관련하여 담보 및 보증금으로 제공되는 증권(결제가 예정된 증권을 포함)의 평가방법을 다음과 같이 정하고 있다.

❶ 청약하여 취득하는 주식 : 취득가액. 단, 당해 주식이 증권시장에 상장된 후에는

당일 종가(당일 종가에 따른 평가가 불가능한 경우에는 최근일 기준 가격)

❷ 상장주권(주권과 관련된 증권예탁증권을 포함한다) 또는 상장지수집합투자기구의 집합투자증권(ETF) : 당일 종가(당일 종가에 따른 평가가 불가능한 경우에는 최근일 기준 가격). 단, 「채무자 회생 및 파산에 관한 법률」에 따른 회생절차개시신청을 이유로 거래 정지된 경우에는 투자매매업자 또는 투자중개업자가 자체적으로 평가한 가격

❸ 상장채권 및 공모파생결합증권(주가연계증권만을 말함) : 2 이상의 채권평가회사가 제공하는 가격정보를 기초로 투자매매업자 또는 투자중개업자가 산정한 가격

❹ 집합투자증권(ETF는 제외) : 당일에 고시된 기준 가격(당일에 고시된 기준 가격에 따른 평가가 불가능한 경우에는 최근일에 고시된 기준 가격)

(2) 협회가 정하는 담보 가격 산정 방법

비상장주권이나 외화증권 같은 경우 가격 평가 방법이 여러 가지가 존재할 수 있어 협회로서는 일률적 기준을 정하지 않고 회사가 고객과의 합의한 방법으로 정하도록 하고 있는데 금융투자회사가 신용공여와 관련하여 담보로 징구한 증권의 담보 가격은 다음과 같이 산정한다.

❶ 비상장주권 중 해외 증권시장에 상장된 주권 : 당일 해당 증권시장의 최종 시가(당일 최종 시가에 따른 평가가 불가능한 경우에는 최근일 최종 시가). 다만, 거래정지 등으로 인하여 당일 현재 최종 시가가 적정하지 아니하다고 판단되는 경우에는 금융투자회사가 자체적으로 평가한 가격

❷ 기업어음증권, 파생결합사채 및 파생결합증권(상장지수증권은 제외) : 금융위원회에 등록된 채권평가회사 중 2 이상의 채권평가회사가 제공하는 가격정보를 기초로 금융투자회사가 산정한 가격

❸ 상장지수증권 : 당일 종가(당일 종가에 따른 평가가 불가능한 경우에는 최근일 기준 가격)

❹ 그 밖의 증권 : 금융투자회사와 투자자가 사전에 합의한 방법

(3) 담보증권 처분방법 등의 고지

금융투자회사는 투자자와 신용공여 계약을 체결하는 경우 담보증권 처분방법 및 담보 가격 산정방법 등을 투자자에게 충분히 설명하여야 한다.

유사해외통화선물거래

1 유사해외통화선물(FX마진)거래제도 규정화

미국선물협회 규정에 따른 장외외국환거래, 일본 금융상품거래법에 따라 장외에서 이루어지는 외국환 거래, 유럽연합의 금융상품시장지침에 따라 장외에서 이루어지는 외국환거래 또는 이와 유사한 거래로서 법 제5조 제2항에 따라 해외 파생상품시장에서 거래되는 외국환거래이다. 표준화된 계약단위(기준통화의 100,000단위), 소액의 증거금(거래대금의 10%) 등을 적용, 이종통화 간 환율 변동을 이용하여 시세차익을 추구하는 거래(자본시장법상 장내파생상품)라는 특성을 가진다.

2 유사해외통화선물거래(FX마진거래)제도 주요 내용

(1) 거래제도

❶ 거래대상 : 유사해외통화선물 거래대상은 원화를 제외한 이종통화 즉 달러-유로화, 유로-엔화, 달러-엔화 간 등 이종통화 간의 환율이 거래대상이며, 원화-외국통화 간 환율은 거래대상에서 제외

❷ 거래단위 : 기준통화의 100,000단위

❸ 위탁증거금 : 거래단위당 미화 1만 달러 이상이며, 미국 달러만 증거금으로 인정 가능

❹ 유지증거금 : 위탁증거금의 50% 이상의 미화. 금융투자회사는 투자자의 예탁자산평가액이 회사가 정한 유지증거금에 미달하는 경우 투자자의 미결제약정을 소멸시키는 거래를 할 수 있음

❺ 거래방법 : 금융투자회사는 투자자가 유사해외통화선물거래를 하고자 하는 경우 금융투자회사의 명의와 투자자의 계산으로 유사해외통화선물거래를 하도록 하여야 함

❻ 양방향 포지션 보유 금지 : 금융투자회사는 투자자의 계좌별로 동일한 유사해외

통화선물 종목에 대하여 매도와 매수의 약정수량 중 대등한 수량을 상계한 것으로 보아 소멸시켜야 함. 즉, 기존 미결제약정을 보유한 투자자가 동일 상품에 대하여 반대방향 매매 시 기보유 미결제약정에 대하여 상계(청산)처리를 해야 하며, 동일 투자자가 동일 통화상품에 대하여 매수와 매도 양 방향 포지션을 동시에 취할 수 없음

(2) 복수 해외파생상품시장회원(FDM)의 호가정보 제공 의무화

해외파생상품시장회원(FDM, Forex Dealer Member)이 제시하는 호가정보의 투명화 및 호가경쟁을 통한 스프레드(매수호가와 매도호가의 차이) 축소를 위해 협회 규정에서는 금융투자회사로 하여금 투자자에게 복수 FDM의 호가를 제공하도록 의무화하고 투자자에게 유리한 호가를 제공토록 하는 선관주의의무를 부과하고 있다.

(3) 부적합 설명 · 교육 금지

금융투자회사는 일반투자자를 상대로 유사해외통화선물에 대한 교육 · 설명회를 하거나 모의거래를 하도록 하는 경우 그 일반투자자의 투자경험, 금융지식 및 재산상황 등의 정보를 서명 등의 방법으로 확인하고, 유사해외통화선물거래가 적합하지 아니하다고 판단되는 경우에는 ① 유사해외통화선물거래에 따르는 위험, ② 유사해외통화선물거래가 일반투자자의 투자목적 · 재산상황 및 투자경험 등에 비추어 그 일반투자자에게 적합하지 아니하다는 사실을 알린 후 서명 등의 방법으로 확인을 받아야 한다.

(4) 설명의무 강화

❶ 투자설명서 교부의무 및 위험고지, 확인의무 : 투자권유와 관계없이 일반투자자가 유사해외통화선물거래를 하고자 하는 경우 FX마진거래에 따른 투자위험, 투자구조 및 성격 등을 고지하고 확인을 받도록 하고 있음

❷ 핵심설명서 추가 교부 및 설명의무 : '해외파생상품거래에 관한 위험고지'가 유사해외통화선물거래의 수익구조, 거래비용 및 수반되는 위험을 적시하고 있지 않는 바 유사해외통화선물 위험고지를 별도로 신설하여 동 거래에 부합하는 위험고지 사항을 반영하고 있음. 이에 더하여 투자 위험도 및 수익구조 등 동 상품의 핵심 사항만 중점적으로 설명한 핵심설명서 제도를 FX마진거래에 대하여도 도입하고 있음

(5) 재무현황 공시

금융투자회사는 해외파생상품시장거래총괄계좌가 개설되어 있는 해외파생상품시장회원의 분기별 재무현황을 매분기 종료 후 45일 이내에 금융투자회사의 인터넷 홈페이지, 온라인 거래를 위한 컴퓨터 화면, 그 밖에 이와 유사한 전자통신매체 등에 공시하여야 한다. 그러나, 외국 금융감독기관이 해당 해외파생상품시장회원의 재무현황을 공시하지 않는 등 불가피한 사유로 그 기한 내에 공시할 수 없는 경우에는 해당 사유가 해소된 후, 지체 없이 공시하여야 한다.

(6) 유사해외통화선물(FX마진) 손익계좌비율 공시

금융투자회사는 매분기 종료 후 15일 이내에 직전 4개 분기에 대한 유사해외통화선물거래의 손실계좌비율과 이익계좌비율을 협회에 제출하여야 하고, 협회는 동 비율을 협회 인터넷 홈페이지를 통하여 공시한다.

section 11 | 파생결합증권 및 파생결합사채

1 | 단기물 발행 제한

금융투자회사는 파생결합증권(주식워런트증권은 제외) 및 파생결합사채의 만기를 3개월 이상으로 하여야 하며, 조기상환조건이 있는 경우에는 최초 조기상환기간을 3개월 이상으로 설정하여야 한다.

다만, 즉시 지급조건의 달성에 의해 발행일로부터 상환금이 지급되는 날까지의 기간이 3개월 미만이 될 수 있는 파생결합증권 및 파생결합사채의 발행은 가능하나, 해당 파생결합증권 및 파생결합사채의 경우에도 조기상환조건이 있는 경우에는 최초 조기상환기간을 3개월 이상으로 설정해야 한다.

2　파생결합증권 및 파생결합사채의 기초자산

일반투자자를 대상으로 발행되는 공모파생결합증권 및 공모파생결합사채(신탁 등을 통해 일반투자자가 포함된 50인 이상의 불특정 다수에 의해 투자되는 파생결합증권 및 파생결합사채를 포함)의 기초자산은 다음의 요건을 모두 충족하여야 한다.

❶ 파생결합증권 및 파생결합사채 발행 당시 기초자산의 유동성(기초자산이 지수인 경우에는 당해 지수 관련 헤지자산의 유동성)이 풍부할 것
❷ 기초자산이 지수인 경우에는 국내외 거래소 또는 협회 등 공신력 있는 기관이 합리적이고 적정한 방법에 의해 산출·공표한 지수일 것. 다만, 다음의 어느 하나에 해당하는 경우에는 그러하지 아니함
　ㄱ. 지수 또는 동 지수를 기초자산으로 한 파생상품이 국내외 거래소에서 거래되고 있는 경우
　ㄴ. 지수의 구성종목에 대한 교체 기준 및 방식이 공정하고 명확하여 해당 시장을 대표하는 지수로 인정되는 경우
❸ 일반투자자가 기초자산에 대한 정보를 당해 금융투자회사의 인터넷 홈페이지 등을 통해 쉽게 확인할 수 있을 것
❹ 일반투자자가 충분한 설명을 통해 당해 기초자산의 특성(지수인 경우에는 편입종목, 산출방법, 구성종목 교체 기준 및 산출기관 등을 말함)을 이해할 수 있을 것

3　헤지자산의 구분관리

금융투자회사는 파생결합증권 및 파생결합사채의 발행대금을 헤지자산의 운용에 사용하여야 하며, 헤지자산을 고유재산과 구분하여 관리하여야 한다.

4　헤지자산의 건전성 확보

금융투자회사는 헤지자산의 건전성 확보를 위하여 헤지자산 운용에 관한 기준으로 투자가능 등급 및 위험의 종류별 한도 등을 내부규정에 반영하고 이를 준수하여야 하

며 내부규정에서 정한 투자가능 등급에 미달하거나 위험의 종류별 한도를 초과하여 운용하고자 하는 경우 또는 부적합한 헤지자산으로 운용하고자 하는 경우에는 별도의 승인절차를 마련하고 이를 준수하여야 한다.

또한, 금융투자회사는 계열회사가 발행한 증권(상장주식은 제외) 및 계열회사의 자산을 기초로 하여 발행된 유동화증권으로 헤지자산을 운용하여서는 아니 된다. 다만, 관련 법령을 준수하는 경우로서 해당 증권 및 유동화증권이 투자가능 등급 이상인 경우에는 운용이 가능하다.

| 5 | 중도상환 가격비율 공시 |

금융투자회사는 파생결합증권(주식워런트증권은 제외) 및 파생결합사채의 투자자 요청에 의한 중도상환 가격비율을 협회 인터넷 홈페이지에 공시하여야 한다.

section 12 | 집합투자업

| 1 | 총칙 |

(1) 집합투자기구 명칭의 사용

집합투자회사는 집합투자기구의 명칭을 사용함에 있어 다음의 사항을 준수하여야 한다.

❶ 집합투자기구의 명칭에 집합투자기구의 종류를 표시하는 문자(증권·부동산·특별자산·혼합자산 및 단기금융을 말함)를 사용할 것
❷ 집합투자회사의 회사명을 집합투자기구의 명칭에 포함할 경우 명칭의 앞부분에 표기할 것. 다만, 회사명칭이 긴 경우 회사명칭과 크게 다르지 아니한 범위 내에

서 생략·조정하여 표기할 수 있음

❸ 판매회사의 명칭을 사용하지 아니할 것

❹ 집합투자기구의 투자대상·운용전략 등 상품내용과 다르거나 투자자를 오인케 할 우려가 있는 명칭을 사용하지 아니할 것

❺ 다른 금융투자회사가 사용하고 있는 명칭과 동일하거나 유사한 명칭을 사용하지 아니할 것. 다만, 업계가 공동으로 취급하는 특성의 집합투자기구로 그 주된 내용이 동일한 경우에는 그러하지 아니함

❻ 실적배당형 상품의 특성과 다르게 수식어를 부가함으로써 투자자의 오해를 야기할 우려가 있는 집합투자기구의 명칭을 사용하지 아니할 것

❼ 사모집합투자기구의 경우 집합투자기구명칭에 '사모'를 포함할 것

❽ 운용전문인력의 이름을 사용하지 아니할 것

집합투자회사는 집합투자재산 총액의 60% 이상을 특정 종류의 증권 또는 특정 국가·지역에 투자하는 경우 그 사실을 집합투자기구의 명칭에 포함할 수 있다. 다만, 그 이외의 자산이 집중투자자산(60%)의 성격에 큰 영향을 미치거나 부합하지 않는 경우에는 포함할 수 없다.

판매회사는 집합투자기구를 판매(광고선전, 통장인자 등을 포함)함에 있어 집합투자규약에서 정한 집합투자기구의 명칭을 사용하여야 한다. 다만, 긴 명칭으로 인한 인지 곤란 등 불가피한 사유가 있는 경우에는 집합투자기구 명칭과 크게 다르지 아니한 범위 내에서 생략·조정하여 사용할 수 있다.

(2) 투자설명서 제출 등

금융투자회사는 공모 집합투자기구의 증권신고의 효력이 발생한 경우 효력이 발생한 날에 해당 공모 집합투자기구의 투자설명서를 협회에 제출하여야 한다. 협회는 동 투자설명서가 협회에 제출되면 지체 없이 일반인이 열람할 수 있도록 인터넷 홈페이지에 게시하여야 한다.

2 집합투자기구의 공시

(1) 총칙

관계법규 및 「금융위원회의 설치 등에 관한 법률」에 따른 감독기관 등에서 협회에 '집합투자업 및 신탁업의 공시·통계자료' 등에 관해 위임한 사항과 그 밖에 협회가 금융투자회사의 건전한 영업행위 및 투자자 보호에 있어서 필요한 공시·통계자료의 작성·발표·제공 등의 사항을 정하고 있다.

(2) 제출 및 의무사항

❶ 영업보고서 : 투자신탁 등(투자신탁이나 투자익명조합의 집합투자회사 또는 투자회사·투자유한회사·투자합자회사·투자유한책임회사 및 투자조합을 말함)은 집합투자재산에 관한 매 분기의 영업보고서를 매 분기 종료 후 2개월 이내 협회에 제출하여야 함

❷ 결산서류 등 : 투자신탁 등은 결산서류를 사유발생 후 2개월 이내에 협회에 제출하여야 함

❸ 집합투자규약 및 투자설명서 : 투자신탁 등은 집합투자규약, 투자설명서를 제정하거나 그 내용을 변경한 경우에는 그 내역을 협회에 제출하여야 함

❹ 수시공시 : 투자신탁 등은 투자운용인력의 변경 등 수시공시사항이 발생한 경우 발생 내역을 지체 없이 협회에 제출하여야 함

❺ 자산운용보고서 : 집합투자회사는 집합투자기구의 자산운용보고서를 협회에 제출하여야 한다. 그러나 법령 등에서 규정되지는 않은 경우에도 자산운용보고서를 협회를 통해 공시할 수 있음

❻ 회계감사보고서 : 투자신탁 등은 회계감사인으로부터 회계감사보고서를 제출받은 경우 이를 협회에 지체 없이 제출하여야 함

❼ 기준 가격편차 허용범위 초과 시 공시 : 집합투자회사(투자회사의 법인이사인 집합투자회사는 제외) 또는 투자회사의 감독이사는 투자신탁 등이 산정한 집합투자기구의 기준 가격과 신탁회사가 산정한 집합투자기구의 기준 가격의 편차가 1,000분의 3을 초과하는 경우 이 내역을 지체 없이 협회에 제출해야 함

❽ 집합투자기구 기준 가격정보 : 투자신탁 등은 운용실적을 비교·공시하기 위하여 각 집합투자기구의 기준 가격에 관한 자료를 협회에 제출하여야 함

⑨ 집합투자기구비용 : 투자신탁 등은 각 집합투자기구에 대한 기타 비용에 관한 자료를 매월말일을 기준으로 작성하여 다음 달 10일까지 협회에 제출하여야 함

⑩ 연금저축펀드 비교공시 : 연금저축펀드를 운용하는 집합투자회사는 연금저축펀드별 수익률 및 수수료율, 회사별 수익률 및 수수료율을 매 분기말을 기준으로 산정하여 매 분기 종료 후 1개월 이내에 그에 관한 자료를 협회에 제출하여야 하며, 협회는 동 자료를 협회 인터넷 홈페이지를 통하여 공시하여야 함. 다만, 연금저축펀드별 수익률 및 수수료율, 회사별 수익률 및 수수료율을 산정함에 있어 협회장이 정하는 연금저축펀드는 제외하고 산정하여야 함

연금저축펀드 판매회사는 해당 판매회사가 판매하는 연금저축펀드 판매 정보를 매 분기말을 기준으로 작성하여 매 분기 종료 후 1개월 이내에 그에 관한 자료를 협회에 제출하여야 함

(3) 발표 및 제공에 관한 사항(운용실적공시)

❶ 일반원칙 : 협회가 운용실적을 비교·공시하는 경우에는 운용실적분류기준, 집합투자회사, 집합투자기구의 종류 등을 구분하여 공시

❷ 공시주기 : 운용실적 비교·공시의 공시주기는 1개월로 하며, 발표 이후 투자신탁 등은 정당한 사유 없이 수정을 요구할 수 없음. 상환된 집합투자기구는 상환일의 다음 달에 공시

❸ 공시대상 : 운용실적 비교·공시 대상 집합투자기구는 공모 집합투자기구를 대상으로 함. 단, 공모 집합투자기구로서 설정원본이 100억 원 이상 경우에는 별도의 운용실적 비교·공시를 할 수 있음

3	집합투자증권 판매회사 변경

(1) 판매회사 변경제도의 취지

판매회사 간 서비스 차별화 등을 통한 공정경쟁을 유도하고 투자자의 판매회사 선택권 확대를 위해 환매수수료 부담 없이 판매회사를 변경할 수 있도록 도입되었다('10. 1. 25 시행).

(2) 판매회사 변경제도 적용 대상 펀드 범위

판매회사가 판매할 수 있는 모든 펀드에 대하여 적용함을 원칙으로 한다. 다만, 전산 상 관리가 곤란하거나 세제상 문제가 있는 일부 펀드의 경우에는 예외적으로 적용대상 에서 제외하고 있다.

(3) 판매회사의 의무

❶ 위탁판매계약 체결 펀드의 변경 판매회사 또는 변경 대상 판매회사 : 판매회사는 위탁판매계약이 체결된 모든 펀드에 대하여 변경 판매회사 또는 변경 대상 판매 회사가 되어야 함
❷ 판매회사의 변경절차 이행의무 : 투자자가 판매회사를 변경하고자 하는 경우 변 경 판매회사 및 변경 대상 판매회사는 판매회사 변경절차를 이행하여야 함
   변경절차 이행의무 제외사유에 해당하는 경우 투자자에게 그 변경이 불가능한 사유를 설명하여야 함. 다만, 변경 불가능 사유가 사후적으로 발견된 경우에는 즉시 투자자에게 유선, 모사전송 또는 전자우편 등의 방법으로 통지하여야 함

(4) 판매회사 변경절차

❶ 해당 펀드 계좌정보확인서 발급신청 : 변경 판매회사는 투자자가 펀드판매회사의 변경을 위한 계좌정보 확인을 위하여 해당 펀드의 계좌정보 확인서 발급을 신청 하거나 변경 대상 판매회사를 통해 해당 펀드의 계좌정보 확인을 요청하는 경우 그 절차를 이행하여야 함
❷ 변경 대상 판매회사의 계좌정보 확인서 확인 및 계좌 개설 의무 : 변경 대상 판매 회사는 투자자가 펀드 판매회사의 변경을 신청하는 경우 변경 판매회사가 제공한 해당 펀드의 계좌정보를 확인하고, 투자자가 해당 펀드를 거래할 수 있는 계좌가 없는 경우에는 펀드 판매회사 변경을 위한 별도의 계좌를 개설토록 하여야 함

(5) 변경수수료 금지

판매회사는 판매회사 변경의 절차를 이행하는 대가로 투자자로부터 별도의 비용을 징구할 수 없다.

(6) 환매수수료 징구 금지

판매회사 변경효력이 발생하는 날이 집합투자규약에서 정하는 환매수수료 부과 기간 이내라 하더라도 판매회사는 투자자로부터 환매수수료를 징구할 수 없다.

판매회사를 변경한 펀드의 경우 환매수수료 면제를 위한 기산일은 해당 펀드의 최초 가입일로부터 계산한다.

(7) 변경 대상 펀드의 자료 보고

판매회사 변경 대상 적용 펀드에 대해 위탁판매계약을 체결한 판매회사는 펀드의 신규 판매 또는 기존에 판매하고 있는 펀드의 수수료율 변경 등의 사유가 발생한 경우 판매수수료 등에 관한 자료를 협회에 제출하여야 한다.

(8) 부당한 재산상 이익의 제공 및 수령 금지

판매회사 변경 또는 변경에 따른 이동액을 조건으로 하는 재산상 이익 제공행위를 부당한 재산상 이익 제공행위로 규정하여 이익 제공 요건에 판매회사 변경이 수반되는 경우 금지된다.

---

section 13 | 투자자문업 및 투자일임업

1 불건전 영업행위의 금지

투자자문회사 또는 투자일임회사는 다음의 어느 하나에 해당하는 행위를 하여서는 아니 된다.

❶ 투자자문·투자일임 관련 비밀정보를 이용하여 자신, 가족 또는 제3자의 이익을 도모하는 행위

❷ 투자자문재산 및 투자일임재산으로 투자하고자 증권을 발행한 회사의 임직원과

의 담합 등에 의하여 매매하는 행위

❸ 다른 투자자문회사 또는 투자일임회사 등과 서로 짠 후 매매정보를 공유하여 매매하는 행위

투자자문회사 또는 투자일임회사는 법 제97조에 따라 일반투자자에게 교부하여야 하는 서면자료에 다음의 사항을 포함하여야 한다.

(1) 투자자문의 범위 및 제공방법

❶ 투자자문의 범위를 주식, 채권, 증권 관련 지수 파생상품 등 구체적으로 기재할 것
❷ 투자자문의 방법을 구술, 문서, 그 밖의 방법으로 구분하고 구체적인 방법 및 시기를 기재할 것
❸ 자신과 이해관계가 있는 회사가 발행한 투자자문대상 자산에 관한 투자권유를 하고자 하는 경우에는 투자자에게 미리 그 사실을 통보한다는 내용을 기재할 것
❹ 해당 투자자문회사와 이해관계가 있는 회사가 발행한 증권 및 투자자문대상 자산에 관한 투자권유를 하고자 하는 경우에는 투자자에게 미리 그 사실을 통보한다는 내용을 기재할 것
❺ 투자자의 투자자문 요구 방법이나 시기에 특별한 제한이 있는 경우 그 내용을 기재할 것

(2) 투자일임의 범위 및 제공방법

❶ 투자일임의 범위를 구체적으로 기재할 것
❷ 투자일임의 대상이 되는 금융투자상품의 범위를 기재할 것
❸ 자신과 이해관계가 있는 회사가 발행한 투자일임대상 자산을 매매하고자 하는 경우에는 투자자에게 동의를 얻어 매매한다는 내용을 기재할 것
❹ 주로 거래하는 투자중개회사가 있는 경우 그 명칭 및 해당 투자일임회사와의 관계를 기재할 것

(3) 수수료 산정에 관한 사항

❶ 일반적인 수수료 체계를 기재할 것
❷ 해당 투자자문계약 또는 투자일임계약에 적용되는 수수료 산정방법, 수수료 지급시기 및 방법 등을 구체적으로 기재할 것
❸ 투자일임계약의 중도해지 시 수수료 산출방식 및 환급 또는 징수절차를 기재할 것

(4) 투자실적 평가 및 통보 방법(투자일임계약에 한함)

❶ 투자실적 평가방법을 구체적으로 기재할 것
❷ 투자실적 평가결과의 통보시기, 통보방법, 통보내용 등을 구체적으로 기재할 것

3 투자자문업 및 투자일임업에 관한 보고

투자자문업 및 투자일임업을 영위하는 자는 투자자문과 투자일임에 대한 계약규모 등을 작성하여 협회에 보고하여야 한다.

section 14 신탁업

1 설정에 따른 회계처리

신탁의 설정시기는 다음과 같다.

❶ 금전을 신탁하는 경우 금액이 납입되는 날
❷ 금전 외의 재산을 신탁하는 경우 소유권이 이전되는 날

2 해지에 따른 회계처리

신탁재산의 일부 또는 전부를 해지하는 경우에는 다음 각 호와 같이 처리한다.

❶ 신탁계약에 따라 금전이 지급되는 날에 해지 처리할 것
❷ 현물해지의 경우 현물이 출고되는 날에 해지 처리할 것

3 자산보관·관리보고서

집합투자재산을 보관·관리하는 신탁회사는 법 제248조 제1항 및 제2항에서 정하는 바에 따라 법 제90조 제2항 각 호의 어느 하나의 사유가 발생한 날부터 2개월 이내에 자산보관·관리보고서를 작성하여 협회에 제출하여야 한다.

4 신탁재산원천징수

「법인세법」 제73조에 따라 집합투자회사와 집합투자재산을 보관·관리하는 신탁회사는 집합투자기구에서 발생한 이자소득 등에 대한 원천징수세액 관련 자료를 매월 말일을 기준으로 작성하여 다음 달 7일까지 협회에 제출하여야 한다.

5 신탁재산 운용의 위탁

신탁회사는 신탁재산을 운용함에 있어서 법 제42조 제1항에 따라 업무의 일부를 제3자에게 위탁할 수 있다.

6 신탁업에 관한 보고

신탁업을 영위하는 자는 신탁업에 대한 계약규모 등을 작성하여 협회에 보고하여야 한다.

7　의결권행사에 관한 공시

신탁업자는 의결권을 행사하려는 주식을 발행한 법인이 주권 상장 법인이 아닌 경우에는 신탁재산에 속하는 주식의 의결권 행사내용 등을 협회에 제출하여야 한다.

chapter 02

금융투자전문인력과
자격시험에 관한 규정

주요 직무 종사자의 종류

자본시장법은 투자권유자문인력, 투자운용인력 등 주요 직무 종사자의 등록 및 관리에 관한 업무를 협회의 업무로 정하고 있다.

협회는 주요 직무 종사자를 등록 및 관리하고 자격시험을 시행하는 데 있어 필요한 사항을 정하기 위하여 「금융투자전문인력과 자격시험에 관한 규정」(이하 '전문인력규정'이라 함)을 제정하였다.

금융투자전문인력은 협회가 등록 및 관리하는 금융투자회사 및 신용평가회사의 임직원인 주요 직무 종사자를 말하며, 펀드관계회사인력은 일반사무관리회사(법 제254조), 집합투자기구평가회사(법 제258조) 및 채권평가회사(법 제263조)가 금융위원회에 등록하기 위하여 필수적으로 갖추어야 하는 인력을 의미한다.

금융투자전문인력은 수행하는 업무에 따라 투자권유자문인력, 투자상담관리인력, 투자자산운용사, 금융투자분석사, 위험관리전문인력, 신용평가전문인력으로 나뉜다.

(1) 투자권유자문인력

투자자를 상대로 금융투자상품의 투자권유 또는 금융투자상품등[1](법 제6조 제7항)의 투자자문 업무를 수행하는 인력이다. 투자권유자문인력은 취급하는 금융투자상품에 따라 아래와 같이 구분한다.

❶ 펀드투자권유자문인력 : 집합투자기구의 집합투자증권(펀드)에 대하여 투자권유를 하거나 투자자문 업무를 수행

❷ 증권투자권유자문인력 : 집합투자증권, 파생결합증권을 제외한 증권에 대하여 투자권유 또는 투자자문 업무를 수행하거나 MMF형 CMA[2]에 대해서 투자권유를 할 수 있음

❸ 파생상품투자권유자문인력 : 파생상품 및 파생결합증권 및 법 제4조 제7항 제1호에 해당하는 증권(파생결합사채), 영 제2조 제7호에 따른 고난도금융투자상품(이하 "고난도금융투자상품"이라 함)에 대하여 투자권유 또는 투자자문 업무를 수행하거나,

---

1 금융투자상품등이란 금융투자상품 외 다음의 투자대상자산을 포함한다.
　① 부동산
　② 부동산 관련 권리(지상권·지역권·전세권·임차권·분양권 등)
　③ 법 시행령 제106조 제2항 각 호의 금융기관에의 예치금
　④ 다음 각 목의 어느 하나에 해당하는 출자지분 또는 권리
　　가. 「상법」에 따른 합자회사·유한책임회사·합자조합·익명조합의 출자지분
　　나. 「민법」에 따른 조합의 출자지분
　　다. 그 밖에 특정 사업으로부터 발생하는 수익을 분배받을 수 있는 계약상의 출자지분 또는 권리
　⑤ 다음 각 목의 어느 하나에 해당하는 금지금[「조세특례제한법」제106조의3 제1항 각 호 외의 부분에 따른 금지금(金地金)]
　　가. 거래소(법 제8조의2 제2항에 따른 거래소)가 법 제377조 제1항 제12호에 따른 승인을 받아 그 매매를 위하여 개설한 시장에서 거래되는 금지금
　　나. 은행이 「은행법 시행령」 제18조 제1항 제4호에 따라 그 판매를 대행하거나 매매·대여하는 금지금
2 단기금융집합투자기구의 집합투자증권에 대하여 법 시행령 제7조 제3항 제4호에 해당하는 방법으로 투자

파생상품등에 투자하는 특정금전신탁 계약, 영 제2조 제8호에 따른 고난도투자
일임계약, 영 제2조 제9호에 따른 고난도금전신탁계약, 파생상품등을 포함하는
개인종합자산관리계좌에 관한 투자일임계약(투자일임형 Individual Savings Account)의
체결을 권유하는 업무를 수행(다만, 고난도금융투자상품에 해당하는 펀드를 투자권유 하고
자 하는 자는 펀드투자권유자문인력 등록요건 및 파생상품투자권유자문인력 등록요건을 모두 갖추
어야 함)

(2) 투자상담관리인력(투자권유자문관리인력)

금융투자회사의 지점 또는 영업소 등에서 해당 지점 또는 영업소 등에 소속된 투자
권유자문인력 및 투자권유대행인의 업무에 대한 관리·감독업무를 수행하는 인력이다.

(3) 투자자산운용사(투자운용인력)

집합투자재산, 신탁재산 또는 투자일임재산을 운용하는 업무를 수행하는 인력이다.

(4) 금융투자분석사(조사분석인력)

투자매매업 또는 투자중개업을 인가받은 회사에서 특정 금융투자상품의 가치에 대
한 주장이나 예측을 담고 있는 자료(조사분석자료)를 작성하거나 이를 심사·승인하는 업
무를 수행하는 인력이다.

(5) 위험관리전문인력

금융투자회사의 위험관리조직[3](금융투자업규정 제3-43조 제2항)에서 재무위험 등을 일정
한 방법에 의해 측정, 평가 및 통제하여 해당 회사의 재무위험 등을 조직적이고 체계적
으로 통합하여 관리하는 업무를 수행하는 인력이다.

---

3 제3-43조(위험관리조직) ② 장외파생상품에 대한 투자매매업의 인가를 받은 금융투자업자 또는
   인수업을 포함한 투자매매업의 인가를 받은 금융투자업자는 경영상 발생할 수 있는 위험을 실무적
   으로 종합관리하고 이사회(위험관리위원회 포함)와 경영진을 보조할 수 있는 전담조직을 두어야
   한다.
   ③ 제2항의 전담조직은 영업부서 및 지원부서와는 독립적으로 운영되어야 하며 다음 각 호의 업무
   를 수행하여야 한다.
   1. 위험한도의 운영상황 점검 및 분석
   2. 위험관리정보시스템의 운영
   3. 이사회(위험관리위원회를 포함한다) 및 경영진에 대한 위험관리정보의 적시 제공

(6) 신용평가전문인력

신용평가회사에서 신용평가 업무(법 제9조 제26항)를 수행하거나 그 결과를 심사·승인하는 업무를 수행하는 인력이다.

| 2 | 펀드관계회사인력 |

펀드관계회사인력에는 3종이 있다.

(1) 집합투자재산계산전문인력(펀드사무관리인력)

일반사무관리회사에서 법 제184조 제6항에 따른 집합투자재산의 계산업무를 수행하는 인력이다.

(2) 집합투자기구평가전문인력(펀드평가인력)

법 제258조에 따라 집합투자기구평가회사에서 집합투자기구를 평가하는 업무를 수행하는 인력이다.

(3) 집합투자재산평가전문인력(채권평가인력)

채권평가회사에서 영 제285조 제3항에 따른 집합투자재산의 평가·분석업무를 수행하는 인력이다.

---

section 02 주요 직무 종사자의 등록 요건

금융투자전문인력 또는 펀드관계회사인력으로서 해당 업무를 수행하기 위해서는 일정한 등록요건을 갖추고 협회에 등록하여야 한다.

1 　금융투자전문인력의 등록요건

(1) 투자권유자문인력

등록하고자 하는 투자권유자문인력에 해당하는 투자자 보호 교육을 이수하고 해당 적격성 인증시험에 합격한 자(예, 펀드투자권유자문인력으로 등록하고자 할 경우 펀드투자권유자문인력 투자자 보호 교육을 이수한 후 펀드투자권유자문인력 적격성 인증시험에 합격한 자)

다만, 특정한 업무만 수행하려는 자는 아래의 요건을 갖추어도 해당 업무를 수행하는 투자권유자문인력으로 등록할 수 있다.

❶ 전문투자자 대상 펀드, 증권, 파생상품 투자권유 업무 : 금융투자회사 또는 해외 금융투자회사(외국 법령에 따라 외국에서 금융투자업에 상당하는 영업을 영위하는 자. 이하 동일) 근무 경력이 1년 이상인 자

❷ 채무증권의 투자권유 업무(겸영금융투자업자의 임직원인 경우에 한함) : 채무증권의 투자권유 업무에 대한 등록교육을 이수한 자

(2) 투자상담관리인력

아래의 요건 중 어느 하나를 갖추고 투자상담관리인력 등록교육을 이수한 자

❶ 투자권유자문인력 적격성 인증시험 3종 중 해당 지점 또는 영업소 등에서 투자권유가 가능한 금융투자상품에 대한 모든 시험에 합격하고, 금융투자회사에서 10년 이상 종사한 경력이 있는 자

❷ 해당 지점 또는 영업소 등의 업무를 실질적으로 관리·감독하는 자(지점장 등)

(3) 투자자산운용사

아래의 업무 구분에 따라 해당 요건을 갖춘 자. 다만, ❶의 요건을 갖춘 자는 해외자원개발 투자운용업무를 수행할 수 있으며, ❶부터 ❹ 중 어느 하나의 요건을 충족하여 등록된 자는 일반 사모집합투자재산 투자운용업무를 추가로 수행할 수 있다.

❶ 금융투자상품 투자운용업무 : 증권운용전문인력(금융투자업규정 별표 2의 제1호 마목 비고 제1호)에 해당하는 자

❷ 부동산 투자운용업무 : 부동산 운용전문인력(금융투자업규정 별표 2의 제1호 마목 비고 제2호)에 해당하는 자

❸ 사회기반시설 투자운용업무 : 사회기반시설운용전문인력(금융투자업규정 별표 13의 제1호)에 해당하는 자

❹ 해외자원개발 투자운용업무 : 해외자원개발운용전문인력(금융투자업규정 별표 13의 제4호)에 해당하는 자

❺ 일반사모집합투자재산 투자운용업무 : 일반사모집합투자기구 운용전문인력(금융투자업규정 별표 2의 제1호 마목 비고 제2호의2)에 해당하는 자

(4) 금융투자분석사

아래의 어느 하나에 해당하는 자. 다만, ❸부터 ❽까지의 경우 소속 회사로부터 준법 및 윤리교육 이수

❶ 금융투자분석사 시험에 합격한 자

❷ 해외 금융투자회사에서 조사분석자료 작성업무 또는 금융투자회사에서 조사분석자료 작성을 보조하는 업무에 1년 이상 종사한 자

❸ 「주식회사의 외부감사에 관한 법률」 제4조에 따라 외부감사를 받아야 하는 주식회사에서 연구개발 또는 산업동향 분석 업무에 3년 이상 종사한 자

❹ 금융기관(법 시행령 제324조의3 제1호부터 제18호), 채권평가회사(법 제263조), 신용평가회사(법 제335조의3) 또는 그에 상응하는 외국 신용평가기관에서 증권 분석·평가업무에 3년 이상 종사한 경력이 있는 자(금융투자업규정 별표 21의2 제1호 가목에 따른 증권 분석·평가업무 경력자)

❺ 집합투자기구 평가전문인력(영 제280조 제2항)

❻ ㄱ부터 ㄷ에 해당하는 기관(영 제276조 제4항 제1호부터 제3호까지의 기관)이나 채권평가회사에서 금융투자상품의 평가·분석업무에 3년 이상 종사한 자

　　ㄱ. 「금융위원회의 설치 등에 관한 법률」 제38조에 따른 검사대상기관

　　ㄴ. 외국 금융투자업자

　　ㄷ. 「국가재정법」에 따른 기금관리주체가 같은 법 제77조 제1항에 따라 설치한 자산운용을 전담하는 부서나 같은 법 별표 2에 따른 기금설치 근거 법률에 따라 기금의 관리·운용을 위탁받은 연금관리공단 등

❼ 자율규제위원장이 인정하는 연구기관[4]에서 연구업무에 3년 이상 종사한 자

❽ 공인회계사

❾ 자율규제위원장이 인정하는 금융투자교육원 교육과정을 이수한 자

(5) 위험관리전문인력

금융투자회사의 위험관리조직(금융투자업규정 제3-43조 제2항)에서 위험관리 관련 업무에 종사하는 자

(6) 신용평가전문인력

다음의 어느 하나에 해당하는 자로서 소속 회사로부터 실무 및 준법·윤리교육을 이수한 자

❶ 금융투자분석사 시험에 합격한 자

❷ 공인회계사

❸ 금융기관(영 제324조의3 제1항 제1호부터 제18호), 해외 금융투자회사 및 해외 신용평가회사(해외에서 신용평가업에 상당하는 영업을 영위하는 회사)에서 기업 또는 금융투자상품의 평가·분석업무에 1년 이상 종사한 자

❹ 신용평가회사에서 금융기관의 재무건전성 평가 등 법(법 제335조의10 제2항 제1호 및 제2호)에 따른 겸영업무 및 부수업무에 1년 이상 종사한 자

❺ 위험관리조직(금융투자업규정 제3-43조 제2항)에서 재무위험 등을 평가·관리하는 업무에 1년 이상 종사한 자

❻ 집합투자기구 평가전문인력(영 제280조 제2항)

❼ 기금관리주체의 자산운용 전담조직, 연금관리공단등 기관이나 채권평가회사에서 금융투자상품의 평가·분석업무에 3년 이상 종사한 자(영 제285조 제3항 제2호)

---

4 ① 국가, 지방자치단체, 한국은행이 출자한 연구기관
  ② 법 시행령 제10조 제2항의 금융기관이 출자한 연구기관
  ③ 법 시행령 제10조 제3항 제1호부터 제13호까지의 법인 등이 출자한 연구기관
  ④ 주권상장법인이 출자한 연구기관

2	펀드관계회사인력의 등록요건

(1) 집합투자재산계산전문인력(펀드사무관리인력)

일반사무관리회사 등(영 제276조 제4항 제1호부터 제4호까지의 기관)에서 증권 등 자산가치의 계산에 관한 업무 또는 집합투자재산의 보관·분석업무에 2년 이상 종사한 경력이 있는 자

(2) 집합투자기구평가전문인력(펀드평가인력)

집합투자기구평가회사 등(영 제276조 제4항 제1호부터 제3호까지의 기관 또는 집합투자기구 평가회사)에서 증권·집합투자기구 등의 평가·분석업무 또는 법에 따른 기업금융업무에 2년 이상 종사한 경력이 있는 자

(3) 집합투자재산평가전문인력(채권평가인력)

❶ 금융투자분석사 시험에 합격한 자
❷ 채권평가회사 등(영 제276조 제4항 제1호부터 제3호까지의 기관 또는 채권평가회사)에서 금융투자상품의 평가·분석업무에 1년 이상 종사한 경력이 있는 자

section 03	주요 직무 종사자의 등록

전문인력규정은 금융투자전문인력의 등록에 관한 절차 등의 사항을 규정한 뒤 이를 펀드관계회사인력의 등록·관리에 준용하고 있다.

1 금융투자전문인력의 등록·관리

(1) 등록의 신청과 심사

금융투자회사 및 신용평가회사(이하, '금융투자회사 등'이라 함)가 임직원에게 금융투자전문인력의 업무를 수행하게 하려는 경우 소정의 서류를 구비하여 협회에 등록을 신청하여야 한다.

(2) 등록의 거부

다음에 해당할 경우 협회는 금융투자전문인력의 등록을 거부할 수 있다.

❶ 금융투자회사 등의 임직원이 아닌 자를 등록 신청한 경우
❷ 다른 금융투자회사 등의 금융투자전문인력으로 등록되어 있는 자를 등록 신청한 경우
❸ 협회의 심사결과 부적격하다고 판단되는 경우
❹ 금융투자전문인력 등록의 효력정기 처분을 받은 후 효력정기 기간이 경과하지 않은 경우
❺ 등록요건을 갖춘 날 또는 최근 업무수행일 등으로부터 5년이 경과하여 전문성 강화교육을 이수하여야 하는 자(투자상담관리인력 및 위험관리전문인력 제외)를 등록 신청한 경우 등

(3) 등록의 효력

❶ 금융투자전문인력 업무 수행 가능 : 금융투자회사 등의 임직원은 금융투자전문인력으로 등록함으로써 금융투자전문인력의 업무를 수행할 수 있음. 협회로부터 등록의 효력정지 처분을 받은 금융투자전문인력은 해당 효력정지기간 동안 업무를 수행할 수 없음. 또한, 근무하고 있는 금융투자회사 등이 영위할 수 없는 업무는 수행할 수 없음. 금융투자회사 등은 등록의 효력정지 기간이 경과하지 아니한 자나 금융투자전문인력이 아닌 자로 하여금 금융투자전문인력의 업무를 수행하게 해서는 아니 됨
❷ 등록인력의 의무 : 금융투자전문인력은 신의성실의 원칙에 따라 업무를 수행하여

투자자를 보호하여야 하며, 전문성의 유지를 위하여 보수교육을 이수하여야 함. 또한, 금융투자전문인력은 금융투자회사의 표준윤리준칙을 준수하여야 함

(4) 징계내역에 대한 보고

금융투자회사(겸영금융투자회사를 제외)가 금융투자전문인력 또는 금융투자전문인력이 아닌 임직원(퇴직자를 포함)에게 전문인력규정 제3-13조 제1항 각 호 또는 「자율규제위원회 운영 및 제재에 관한 규정」 제9조 각 호에 해당하는 사유로 징계처분을 부과하거나 겸영금융투자회사 또는 신용평가회사가 금융투자전문인력(퇴직자를 포함)에게 전문인력규정 제3-13조 제1항 각 호에 해당하는 사유로 징계처분을 부과한 경우 「금융투자회사의 영업 및 업무에 관한 규정」 제2-74조에 따라 해당 징계내역을 협회에 보고하여야 한다.

(5) 등록의 말소

협회는 금융투자전문인력이 다음 어느 하나에 해당하는 경우 해당 금융투자전문인력의 등록을 말소할 수 있다.

❶ 금융투자전문인력이 금융투자회사 등을 퇴직한 경우
❷ 소속 금융투자회사 등이 해산하거나 영업을 폐지한 경우
❸ 금융투자회사 등이 등록말소를 신청한 경우

2	펀드관계회사인력의 등록

펀드관계회사인력의 등록에 관한 절차 등에는 금융투자전문인력의 등록에 관한 절차 등에 관한 규정을 준용한다.

다만, 금융투자전문인력에 대해서만 적용되는 사항(예를 들어, 등록거부사유 중 ❹)은 펀드관계회사인력의 등록에 관해서는 적용하지 아니한다.

금융투자전문인력 및 금융투자회사 등에 대한 제재

협회 자율규제위원회는 금융투자전문인력(금융투자회사의 경우 금융투자전문인력이 아닌 임직원 포함)이 일정한 위법·부당행위와 관련되거나 금융투자회사 등이 금융투자전문인력에 대한 관리·감독을 소홀히 하는 경우 해당 인력 또는 회사에 대하여 제재를 부과할수 있다.

다만, 펀드관계회사 및 펀드관계회사인력에 대해서는 전문인력규정 중 제재에 관한규정은 적용하지 아니한다.

1 금융투자전문인력에 대한 제재

(1) 주요 제재사유

❶ 금융투자전문인력으로서의 업무 또는 투자자문·투자일임·신탁 계약의 체결 권유와 관련하여 관련 법규(금융소비자보호법 포함)를 위반한 경우
❷ 횡령, 배임, 절도, 업무와 관련한 금품수수 등 범죄행위를 한 경우
❸ 금융투자전문인력이 아닌 자를 고용하여 투자자를 유치하거나 금융투자상품의 매매주문을 수탁한 경우
❹ 금융투자전문인력의 자격 또는 명의를 대여한 경우
❺ 다른 금융투자전문인력 또는 금융투자전문인력이 아닌 자에게 위법·부당행위를 지시하거나 공모, 묵인한 경우
❻ 정당한 사유 없이 보수교육을 이수하지 아니한 경우
❼ 협회가 실시하는 자격시험에서 부정행위를 한 경우
❽ 미공개중요정보 이용행위 금지(법 제174조), 시세조종행위 등의 금지(법 제176조), 부정거래행위 등의 금지(법 제178조), 시장질서 교란행위의 금지(법 제178조의2)를 위반한 경우

(2) 제재대상

상기 사유에 해당하는 위법·부당행위에 적극 가담한 임직원 및 퇴직자(예 : 행위자, 지

시자, 공모자 등)에 한하여 부과한다. 다만, 단순가담자 등도 소속회사에 통보하고 징계 등을 요구할 수 있다.

(3) 제재의 종류

❶ 자격취소(모든 금융투자전문인력 자격시험 합격 취소)
❷ 자격시험 응시 제한
❸ 금융투자전문인력 등록말소, 등록의 효력정지 또는 등록거부
❹ 소속 회사에 위법·부당행위 사실 통보 후 자체 규정에 따른 문책 등 요구
❺ 그 밖에 필요한 조치

(4) 부과기준 및 절차

일반적으로 해당 인력에 대한 소속 회사의 징계 수준에 연동하여 전문인력규정이 정한 제재양정기준에 따라 부과된다. 다만, 소속 회사의 징계가 유사 위법·부당행위에 대한 다른 금융투자회사의 징계에 비하여 형평성이 결여되어 있다고 인정되는 경우 소속 회사의 징계와 관계없이 제재를 부과할 수 있다.

2 금융투자회사 등에 대한 제재

협회 자율규제위원회는 금융투자전문인력에 대한 관리·감독을 소홀히 한 금융투자회사 등에 대하여 제재(6개월 이내의 금융투자전문인력 신규등록 정지, 제재금)를 부과할 수 있다.

chapter 03

증권 인수업무 등에 관한 규정

주식의 인수[1]

1 대표주관계약의 체결

(1) 대표주관계약 체결

금융투자회사는 기업공개 또는 장외법인공모를 위한 주식(제2조 제2호의 외국증권예탁증

---

1 인수 : 제3자에게 증권을 취득시킬 목적으로 다음의 어느 하나에 해당하는 행위를 하거나 그 행위
  를 전제로 발행인 또는 매출인을 위하여 증권의 모집·매출을 하는 것을 말하며, '인수회사'란 인수
  를 하는 자를 말한다.
  가. 그 증권의 전부 또는 일부를 취득하거나 취득하는 것을 내용으로 하는 계약을 체결하는 것
  나. 그 증권의 전부 또는 일부에 대하여 이를 취득하는 자가 없는 때에 그 나머지를 취득하는 것을
    내용으로 하는 계약을 체결하는 것

권을 포함)의 인수를 의뢰받은 때에는 대표주관계약을 체결하고, 주식인수의뢰서 사본, 대표주관계약서 및 발행회사의 사업자등록증 사본을 계약 체결일부터 5영업일 이내에 협회에 신고하여야 한다.

(2) 대표주관계약서 포함사항

대표주관계약서에는 다음의 사항이 포함되어야 한다.

❶ 발행회사의 경영실적, 영업관련 사항 및 재무건전성 등에 대한 확인 및 조사에 관한 사항
❷ 발행회사의 재무, 회계 및 세무관리에 대한 지도 및 점검에 관한 사항
❸ 유가증권시장, 코스닥시장 또는 코넥스시장 상장요건과 관련한 협의 및 지도에 관한 사항
❹ 증권신고서의 기재사항 점검 등에 관한 사항
❺ 발행회사 및 그 최대주주 등에 대한 평판 점검 등에 관한 사항
❻ 주관업무 관련 수수료 중 100분의 50 이상은 발행회사와 다른 법인과의 합병등기가 완료된 경우에만 지급을 청구할 수 있다는 사항(다만, 기업인수목적회사의 발기인이었던 금융투자회사가 해당 기업인수목적회사와 대표주관계약을 체결하는 경우에만 적용)
❼ 계약의 해제·해지 및 변경에 관한 사항

(3) 발행사의 주관회사 변경 제한

금융투자회사는 상장예비심사를 거래소에 신청한 날(상장예비심사청구일)로부터 2개월 전에 대표주관계약 또는 주관계약을 체결하여야 한다. 다만, 유가증권시장의 주권상장법인이 코스닥시장에 주권을 상장하거나 코스닥시장의 주권상장법인이 유가증권시장에 주권을 상장하는 경우, 기업인수목적회사가 상장하는 경우 등에는 주관회사 변경 제한 기간을 적용하지 않는다.

2 주식의 공모[2]가격 결정 등

(1) 공모가격 결정 방법

기업공개를 위한 주식의 공모 가격 산정에 대한 방법은 협회가 구체적인 가격평가모형을 제시하지 않고 있으며, 수요예측[3] 등을 통해 다음의 방법으로 결정한다.

❶ 인수회사와 발행회사가 협의하여 단일 가격으로 정하는 방법

❷ 기관투자자를 대상으로 수요예측을 실시하고 그 결과를 감안하여 인수회사와 발행회사가 협의하여 정하는 방법(다만, 이 경우 창업투자회사, 벤처투자조합, 사립학교 등에 대해서도 수요예측 등 참여를 허용 가능)

❸ 대표주관회사가 사전에 정한 방법에 따라 기관투자자로부터 경매의 방식으로 입찰 가격과 수량을 제출받은 후 최저 공모 가격 이상의 입찰에 대해 해당 입찰자가 제출한 가격으로 정하는 방법

❹ 대표주관회사가 사전에 정한 방법에 따라 기관투자자로부터 경매의 방식으로 입찰 가격과 수량을 제출받은 후 산정한 단일 가격으로 정하는 방법

(2) 대표주관회사의 수요예측 준수사항

대표주관회사는 수요예측등을 행함에 있어 다음 사항을 준수하여야 한다.

❶ 인수회사가 일반청약자의 수요예측 등 참여 희망물량을 취합하여 자신의 명의로

---

2 공모 : 법 제9조 제7항 또는 제9항에서 정하는 모집 또는 매출의 방법으로 증권(법 제4조 제2항 제6호의 증권으로서 법 제9조 제16항에서 규정하는 외국법인등이 발행한 주권을 기초로 하여 법 제294조에 따라 설립된 예탁결제원이 발행한 외국증권예탁증권을 포함한다. 이하 같다)을 신규로 발행하거나, 이미 발행된 증권을 매도하는 것. 다만, 다음 각 목의 어느 하나에 해당하는 자가 행하는 공모는 이 규정에 의한 공모로 보지 아니한다.
   가. 선박투자회사법에 따른 선박투자회사
   나. 부동산 투자회사법에 따른 부동산 투자회사
   다. 사회기반시설에 대한 민간투자법에 따른 사회기반시설투융자회사
   라. 법 제9조 제18항 제2호에 따른 투자회사 및 법 제234조에 따른 상장지수집합투자기구
   마. 그 밖에 가목부터 라목에 준하는 자로 협회가 정하는 자
3 수요예측 : 주식 또는 무보증사채를 공모함에 있어 공모 가격(무보증사채의 경우 공모금리를 말한다)을 결정하기 위하여 대표주관회사가 공모 예정기업의 공모 희망 가격(무보증사채의 경우 공모 희망금리를 말한다)을 제시하고, 매입 희망 가격, 금리 및 물량 등의 수요상황을 파악하는 것

참여하는 경우를 제외하고는 인수회사 및 해당 발행회사의 우리사주조합원을 참여시킬 수 없으며, 수요예측 등 참여자에게 자신의 고유재산과 위탁재산(집합투자재산, 투자일임재산, 신탁재산)을 구분하여 참여하도록 할 것

❷ 수요예측등에 참여한 참여자별 가격 및 수량 등의 정보가 누설되지 아니하도록 할 것

❸ 수요예측등에 참여를 희망하는 자가 기관투자자(제2조제8호 및 제5조제1항제2호 단서)인지 여부를 확인할 것

3 투자일임회사 등의 수요예측 등 참여조건

(1) 투자일임재산(또는 신탁재산)으로 참여

투자일임회사(또는 부동산 신탁회사를 제외한 신탁회사)는 투자일임계약(또는 신탁계약)을 체결한 투자자가 다음의 요건을 모두 충족하는 경우에 한하여 투자일임재산(또는 신탁재산)으로 기업공개를 위한 수요예측등에 참여할 수 있다.

❶ 기관투자자일 것(단, 투자일임회사는 제외)

❷ 이해관계인 등 기업공개를 위한 공모주식 배정금지 대상(제9조 제4항 각 호의 자)에 해당되지 아니할 것

❸ 불성실 수요예측등 참여자로 지정되어 기업공개를 위한 수요예측등 참여 및 공모주식 배정이 금지된 자가 아닐 것

❹ 투자일임계약(또는 신탁계약) 체결일로부터 3개월이 경과하고, 수요예측등 참여일 전 3개월간의 일평균 투자일임재산(또는 신탁재산)의 평가액이 5억원 이상일 것

(2) 고유재산으로 참여

투자일임회사(또는 집합투자회사)는 다음의 어느 하나에 해당하는 경우에 한하여 투자일임회사(또는 집합투자회사)의 고유재산으로 기업공개를 위한 수요예측등에 참여할 수 있다.

❶ 투자일임업(또는 일반 사모집합투자업) 등록일로부터 2년 이 경과하고, 투자일임회사(또는 집합투자회사)가 운용하는 전체 투자일임재산(또는 집합투자재산)의 수요예측등 참여일전 3개월간의 일평균 평가액이 50억원 이상일 것

❷ 투자일임회사(또는 집합투자회사)가 운용하는 전체 투자일임재산(또는 집합투자재산)의 수요예측등 참여일 전 3개월간의 일평균 평가액(등록일로부터 3개월이 경과하지 않은 경우에는 등록일부터 수요예측등 참여일전까지 투자일임재산(또는 집합투자재산)의 일평균 평가액)이 300억원 이상일 것

부동산신탁회사는 고유재산으로만 기업공개를 위한 수요예측등에 참여할 수 있다.

4　주식 주관회사의 제한 등

(1) 주관회사 제한

금융투자회사가 발행회사와 다음과 같은 이해관계가 있는 경우 기업공개 또는 장외법인공모를 위한 주식의 주관회사의 업무를 하거나 최대 물량 인수를 할 수 없다. 그러나 발행기업이 거래소, 증권금융 또는 기업인수목적회사인 경우에는 다음의 이해관계와 상관없이 주관회사의 업무를 할 수 있다.

❶ 발행회사 및 발행회사의 이해관계인이 합하여 금융투자회사의 주식등[4]을 100분의 5 이상 보유
❷ 금융투자회사가 발행회사의 주식 등을 100분의 5 이상 보유(다만, 발행회사가 중소기업, 벤처기업, 중견기업 등에 해당하는 경우에는 발행회사의 주식 등을 100분의 10 이상 보유)
❸ 금융투자회사와 금융투자회사의 이해관계인이 합하여 발행회사의 주식 등을 100분의 10 이상 보유(다만, 발행회사가 중소기업, 벤처기업, 중견기업 등에 해당하는 경우에는 발행회사의 주식 등을 100분의 15 이상 보유)
❹ 금융투자회사의 주식 등을 100분의 5 이상 보유하고 있는 주주와 발행회사의 주식등을 100분의 5 이상 보유하고 있는 주주가 동일인이거나 이해관계인인 경우 (동일인 또는 이해관계인이 정부 또는 기관투자자인 경우는 제외)
❺ 금융투자회사의 임원이 발행회사의 주식 등을 100분의 1 이상 보유
❻ 금융투자회사의 임원이 발행회사의 임원이거나 발행회사의 임원이 금융투자회

---

4 '주식등'이란 영 제139조 제1호 가목부터 바목의 어느 하나에 해당하는 증권으로서 주권(의결권없는 주권을 포함), 신주인수권이 표시된 것, 전환사채권 및 신주인수권부사채권을 말하며 이들 증권과 교환을 청구할 수 있는 교환사채권 및 이들 증권과 교환사채권을 기초자산으로 하는 파생결합증권(권리의 행사로 그 기초자산을 취득할 수 있는 것만 해당)을 말한다.

사의 임원인 경우

❼ 금융투자회사가 발행회사의 최대주주이거나 계열회사인 경우

(2) 공동주관업무

금융투자회사가 그 이해관계인과 합하여 100분의 10은 넘지 않지만 100분의 5 이상의 주식 등을 보유하고 있는 경우 주관업무를 수행할 수는 있지만 어느 정도 이해관계가 있다고 간주하여 다른 금융투자회사(해당 발행회사와 이해관계인이 아니고 발행회사의 주식 등을 보유하지 아니하여야 함)와 공동으로 주관업무를 수행하도록 하고 있다.

5 　모집설립을 위한 주식 인수 제한

금융투자회사는 다음의 경우를 제외하고는 모집설립을 위하여 발행되는 주식을 인수하여서는 아니 된다.

❶ 「은행법」에 의하여 금융위원회로부터 금융기관 신설을 위한 예비인가를 받은 경우
❷ 정부가 최대주주로서 발행주식 총수의 100분의 25 이상을 취득하기로 하여 설립 중에 있는 경우
❸ 특별법에 따라 정부로부터 영업의 인가·허가 또는 지정 등을 받아 설립 중에 있는 경우
❹ 협회가 사업의 내용 등에 비추어 국민경제발전을 위하여 그 설립이 필요하다고 인정하는 경우

6 　청약 및 배정

(1) 주식의 청약

인수회사는 주식의 청약증거금을 받은 경우 발행회사별로 청약증거금임을 표시하여 증권금융회사 또는 은행에 별도로 예치하여야 하며 이를 담보로 제공하여서는 아니 된다.

청약증거금은 납입기일에 주식의 납입금으로 대체한다. 만약 청약증거금이 납입금

에 미달하고 해당 청약자가 납입기일 전까지 납입하지 않을 경우 인수회사가 인수금액의 비율에 따라 주식을 인수하여야 하며, 납입금을 초과하는 청약증거금은 지체 없이 청약자에게 반환하여야 한다.

기업공개를 위한 주식의 인수회사는 일반청약자에 대한 1인당 공모주식 청약한도가 있다. 인수회사는 자신이 인수하여 일반청약자에게 배정하는 전체 수량의 10% 이내에서 적정하게 1인당 청약한도를 설정하여야 한다.

(2) 주식의 배정

❶ 기업공개 시 주식 배정 : 기업공개를 위한 대표주관회사는 공모주식을 다음의 방법에 따라 해당 청약자 유형군에 배정하여야 하며, 청약자 유형군의 청약수량이 배정비율에 미달하는 경우에는 다른 청약자 유형군에 배정할 수 있음

ㄱ. 유가증권시장 상장을 위한 기업공개(외국법인등의 기업공개의 경우는 제외)의 경우 우리사주조합원에게「근로복지기본법」제38조 제1항에 따라 공모주식의 20%를 배정(법 제165조의7 제1항 단서의 경우 제외)

ㄴ. 코스닥시장 상장을 위한 기업공개의 경우「근로복지기본법」제38조 제2항에 따라 공모주식의 20%를 배정 가능(코스닥시장의 경우 우리사주조합에 대한 배정이 강제되어 있지 아니함)

ㄷ. 일반청약자에게 공모주식의 25% 이상을 배정(유가증권시장 및 코스닥시장 모두 해당)

ㄹ. 고위험고수익투자신탁등(BBB 이하의 비우량채권과 코넥스주식의 합산 보유비율이 45% 이상인 투자신탁 등)에 공모주식의 5% 이상을 배정(코스닥시장 상장을 위한 경우에는 공모주식의 10% 이상을 배정)

ㅁ. 코스닥시장 상장을 위한 기업공개의 경우 벤처기업투자신탁(사모벤처투자신탁의 경우 최초 설정일로부터 1년 6개월 이상 기간 동안 환매가 금지된 것)에 공모주식의 25% 이상을 배정

ㅂ. 제1호 또는 제2호에도 불구하고 우리사주 조합원이 공모주식의 20% 미만을 청약하는 경우 공모주식의 20%에서 우리사주 조합원의 청약수량을 제외한 주식(이하 "우리사주 잔여주식"이라 한다)을 공모주식의 5% 이내에서 일반청약자에게 배정 가능(이 경우 우리사주 조합원이 공모주식의 20% 미만을 청약한 사유 등을 감안하여 발행인과 협의)

ㅅ. ㄱ부터 ㅂ에 따른 배정 후 잔여주식은 기관투자자에게 배정

❷ 기업공개 시 일반청약자 균등배정 : 기업공개를 위한 주식의 인수회사는 일반청약자 배정물량(우리사주조합 미청약 잔여주식 배정분 포함)의 50% 이상을 최소 청약증거금 이상을 납입한 모든 일반청약자에게 동등한 배정기회를 부여하는 방식(이하 "균등방식 배정")으로 배정하여야 하며, 인수회사는 준법감시인 사전 승인으로 일반청약의 배정물량 및 배정방식 결정하여야 함. 인수회사가 복수인 경우 대표주관회사가 인수회사간 균등방식 배정 방법이 동일하도록 관리하여야 함.

❸ 기업공개 시 인수회사의 계열 집합투자회사등의 위탁재산에 공모주 배정 허용 : 집합투자회사등(집합투자회사, 투자일임회사, 신탁회사)은 자본시장법 시행령(제87조 제1항 제2호의4, 제99조 제2항 제2호의4, 제109조 제1항 제2호의4)에 따라 일반적인 거래조건에 비하여 집합투자기구, 투자일임재산, 신탁재산에 유리한 거래인 경우 자기 또는 관계인수인이 인수한 증권을 위탁재산(집합투자재산, 투자일임재산, 신탁재산)으로 매수할 수 있으며, 이에 따라 기업공개를 위한 대표주관회사가 집합투자회사등에게 공모주식을 배정하고자 하는 경우 다음의 요건을 모두 충족하여야 하며 해당 수량을 증권발행실적보고서에 기재하여야 함

ㄱ. 수요예측등에 참여하는 집합투자회사등은 위탁재산의 경우 매입 희망가격을 제출하지 아니하도록 할 것

ㄴ. 수요예측등에 참여한 기관투자자가 공모가격 이상으로 제출한 전체 매입 희망수량이 증권신고서에 기재된 수요예측 대상주식수를 초과할 것

ㄷ. 동일한 인수회사를 자기 또는 관계인수인으로 하는 집합투자업자등에게 배정하는 공모주식의 합계를 기관투자자에게 배정하는 전체수량의 1% 이내로 할 것

❹ 기업공개 시 주식배정 제한 : 기업공개를 위한 공모주식을 배정함에 있어 대표주관회사는 다음의 자에게 공모주식을 배정하여서는 아니 됨

ㄱ. 인수회사 및 인수회사의 이해관계인. 다만, 제9조의2 제1항[5]에 따라 위탁재산으로 청약하는 집합투자회사등은 인수회사 및 인수회사의 이해관계인으로 보지 아니함

ㄴ. 발행회사의 이해관계인(발행회사의 임원과 발행회사 계열회사의 임원은 제외)

---

5 집합투자회사등이 자본시장법 시행령(제87조 제1항 제2호의4, 제99조 제2항 제2호의4, 제109조 제1항 제2호의4)에 해당함을 확인하고 확약서를 대표주관회사에 제출하는 경우 위탁재산으로 자기 또는 관계인수인이 인수한 주식의 기업공개를 위한 수요예측 등에 참여 허용

ㄷ. 해당 공모와 관련하여 발행회사 또는 인수회사에 용역을 제공하는 등 중대한 이해관계가 있는 자

ㄹ. 자신이 대표주관업무를 수행한 발행회사(해당 발행회사가 발행한 주권의 신규 상장일이 이번 기업공개를 위한 공모주식의 배정일부터 과거 1년 이내인 회사)의 기업공개를 위하여 금융위원회에 제출된 증권신고서의 "주주에 관한 사항"에 주주로 기재된 주요 주주에 해당하는 기관투자자 및 창업투자회사 등

❺ 공모증자 시 주식 배정 : 유가증권시장 또는 코스닥시장 주권상장법인의 공모증자시에는 대표주관회사는 공모주식을 다음과 같이 해당 청약자 유형군에 배정하여야 하며, 청약자 유형군의 청약수량이 배정비율에 미달하는 경우에는 다른 청약자 유형군에 배정할 수 있음

ㄱ. 유가증권시장 주권상장법인(외국법인등인 유가증권시장 주권상장법인은 제외)의 공모증자의 경우 우리사주조합원에게 공모주식의 20%를 배정(법 제165조의7 제1항 단서의 경우 제외)

ㄴ. 코스닥시장 또는 코넥스시장 주권상장법인의 공모증자의 경우 우리사주조합원에게 공모주식의 20%를 배정 가능(법 제165조의7 제1항 단서의 경우 제외)

ㄷ. 주주에게 우선청약권을 부여하는 공모증자의 경우 주주에게 우선청약할 주식수를 정하여 배정

ㄹ. ㄱ~ㄷ의 배정 후 잔여주식의 5% 이상을 고위험고수익투자신탁등에 배정, 코스닥시장 주권상장법인의 공모증자 경우에는 10% 이상을 배정

ㅁ. 코스닥시장 주권상장법인의 공모증자의 경우 ㄱ~ㄷ의 배정 후 잔여주식의 25% 이상을 벤처기업투자신탁(사모벤처기업투자신탁은 최초 설정일로부터 1년 6개월 이상의 기간 동안 환매가 금지된 것)에 배정

ㅂ. ㄱ~ㅁ의 배정 후 잔여주식은 기타 청약자에게 배정

ㅅ. ㄱ~ㅂ의 배정 및 청약결과 발생한 실권주는 법 제165조의6의 규정에 따라 처리하되, 인수회사가 실권주를 인수한 후 이를 일반청약자에게 공모하는 경우에는 고위험고수익투자신탁등에 해당 실권주 공모주식의 5% 이상(코스닥시장 주권상장법인의 공모주식은 10% 이상)을 배정하고, 코스닥시장 주권상장법인의 공모증자인 경우 실권주 공모주식의 25% 이상을 ㅁ의 벤처기업 투자신탁에 배정

그러나 ㄹ~ㅅ에 따라 배정하여야 할 주식이 5,000주(액면가 5,000원 기준) 이하이

거나 배정할 주식의 공모금액이 1억 원 이하인 경우에는 배정하지 않을 수 있음

(3) 초과배정옵션

초과배정옵션이란 기업공개 시 대표주관회사가 당초 공모하기로 한 주식의 수량을 초과하여 청약자에게 배정하는 것을 조건으로 그 초과배정 수량에 해당하는 신주를 발행회사로부터 미리 정한 가격으로 매수할 수 있는 권리를 말한다.

❶ 초과배정수량 : 대표주관회사가 발행회사와 초과배정옵션에 대한 계약을 체결하는 경우 초과배정수량은 공모주식 수량의 15% 이내에서, 대표주관회사와 발행회사가 정함

❷ 초과배정옵션 행사일 : 초과배정옵션의 행사일은 매매개시일부터 30일 이내에서 대표주관회사와 발행회사가 정함

❸ 초과배정옵션 행사 가격 : 초과배정옵션의 행사에 따른 신주의 발행 가격은 공모 가격으로 해야 함. 다만, 대표주관회사가 사전에 정한 방법에 따라 청약자로부터 경매의 방식으로 청약을 받은 후 최저 공모 가격 이상의 청약에 대해 배정하는 경우에는 최저 공모 가격으로 함

❹ 시장매수 시 매수 가격 : 초과배정옵션에 대한 계약을 체결한 대표주관회사가 초과배정으로 인한 순매도 포지션의 해소를 위하여 유가증권시장 또는 코스닥시장에서 해당 주식을 매수하는 경우 그 매수 가격은 공모 가격의 80% 이상으로 하여야 함. 다만, 단일 가격에 의한 개별 경쟁매매방법에 의해 가격이 결정되는 매매거래에 공모 가격의 80% 이상으로 매수호가를 제출하였으나 공모 가격의 80% 미만에서 거래가 체결된 경우에는 공모 가격의 80% 이상으로 매수한 것으로 봄

　　대표주관회사 시장에서 해당 주식을 매수하고자 하는 경우 매매개시일 전까지 초과배정의 내용(매수종목, 매수수량, 매수기간, 매수 가격 등)을 유가증권시장 또는 코스닥시장을 통하여 시장안내사항으로 공지되도록 거래소에 통보하여야 함

❺ 배정 제한 : 초과배정주식을 배정하는 경우 대표주관회사는 다음의 어느 하나에 해당하는 자는 배정에서 제외하여야 함

　　ㄱ. 인수회사 및 인수회사의 이해관계인

　　ㄴ. 발행회사의 이해관계인

　　ㄷ. 해당 공모와 관련하여 발행회사 또는 인수회사에 용역을 제공하는 등 중대한

이해관계가 있는 자

(4) 신주인수권

신주인수권이란 대표주관회사가 기업공개를 위한 대표주관업무 수행의 보상으로 발행회사로부터 신주를 취득할 수 있는 권리를 말한다. 신주인수권제도는 주관회사가 모험기업 발굴 등 적극적인 기업공개 주선 역할을 수행할 수 있도록 인센티브를 부여하기 위해 도입되었다. 대표주관회사가 신주인수권을 부여받기 위한 계약을 체결하기 위해서는 다음과 같은 요건을 충족하여야 하며, 신주인수권에 관한 계약 체결 사실을 증권신고서에 기재하여야 한다. 또한, 대표주관회사가 신주인수권을 행사하여 신주를 취득한 경우에는 자신에 홈페이지에 신주인수권 행사로 취득한 주식의 종류 및 수량 등 협회가 정한 사항을 지체 없이 게시하여야 한다.

❶ 신주인수권을 행사하여 취득할 수 있는 주식의 수량은 공모주식 수량의 10% 이내일 것
❷ 신주인수권의 행사기간은 상장일로부터 3개월 이후 18개월 이내일 것
❸ 신주인수권의 행사 가격은 공모 가격 이상일 것

(5) 환매청구권

환매청구권이란 기업공개를 위한 주식의 인수회사가 다음의 어느 하나에 해당하는 경우 일반청약자에게 공모주식을 인수회사에게 매도할 수 있도록 부여한 권리를 말한다. 이때, 인수회사의 매수 가격은 공모 가격의 90% 이상이나, 주가지수가 10%를 초과하여 하락하는 경우에는 협회 규정에 따른 조정 가격 이상이다.

환매청구권 행사가능 요건	행사가능 기간
① 공모 예정금액이 50억 원 이상이고, 공모 가격을 인수회사와 발행회사가 협의하여 단일 가격으로 정하는 경우 ② 창업투자회사 등을 수요예측 등에 참여시킨 경우 ③ 금융감독원의 「기업공시서식 작성기준」에 따른 공모 가격 산정근거를 증권신고서에 기재하지 않은 경우	상장일부터 1개월까지
④ 거래소의 「코스닥시장 상장규정」에 따른 기술성장기업의 상장을 위하여 주식을 인수하는 경우	상장일부터 6개월까지
⑤ 거래소의 「코스닥시장 상장규정」에 따른 이익 미실현 기업의 상장을 위하여 주식을 인수하는 경우	상장일부터 3개월까지

다만 다음의 어느 하나에 해당하는 경우 주관회사 또는 인수회사는 환매청구권을 부여하지 아니할 수 있다.

❶ 이익 미실현 기업(외국기업 제외)의 코스닥시장 신규 상장을 주관하는 주관회사가 해당 기업의 상장예비심사 신청일부터 3년 이내에 이익 미실현 기업의 코스닥시장 신규상장을 주관한 실적이 있고 해당 기업이 상장일부터 3개월간 종가가 환매청구권의 매수 가격(공모가의 90% 이상 또는 조정 가격 이상) 이상을 유지한 경우의 해당 주관회사

❷ 상장예비심사 신청일 이전 6개월간 코넥스시장에서의 일평균거래량이 1,000주 이상이고 거래형성률이 80% 이상인 코넥스시장 상장법인(외국기업 제외)의 코스닥시장 이전 상장을 위하여 주식을 인수하는 인수회사

section 02 무보증사채의 인수

1 무보증사채의 인수

(1) 대표주관계약의 체결 및 협회 신고

금융투자회사는 무보증사채의 인수를 의뢰받은 때에는 증권신고서 제출 10영업일 이전에 대표주관계약을 체결하고, 대표주관계약서 사본을 계약 체결일부터 5영업일 이내에 협회에 신고하여야 한다. 그러나 유동화사채[6] 또는 일괄신고서를 제출하고 공모 발행되는 무보증사채 인수를 의뢰받은 경우에는 적용이 배제된다.

증권신고서 제출이 면제되는 전자단기사채등의 경우에도 적용되지 않는다.

---

6 '유동화사채'란 「자산유동화에 관한 법률」에 따라 사채의 형태로 발행되는 유동화증권 및 같은 법률에서 정하는 유동화전문회사 또는 신탁업자가 아닌 회사, 그 밖의 특수목적기구가 자산유동화에 준하는 업무를 하여 사채의 형태로 발행하는 증권이나 같은 법률에서 정하는 방법 이외의 것에 따라 유동화자산을 기초로 사채의 형태로 발행하는 증권을 말한다.

(2) 인수 대상 무보증사채

❶ 신용평가 : 인수회사가 무보증사채를 인수하는 경우 2 이상[7] 신용평가전문회사
(외국법인등이 발행한 무보증사채의 경우 금융감독원장이 정하는 국제신용평가기관을 포함)로부
터 평가를 받은 것이어야 함

❷ 표준무보증사채사채관리계약서(표준사채관리계약서) : 무보증사채를 인수하는 경
우에는 무보증사채의 발행인과 사채관리회사 간에 협회가 정한 표준무보증사채
사채관리계약서(이하 '표준사채관리계약서'라 함)에 의한 계약이 체결된 것이어야 함

❸ ❷에도 불구하고 외국법인등이 발행하는 무보증사채를 인수하는 경우에는 협회
의 사전심사를 거쳐 표준사채관리계약서의 내용을 수정한 사채관리계약서를 사
용할 수 있음

❹ 증권신고서 제출이 면제되는 전자단기사채등의 경우에는 복수신용평가의무 및
표준사채관리계약서 사용의무가 적용되지 않음

(3) 무보증사채의 수요예측 실시

❶ 수요예측 : 무보증사채 공모 시 수요예측을 실시하고 수요예측 결과를 감안하여
주관회사와 발행회사가 협의하여 발행조건을 정해야 함

❷ 수요예측의 예외 : 아래의 채권에 대해서는 수요예측 실시 대상에서 제외한다.

　　ㄱ. 공모예정금액이 100억 원 미만인 무보증사채

　　ㄴ. 전환사채, 교환사채 또는 신주인수권부사채, 전환형 조건부자본증권

　　ㄷ. 일괄신고서 제출을 통해 모집·매출하는 무보증사채

　　ㄹ. 유동화사채

　　ㅁ. 공모 예정금액이 모두 일반청약자에게 배정되는 무보증사채

❸ 무보증사채 인수금리 : 무보증사채의 인수금리는 수요예측 결과를 감안하여 주관
회사와 발행회사가 협의하여 정한 금리를 공모금리로 함

❹ 고유재산과 그 외의 재산 간 구분 : 수요예측 참여자는 자신의 고유재산과 그 외
의 재산을 구분하여 수요예측에 참여하여야 함

---

7 「자산유동화에 관한 법률」에 따라 사채의 형태로 발행되는 유동화증권을 인수하는 경우 또는 신용
평가전문회사의 업무정지 등 부득이한 사유가 있는 경우에는 하나의 신용평가를 받아도 된다.

(4) 원화표시채권의 인수

금융투자회사가 인수할 수 있는 원화표시채권은 다음 각 호의 요건을 모두 충족한 것이어야 한다. 단, 증권신고서 제출이 면제되는 단기사채등의 경우는 제외된다.

❶ 무보증사채인 경우 2 이상의 신용평가회사(신용평가회사의 업무정지 등 부득이한 사유가 있는 경우에는 1)로부터 평가를 받을 것
❷ 「주식·사채 등의 전자등록에 관한 법률」(이하 "전자증권법"이라 한다)에 따라 전자등록의 방법으로 발행될 것(해외판매채권의 경우는 제외)

2 　무보증사채의 주관회사 제한

무보증사채의 경우에도 주식의 경우와 같이 금융투자회사가 발행회사와 이해관계가 있는 경우 해당 무보증사채의 인수를 위한 주관회사의 업무를 영위하거나 최대 물량 인수를 할 수 없도록 제한하고 있다.

section 03 　주관회사 실적 공시 등

1 　인수업무 조서

기업공개를 위한 대표주관회사 및 인수회사는 인수업무조서를 작성하여야 하며 인수업무조서와 및 관련 자료는 해당 발행회사가 유가증권시장, 코스닥시장 또는 코넥스시장에 상장된 날부터 3년 이상의 기간 동안 보관하여야 한다.

2 　대표주관회사 실적 공시

❶ 주식 실적 공시 : 기업공개를 위한 주식의 대표주관회사는 공모주식의 유가증권

시장 또는 코스닥시장 상장일부터 3년간 발행회사와 관련한 사항을 협회에 제출하여야 함. 협회는 대표주관회사로부터 제출받은 내용을 협회의 홈페이지를 통하여 게시할 수 있음

❷ 채권 실적 공시 : 채권 발행(사모의 방법으로 발행하는 경우를 포함하며 전자증권법 제59조에 따른 단기사채등은 제외)을 위한 주관회사(모집·사모의 주선인을 포함)는 발행일로부터 5일 이내에 발행회사와 관련한 사항을 협회에 보고하여야 함. 다만, 공동으로 주관업무를 수행하는 경우, 증권신고서 작성을 대행하는 주관회사가 보고하여야 함

3 불성실 수요예측 등 참여자 관리

❶ 불성실 수요예측 등 참여행위 : 다음의 어느 하나에 해당하는 경우 불성실 수요예측 등 참여행위로 본다.

ㄱ. 수요예측 등에 참여하여 주식 또는 무보증사채를 배정받은 후 청약을 하지 아니하거나 청약 후 주금 또는 무보증사채의 납입금을 납입하지 아니한 경우.

ㄴ. 기업공개시 수요예측에 참여하여 의무보유를 확약하고 주식을 배정받은 후 의무보유기간 내에 다음의 어느 하나에 해당하는 행위를 하는 경우. 이 경우 의무보유기간 확약의 준수여부는 해당기간 중 일별 잔고를 기준으로 확인

  a. 해당 주식을 매도 등 처분하는 행위

  b. 해당 주식을 대여하거나, 담보로 제공 또는 대용증권으로 지정하는 행위

  c. 해당 주식의 종목에 대하여 법 제180조 제1항 제2호에 따른 공매도를 하는 행위. 이 경우 일별 잔고는 공매도 수량을 차감하여 산정

ㄷ. 수요예측 등에 참여하면서 관련 정보를 허위로 작성·제출하는 경우

ㄹ. 대리청약 행위(수요예측 등에 참여하여 배정받은 주식을 투자자에게 매도함으로써 법 제11조를 위반한 경우)

ㅁ. 투자일임회사, 신탁회사, 부동산 신탁회사 및 일반 사모집합투자업을 등록한 집합투자회사가 규정 제5조의2 제1항부터 제6항까지를 위반하여 수요예측 등에 참여한 경우

ㅂ. 수요예측에 참여하여 공모주식을 배정받은 벤처기업투자신탁의 신탁계약이 설정일로부터 1년 이내에 해지되거나, 공모주식 배정일로부터 3개월 이내에

신탁계약이 해지되는 경우(신탁계약기간이 3년 이상인 집합투자기구의 신탁계약 종료일 전 3개월에 대해서는 적용하지 아니함)

ㅅ. 사모의 방법으로 설정된 벤처기업투자신탁이 수요예측등에 참여하여 공모주식을 배정받은 후 최초 설정일로부터 1년 6개월 이내에 환매되는 경우

ㅇ. 수요예측에 참여하여 공모주식을 배정받은 고위험고수익투자신탁등의 설정일·설립일로부터 1년 이내에 해지되거나, 공모주식을 배정받은 날로부터 3개월 이내에 해지(계약기간이 1년 이상인 고위험고수익투자신탁등의 만기일 전 3개월에 대해서는 적용하지 아니한다)되는 경우

ㅈ. 그 밖에 인수질서를 문란하게 한 행위로서 ㄱ.~ㅇ.에 준하는 경우

❷ 불성실 수요예측 등 참여자 지정절차 : 협회는 불성실 수요예측 등 참여 행위를 한 자에 대하여 협회 정관 제41조에 따라 설치된 자율규제위원회의 의결을 거쳐 불성실 수요예측 등 참여자로 지정

❸ 수요예측등 참여 제한 : 기업공개와 관련하여 불성실 수요예측 등 참여자로 지정된 자에 대하여 위반금액 규모에 따라 최대 24개월까지 수요예측 참여가 제한되며, 무보증사채 공모와 관련해서도 불성실 수요예측 등 참여자로 지정된 자에 대하여는 1~4개월간 수요예측 등 참여가 제한된다. 대표주관회사는 해당 기간 동안 공모주식 또는 무보증사채 공모를 위한 수요예측 등 참여를 제한하여야 함

다만, 불성실 수요예측 등 참여행위의 원인이 단순 착오나 오류에 기인하거나 위원회가 필요하다고 인정하는 경우에는 불성실 수요예측 등 참여자로 지정하지 아니하거나 제재금을 부과할 수 있음

❹ 제재의 병과 : 위원회가 제재금 또는 금전의 납부를 부과하는 경우, 위원회는 불성실 수요예측 참여자로 지정된 자의 고유재산에 한하여 수요예측등 참여제한을 병과할 수 있음

chapter 04

금융투자회사의 약관운용에 관한 규정

1 표준약관[1] 및 수정약관

협회는 건전한 거래질서를 확립하고 불공정한 내용의 약관이 통용되는 것을 방지하기 위하여 금융투자업 영위와 관련하여 표준이 되는 약관(표준약관)을 정할 수 있다(법 제56조).

금융투자회사는 업무와 관련하여 협회가 정한 표준약관을 사용하거나, 이를 수정하여 사용할 수 있다. 그러나 모든 표준약관을 다 수정하여 사용할 수 있지는 않고 '외국 집합투자증권 매매거래에 관한 표준약관'은 표준약관 그대로 사용하여야 한다.[2]

---

1 '약관'은 그 명칭이나 형태를 불문하고 금융투자업 영위와 관련하여 금융투자회사가 다수의 고객과 계약을 체결하기 위하여 일정한 형식에 의하여 미리 작성한 계약의 내용을 말하며, 약관의 보고 접수, 신고수리 및 검토업무는 금융위원회의 업무이지만 법 시행령 제387조 제2항에 의하여 협회에 위탁하여 운용되고 있음.

2 '외국 집합투자증권 매매거래에 관한 표준약관'의 경우에도 외국환거래규정 제1-2조 제4호의 기

2 개별약관

금융투자회사는 법 제56조 제1항 본문에 따라 금융투자업의 영위와 관련하여 약관을 제정 또는 변경하는 경우에는 약관의 제정 또는 변경 후 7일 이내에 협회에 보고하여야 한다. 다만, 법 제56조 제1항 단서[3]에 따라 사전신고에 해당되는 경우에는 약관의 제정 또는 변경 시행예정일 10영업일전까지 협회에 신고하여야 한다.

3 약관 검토

협회는 금융투자회사로부터 보고받은 약관에 다음의 사항이 포함되어 있는지 여부를 검토하여야 한다.

❶ 법 등 관계법령에 위반되는 내용
❷ 금융투자회사의 고의 또는 중대한 과실로 인한 법률상의 책임을 배제하는 내용
❸ 상당한 이유없이 금융투자회사의 손해배상범위를 제한하거나 금융투자회사가 부담하여야 할 위험을 고객에게 이전시키는 내용
❹ 고객에 대하여 부당하게 과중한 손해배상의무를 부담시키는 내용
❺ 법률의 규정에 의한 고객의 해제권 또는 해지권을 상당한 이유없이 제한하거나 그 행사를 제한하는 내용
❻ 금융투자회사에게 법률에서 정하고 있지 아니하는 해제권·해지권을 부여하거나 법률의 규정에 의한 해제권·해지권의 행사요건을 완화하여 고객에 대하여 부당하게 불이익을 줄 우려가 있는 내용
❼ 계속적인 채권·채무관계의 발생을 목적으로 하는 계약에서 그 존속 기간을 부당하게 단기 또는 장기로 하거나 묵시의 기간연장 또는 갱신이 가능하도록 정하여 고객에게 부당하게 불이익을 줄 우려가 있는 내용
❽ 법률의 규정에 의한 고객의 항변권·상계권 등의 권리를 상당한 이유 없이 배제 또는 제한하는 내용

관투자자만을 대상으로 외국 집합투자증권을 판매하는 경우에는 수정하여 사용할 수 있다.
3 투자자의 권리나 의무에 중대한 영향을 미칠 우려가 있는 경우로서 대통령령으로 정하는 경우에는 약관의 제정 또는 변경 전에 미리 금융위원회에 신고

⑨ 고객에게 부여된 기한의 이익을 상당한 이유없이 박탈하는 내용

⑩ 금융투자회사 또는 고객 의사표시의 부당한 의제를 통하여 고객에게 불이익을 줄 수 있는 내용

⑪ 고객이 계약의 거래형태 등 제반사항에 비추어 예상 또는 이해하기 어려운 내용

⑫ 계약의 목적을 달성할 수 없을 정도로 계약에 따르는 고객의 본질적 권리를 제한하는 내용

⑬ 그 밖에 고객에 대하여 부당하게 불리한 내용

4 약관내용의 검토 결과 통보 등

협회는 약관을 검토한 결과 약관내용의 변경이 필요한 경우 금융투자회사에 변경 필요 사유 등을 통보한다. 이 경우 협회는 통보받은 금융투자회사가 해당 약관의 내용을 변경하지 않은 때에는 금융위원회에 보고한다. 협회는 금융투자회사가 이미 사용하고 있는 약관이 관계법령 개정 등의 사유로 변경이 필요하다고 인정되는 경우 금융투자회사에 대하여 통보할 수 있다. 협회는 법 제56조 제1항 단서와 관련하여 사전 신고를 받은 경우 그 내용을 검토하여 법에 적합하면 신고를 수리하고 지체 없이 그 결과를 해당 금융투자회사에 통보하여야 한다.

01 다음 중 일반투자자에 대한 투자권유에 대한 설명으로 옳은 것은?

① 투자목적·재산상황·투자경험 등 고객정보를 파악하지 않은 일반투자자에 대하여는 투자권유를 할 수 없다.

② 투자권유 전 파악한 일반투자자의 투자성향 등 분석 결과는 서명 또는 기명날인의 방법으로만 일반투자자로부터 확인을 받을 수 있다.

③ 증권신고서를 제출한 집합투자증권의 경우 판매 시 간이투자설명서와는 별도로 반드시 투자설명서를 교부하여야 한다.

④ 투자권유를 희망하지 않는 투자자에 대해서는 파생상품을 판매하더라도 고객정보를 파악할 필요가 없다.

02 다음 중 조사분석자료에 대한 설명으로 옳은 것은?

① 금융투자회사는 자신이 발행한 주식을 기초자산으로 하는 주식워런트증권에 대해서는 조사분석자료를 공표할 수 없다.

② 금융투자분석사는 자신의 금융투자상품 매매내역을 분기별로 회사에 보고하면 된다.

③ 소속 회사가 발행주식 총수의 100분의 5 이상의 주식등을 보유하고 있는 법인에 대해서는 조사분석자료 공표 시 그 이해관계를 고지하여야 한다.

④ 소속 회사에서 조사분석자료를 공표하는 경우 금융투자분석사는 자신이 분석을 담당하는 업종이 아니더라도 공표일부터 7일간은 해당 종목을 매매할 수 없다.

해설

01 ② 녹취, 전자우편 등의 방법 가능 ③ 집합투자증권의 경우 간이투자설명서를 교부하거나 투자자가 원하는 경우에는 투자설명서를 교부해야 함 ④ 파생상품등을 판매하고자 하는 경우에는 반드시 고객정보를 확인하고 적정하지 않은 경우 이를 알리고 확인받아야 함

02 ② 매월 보고하여야 함 ③ 100분의 1임. 100분의 5 이상일 경우는 조사분석자료를 공표할 수 없음 ④ 자신이 담당하는 업종이 아닐 경우 매매는 할 수 있지만 공표일로부터 7일간 같은 방향으로 매매하여야 한다.

03 다음 중 금융투자회사(임직원 포함)가 업무와 관련하여 투자자 또는 거래상대방에게 재산상 이익을 제공할 때 적용되는 기준에 대한 설명으로 적절하지 않은 것은?

① 거래상대방에게 재산상이익을 제공할 때 제공목적, 제공내용 등을 5년 이상의 기간 동안 기록·보관 하여야 한다.

② 경제적 가치가 3만 원 이하의 물품 또는 식사의 경우에는 재산상 이익의 제공으로 보지 않는다.

③ 동일 거래상대방에게 1회당 제공할 수 있는 한도는 원칙적으로 최대 20만 원이다.

④ 집합투자증권 판매회사의 변경을 권유하면서 백화점상품권을 제공할 수 없다.

04 기업공개 시 주관회사에 대한 제한 요건에 대한 설명으로 적절하지 않은 것은?

① 발행회사 및 발행회사의 이해관계인이 주관회사의 주식등을 100분의 7을 보유하고 있는 경우 금융투자회사는 해당 회사에 대한 주관업무를 할 수 없다.

② 금융투자회사가 발행회사의 주식등을 100분의 7을 보유하고 있는 경우 해당 회사에 대한 주관업무를 할 수 없다.

③ 금융투자회사와 금융투자회사의 이해관계인이 합하여 발행회사의 주식등을 100분의 6을 보유하고 있다면 단독으로 주관업무를 수행할 수 있다.

④ 금융투자회사의 임원이 발행회사의 주식등을 100분의 2를 보유하고 있다면 해당 발행회사의 주관업무를 수행할 수 없다.

해설

03 ③ 재산상 이익의 제공 한도 규제는 폐지되었음(단, 파생상품의 경우 일부 예외 존재) ④ 판매회사 변경 또는 이동금액을 조건으로 재산상이익을 제공할 수 없음

04 ③ 이해관계인 보유분을 합하여 100분의 5 이상, 100분의 10 미만 보유시에는 다른 금융투자회사와 공동으로 주관업무를 수행하여야 함

05 다음 중 금융투자회사의 약관에 대한 설명으로 적절하지 않은 것은?

① 금융투자회사가 이미 사용하고 있는 약관이 관계법령 개정 등의 사유로 변경이 필요한 경우 협회는 금융투자회사에 대하여 통보할 수 있다.

② 금융투자회사가 별도의 개별 약관을 제정하거나 변경하는 경우 협회에 보고하여야 한다.

③ 금융투자회사는 일반투자자를 대상으로 한 외국 집합투자증권 매매거래에 관한 표준약관은 수정하여 사용할 수 없다.

④ 약관내용 중 고객의 권리 또는 의무와 관련이 없는 사항을 변경하는 경우에는 협회에 보고할 필요가 없다.

06 다음 중 금융투자전문인력의 등록 거부 사유에 해당하지 않는 것은?

① 금융투자회사(신용평가회사)의 임직원이 아닌 자를 등록신청한 경우

② 다른 회사에 금융투자전문인력으로 등록되어 있는 자를 등록신청한 경우

③ 금융투자전문인력 등록의 효력정지, 등록거부 기간이 경과하지 아니한 자를 등록신청한 경우

④ 자격 요건을 갖춘 날로부터 3년이 경과한 자를 등록신청한 경우

07 협회가 금융투자전문인력에 대하여 제재를 부과하는 사유에 해당하지 않은 것은?

① 금융투자전문인력의 업무와 관련하여 자본시장법령을 위반한 경우

② 정당한 사유 없이 개인정보 보호교육을 이수하지 않은 경우

③ 협회가 실시하는 자격시험에서 부정행위를 한 경우

④ 정당한 사유 없이 보수교육을 이수하지 않은 경우

해설

05 ④ 사후보고 사항임

06 ④ 자격 요건을 갖춘 날 또는 최근 업무 수행일 등으로부터 5년이 경과하여 전문성 강화교육이 필요한 경우 등록거부 사유에 해당된다.

07 ② 개인정보 보호교육은 금융투자전문인력의 의무 교육대상이 아님

정답 01 ① | 02 ① | 03 ④ | 04 ③ | 05 ④ | 06 ④ | 07 ②

part 04

회사법

certified securities investment advisor

chapter 01

주식회사 개념

section 01 | 회사의 종류

    상법상 회사는 사원의 책임의 정도에 따라 합명회사, 합자회사, 유한책임회사, 유한회사, 주식회사의 5종으로 구분된다. 합명회사는 2인 이상의 무한책임사원만으로 구성되며, 합자회사는 1인 이상의 무한책임사원과 1인 이상의 유한책임사원으로 구성된다. 합명회사와 합자회사는 1인 이상의 무한책임사원이 있다는 공통점이 있다. 이와 달리 유한책임회사, 유한회사, 주식회사는 무한책임사원이 존재하지 않고 1인 이상의 유한책임사원으로 구성된다는 차이점이 있다. 유한책임회사는 내부관계에 관해서 합명회사에 관한 규정을 적용받으면서 사원이 대외적으로 유한책임을 지며, 유한회사는 폐쇄적이고 소규모기업에 적합한 회사이며, 주식회사는 공개적이며 대규모기업에 적합한 회사이다.

상법상 회사는 1인 또는 2인 이상의 사원으로 구성되어야 하기 때문에 모두 법인격을 갖는다. 이와 달리 민법상 조합은 법인격이 없는 단체의 성격을 갖는다.

주식회사란 자본금이 주식으로 분할되고, 주식의 인수 또는 주식의 양수를 통해 사원(주주)이 되고, 사원은 주식의 인수가액의 한도에서 출자의무를 부담할 뿐 회사의 채무에 대해서는 직접 책임을 부담하지 않는 회사를 말한다. 즉, 주식회사의 주주는 회사 채권자에게 아무런 직접적인 책임을 부담하지 않고 자신이 가진 주식의 인수가액 한도 내에서 간접·유한의 책임을 부담한다.

표 1-1

합명회사, 유한책임회사, 유한회사, 주식회사의 비교

구분		합명회사	유한책임회사	유한회사	주식회사
조직 형태	기업형태	인적결합이 강한 소수인의 공동기업	인적공헌의 비중이 큰 투자펀드, 벤처기업, 컨설팅업 등	비교적 소수인에 의한 중소규모 기업	거액의 고정자본이 필요한 대규모 회사
	사원 구성	2인 이상	1인 이상	1인 이상	1인 이상
	사원 책임	직접·연대·무한책임	유한책임	유한책임	유한책임
업무 집행	회사 대표	업무집행사원	대표업무집행자	대표이사	대표이사
	감사 선임	불요	불요	선임(임의적 기관)	선임
자본·지분	최저자본금	제한 없음	제한 없음	제한 없음 (법 제546조)	제한 없음
	출자 여부	출자의무 없음	설립등기 시까지	이행시기 제한 없음	주식 인수 시
	지분 균일성	없음	없음	균일	균일
	지분 양도성	전원의 동의	전원의 동의	자유로이 양도 가능. 단, 정관으로 제한 가능(법 제556조)	자유로이 양도 가능. 단, 정관으로 이사회 승인을 받도록 할 수 있음 (법 제335조 제1항)
	주권발행	불가	불가	불가	가능
기타	사원총회	없음	없음	사원총회	주주총회
	의사결정	1인 1의결권	1인 1의결권	1좌 1의결권	1주 1의결권
	정관변경	총사원 동의	총사원 동의	사원총회 특별결의	주주총회 특별결의

주식회사의 특징

1 자본(자본금)

(1) 자본금의 의의

자본금이라 함은 주주의 출자로 형성되는 일정한 기금으로서 회사의 재산을 회사에 보유시키는 최소한도의 기준이다. 상법에 따르면 주식회사는 액면주식과 무액면주식을 발행할 수 있다. 회사가 액면주식을 발행하는 경우에는 회사의 자본금은 발행주식의 액면총액이 된다(상법 제451조 제1항). 그러나 회사가 무액면주식을 발행하는 경우 주식 발행가액의 2분의 1 이상의 금액으로서 이사회(신주발행사항을 주주총회에서 정하기로 한 경우에는 주주총회)에서 자본금으로 계상하기로 한 금액의 총액이 자본금이 된다(상법 제451조 제2항). 무액면주식에는 권면액이 표시되지 않고 주권에 주식의 수만 기재된다. 주식의 발행가액 중 자본금으로 계상하지 아니한 금액은 자본준비금으로 계상하도록 하고 있다(상법 제451조 제2항 후단). 그리고 회사의 자본금은 액면주식을 무액면주식으로 전환하거나 무액면주식을 액면주식으로 전환함으로써 변경할 수 없다(상법 제451조 제3항).

(2) 주식회사의 자본원칙

자본단체인 주식회사는 주주의 유한책임으로 인해 회사재산만이 회사 채권자에 대한 담보가 되므로, 회사재산 확보의 기준인 자본금이 매우 중요한 의미를 갖는다. 따라서 상법은 주식회사의 자본금에 관하여 세 가지의 엄격한 원칙을 규정하고 있다.

❶ 자본확정의 원칙 : 상법은 회사가 설립 시 발행하는 주식의 총수를 정관의 절대적 기재사항 중 하나로 규정하고 있다. 주식회사의 발기인은 회사의 설립 시 발행하는 주식의 총수를 인수한 경우 지체 없이 각 주식에 대하여 그 인수가액의 전액을 납입해야 하고(상법 제295조 제1항), 회사 설립 시에 발행하는 주식의 총수가 인수된 때에는 발기인은 지체 없이 주식인수인에 대하여 각 주식에 대한 인수가액의 전액을 납입시키도록 하고 있다(상법 제305조 제1항). 회사의 설립 시에 그 재산적 기초를 튼튼히 하고 주식회사의 건전한 존립과 회사 채권자의 보호를 기

하기 위한 것이다.

❷ 자본충실(유지·구속)의 원칙 : 주식회사는 설립 시와 존속중에 언제나 기업의 유지와 회사 채권자 및 장래의 투자자를 보호하기 위하여 회사의 자본액에 상당하는 재산을 실질적으로 확보하고 있어야 한다는 원칙으로서, 이는 회사의 자본과 재산과의 관계를 규율하는 것이다. 이하는 상법상 자본충실을 위한 제도의 예시이다.

ㄱ. 이익배당의 제한(상법 제462조)

ㄴ. 주식의 액면미달발행의 제한(상법 제310조, 제330조 전단)

ㄷ. 변태설립에 대한 엄격한 조사와 감독(상법 제313조, 제314조)

ㄹ. 발기인의 주식인수·납입담보책임(상법 제321조)

ㅁ. 법정준비금제도(상법 제458조, 제459조) 등이 그 예이다.

❸ 자본불변(불감)의 원칙 : 회사의 자본금액은 원칙적으로(실질적 자본감소의 경우) 주주총회의 특별결의와 채권자 보호절차(상법 제438조 내지 제446조) 등 엄격한 법정절차에 의하지 않고는 변경(감소)할 수 없다는 원칙이다. 자본금의 감소는 회사 채권자를 위한 담보액이 감소하는 결과를 초래하여 회사 채권자의 지위를 불안하게 할 뿐만 아니라 자본충실의 원칙도 무의미하게 할 우려가 있다. 자본충실의 원칙은 실질적으로 회사재산을 유지하는 데에 목적이 있고, 자본불변의 원칙은 형식적인 자본액의 감소를 방지하기 위한 것이다.

2 　지분의 균일성

주식회사에 있어서 지분은 균등한 비율적 단위로 구분된 주식으로 표현된다. 회사가 무액면주식을 발행하는 경우 주주의 자본금에 대한 비례적 지위는 회사의 발행주식 총수에서 주주가 소유하는 주식수의 비율로 인식된다. 액면주식을 발행하는 경우에는 액면주식의 금액은 균일하여야 한다(상법 제329조 제2항).

3 　주주의 유한책임

주주(정확하게는 주식인수인)는 회사에 대하여 그가 가지는 주식의 인수가액을 한도로 하여 출자의무를 부담할 뿐(상법 제331조), 그 이상 회사에 출연할 책임을 지지 않는다. 그러므로 회사가 채무초과 상태에 빠지더라도 주주는 회사의 채권자에게 변제할 책임을 지지 않는다. 이것을 주주의 유한책임의 원칙이라고 한다.

section 03 | 주식회사 설립의 절차

주식회사는 자본단체로서 자본유지(충실, 구속)의 원칙이 회사 설립 시부터 적용된다. 주식회사의 설립절차는 ① 발기인, ② 정관 작성, ③ 실체 구성(주식인수, 출자이행, 기관의 구성), ④ 설립등기 4단계로 나뉘어 진행되며 각 단계별로 엄격한 강행규정(당사자들의 의사 여하에 불구하고 강제적으로 적용되는 규정)을 두고 있다.

1 발기인

주식회사를 설립함에는 발기인이 정관을 작성하여야 한다(상법 제288조). 발기인이란 일반적으로는 회사의 설립사무를 주관하는 자를 말한다. 그러나 법률상으로는 주식회사 설립 시의 정관(원시정관)에 발기인으로 기재하고 기명날인 또는 서명한 자에 한한다(상법 제289조 제1항). 발기인의 자격에는 제한이 없으며, 발기인은 1주 이상의 주식을 인수하여야 한다(상법 제293조).

발기인의 자격에는 제한이 없으므로 법인도 발기인이 될 수 있다고 한다. 발기인은 회사의 설립과 관련하여 자본충실에 대한 책임을 지고 설립과정에서 제3자에게 손해를 끼친 경우 그 손해를 배상할 책임을 진다. 발기인이 2인 이상인 경우 회사의 설립을 목적으로 하는 발기인 상호 간의 합의가 존재하게 되고 이로써 발기인조합이 성립한다. 발기인조합이란 회사 설립을 목적으로 하는 발기인 상호 간의 조합계약이다. 발기인조합의 법적 성질은 민법상의 조합계약이며, 발기인조합에는 조합에 관한 민법의 규정이 적용된다(통설). 발기인조합은 설립 중의 회사와 구별되나 양자는 설립등기 시까지 병존한다. 발기인조합의 업무와 관련하여 공동으로 이루어져야 하는 의사결정은 발기인의 과반수로 하여야 함이 원칙이다(민법 제706조 제2항). 그러나 정관 작성(상법 제289조 제1항), 회사 설립 시에 발행하는 주식에 관한 결정(상법 제291조) 등에 대해서는 상법이 명문으로 발기인 전원의 동의를 요하고 있다.

2 정관 작성

정관이란 실질적으로는 회사의 목적과 조직, 활동에 관하여 규정한 근본규칙을 말하고 형식적으로는 이러한 사항을 기재한 서면을 말한다. 정관은 자치법규의 성질을 가진다. 주식회사의 설립은 발기인이 정관을 작성함으로써 시작된다. 정관의 기재사항은 절대적 기재사항, 상대적 기재사항, 그리고 임의적 기재사항(절대적 기재사항이나 상대적 기재사항은 아니지만 편의적으로 정관에 기재하고 있는 사항)으로 구분된다.

절대적 기재사항이란 정관으로서의 효력을 가지기 위해 반드시 기재하여야 하는 사항으로 기재에 흠결이 있거나 그 내용이 위법한 경우 정관이 무효가 되는 기재사항이다. 우리 상법은 ① 목적, ② 상호, ③ 회사가 발행할 주식의 총수, ④ 액면주식을 발행하는 경우 1주의 금액(액면주식 1주의 금액은 100원 이상으로 하여야 한다), ⑤ 회사의 설립 시에 발행하는 주식의 총수, ⑥ 본점 소재지, ⑦ 회사가 공고를 하는 방법, ⑧ 발기인의 성명·주민등록번호·주소를 절대적 기재사항으로 규정하고 있다(상법 제289조 제1항). 무액면주식의 경우는 1주의 금액이 있을 수 없으므로 1주의 금액은 액면주식을 발행하는 경우에만 이를 절대적 기재사항으로 하고 있다.

상대적 기재사항은 기재하지 않더라도 정관 자체의 효력에는 영향을 미치지 않지만 해당 사항이 정관에 기재되어야 비로소 회사와의 관계에서 그 효력이 발생되는 사항이며 상법의 규정 중에 산재되어 있다. 회사 설립 시의 가장 중요한 상대적 기재사항으로 변태설립사항이 있다. 이들 사항은 정관에 기재하지 아니하면 그 효력이 발생할 수 없다. 상법이 정하고 있는 변태설립사항으로는 ① 발기인이 받을 특별이익과 이를 받을 자의 성명, ② 현물출자를 하는 자의 성명과 그 목적인 재산의 종류, 수량, 가격과 이에 대하여 부여할 주식의 종류와 수, ③ 회사성립 후에 양수할 것을 약정한 재산(재산인수)의 종류, 수량, 가격과 그 양도인의 성명, ④ 회사가 부담할 설립비용과 발기인이 받을 보수액 등이 있다(상법 제290조).

원시정관은 공증인의 인증을 받아야 그 효력이 발생한다(상법 제292조 본문). 다만 자본금 총액이 10억 원 미만인 회사를 발기설립의 방법으로 설립하는 경우에는 발기인들의 기명날인 또는 서명이 있으면 공증인의 인증이 없더라도 정관의 효력이 발생한다(상법 제292조 단서).

3 실체 구성

(1) 내용과 방법

주식회사는 설립 시에 발행하는 주식의 인수와 출자의 이행을 통하여 사원 확정과 자본 확정이 이루어지며, 이사·감사의 선임에 의하여 기관이 확정되고 사단법인으로서의 실체가 마련되게 된다. 이러한 실체 구성에 뒤이어 설립절차에 대한 조사·감독이 이루어진다.

회사 설립을 위해 발기인 전원의 동의로 주식발행사항(주식의 종류, 수량, 액면 이상 발행가액)을 정하여야 한다(상법 제291조). 회사의 실체 구성은 '발기설립'과 '모집설립'으로 나누어지며, 발기설립은 설립 시 주식의 전부를 발기인만이 인수하되 절차가 간이하여 소규모 회사설립에 용이하며, 모집설립은 발기인과 모집주주가 함께 주식을 인수하여 절차가 복잡하나 대규모 자본 조달에 유리하다.

(2) 주식발행사항의 결정

주식회사 설립 시 발행하는 주식에 관하여 정관으로 ① 주식의 종류와 수(상법 제291조 제1호), ② 액면주식의 경우 액면 이상의 주식을 발행할 때에는 그 수와 금액(상법 제291조 제2호), ③ 무액면주식을 발행하는 경우에는 주식의 발행가액과 주식의 발행가액 중 자본금으로 계상하는 금액(상법 제291조 제3호) 등에 관한 사항을 정하여야 한다. 정관으로 이를 정하지 아니하면 발기인 전원의 동의로 이를 정하여야 한다(상법 제291조 본문).

(3) 발기설립

발기설립에 있어서는 발기인만이 설립 시에 발행하는 주식 모두를 인수한다. 각 발기인은 서면에 의하여 주식을 인수하여야 한다(상법 제293조). 발기인은 회사의 설립 시에 발행하는 주식의 총수를 인수한 때에는 지체 없이 각 주식에 대하여 그 인수가액의 전액을 납입하여야 한다(상법 제295조 제1항). 출자의무의 이행에 있어서는 전액납입주의

(상법 제295조 제1항)가 확립되어 있다. 출자이행절차가 완료되면 발기인은 의결권의 과반수로써 이사·감사를 선임하여야 한다(상법 제296조 제1항). 발기인의 의결권은 그 인수주식의 1주에 대하여 1개로 한다(상법 제296조 제2항).

(4) 모집설립

모집설립에 있어서는 회사 설립 시에 발행하는 주식의 일부를 일단 발기인이 인수하고(상법 제301조 전단, 제293조), 나머지에 대해서는 주주를 모집한다(상법 제301조 후단). 주주의 모집에 관한 주식인수계약에 있어서 청약은 반드시 주식청약서에 의하여야 하며(주식청약서주의, 상법 제302조 제1항), 이에 대한 배정은 자유롭게 할 수 있다(배정 자유의 원칙). 회사 설립 시에 발행하는 주식의 총수가 인수된 때에는 발기인은 지체 없이 주식인수인에 대하여 인수가액의 전액을 납입시켜야 한다(상법 제305조 제1항).

주식인수인의 출자이행절차가 완료된 뒤에는 창립총회를 소집하여 이사·감사를 선임하여야 한다(상법 제312조). 창립총회의 결의는 출석한 주식인수인의 의결권의 3분의 2 이상이며, 인수된 주식 총수의 과반수에 해당하는 다수로 하여야 한다(상법 제309조).

(5) 설립절차의 감독

발기설립에 있어서나 모집설립에 있어서나 설립절차의 조사·감독은 원칙적으로 이사·감사가 담당한다(상법 제298조 제1항, 제313조 제1항). 즉 이사와 감사는 취임 후 지체 없이 회사 설립에 관한 모든 사항이 법령 또는 정관의 규정에 위반되지 아니하는지 여부를 조사하여 발기인(발기설립) 혹은 창립총회(모집설립)에 보고하여야 한다. 이사와 감사 중 발기인이었던 자·현물출자자 또는 회사성립 후 양수할 재산의 계약당사자인 자는 조사·보고에 참가하지 못하며(상법 제298조 제2항, 제313조 제2항), 이사·감사의 전원이 이러한 자에 해당하는 경우 이사는 공증인으로 하여금 조사·보고를 하게 하여야 한다(상법 제298조 제3항, 제313조 제2항).

정관에 변태설립사항을 정하고 있는 경우 이에 관한 조사를 위하여 검사인의 선임을 법원에 청구하여야 하고(상법 제298조 제4항, 제310조 제1항), 검사인은 변태설립사항과 현물출자의 이행에 관한 사항을 조사하여 발기설립의 경우에는 법원에, 모집설립의 경우에는 창립총회에 이를 보고하여야 한다(상법 제299조 제1항, 제310조 제2항). 그리고 이러한 변태설립사항에 대한 조사는 공증인(특별이익, 설립비용, 보수액의 경우)의 조사·보고와 공인된 감정인(현물출자, 재산인수의 경우)의 감정으로 대체할 수도 있다(상법 제299조의2, 제310조

제3항).

한편 발기설립 시 변태설립사항 중 현물출자 및 재산인수와 관련하여 ① 그 재산총액이 자본금의 5분의 1을 초과하지 아니하고 대통령령으로 정하는 금액을 초과하지 아니하는 경우, ② 그 재산이 거래소에서 시세가 있는 유가증권인 경우로서 정관에 적힌 가격이 대통령령으로 정하는 방법으로 산정된 시세를 초과하지 아니하는 경우, ③ 그 밖에 이에 준하는 경우로서 대통령령으로 정하는 경우에는 법원이 선임한 검사인의 조사 및 보고절차를 생략할 수 있다(상법 제299조 제2항).

4 설립등기

회사는 실체 구성 절차가 종료된 후 2주 내에 설립등기를 하여야 한다(상법 제317조 제1항). 설립등기에 의하여 회사는 비로소 법인격을 취득한다(상법 제172조).

그 밖에도 설립등기 후에는 주식청약서의 요건흠결을 이유로 주식인수의 무효를 주장하거나, 착오·사기·강박을 이유로 주식인수를 취소하지 못한다(상법 제320조 제1항). 또 설립등기에 의하여 주권발행이 허용되고(상법 제355조 제1·2항), 권리주 양도의 제한(상법 제319조)이 해제되는 효과가 나타난다.

주식회사의 설립에 하자가 있는 경우에는 설립무효소송(상법 제328조)만 인정되며, 합명·합자·유한·유한책임회사에 있어서와 같이 설립취소소송(상법 제184조)은 인정되지 아니한다.

설립무효의 사유는 강행법규 등을 위반한 중대한 경우(반드시 객관적 하자가 존재해야 하며, 사원의 무능력과 같은 개인적 사유에 의한 주관적 하자는 이유가 될 수 없다)이며 주주·이사·감사가 회사를 상대로 회사성립일로부터 2년 내에 소송의 방법에 의하여서만 주장할 수 있다(상법 제328조 제1항). 원고가 승소한 경우에 판결의 효력은 소송 당사자 이외의 제3자에게도 미치며(대세적 효력), 판결의 효력이 설립등기 시까지 소급하지 않으므로(불소급효) 그 판결확정 전에 생긴 회사와 사원 및 제3자 간의 권리의무에 영향을 미치지 아니한다(상법 제190조).

회사 설립에 관한 책임

1 발기인의 책임

(1) 회사가 성립된 경우의 책임

❶ 회사에 대한 책임 : 회사가 설립된 경우 발기인은 회사에 대하여, ① 자본충실의 책임과 ② 손해배상의 책임을 부담한다. 자본충실의 책임으로는 성립 시의 발행주식에 관하여 설립등기 후 인수되지 아니한 주식이 남아 있거나, 주식인수의 청약이 취소된 때에는 발기인이 이를 공동으로 인수한 것으로 보고(인수담보책임, 상법 제321조 제1항), 설립등기 후 납입이 완료되지 아니한 주식이 남아 있는 때에는 발기인이 연대하여 그 납입을 하여야 한다(납입담보책임, 상법 제321조 제2항, 무과실책임). 발기인이 회사 설립에 관하여 그 임무를 해태한 때에는 그 발기인은 회사에 대하여 연대하여 손해를 배상할 책임을 진다(임무해태에 대한 배상책임, 상법 제322조 제1항).

❷ 제3자에 대한 책임 : 발기인이 악의 또는 중대한 과실로 인하여 그 임무를 해태한 때에는 그 발기인은 제3자에 대하여 연대하여 손해를 배상할 책임을 부담한다(상법 제322조 제2항).

(2) 회사가 성립되지 않은 경우의 책임

회사가 성립되지 아니한 경우에는 그 설립에 관한 행위에 대하여 발기인 전원이 연대책임을 지고(상법 제326조 제1항), 회사의 설립에 관하여 지급한 비용 일체를 발기인의 과실여부와 무관하게 발기인이 부담하여야 한다(상법 제326조 제2항).

2 이사·감사 등의 책임

이사·감사가 임무를 게을리하여 회사나 제3자에게 손해를 입힌 때에는 이사, 감사와 발기인은 연대하여 배상할 책임을 진다(상법 제323조). 위 책임은 주주 전원의 동의로 면제할 수 있다(상법 제324조, 제400조 제1항).

법원이 선임한 검사인도 악의 또는 중대한 과실로 인하여 그 임무를 게을리한 때에는 회사 또는 제3자에 대하여 손해를 배상할 책임이 있다(상법 제325조). 법원이 선임한 검사인에 갈음하여 변태설립사항을 조사·감독하는 공증인이나 감정인의 책임에 관하여는 상법에 규정이 없으나 검사인과 동일한 책임을 부담하는 것으로 보아야 할 것이다.

chapter 02

주식과 주주

section 01 주식과 주권

1 주식의 개념

주식은 두 가지의 의미로 쓰인다. 첫째, 주식회사의 자본구성 및 조달과 관련하여 그 단위로서의 의미를 가진다. 둘째, 주주의 회사에 대한 권리·의무의 단위인 주주권을 의미한다. 통속적으로는 이러한 주주권을 표창하는 유가증권을 주식이라 부르는 수가 있으나, 이는 상법상 주권이라 칭하며 주식과는 구별되는 개념이다.

상법상 주식회사는 액면주식이나 무액면주식 중 하나를 선택하여 발행할 수 있는데 액면주식의 경우 주식은 자본의 구성분자인 단위금액으로서의 의미를 가진다. 액면주식의 금액은 균일해야 하며(상법 제329조 제2항) 액면주식의 1주의 금액은 100원 이상으로 하여야 한다(상법 제329조 제3항). 그리고 액면주식을 발행하는 경우 정관에 1주의 금액을 정하여야 한다(상법 제289조 제1항 제4호). 반면 무액면주식의 주권에는 주식의 수만 기재되고 액면가는 없으며 주식을 발행할 때 정하는 발행가는 수시로 변할 수 있고 그 중 일부 금액만이 자본금으로 계상된다.

2 주식의 종류

(1) 액면주식 · 무액면주식

액면주식이란 정관과 주권에 주금액이 기재된 주식이며, 무액면주식은 정관과 주권에 주금액을 기재하지 않고 주식수 또는 자본참가 비율만을 표시한 주식을 말한다. 과거 우리 상법은 액면주식의 발행만을 인정하였고, 자본시장법상 투자회사와 같이 특별법에서 무액면주식의 발행을 허용해 왔다(자본시장법 제196조). 그러나 2011년 4월 상법 개정을 통해 회사는 정관에서 정한 경우에는 주식의 전부를 무액면주식으로 발행할 수 있도록 하면서 무액면주식을 발행하는 경우에는 액면주식을 발행할 수 없도록 하고 있다(상법 제329조 제1항).

그리고 상법은 액면주식과 무액면주식 간 전환을 허용하고 있다. 즉 회사는 정관에서 정하는 바에 따라 발행된 액면주식을 무액면주식으로 전환하거나 무액면주식을 액면주식으로 전환할 수 있다(상법 제329조 제4항). 이를 위해서는 정관변경, 발행 예정 주식 총수의 변경, 공고 및 신주권의 교부 등의 절차를 거쳐야 하고 전환의 효력은 주주에 대한 통지 및 공고기간이 만료한 때 발생한다(상법 제329조 제4항, 제441조). 액면주식과 무액면주식 간 전환이 있더라도 자본금은 변경하지 못한다(상법451조 제3항).

(2) 기명주식 · 무기명주식

기명주식은 주주의 성명이 주주명부와 주권에 표시되고, 주주명부상의 주주가 회사에 대한 관계에 있어서 주주로 인정되는 주식이다. 따라서 회사가 주주로서의 권리행사자를 명확하게 알 수 있고, 주주에게 통지나 최고를 함에 있어서도 편리하다.

무기명주식은 주주명부나 주권에 주주의 성명이 표시되지 않고 그 주권을 점유하는 자가 주주의 자격을 인정받게 되는 주식이다. 무기명주식 제도는 1963년 최초 제정된 상법부터 인정되어 왔으나, 상법 제정 이래 한 차례도 발행된 사례가 없어 기업의 자본조달에 기여하고 있지 못하고, 소유자 파악이 곤란하여 양도세 회피 등 과세사각지대의 발생우려가 있다는 점에서, 2014년 개정 상법에 의하여 폐지되어 기명주식으로 일원화되었다.

(3) 종류주식

종류주식이란 일정한 권리에 대하여 특수한 내용을 부여한 주식을 말한다. 즉 주식이 표창하는 권리에 대하여 서로 다른 내용의 권리의 조합이 이루어지도록 허용된 것이 종류주식이다. 2011년 4월 개정된 상법은 이익의 배당, 잔여재산의 분배, 주주총회에서의 의결권의 행사, 상환 및 전환 등에 관하여 다른 종류의 주식을 발행할 수 있다고 하여 상환주식·전환주식·무의결권주식 등을 모두 종류주식으로 분류하고 있다. 회사가 종류주식을 발행하고자 하는 경우에는 정관으로 각 종류주식의 내용과 수를 정하여야 한다(상법 제344조 제2항). 그리고 종류주식을 발행한 경우 정관에 다른 정함이 없는 경우에도 주식의 종류에 따라 신주의 인수, 주식의 병합·분할·소각 또는 회사의 합병·분할로 인한 주식의 배정에 관하여 특수하게 정할 수 있다(상법 제344조 제3항).

❶ 보통주식 : 재산적 내용, 의결권 등 종류주식이 표창하는 권리의 내용에 관하여 우열순위를 결정하는 기준이 되는 주식이다.

❷ 우선주식·열후주식·혼합주식 : 회사는 이익의 배당 또는 잔여재산의 분배에 관하여 내용이 다른 종류주식을 발행할 수 있다(상법 제344조의2 제1항 및 제2항). 즉 이익배당 또는 잔여재산의 분배에 있어서 보통주식보다 우선하는 권리를 부여하거나 후순위의 지위를 부여하는 것을 말한다. 이 중 전자를 우선주식, 후자를 후배주식(열후주식, 열위주식이라고도 함)이라 한다. 그리고 재산적 급여의 종류에 따라 보통주식보다 우선적 권리를 가지기도 하고 열후적 지위를 가지고 하는 주식을 혼합주식이라고 한다.

우선주식 중에는 소정의 우선적 배당을 받고 잔여 미처분이익이 있을 때에는 잔여이익배당에도 참가할 수 있는 참가적 우선주식과 소정의 배당만 받고 잔여이익은 모두 보통주식에 배당하는 비참가적 우선주식이 있다. 또 특정 연도의 배당액이 소정의 우선 배당률에 미달하는 때에 그 부족액에 대하여는 다음 연도 이후 우선하여 보충·배당받는 주식을 누적적 우선주식이라 하고, 이익이 없거나 소액일 때에는 배당권이 소멸되어 후년도에 추징권이 없는 것이 비누적적 우선

주식이다.

회사가 이익배당에 관하여 내용이 다른 종류주식을 발행하는 경우 그 종류주식의 주주에게 교부하는 배당재산의 종류, 배당재산의 가액의 결정방법, 이익을 배당하는 조건 등 이익배당에 관한 내용을 정관으로 정하여야 한다(상법 제344조의2 제1항). 이와 마찬가지로 회사가 잔여재산의 분배에 관하여 내용이 다른 종류주식을 발행하려고 하는 경우에는 정관에 잔여재산의 종류, 잔여재산의 가액의 결정방법, 그 밖에 잔여재산분배에 관한 내용을 정하여야 한다(상법 제344조의2 제2항).

❸ 의결권의 배제·제한에 관한 종류주식 : 회사는 주주의 의결권을 배제하거나 제한하는 종류주식을 발행할 수 있다. 2011년 상법 개정에서 이익배당 우선 여부에 관계없이 의결권을 배제 또는 제한하는 주식을 발행할 수 있도록 하고 의결권을 부분적으로만 제한하는 등 보다 다양한 내용의 의결권 제한 및 배제조건을 부여할 수 있도록 하였다. 개정 상법은 의결권이 없는 종류주식이나 의결권이 제한되는 종류주식의 발행을 허용하고 있으므로 의결권 없는 보통주식의 발행도 가능하다. 그러나 차등의결권 또는 복수의결권을 부여하는 내용의 주식, 거부권부 주식 등은 이를 발행할 수 없다. 개정 상법이 의결권을 전면적으로 배제하거나 특정 안건에 대해 의결권이 제한되는 주식에 대해서만 규정하고 있기 때문이다(상법 제344조의3 제1항).

❹ 주식의 상환에 관한 종류주식 : 상환주식이란 주식의 발행 시부터 장차 회사가 스스로 또는 주주의 청구에 의해 이익으로써 상환하여 소멸시킬 것이 예정되어진 주식이다(상법 제345조). 이러한 상환주식에는 회사가 상환할 수 있는 회사상환주식과 주주가 상환을 청구할 수 있는 주주상환주식이 있다(상법 제345조 제1항 및 제3항). 상법이 종류주식에 대해서만 상환주식으로 발행할 수 있도록 하고 있으므로 보통주식은 원칙적으로 이를 상환주식으로 할 수 없다. 그러나 보통주식도 의결권 없는 또는 의결권이 제한된 주식일 경우에는 상환주식으로 발행할 수 있다.

❺ 주식의 전환에 관한 종류주식 : 전환주식이란 주주가 다른 종류의 주식으로 전환할 수 있는 권리가 부여된 주식 또는 회사가 다른 종류의 주식으로 전환할 수 있는 권리가 부여된 주식을 말한다(상법 제346조 제1항). 회사가 종류주식을 발행하는 경우에 정관으로 정하는 바에 따라 주주가 인수한 주식을 다른 종류주식으로 전환할 것을 청구할 수 있는 주식(상법 제346조 제1항 전단, 주주전환주식)과 정관에 정하는 일정한 사유가 발생할 때 회사가 주주의 인수주식을 다른 종류주식으로 전환

할 수 있는 주식(상법 제346조 제2항 전단, 회사전환주식)을 말한다.

3 주권

(1) 주권의 의의

주권은 주주의 지위를 표창(表彰)하는 유가증권이다. 즉, 주권은 이미 발생한 주주의 지위인 주식을 증권화한 것이므로 설권증권(設權證券)은 아니다(불완전 유가증권). 회사의 상호, 성립연월일, 회사가 액면주식을 발행하는 경우에는 1주의 금액, 종류주식이 있는 경우 그 주식의 종류와 내용 등 일정한 사항을 주권에 기재하도록 하고 있으므로 요식증권이다(상법 제356조). 그러나 어음이나 수표와는 달리 그 요식성에 대한 엄격성이 완화되어 있다.

(2) 주권의 발행

회사는 그 성립 후 또는 신주의 납입기일 후 지체 없이 주권을 발행하여야 하며(주권발행강제주의, 상법 제355조 제1항), 회사가 이를 위반한 때에는 과태료의 제재를 받는다(상법 제635조 제1항 제19호).

회사는 주권을 발행하는 대신 정관으로 정하는 바에 따라 전자등록기관(유가증권 등의 전자등록업무를 취급하는 것으로 지정된 기관)의 전자등록부에 주식을 등록할 수 있다(상법 제356조의2 제1항). 전자등록부에 등록된 주식의 양도나 입질은 전자등록부에 등록하여야 효력이 발생한다(상법 제356조의2 제2항). 전자등록부에 주식을 등록한 자는 그 등록된 주식에 대한 권리를 적법하게 보유한 것으로 추정되며, 이러한 전자등록부를 선의로 그리고 중대한 과실없이 신뢰하고 등록에 따라 권리를 취득한 자는 그 권리를 적법하게 취득하게 된다(상법 제356조의2 제3항). 그 밖에 전자등록의 절차·방법 및 효과, 전자등록기관의 지정·감독 등 주식의 전자등록 등에 관하여 필요한 사항은 대통령령으로 정하도록 하고 있다. 주식의 전자등록의 경우에도 주식양도의 대항요건으로 주주명부 기재와 명의개서가 필요하다.

(3) 주권의 불소지

회사는 주권을 발행하여야 하나(상법 제355조 제1항), 주주가 주권 불소지의 뜻을 회사에 신고한 때에는 주권을 발행하지 아니할 수 있다. 이 경우 이미 발행한 주권은 이를 회수·무효화하거나 명의개서대리인에게 임치하여야 한다(상법 제358조의2 제1·2·3항).

주권 불소지의 경우에도 주주는 언제나 주권의 발행 또는 반환을 회사에 청구할 수 있다(상법 제358조의2 제4항). 다만 주권 불소지제도는 정관에 의하여 그 적용을 배제할 수 있다(상법 제358조의2 제1항).

section 02 | 주주의 권한

1 주주

(1) 주주의 의의

주주란 주식을 인수 또는 양수함으로써 주식이 표창(表彰)하는 권리·의무의 주체가 되는 자를 말한다. 주주인지의 여부는 실질적 법률관계에 의하여 정하여지며 명의의 여하를 불문한다. 그러나 회사와의 관계에 있어서는 주주명부상의 주주만이 주주로서의 지위를 가지게 된다(상법 제353조 제1항, 제354조 제1항 참조).

(2) 주주의 자격·수

주주의 자격에는 제한이 없다. 그러므로 자연인은 물론이고 법인 또는 행위제한 능력자나 외국인도 주주가 될 수 있다. 주식회사에 있어서는 발행주식의 전부를 1인의 주주가 소유하는 1인 회사가 인정된다.

(3) 주주평등의 원칙

주주평등의 원칙이란 회사와 주주 사이의 법률관계에 있어서 주주를 그 소유주식의 수에 따라 평등하게 대우하여야 한다는 원칙이다. 주주평등의 원칙은 강행법규적인 성질이 있는 주식회사법의 기본 원칙으로 이에 위반한 정관의 규정이나 주주총회의 결의는 무효이다. 그러나 상법은 자금조달의 편의를 위하여 법에 그 근거조항이 있는 경우 정관의 규정에 의한 예외를 인정하고 있다. 이러한 규정에는 이익배당 및 잔여재산 분배에 관한 종류주식(상법 제344조의2), 의결권 배제·제한에 관한 종류주식(상법 제344조의3), 주식의 상환에 관한 종류주식(상법 제345조), 주식의 전환에 관한 종류주식(상법 제346조) 등이 있다.

(4) 주주의 권리와 의무

❶ 자익권 : 자익권이란 주주의 재산적 이익을 위하여 인정한 개인적 권리를 말한다. 여기에는 이익배당청구권(상법 제462조)·잔여재산분배청구권(상법 제538조)·신주인수권(상법 제418조)·주권교부청구권(상법 제355조 제1항)·주식의 자유양도권(상법 제335조) 등이 있다.

❷ 공익권 : 공익권이란 주주가 자기의 이익뿐만 아니라 회사 또는 주주공동의 이익을 위하여 행사하는 권리이다. 공익권에는 단독주주권인 공익권과 소수주주권인 공익권이 있다.

ㄱ. 단독주주권 : 단독주주권인 공익권은 주주가 단독으로 행사할 수 있는 주주권으로서 의결권(상법 제369조 제1항)·설립무효판결청구권(상법 제328조)·총회결의취소판결청구권(상법 제376조)·총회결의무효 또는 부존재판결청구권(상법 제380조)·감자(減資)무효판결청구권(상법 제445조)·신주발행 유지청구권(상법 제424조)·정관 등의 열람권(상법 제396조 제2항)·재무제표 등의 열람권(상법 제448조 제2항) 등이 이에 속한다.

ㄴ. 소수주주권 : 소수주주권인 공익권은 주주권의 남용을 방지하기 위하여 발행주식 총수에 대한 일정 비율의 주식을 가진 주주만이 행사할 수 있도록 규정한 것으로서 그 비율은 소수주주권의 내용에 따라 다르다. 상장된 주권을 발행한 주식회사(상장회사)의 경우 지주비율을 더욱 완화하고 있으나 6개월 이상의 주식보유를 요건으로 함이 원칙이다(상법 제542조의6 제1항부터 제6항). 상장회사는 정관으로 상법 제542조의6에서 규정하고 있는 것보다 단기의 주식보유기간을 정하거나 낮은 주식보유비율을 정할 수 있다(상법 제542조의6 제7항). 그리고 소수주주권 행사와 관련하여 주식보유, 즉 지주비율 충족 여부는 주식을 단독으로 소유하는 경우, 주주권 행사에 관한 위임을 받은 경우 또는 2명 이상의 주주가 주주권을 공동으로 행사하는 경우 등을 불문하고 단독 또

표 2-1   소수주주권의 행사요건

소수주주권	일반법인	상장회사 특례 (자본금 1천억 원 이상 상장회사), 상법 제542조의6	
주주총회소집청구권	3%(상법 제366조)	1.5%	6개월 이상 보유
업무·재산상태검사 청구권	3%(상법 제467조)	1.5%	〃
회계장부열람청구권	3%(상법 제466조)	0.1%(0.05%)	〃
위법행위유지청구권	1%(상법 제402조)	0.05%(0.025%)	〃
대표소송제기권	1%(상법 제403조)	0.01%	〃
다중대표소송제기권	1%(상법 제403조)	0.5%	〃
총회검사인선임청구권	1%(상법 제367조 제2항)	–	–
이사 등 해임청구권	3%(상법 제385조)	0.5%(0.25%)	〃
주주제안권	3%(상법 제363조의2)	1%(0.5%)	〃
집중투표청구권	3%(상법 제382조의2)	1%(자산총액 2조 원 이상 상장회사부터 지분율 요건이 완화되고, 보유기간 요건은 요구되지 않음), 상법 제542조의7	
해산판결청구권	10%(상법 제520조)	–	–

는 복수 주주의 지주수를 합산하여 충족 여부를 결정한다(상법 제542조의6 제8항). 소수주주권의 행사요건은 〈표 2-1〉과 같다.

❸ 주주의 의무 : 주주(정확하게는 주식인수인)가 회사에 대하여 부담하는 유일한 의무는 주식의 인수가액에 대한 납입의무뿐이다(상법 제331조). 이 밖에 주주의 의무는 정관이나 주주총회의 결의로도 그 이상 가중하지 못한다.

(5) 주요 주주 등 이해관계인과의 거래 제한(상법 제542조의9)

❶ 신용공여 등 금지 : 상장회사는 주요 주주 및 그 특수관계인, 이사(상법 제401조의2 제1항 각 호의 어느 하나에 해당하는 업무집행 지시자를 포함) 및 집행임원, 감사를 상대방으로 하거나 이러한 자를 위하여 신용공여를 하여서는 안 된다(상법 제542조의9 제1항). 금지되는 신용공여란 금전 등 경제적 가치가 있는 재산의 대여, 채무이행의 보증, 자금지원적 성격의 증권 매입, 담보를 제공하는 거래, 어음을 배서(어음법 제15조 제1항에 따른 담보적 효력이 없는 배서는 제외)하는 거래, 출자이행을 약정하는 거래, 상법상의 신용공여제한을 회피할 목적으로 하는 거래로서 자본시장법 시행령 제

38조 제1항 제4호 각목의 어느 하나에 해당하는 거래, 자본시장법 시행령 제38조 제1항 제5호에서 정하는 거래 등을 말한다(상법 제542조의9 제1항, 상법 시행령 제14조 제1항). 위 신용공여 등 금지 규정은 강행규정에 해당하므로 위 조항에 위반하여 이루어진 신용공여는 허용될 수 없는 것으로서 사법상 무효이나, 제3자가 그에 대해 알지 못하였고 알지 못한 데에 중대한 과실이 없는 경우에는 그 제3자에게 대하여는 무효를 주장할 수 없다(대법원 2021. 4. 29. 선고 2017다261943 판결).

다만, 이사·집행임원 또는 감사에 대한 금전대여로서 학자금, 주택자금 또는 의료비 등 복리후생을 위하여 회사가 정하는 바에 따라 1억 원의 범위 안에서 금전을 대여하는 행위, 다른 법령에서 허용하는 신용공여, 그 밖에 상장회사의 경영건전성을 해칠 우려가 없는 금전대여 등으로서 대통령령으로 정하는 신용공여(회사의 경영상 목적을 달성하기 위하여 필요한 경우로서 법인인 주요 주주, 법인인 주요 주주의 특수관계인 중 일정한 요건을 갖춘 법인, 개인인 주요 주주의 특수관계인 중 일정한 요건을 갖춘 법인을 상대로 하거나 그를 위하여 적법한 절차에 따라 행하는 신용공여)는 가능하다(상법 제542조의9 제2항 및 상법 시행령 제35조 제2·3항).

❷ 대주주와의 거래 제한 : 최근 사업연도말 현재 자산총액이 2조 원 이상인 상장회사는 최대주주, 그의 특수관계인 및 그 상장회사의 특수관계인을 상대방으로 하거나 그를 위하여 ① 단일 거래규모가 금융기관인 상장회사의 경우 최근 사업연도말 현재의 자산총액의 100분의 1, 그 밖의 상장회사인 경우는 최근 사업연도말 현재의 자산총액 또는 매출총액의 100분의 1 이상인 거래를 하기 위해서는 이사회의 승인을 받아야 한다. 그리고 ② 사업연도 중에 특정인과의 해당 거래를 포함한 거래총액이, 금융기관인 상장회사의 경우 최근 사업연도말 현재의 자산총액의 100분의 5, 그 밖의 상장회사인 경우는 최근 사업연도말 현재의 자산총액 또는 매출총액의 100분의 5 이상인 거래를 위해서는 이사회의 승인을 받아야 한다(상법 제542조의9 제3항, 상법 시행령 제14조 제6·7항). 그리고 해당 거래에 대해서는 이사회의 승인 결의 후 처음으로 소집되는 정기주주총회에 해당 거래의 목적, 상대방, 거래의 내용, 일자, 기간 및 조건, 해당 사업연도 중 거래상대방과의 거래유형별 총 거래금액 및 거래잔액을 보고하여야 한다(상법 제542조의9 제4항, 상법 시행령 제14조 제8항).

그러나 해당 거래가 상장회사가 경영하는 업종에 따른 일상적인 거래로서 약관규제법상의 약관에 따른 거래 또는 이사회에서 승인한 거래총액의 범위 안에서 이행하는 거래인 경우에는 이사회의 승인을 받지 아니하고 거래를 할 수 있으며 이사회 승인을 받은 거래총액 범위 내에서 이행하는 거래인 경우에는 그 거래내용을 주주총회에 보고하지 않을 수 있다(상법 제542조의9 제5항, 상법 시행령 제14조 제9항).

2 주주명부

(1) 주주명부의 의의

주주명부는 주주 및 주권에 관한 사항을 명확히 하기 위하여 법률상 작성이 강제되는 회사의 장부이다. 주주와 회사 채권자는 영업시간 내에는 언제나 주주명부의 열람 또는 등사를 청구할 수 있다(상법 제396조 제2항).

주식의 이전은 취득자의 성명과 주소를 주주명부에 기재하지 아니하면 회사에 대항하지 못한다(상법 제337조 제1항; 대항력). 주주명부에 주로 기재되면 일응 주주로서의 자격이 추정된다(추정력). 그렇다고 하여 주주로서의 지위를 창설적으로 갖게 된다는 뜻은 아니다. 주주명부는 주식의 등록질 설정·신탁재산의 표시(신탁법 제4조 제2항) 등에 있어서 중요한 의의가 있으며, 주주 또는 질권자에 대한 회사의 통지 또는 최고는 주주명부에 기재한 주소 또는 그 자로부터 회사에 통지한 주소로 하면 되도록 하고 있다(상법 제353조 제1항; 면책력).

(2) 주주명부의 폐쇄

주주명부의 폐쇄란 일정한 시기에 주주 또는 질권자로서 권리를 행사할 자를 확정하기 위하여 일정기간 동안 주주명부의 기재변경(명의개서)을 정지시키는 것을 말한다. 회사는 3월을 초과하지 않는 기간을 정하여 주주명부의 기재변경을 정지시킬 수 있다(상법 제354조 제1·2항). 폐쇄기간을 정한 때에는 그 기간의 2주 전에 이를 공고하여야 하나, 정관으로 그 기간을 정한 때에는 공고가 필요 없다(상법 제354조 제4항). 주주명부의 폐쇄기간 중에도 전환주식 또는 전환사채의 전환권 행사는 인정되나 그 기간 중에 전환된 주식의 주주는 그 기간 중의 총회의 결의에 관하여는 의결권을 행사할 수 없다(상법 제350조 제2항, 제516조 제2항). 이와 같이 주주명부가 폐쇄된 경우에는 주주명부에 주주의 이동이 생기지 않으므로 폐쇄 개시 직전일의 주주명부상의 주주가 권리 행사자로 확정된다. 회사는 주주명부의 폐쇄와 주주명부의 기준일 중에서 어느 하나만을 선택할 수도 있고, 양자를 병용할 수도 있다.

(3) 주주명부의 기준일

회사는 주주명부의 폐쇄에 갈음하여 일정한 날을 정하고 그날에 주주명부에 기재되어 있는 주주 또는 질권자를 권리 행사자로 확정할 수 있으며(상법 제354조 제1항), 그날을 기준일이라 한다. 이는 주주명부의 기재변경을 정지하지 않고 주주를 확정하는 방법이다.

회사가 기준일을 정한 때에는 그 날의 2주간 전에 이를 공고하여야 한다. 다만, 정관으로 기준일을 정하고 있는 경우에는 공고를 하지 않을 수 있다(상법 제354조 제4항). 기준일은 주주 또는 질권자로서 권리를 행사할 날에 앞선 3개월 이내의 날로 정하여야 한다(상법 제354조 제3항).

(4) 실질주주명부

상장주식의 거래를 중개하는 투자중개업자는 자기의 고객이 예탁한 주권을 예탁결제원에 예탁하여야 한다. 예탁결제원은 이같이 자신에게 예탁된 주권을 가지고 자기의 이름으로 명의개서를 한다. 그리고 예탁결제원은 그 주식의 실질주주의 명단을 발행회사에 통지하고, 발행회사는 이에 근거하여 실질주주명부를 작성하여야 한다(자본시장법 제315조 제1항, 제316조 제1항). 이와 같이 실질명부에 기재되면 주주명부에 기재된 것과 동일한 효력이 있으므로(자본시장법 제316조 제2항) 실질주주가 주주권을 행사하게 된다.

---

section 03 **주식양도**

---

1 **주식양도의 의의**

주식양도란 주식회사의 사원인 지위로서의 주식을 매매 등 법률행위에 의하여 이전하는 것으로서 그 법률상의 성격은 승계취득이다. 주식양도는 주주가 투하자본을 회수하는 중요한 수단이다.

2 주식양도 자유의 원칙

주식양도 자유의 원칙이란 법률 또는 정관에 의하지 아니하고는 주식양도를 제한하지 못한다는 원칙으로서(상법 제335조 제1항) 주주유한책임의 원칙과 더불어 주식회사의 중요한 특색의 하나이다. 그러므로 주주총회의 결의로도 주식의 양도는 제한하지 못한다. 다만 회사의 주주와 주주 사이의 개별적인 합의로 주식의 양도를 제한할 수는 있으나 주주의 투하자금회수의 가능성을 전면적으로 부인하는 정도에 이르지 않았다면 당사자 간의 채권적 효력만 있고, 회사에 대해서는 효력이 없다(회사는 주식을 양수한 제3자에 대해 명의개서를 거부할 수 없고, 주주로서의 모든 권리를 인정해야 함).

주식양도 자유의 원칙은 주주의 지위를 강화하기 위한 규정으로서 투하자본의 회수를 용이하게 하고, 주식의 원활한 유통을 통하여 주식을 투자의 대상으로서 대중화하는 데에 그 목적이 있다.

3 주식양도에 대한 제한

(1) 법률에 의한 제한

주식양도 자유에 대한 법률상의 제한으로서는 상법뿐만 아니라 자본시장법·공정거래법·은행법 등 특별법상의 제한도 있으나, 아래에서는 상법상의 제한만 살펴보기로 한다.

❶ 권리주의 양도 제한 : 권리주란 주식회사의 증자 등을 통해 발행된 신주를 취득할 수 있는 권리이다. 즉 권리주는 주식 성립 이전의 주식인수인의 지위를 말한다. 권리주의 양도는 회사에 대한 관계에 있어서 그 효력이 없다(상법 제319조, 제425조). 이는 회사 설립 시 또는 신주발행 시 투기행위의 조장을 방지하자는 데에 그 목적이 있다. 특히 발기인, 이사 또는 집행임원이 권리주를 양도한 때에는 과태료의 제재를 받는다(상법 제635조 제2항).

❷ 주권발행 전의 주식양도제한 : 회사는 성립 후 또는 신주의 납입기일 후 지체 없

이 주권을 발행하여야 한다(상법 제355조 제1항). 그러나 회사의 성립 후 또는 신주 발행의 효력발생 후라도 주권발행 전에 한 주식의 양도는 회사에 대하여 효력이 없다(상법 제335조 제3항 본문). 주권발행 전에는 주주명부가 작성되어 있지 않으므로 회사에 대한 대항요건을 갖출 수 없다는 기술적 이유 때문에 그 주식양도의 효력을 제한하는 것이다.

그런데 상법은 회사 설립 후 또는 신주납입기일 후 6개월이 경과하면 주권발행 전의 주식양도라 하더라도 그 효력을 인정하고 있다(상법 제335조 제3항 단서). 그러나 상장법인의 경우에는 자본시장법에 의하여 계좌부에의 대체기재의 방식으로 실물주권의 교부가 없는 주식을 양도할 수 있는 특례가 인정된다(자본시장법 제311조 제4항). 이에 의하여 상장주식의 경우에는 그 효력이 발생한 이후에는 주권 없는 주식의 양도가 오히려 일반적이다.

❸ 자기주식 취득규제

ㄱ. 배당 가능 이익 범위 내에서의 자기주식 취득

    a. 취득방법 : 회사는 거래소에서 시세가 있는 주식의 경우에는 거래소에서 취득하는 방법으로 자기주식을 취득하거나 주식의 상환에 관한 종류주식 외에 각 주주가 가진 주식수에 따라 균등한 조건으로 취득하는 것으로서 대통령령으로 정하는 방법으로 자기명의와 계산으로 자기주식을 취득할 수 있다(상법 제341조 제1항 본문).

    b. 주주총회 결의 : 회사가 자기주식을 취득하고자 하는 경우 취득할 수 있는 주식의 종류 및 수, 취득가액의 총액의 한도, 1년을 초과하지 아니하는 범위에서 자기주식을 취득할 수 있는 기간 등을 미리 주주총회 결의로 정하여야 한다(상법 제341조 제2항). 다만, 이익배당에 관한 사항을 이사회가 정하도록 정관으로 정하고 있는 회사의 경우에는 이사회 결의로 주주총회 결의를 갈음할 수 있다(상법 제341조 제2항 단서)

    c. 취득 가능금액 : 자기주식을 취득하는 경우 취득가액의 총액은 배당 가능 이익(직전 결산기 대차대조표상의 순자산액에서 자본금, 직전연도까지의 적립금 및 당해 연도에 적립하여야 할 적립금을 뺀 금액)을 초과할 수 없다(상법 제341조 제1항 단서).

    d. 위법한 취득의 금지 : 해당 연도의 결산기에 대차대조표상의 순자산액이 자본금 및 적립금 등의 합계액에 미치지 못할 우려가 있는 경우에는 자기 주식을 취득하여서는 안 된다(상법 제341조 제3항).

e. 취득방법 : 회사가 자기주식을 취득하는 방법은 주주에게 공평한 기회를 주는 방법에 의하여야 한다. 그 구체적인 방법은 거래소를 통한 매수, 공개매수 등이다(상법 341조 제1항, 상법 시행령 제9조 제1항).

f. 법률이 정한 요건 및 절차에 의하지 않은 자기주식취득 약정은 효력이 없다(대법원 2021. 10. 28. 선고 2020다208058 판결).

ㄴ. 특정 목적에 의한 자기주식 취득

회사는 특정 취득목적으로 자기주식을 취득하는 경우에는 배당 가능 이익을 취득재원으로 하지 않더라도 자기주식을 취득할 수 있다(상법 제341조의2). 즉 회사의 합병 또는 다른 회사의 영업 전부의 양수로 인한 경우, 회사의 권리를 실행함에 있어 그 목적을 달성하기 위하여 필요한 경우, 단주의 처리를 위하여 필요한 경우 및 주주가 주식매수청구권을 행사한 경우에는 취득재원에 대한 제한 없이 자기주식을 취득할 수 있다.

ㄷ. 자기주식의 질취

자기주식의 질취(質取)에 관하여는 발행주식 총수의 20분의 1을 초과하는 경우에만 금지되며(상법 제341조의3 본문), 회사합병, 영업양수 그리고 권리실행의 목적달성에 필요한 경우에는 그 한도를 초과하여 질권의 목적으로 할 수 있다(상법 제341조의3 단서).

ㄹ. 금지위반의 효과

자기주식 취득금지에 관한 규정(상법 제341조, 제341조의2, 제341조의3)에 위반한 주식의 취득이나 질취(質取)는 무효라고 본다.

ㅁ. 자기주식의 처분

회사가 보유하는 자기주식을 처분하는 경우 처분할 주식의 종류와 수, 처분할 주식의 처분가액과 납입기일, 주식을 처분할 상대방 및 처분방법 등을 정관으로 정하거나 이사회가 이를 결정하여야 한다(상법 제342조). 자기주식을 반드시 처분하여야 할 의무는 없다.

ㅂ. 자기주식의 법적 지위

회사가 취득한 자기주식에 대하여는 의결권이 인정되지 아니한다(상법 제369조 제2항).

❹ 상호 주식의 취득금지 : 상법은 자본의 공동화(허구화)와 지배구조의 왜곡화를 방지하고 불필요한 기업팽창을 억제하기 위하여 주식의 상호 보유를 제한하고 있

다. 상호주에 대해서는 취득 및 보유금지(모자관계의 경우), 의결권 행사 제한의 방법(비모자관계의 경우)으로 규제하고 있다.

모자관계의 회사에 있어서는 자회사가 모회사의 주식을 취득할 수 없다(상법 제342조의2 제1항). 다만 주식의 포괄적 교환·이전, 회사의 합병 또는 다른 회사의 영업전부의 양수로 인한 때, 회사의 권리를 행사함에 있어서 그 목적을 달성하기 위하여 필요한 때에는 예외적으로 취득이 허용된다(상법 제342조의2 제1항). 예외사유에 해당하여 취득한 모회사주식은 주식취득일로부터 6개월 내에 이를 모두 처분하여야 한다(상법 제342조의2 제2항).

모자관계로서의 모회사란 자회사의 발행주식 총수의 100분의 50을 초과하는 주식을 가지고 있는 회사를 말한다(상법 제342조의2 제1항). 또 모회사와 자회사가 합하여, 또는 자회사 단독으로, 다른 회사의 발행주식 총수의 100분의 50을 초과하는 주식을 가지고 있는 경우에 그 다른 회사는 모회사의 자회사로 본다(상법 제342조의2 제3항).

다음으로 회사, 모회사 및 자회사, 자회사가 다른 회사의 발행주식 총수의 10분의 1을 초과하는 주식을 가지고 있는 경우 그 다른 회사가 가지고 있는 회사 또는 모회사의 주식은 의결권이 없다. 비모자회사 간의 상호주에 대한 의결권 제한의 지분비율은 10분의 1 초과로 되어 있다(상법 제369조 제3항).

회사가 다른 회사의 발행주식 총수의 10분의 1을 초과한 주식을 취득한 때에는 그 다른 회사에 대하여 지체 없이 통지하여야 한다(상법 제342조의3).

(2) 정관에 의한 제한

상법은 주식양도의 자유를 원칙으로 하면서 회사가 필요한 경우 주식양도에 이사회 승인을 얻어야 하는 것으로 정관에 규정할 수 있도록 하였다(상법 제335조 제1항). 이는 비상장법인이 정관에 의하여 주식양도를 제한함으로써 그 폐쇄성을 유지하고 적대적 M&A 등에 대비할 수 있도록 하자는 데에 입법목적이 있다.

주식의 양도에 관하여 이사회 승인을 얻어야 하는 경우 주식을 양도하고자 하는 주주는 회사에 대하여 양도의 상대방 및 양도하고자 하는 주식의 종류와 수를 기재한 서면으로 양도의 승인을 청구할 수 있다(상법 제335조의2 제1항). 청구가 있으면 회사는 1개월 이내에 승인 여부를 주주에게 서면으로 통지하여야 하고(상법 제335조의2 제2항) 이 기간내에 거부통지가 없으면 승인한 것으로 본다(상법 제335조의2 제3항). 회사가 승인을 거부한 때에는 양도 상대방 지정 청구권이나 주식매수청구권을 회사에 행사할 수 있다(상법 제335조의2 제4항).

주주가 양도 상대방 지정을 청구하면 이사회는 이를 지정하여 청구일로부터 2주 이내에 주주 및 지정 상대방에게 서면으로 통지하여야 한다(상법 제335조의3 제1항). 상대방 지정의 통지를 하지 않으면 주식양도에 관하여 이사회가 승인한 것으로 본다(상법 제335조의3 제2항). 주식양도의 상대방으로 지정된 자는 매도청구권을 가지며(상법 제335조의4) 그 가액은 당사자 간의 협의 또는 법원에 의하여 결정된다(상법 제335조의5). 주식양도인이 이사회 승인 없이 주식을 양도한 경우에는 주식양수인이 이사회 승인을 받아야 한다(상법 제335조의7).

4 주식의 양도방법

주식의 양도는 주식양도를 목적으로 하는 당사자 간의 의사의 합치와 주권의 교부에 의하여 그 효력이 생긴다.

주권의 교부는 주식양도의 효력발생요건이며, 취득자의 성명과 주소를 주주명부에 기재(명의개서)하여야 회사에 대항할 수 있다(상법 제337조 제1항).

5 명의개서

주식을 취득한 자가 회사에 대하여 주주의 지위를 주장하려면 자기의 성명과 주소를 주주명부에 기재하여야 하는데(상법 제337조), 이를 명의개서라 한다.

명의개서대리인이란 명의개서를 대행하는 자이다. 상법은 정관에 의하여 명의개서대리인을 둘 수 있도록 하고 있다(상법 제337조 제2항). 상장회사는 명의개서대리인을 두는 것이 상장요건이기 때문에 명의개서대리인제도가 사실상 강제된다. 명의개서대리인의 자격은 한국예탁결제원 및 자본시장법 제365조 제1항에 따라 금융위원회에 등록한 주식회사이며, 현재 한국예탁결제원과 하나은행과 국민은행이 명의개서대리인으로서 업무를 하고 있다.

회사는 주주명부나 사채원부를 본점에 비치하여야 하고, 명의개서대리인을 둔 때에는 주주명부, 사채원부 또는 그 복본을 명의개서대리인의 영업소에 비치할 수 있다(상법 제396조 제1항). 그리고 명의개서대리인이 주식 또는 사채취득자의 성명과 주소를 주주명부 또는 사채원부의 복본에 기재한 때에는 주주명부 또는 사채원부에 명의개서를 한 것으로 보며(상법 제337조 제2항), 질권의 등록(상법 제340조 제1항)도 할 수 있다.

이 밖에 명의개서대리인은 위임계약에 의하여 총회의 소집통지, 주권 및 사채권의 발행, 배당금·이자의 지급, 원금상환 등의 업무를 담당한다. 명의개서대리인의 임무해태에 대하여는 과태료의 제재가 있다(상법 제635조 제1항 제7·9호).

6 주권의 선의취득

원래 무권리자로부터는 아무런 권리를 취득할 수 없음이 원칙이나, 권리가 존재하는 듯 한 외관을 정당하게 신뢰한 자를 보호해주기 위한 제도가 선의취득제도이다. 주권의 점유자는 자격 수여적 효력에 의하여 적법한 소지인으로 추정된다(상법 제336조 제2항). 그러므로 이러한 권리자의 외관을 가진 자로부터 주권을 양수한 자는 악의 또는 중대한 과실이 없는 한 양도인이 무권리자라 하더라도 주권의 유효한 취득이 인정되어 주주가 되므로(상법 제359조, 수표법 제21조), 선의취득을 부인하고자 하는 경우에는 주식양도인이 주식양수인의 악의 또는 중과실을 입증하여야 한다.

section 04 주식의 담보

1 질권설정

(1) 질권설정의 의미

질권이란 채권을 담보하기 위하여 채무자 등으로부터 담보물에 대한 점유를 이전받고, 만일 채무를 이행하지 않으면 제공받은 담보물을 경매 등에 의하여 처분함으로써 다른 채권자에 우선하여 변제받을 수 있는 물적 담보의 일종이다.

주식은 양도의 대상이 되는 동시에 유가증권으로서 질권의 목적이 될 수 있다(상법 제338조 제1항). 주식의 입질은 재산적 가치가 있는 권리를 대상으로 하기 때문에 의결권 등의 공익권은 입질 후에도 질권설정자인 주주가 행사한다.

(2) 질권설정 방법

❶ 약식질 : 약식질의 경우에는 질권 설정의 합의와 주권의 교부(단, 점유 개정은 불가)에 의해서만 그 효력이 발생하고 제3자에 대한 대항요건으로는 주권을 계속 점유하고 있어야 한다(상법 제338조). 약식질의 경우에는 주주명부에 아무런 기재의 변경이 없으므로 입질계약에서 다른 약정을 하지 않는 한 질권설정자가 계속하여 이익이나 이자의 배당을 받고 의결권을 행사한다.

질권자에게는 우선변제권(민법 제329조)과 전질권(민법 제336조)이 있으며 또한 물상대위가 인정된다. 즉, 주식의 소각·병합, 분할 또는 전환, 준비금의 자본전입, 주식배당, 또는 회사의 합병이나 해산으로 인하여 종전의 주주가 받을 금액이나 주식에 대하여 종전의 주식을 목적으로 하는 질권을 행사할 수 있다(상법 제339조, 제461조 제7항, 제462조의2 제6항). 그러나 약식질의 경우에 질권의 설정은 회사와 아무 관계가 없으므로 물상대위권을 행사하기 위해서는 그 목적물의 인도(引渡) 또는 지급 이전에 압류절차를 먼저 밟아야 한다(민법 제342조).

❷ 등록질 : 등록질이란 질권설정자인 주주의 청구에 의하여 질권자의 성명과 주소를 주주명부에 기재하는 입질방법이다. 즉, 회사가 질권설정자의 청구에 의하여 그 성명과 주소를 주주명부에 부기(附記)하고, 그 성명을 주권에 기재한 때에는 질권자는 회사로부터 이익이나 이자의 배당, 잔여재산의 분배 또는 물상대위에 의한 금전의 지급을 받아 다른 채권자에 우선하여 자기채권의 변제에 충당할 수 있다(상법 제340조 제1항). 이 경우에는 압류할 필요가 없다. 다만, 회사는 등록질권자에 대하여도 그 통지를 하여야 한다(상법 제440조, 제343조 제2항, 제461조 제5항, 제462조의2 제5항).

금전의 지급시기가 채권의 변제기 전에 도래하였을 때에는 질권자는 회사로 하여금 그 금액을 공탁하게 할 수 있으며, 이 경우에 질권은 그 공탁금 위에 존재하게 된다(상법 제340조 제2항, 민법 제353조 제3항).

2 | 양도담보

주식담보의 실제에 있어서는 주식의 입질보다 양도담보가 더 많이 이용되고 있다. 당사자 간의 질권 설정의 합의와 주권의 교부에 의하여 담보의 효력이 발생한다는 것은 주식의 입질과 같으나, 처분 승낙서가 첨부된다는 점이 다르다. 즉, 채무의 변제가 없는 때에는 채권자가 처분 승낙서에 의하여 별도로 채무자의 동의를 받지 아니하고 주식을 처분하여 채권확보의 목적을 달성한다. 양도담보의 경우에도 주권의 계속 점유가 회사와 제3자에 대한 대항요건이며, 양도담보권자가 제3자에게 주식을 양도하면 양도담보설정자는 주주권을 상실한다.

section 05 | 주식의 소각·병합·분할

1 | 주식의 소각

(1) 의의와 방법

주식의 소각이란 회사의 존속 중에 특정한 주식을 절대적으로 소멸시키는 회사의 행위를 말한다. 2011년 상법 개정으로 자기주식 소각이 새롭게 허용되고 이익소각제도는 폐지되었다. 즉 종전의 정관 규정이나 주주총회 특별결의에 의한 주식소각제도가 폐지(개정 전 상법 제343조의2 →현행 삭제)된 것이다.

한편 개정 상법은 액면주식 발행만을 허용해 왔던 종전 상법과는 달리 액면주식 외에 무액면주식의 발행을 허용하고 있다. 무액면주식의 경우는 주식소각을 하더라도 자본금 감소가 없으므로 자본감소절차에 의한 주식소각규정은 적용될 여지가 없다. 액면주식발행만 인정되는 경우 발행주식의 액면총액이 자본금을 구성하게 되므로 주식소각은 자본금 감소로 연결되지만 무액면주식을 발행하는 경우 일단 신주를 발행한 이후에는 주식수와 자본금과의 비례관계가 성립하지 않기 때문에 무액면주식의 소각은 자본금 감소를 반드시 수반하는 것은 아니다. 따라서 무액면주식에 대해서는 자본금 감소절차에 따른 주식소각규정은 적용될 여지가 없는 것이다.

(2) 자기주식의 소각

회사가 보유하고 있는 자기주식은 이사회 결의를 거쳐 이를 소각할 수 있다. 이 경우 자본감소절차에 관한 규정을 적용하지 않는다(상법 제343조 제1항 단서). 그런데 상법은 이사회 결의에 의한 자기주식 소각에 관한 절차를 따로 규정하고 있지 않다. 무액면주식의 경우 채권자 보호절차 등 별도의 절차 없이 회사가 보유하고 있는 무액면주식 중 소각할 주식의 종류와 수, 효력 발생일을 이사회에서 결정하고 대상 주식을 폐기하는 절차를 거치면 될 것이다.

---

2 주식의 병합

(1) 주식병합의 필요성

주식의 병합이란 수 개의 주식을 합하여 그보다 적은 수의 주식으로 하는 것을 말한다. 이것은 자본감소의 경우(상법 제439조 제1항)나, 주식회사 합병 시 합병 당사회사의 재산 상태가 다른 경우에 이용되는 방법으로 주권의 병합과는 의미가 다르다. 주식의 병합은 실무적으로는 액면병합이라고 불리기도 한다.

(2) 주식병합의 절차

주식을 병합하는 경우에 회사는 1개월 이상의 기간을 정하여 주식병합의 뜻과 그 기간 내에 주권을 회사에 제출할 것을 공고하고, 주주명부에 기재된 주주와 질권자에 대하여 각별(各別)로 그 통지를 하여야 한다(상법 제440조).

주식의 병합은 주권제출기간이 만료한 때에 그 효력이 생기나(상법 제441조 본문), 채권자 보호를 위한 절차가 종료하지 않은 때에는 그 절차가 종료한 때에 병합의 효력이 발생한다(상법 제441조 단서). 병합에 적당하지 아니한 수의 주식(단주)이 있는 때에는 병합에 적당하지 아니한 부분에 대하여 발행한 신주를 경매하여 각 주수에 따라 그 대금을 종전의 주주에게 지급하여야 한다. 그러나 거래소의 시세 있는 주식은 장내거래를 통하여 매각하고, 거래소의 시세 없는 주식은 법원의 허가를 얻어 경매 이외의 방법으로 임의매각할 수 있다(상법 제443조 제1항).

주식병합 시 구주권을 회사에 제출할 수 없는 자가 있는 때에는 회사는 그 자의 청구에 의하여 3개월 이상의 기간을 정하여 이해관계인에 대하여 그 주권에 대한 이의가 있으면 그 기간 내에 제출할 뜻을 공고하고 그 기간이 경과한 후에 신주권을 청구자에게 교부할 수 있다(상법 제442조 제1항). 이때 공고를 위한 비용은 청구자의 부담으로 한다(상법 제442조 제2항).

3 주식의 분할

주식의 분할이란 회사의 자본이나 재산의 증가 없이 하나의 주식을 두 개 이상의 주식으로 나누는 것을 말한다.

회사가 주식을 분할하기 위해서는 주주총회의 특별결의를 거쳐야 한다(상법 제329조의2 제1항). 상법은 액면주식의 경우 최저 액면가를 100원으로 정하고 있고(상법 제329조 제3항), 액면주식을 발행하는 경우 1주의 금액을 정관에 기재하도록 하고 있다(상법 제289조 제1항 제4호). 따라서 주식을 분할하더라도 분할된 주식의 액면가를 100원 미만으로 할 수는 없고(상법 제329조의2 제2항), 주식을 분할하는 경우 액면가를 분할 전보다 소액으로 나누어야 할 것이므로 정관변경을 위한 주주총회 특별결의가 필요하다.

무액면주식의 경우는 액면금액이라는 것이 없고, 무액면주식의 분할이 정관상의 발행 예정 주식 총수 범위 내에서 이루어지면 정관변경이 불필요하기 때문에 주주총회 특별결의를 거치지 않아도 될 것이지만 상법은 액면·무액면주식을 불문하고 주주총회 특별결의로 주식을 분할할 수 있다고 규정하고 있다(상법 제329조의2 제1항). 물론 무액면주식의 분할로 인하여 발행 예정 주식 총수에 변경이 있다면 주주총회 특별결의를 거쳐 정관상의 해당 규정을 변경하여야 한다.

그 밖에 주식분할과 관련한 절차와 효력 발생에 대해서는 주식병합에 관한 규정을 준용하고 있다(상법 제329조의2 제3항, 제440조 내지 제444조).

1 주식매수선택권의 의의

회사의 설립·경영과 기술혁신 등에 기여하거나 기여할 수 있는 회사의 이사, 집행임원, 감사 또는 피용자에게 미리 정한 가액(행사가액)으로 신주를 인수하거나 자기주식을 매수할 수 있는 권리를 주식매수선택권이라 한다(상법 제340조의2 제1항). 실무상으로는 흔히 stock option이라 부른다. 이때 회사가 신주를 발행하여 지급하거나 자기주식으로 지급하거나, 또는 주식매수선택권 행사가액이 주식의 실질가액보다 낮은 경우 회사는 그 차액을 금전으로 지급하거나 그 차액에 상당하는 자기주식을 양도할 수 있다(상법 제340조의2 제1항).

그러나 회사의 이사, 집행임원, 감사 또는 피용자라 하더라도 의결권 없는 주식을 제외한 발행주식 총수의 100분의 10 이상의 주식을 가진 주주, 이사·집행임원·감사의 선임과 해임 등 회사의 주요 경영사항에 대하여 사실상 영향력을 행사하는 자, 그리고 이들의 배우자와 직계존비속에게는 주식매수선택권을 부여할 수 없다(상법 제340조의2 제2항).

상장회사의 경우는 당해 회사의 임직원 외에 일정한 관계회사의 이사, 집행임원, 감사 또는 피용자에게도 주식매수선택권을 부여할 수 있다. 주식매수선택권을 부여할 수 있는 관계회사에는 ① 해당 상장회사가 총출자액의 100분의 30 이상을 출자하고 최대출자자로 있는 외국법인, ② 전자의 외국법인이 총출자액의 100분의 30 이상을 출자하고 최대출자자로 있는 외국법인과 그 법인이 총출자액의 100분의 30 이상을 출자하고 최대출자자로 있는 외국법인, ③ 해당 상장회사가 금융지주회사법에서 정하는 금융지주회사인 경우 그 자회사 또는 손자회사 가운데 상장회사가 아닌 법인 등이 여기에 해당된다. 그리고 ①, ②의 외국법인의 경우는 주식매수선택권을 부여하는 회사의 수출실적에 영향을 미치는 생산 또는 판매업무를 영위하거나 그 회사의 기술혁신을 위한 연구개발활동을 수행하는 경우로 한정하고 있고, 최대주주 등에 대해서는 주식매수선택권을 부여할 수 없도록 하고 있다. 다만 주식매수선택권의 부여가 빈번한 벤처기업에 대해서는 상법 제340조의2부터 제340조의5까지의 규정에도 불구하고 정관으로 정하는 바에 따라서 주주총회의 결의가 있으면 상대적으로 더 넓은 범위의 자에게 주식매수선택권을 부여할 수 있다.

주식매수선택권 부여로 인해 발행할 신주 또는 양도할 자기주식은 회사의 발행주식 총수의 100분의 10을 초과할 수 없다(상법 제340조의2 제3항). 그러나 상장회사의 경우는 발행주식 총수의 100분의 20의 범위 내에서 대통령령으로 정하는 한도(현재 100분의 15)까지 주식매수선택권을 부여할 수 있다(상법 제542조의3 제2항).

2 주식매수선택권의 요건

주식매수선택권을 부여하기 위해서는 정관의 규정(상법 제340조의2 제1항, 제340조의3 제1항)과 주주총회의 특별결의(상법 제340조의2 제1항, 상법 제340조의3 제2항)가 있어야 한다. 즉 ① 일정한 경우 주식매수선택권을 부여할 수 있다는 뜻, ② 주식매수선택권의 행사로 발행하거나 양도할 주식의 종류와 수, ③ 주식매수선택권을 부여받을 자의 자격요건, ④ 주식매수선택권의 행사기간, ⑤ 일정한 경우 이사회 결의로 주식매수선택권의 부여를 취소할 수 있다는 뜻을 정관으로 규정하여야 한다(상법 제340조의3 제1항). 또 주주총회에서는 ① 주식매수선택권을 부여받을 자의 성명, ② 주식매수선택권의 부여방법, ③ 주식매수선택권의 행사가액과 그 조정에 관한 사항, ④ 주식매수선택권의 행사기간, ⑤ 주식매수선택권을 부여받을 자 각각에 대하여 주식매수선택권의 행사로 발행하거나 양도할 주식의 종류와 수를 결정하여야 한다(상법 제340조의3 제2항).

상장회사는 상법 제340조의2 제1항 본문에도 불구하고 정관으로 정하는 바에 따라 발행주식 총수의 100분의 10 범위에서 대통령령으로 정하는 한도까지는 주식매수선택권 부여에 관하여 주주총회에서 정할 사항을 이사회가 결의함으로써 해당 회사의 집행임원·감사 또는 피용자, 그리고 주식매수선택권 부여가 가능한 관계회사의 이사·집행임원·감사 또는 피용자에게 주식매수선택권을 부여할 수 있다. 그리고 이 경우 주식매수선택권을 부여한 후 처음으로 소집되는 주주총회에서 승인을 받아야 한다(상법 제542조의3 제3항). 한편 상법 시행령에서는 이사회 결의로 주식매수선택권을 부여할 수 있는 한도를 ① 최근 사업연도말 현재의 자본금이 3천억 원 이상인 법인의 경우에는 발행주식 총수의 100분의 1에 해당하는 주식수, ② 최근 사업연도말 현재의 자본금이 1천억 원 이상 3천억 원 미만인 법인의 경우는 발행주식 총수의 100분의 3에 해당하는 주식수와 60만 주 중 적은 수에 해당하는 주식수, ③ 최근 사업연도말 현재 자본금이 1천억 원 미만인 법인의 경우는 발행주식 총수의 100분의 3에 해당하는 주식수로 정하고 있다(상법 시행령 제30조 제4항).

주식매수선택권은 주주총회 결의일(상장회사의 경우 주주총회 결의일 또는 이사회 결의일)로부터 2년 이상 재임 또는 재직하여야 행사할 수 있다(상법 제340조의4 제1항, 542조의3 제4항). 상장회사의 경우 주식매수선택권을 부여받은 자의 사망, 그 밖에 본인의 귀책사유가 아닌 사유로 퇴임 또는 퇴직한 경우에는 그러하지 아니하다. 이 경우 정년에 따른 퇴임이나 퇴직은 본인의 책임이 아닌 사유에 포함되지 아니한다. 주식매수선택권 행사기한을 해당 이사·감사 또는 피용자의 퇴임 또는 퇴직일로 정하는 경우 이들이 본인의 귀책사유가 아닌 사유로 퇴임 또는 퇴직한 때에는 그 날로부터 3개월 이상의 행사기간을 추가로 부여하여야 한다(상법 제542조의3 제4항, 상법 시행령 제30조 제5·7항).

3   주식매수선택권의 행사가액

주식매수선택권 행사로 신주를 발행하는 경우에는 주식매수선택권 부여일을 기준으로 한 주식의 실질가액과 주식의 권면액 중 높은 금액 이상으로 주식매수선택권 행사가액을 정하여야 한다(상법 제340조의2 제4항 제1호 본문). 회사가 무액면주식을 발행하고 있는 경우 권면액이 없다. 그래서 상법은 주식매수선택권 행사와 관련해서는 자본으로 계상되는 금액 중 1주에 해당하는 금액을 무액면주식의 권면액으로 하고 있다(상법 제340조의2 제4항 제1호 단서). 그리고 주식매수선택권 행사로 회사가 자기주식을 양도하는 경우에는 주식매수선택권 부여일을 기준으로 한 실질가액 이상을 주식매수선택권 행사가액으로 하여야 한다(상법 제340조의2 제4항 제2호).

4   주식매수선택권 부여 신고의무

상장회사는 상법 제340조의2 제1항의 규정에 따른 주식매수선택권을 부여하기로 주주총회 또는 이사회에서 결의한 경우 그 내용을 지체 없이 금융위원회와 거래소에 신고하여야 한다. 이 경우 그 신고서에는 주주총회 의사록 또는 이사회 의사록을 첨부하여야 한다. 금융위원회와 거래소는 신고일부터 주식매수선택권의 존속기한까지 그 사

실에 대한 기록을 갖추어 두고, 인터넷 홈페이지 등을 이용하여 그 사실을 공시하여야
한다(자본시장법 제165조의17).

5 주식매수선택권의 양도금지 등

주식매수선택권은 양도할 수 없다(상법 제340조의4 제2항). 임직원의 근로의욕을 고취하
고 우수인재를 영입하기 위한 일신전속적인 성격의 권리이기 때문이다. 그러나 주식매
수선택권을 행사할 수 있는 자가 사망한 경우 상속을 인정하고 있어 그 상속인이 주식
매수선택권을 행사할 수 있다(상법 제340조의4 제2항). 회사는 주주총회 결의에 의하여 주
식매수선택권을 부여받은 자와 계약을 체결하고 상당한 기간 내에 그에 관한 계약서를
작성하여야 한다(상법 제340조의3 제3항). 그리고 주식매수선택권 부여에 관한 계약서는 이
를 주식매수선택권 행사기간이 종료할 때까지 회사 본점에 비치하고 주주로 하여금 영
업시간 내에 이를 열람할 수 있도록 하여야 한다(상법 제340조의3 제4항).

상장회사의 경우 ① 주식매수선택권을 부여받은 자가 본인의 의사에 따라 사임 또는
사직한 경우, ② 주식매수선택권을 부여받은 자가 고의 또는 과실로 회사에 중대한 손
해를 입힌 경우, ③ 해당 회사의 파산 등으로 주식매수선택권 행사에 응할 수 없는 경
우, ④ 그 밖에 주식매수선택권을 부여받은 자와 체결한 주식매수선택권 부여계약에서
정한 취소사유가 발생한 경우에는 정관에서 정하는 바에 따라 이사회 결의에 의하여
주식매수선택권의 부여를 취소할 수 있다(상법 제542조의3 제5항, 상법 시행령 제30조 제6항).

section 07 주식의 포괄적 교환·이전

1 의의

주식의 포괄적 교환과 이전은 회사 간에 주식 전부를 일괄적으로 주고받는 방법

에 의하여 완전 모회사나 완전 자회사가 성립되도록 하는 제도이다. 주식의 포괄적 교환과 이전은 모두 완전 모회사의 성립을 목적으로 한다. 주식의 포괄적 교환·이전은 1999년의 「독점규제 및 공정거래에 관한 법률」('공정거래법') 제8조에서 지주회사가 허용됨에 따라 2001년 상법 개정에서 새롭게 도입된 제도이다.

2 주식의 포괄적 교환

(1) 의의

주식의 포괄적 교환이란 회사(완전 母회사가 되는 회사)가 다른 회사(완전 子회사가 되는 회사) 발행주식 전부와 자기회사의 주식을 교환함으로써 완전 자회사의 주식은 완전 모회사로 된 회사에 이전하고, 완전 자회사로 된 회사의 주주는 완전 모회사로 된 회사가 발행한 신주를 배정받아 그 회사의 주주로 되는 것을 말한다(상법 제360조의2 제2항). 즉 회사 A가 신주를 발행하여 다른 회사 B의 주주가 가진 주식 전부와 교환하도록 함으로써 회사 A는 완전 모회사가 되고 다른 회사 B는 완전 자회사가 되는 것을 말한다.

주식의 포괄적 교환에서는 완전 자회사의 주주들이 주식 전부를 완전 모회사에 이전

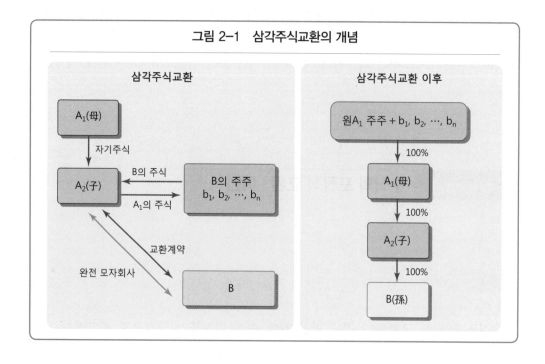

그림 2-1 삼각주식교환의 개념

하고 그 대가로 완전 모회사가 완전 자회사의 주주들에게 신주를 발행해 주거나, 그 일부 또는 전부를 대신하여 자기주식을 이전한다. 2016년 개정 상법에서는 주식의 포괄적 교환에 관해 흡수합병과 균형을 맞추어 교부금만의 주식 교환도 허용하고 교부금의 지급은 금전만이 아니라 그 밖의 재산으로도 갈음할 수 있도록 하였다(상법 제360조의3 제3항 제4호). 그리고 완전 모회사가 완전 자회사의 주주들에게 교환대가로서 자신의 모회사의 주식을 취득하여 이전할 수 있게 하였다(상법 제360조의3 제6항). 즉 '삼각주식교환'이 가능해졌다.

(2) 주주총회 승인

주식의 포괄적 교환을 하고자 하는 회사 A·B는 각 주식교환계약서를 작성하여 주주총회의 특별결의에 의한 승인을 받아야 한다(상법 제360조의3 제1·2항). 만약 주식교환으로 인하여 특정 주식의 주주에게 손해가 미치게 될 때에는 종류주주총회 결의도 거쳐야 한다(상법 제436조, 제435조). 그리고 주식교환에 관련되는 각 회사의 주주의 부담이 가중되는 경우에는 주주총회 및 종류주주총회의 결의 외에 주주 전원의 동의가 있어야 한다(상법 제360조의3 제5항).

한편 완전 자회사가 되는 회사의 총주주의 동의가 있거나 완전 자회사가 되는 회사의 발행주식 총수의 100분의 90 이상을 완전 모회사가 되는 회사가 소유하고 있는 경우의 주식교환(간이 주식교환), 그리고 완전 모회사가 되는 회사가 주식교환을 위하여 발행하는 신주의 총수가 완전 모회사가 되는 회사의 발행주식 총수의 100분의 10을 초과하지 아니하는 주식교환(소규모 주식교환)의 경우에는 주주총회의 승인을 이사회 승인으로 갈음할 수 있다(상법 제360조의9, 제360조의10). 그러나 소규모 주식교환의 경우 완전 자회사가 되는 주주에게 제공할 금전이나 그 밖의 재산의 가액이 완전 모회사가 되는 회사에 현존하는 순자산의 100분의 5를 초과하거나, 완전 모회사가 되는 회사의 발행주식 총수의 100분의 20 이상에 해당하는 주식을 가지는 주주가 회사에 대하여 서면으로 주식교환에 반대하는 의사를 통지한 경우에는 소규모 주식교환을 할 수 없다(상법 제360조의10 제5항).

(3) 주식교환의 효력 발생

주식의 포괄적 교환으로 인한 주식이전과 주식배정은 주식교환일에 그 효력이 발생한다. 즉 주식의 포괄적 교환에 의하여 완전 자회사가 되는 회사의 주주가 가지고 있는 주식은 주식을 교환하는 날에 완전 모회사가 되는 회사에 이전되고, 그 완전 자회사가 되는 회사의 주주는 그 완전 모회사가 되는 회사가 주식교환을 위하여 발행하는 신주의 배정을 받아 완전 모회사의 주주가 된다(상법 제360조의2 제2항). 완전 자회사 B의 주권도 주식교환일에 그 효력을 상실한다.

(4) 반대주주의 주식매수청구권

주식의 포괄적 교환에 반대하는 주주는 회사에 대하여 주식매수청구권을 행사할 수 있으나(상법 제360조의5), 소규모 주식교환의 경우에는 반대주주에게 주식매수청구권이 인정되지 않는다(상법 제360조의10).

3 주식의 포괄적 이전

주식의 포괄적 이전이란 어느 회사의 주주가 소유하는 주식 전부를 주식이전으로 새로 설립되는 회사에 포괄적으로 이전하고 종전 회사의 주주는 새로 설립되는 회사가 발행하는 신주를 배정받아 새로 설립되는 회사의 주주가 되는 것을 말한다(상법 제360조의15~제360조의23). 이때 새로 설립되는 회사는 종전 회사의 완전 모회사가 되고 종전회사는 새로 설립되는 회사의 완전 자회사가 된다. 즉 기존 회사 B가 별도의 회사 A를 신설하여 주주가 가진 기존 회사 B의 주식 전부를 새로 설립하는 회사 A에 일괄적으로 이전하고, 신설회사 A는 기존 회사의 주주에게 신주를 발행하여 신설회사 A가 완전 모회사가 되고, 기존 회사 B가 완전 자회사가 되도록 하는 것이다.

주식의 포괄적 이전에 있어서도 주식이전계획서를 작성하여 주주총회 특별결의에 의한 승인을 받아야 한다(상법 제360조의16). 주식이전으로 특정 종류의 주식을 가진 주주에게 손해가 있는 경우에는 종류주주총회 승인을 받아야 한다(상법 제436조, 제435조). 주식이전으로 인하여 주식이전에 관련되는 각 회사의 주주의 부담이 가중되는 경우에는 주주총회 및 종류주주총회 결의 외에 그 주주 전원의 동의가 있어야 한다(상법 제360조의16 제4항). 반대주주에게는 주식매수청구권이 인정된다(상법 제360조의22, 제360조의5). 주식의 포괄적 이전은 간이 또는 소규모 제도가 없다.

주식이전은 주식이전을 한 때에 설립되는 완전 모회사가 설립등기를 함으로써 그 효력이 발생하며(제360조의21), 동시에 기존 회사 B의 주권도 실효된다(상법 제360조의19 제1항).

이전에는 신설되는 완전 모회사가 완전 자회사의 주주들에게 주식을 발행해 주되 일부를 교부금으로 갈음할 수 있게 했으나. 2016년 개정법에서는 금전 아닌 재산을 제공하는 것도 허용하고, 나아가 완전 모회사의 주식발행 전부에 갈음하여 금전 또는 그 밖의 재산의 제공만을 할 수도 있도록 하였다(상법 제360조의16 제1항 제4호).

section 08 지배주주에 의한 소수주식의 전부 취득

1 지배주주의 매도청구

(1) 매도청구권자

회사의 발행주식 총수의 100분의 95 이상을 자기의 계산으로 보유하고 있는 주주(지배주주)는 회사의 경영상의 목적을 달성하기 위하여 필요한 경우에는 회사의 다른 주주(소수주주)에게 그가 보유하는 주식의 매도를 청구할 수 있다(상법 제360조의24 제1항). 지배주주가 소수주주에게 공정한 가격을 지급한다면, 일정한 요건 하에 발행주식 전부를 지배주주 1인 소유로 할 수 있도록 함으로써 회사 경영의 효율성을 향상시키고자 한 제도이다. 이러한 입법 의도와 목적 등에 비추어 보면, 지배주주가 매도청구권을 행사할 때에는 반드시 소수주주가 보유하고 있는 주식 전부에 대하여 권리를 행사하여야 한다. 지배주주가 회사인 경우 보유주식수를 산정할 때 모회사와 자회사가 보유한 주식을 합산하여 계산하여야 하고(상법 제360조의24 제2항 전단), 지배주주가 자연인인 경우 그가 발행주식 총수의 100분의 50을 초과하는 주식을 가진 회사가 보유하는 주식도 그 주주가 보유하는 주식과 합산하도록 하고 있다(상법 제360조의24 제2항 후단).

(2) 주주총회 승인

지배주주가 소수주주에게 주식의 매도를 청구할 때에는 주주총회의 승인을 받아야 한다(상법 제360조의24 제3항). 주주총회의 소집을 통지할 때 지배주주의 회사주식의 보유

현황, 매도청구의 목적, 매매가액의 산정근거와 적정성에 관한 공인된 감정인의 평가, 매매가액의 지급보증에 관한 사항을 기재하여야 하고 매도청구를 하는 지배주주는 주주총회에서 그 내용을 설명하여야 한다(상법 제360조의24 제4항).

(3) 공고 및 통지

지배주주는 매도청구일 1개월 전까지 ① 소수주주는 매매가액의 수령과 동시에 주권을 지배주주에게 교부하여야 한다는 뜻, ② 교부하지 아니할 경우 매매가액을 수령하거나 지배주주가 매매가액을 공탁한 날에 주권이 무효가 된다는 뜻을 공고하고, 주주명부에 기재된 주주와 질권자에게 그 내용을 통지하여야 한다(상법 제360조의24 제5항).

(4) 매도 의무 및 매매가액

지배주주의 매도청구를 받은 소수주주는 매도청구를 받은 날로부터 2개월 내에 지배주주에게 보유하고 있는 주식을 매도하여야 한다(상법 제360조의24 제6항). 그러나 지배주주의 일방적인 매도청구권 행사로 소수주주가 그 의사에 반하여 회사로부터 축출될 수 있기 때문에, 공정한 가격을 지급함으로써 소수주주를 보호할 필요성이 인정된다. 상법에서 '지배주주의 매도청구권이 주주총회에서 승인된 때' 또는 '소수주주가 매도청구권의 통지를 수령한 때'가 아니라 '지배주주가 매매가액을 지급한 때'에 비로소 주식이 이전된다고 규정하고, 또 지배주주의 매도청구권에 대응하는 권리로 상법 제360조의25에서 소수주주에게도 매수청구권을 부여한 점에 비추어 보더라도 그러하다. 매매가액은 원칙적으로 매매가액은 매도청구를 받은 소수주주와 매도를 청구한 지배주주가 협의로 결정한다(상법 제360조의24 제7항). 만약 매도청구를 받은 날로부터 30일 내에 지배주주와 소수주주 간에 매매가액에 대한 협의가 이루어지지 아니한 경우에는 매도청구를 받은 소수주주 또는 매도청구를 한 지배주주는 법원에 매매가액의 결정을 청구할 수 있다(상법 제360조의24 제8항). 이 경우 법원은 회사의 재산상태와 그 밖의 사정을 고려하여 공정한 가액으로 매매가액을 산정하여야 한다(상법 제360조의24 제9항).

(5) 매수청구의 효력 발생

지배주주가 매수청구를 통해 주식을 취득하는 경우 주식을 취득하는 지배주주가 매매가액을 소수주주에게 지급한 때에 주식이 이전된 것으로 본다(상법 제360조의26 제1항). 매매가액을 지급할 소수주주를 알 수 없거나 소수주주가 수령을 거부하면 지배주주는 그 가액을 공탁할 수 있고 공탁한 날에 소수주주가 보유하고 있는 주식이 지배주주에게 이전된 것으로 본다(상법 제360조의26 제2항).

2 소수주주의 매수청구

지배주주(회사의 발행주식 총수의 100분의 95 이상을 자기의 계산으로 보유하고 있는 주주)가 있는 회사의 소수주주는 보유주식을 언제든지 지배주주에게 매수해 줄 것을 청구할 수 있다(상법 제360조의25 제1항).

소수주주의 매수청구가 있으면 지배주주는 매수를 청구한 날을 기준으로 2개월 내에 매수를 청구한 소수주주의 보유주식을 매수하여야 한다(상법 제360조의25 제2항). 매매가액은 매수를 청구한 소수주주와 매수청구를 받은 지배주주 간 협의로 결정한다(상법 제360조의25 제3항). 지배주주와 소수주주 간에 매수청구일로부터 30일 내에 매매가액에 대한 협의가 이루어지지 않으면 매수청구를 받은 지배주주 또는 매수청구를 한 소수주주는 법원에 매매가액의 결정을 청구할 수 있다(상법 제360조의25 제4항). 지배주주 또는 소수주주의 청구를 받아 법원이 매매가액을 결정하는 경우 회사의 재산상태와 그 밖의 사정을 고려하여 공정한 가액으로 산정하여야 한다(상법 제360조의25 제5항).

소수주주의 매수청구에 따른 주식의 이전은 주식을 취득하는 지배주주가 매매가액을 소수주주에게 지급한 때 이루어진다(상법 제360조의26 제1항). 매매가액을 지급할 소수주주를 알 수 없거나 소수주주가 수령을 거부하는 경우 지배주주는 그 가액을 공탁할 수 있고 공탁한 날에 주식이 지배주주에게 이전된 것으로 본다(상법 제360조의26 제2항).

chapter 03

주식회사의 기관

개요

주식회사는 법인이므로 회사의 의사를 결정하고, 그에 따라 행동하며, 결정된 의사를 대외적으로 표시하기 위하여 일정한 기관이 있어야 한다.

주식회사의 기관은 삼권분립의 원칙에 따라 회사의 대내적 의사결정기관으로서의 주주총회, 업무집행기관으로서의 이사회와 대표이사, 그리고 감독기관으로서의 감사 등 법정 필요 상설기관이 분화되어 있다. 이러한 기관 간의 권한분배에 있어서 상법은 이사회 중심주의를 채택하고 있다.

section 02 주주총회

1 의의

주주총회는 회사 경영상의 중요사항에 관한 주주의 의사를 집약하여 회사 내부에서 회사의 의사를 결정하는 필요적 상설 기관이다. 우리나라의 상법은 이사회의 권한을 강화하고, 주주총회의 권한은 축소하여 주주총회는 상법 및 기타 법률이나 정관에 정하는 사항에 한하여 결의할 수 있도록 하고 있다(상법 제361조). 법률이나 정관에 규정되지 아니한 사항을 주주총회가 결의하더라도 무효이며, 회사의 다른 기관이나 주주에 대하여 아무 구속력도 없다.

2 권한

주주총회는 법률과 정관에 규정된 사항만을 결의할 수 있으며(상법 제361조), 상법에서는 이를 보통결의사항, 특별결의사항, 특수결의사항으로 나누어 규정하고 있다. 상법이 정한 주주총회의 권한은 전속적인 권한으로서 정관에 의하여도 다른 기관이나 제3자에게 위임하지 못한다. 예를 들어 상법 제361조는 "주주총회는 본법 또는 정관에 정하는 사항에 한하여 결의할 수 있다"라고 규정하고 있는데, 이러한 주주총회 결의사항은 반드시 주주총회가 정해야 하고 정관이나 주주총회의 결의에 의하더라도 이를 다른 기관이나 제3자에게 위임하지 못한다. 따라서 정관 또는 주주총회에서 임원의 보수 총액 내지 한도액만을 정하고 개별 이사에 대한 지급액 등 구체적인 사항을 이사회에 위임하는 것은 가능하지만, 이사의 보수에 관한 사항을 이사회에 포괄적으로 위임하는 것은 허용되지 아니한다(대법원 2020. 6. 4. 선고 2016나241515(본소), 2016다241522(반소) 판결).

(1) 보통결의사항

주주총회의 보통결의란 출석한 주주가 보유하고 있는 의결권의 과반수와 발행주식 총수의 4분의 1 이상으로 이루어지는 결의방법을 말한다(상법 제368조 제1항). 상법에서 주주총회의 보통결의사항으로 규정하고 있는 것으로는 지배주주의 매도청구(상법 제360조의24 제3항), 이사·감사의 선임 및 그 보수의 결정(상법 제382조, 제409조, 제388조, 제415조), 청산인의 선임과 그 보수의 결정(상법 제542조 제2항), 재무제표의 승인(상법 제449조; 정관에 의하여 이사회의 권한으로 할 수 있다), 주식배당(상법 제462조의2), 총회의 연기 또는 속행의 결정(상법 제372조), 청산인의 청산 종료의 승인(상법 제540조 제1항), 법인이 선임하지 않은 청산인의 해임(상법 제539조 제1항) 등이 있다.

(2) 특별결의사항

주주총회의 특별결의란 출석한 주주의 의결권의 3분의 2 이상의 수와 발행주식 총수의 3분의 1 이상의 수로 이루어지는 결의방법을 말한다(상법 제434조). 상법에서 규정하고 있는 주주총회의 권한 중 특별결의사항으로는 주식의 포괄적 교환·이전(상법 제360조의3 제1·2항, 제360조의16 제1·2항), 정관의 변경(상법 제433조), 영업의 전부 또는 중요한 일부의 양도, 영업 전부의 임대 또는 경영위임, 타인과 영업의 손익 전부를 같이 하는 계약, 그 밖에 이에 준하는 계약의 체결·변경 또는 해약, 회사 영업에 중대한 영향을 미치는 다른 회사 영업 전부 또는 일부의 양수(상법 제374조), 이사 또는 감사의 해임(상법 제385조 제1항, 제415조), 자본의 감소(상법 제438조 제1항; 실질적 감자에 한하고, 명목적 감자는 주주총회의 보통결의에 의한다), 사후 설립(상법 제375조. 제374조), 임의 해산(상법 제518조), 회사의 계속(상법 제519조), 주식의 할인발행(상법 제417조 제1항), 신설합병의 경우에 설립위원의 선임(상법 제175조 제2항), 합병계약서의 승인(상법 제522조 제3항), 분할(합병)계획서의 승인(상법 제530조의3 제2항), 주주 외의 자에 대한 전환사채 및 신주인수권부사채의 발행(상법 제513조 제3항, 제516조의2 제4항) 등을 들 수 있다.

(3) 특수결의사항

주주총회의 특수결의란 의결권 없는 주주를 포함하여 총주주의 동의를 요하는 결의방법을 말한다. 총주주의 동의를 요하는 특수결의사항으로는 이사의 회사에 대한 책임의 면제(상법 제400조 제1항)와 주식회사의 유한회사로의 조직변경(상법 제604조) 등이 있다.

3 소집

(1) 소집권자

❶ 이사회 : 주주총회의 소집결정은 원칙적으로 이사회의 권한에 속한다(상법 제362 조). 이사회는 소집의 결정뿐만 아니라 구체적인 일시·장소·의안 등을 결의하여야 한다. 위와 같은 이사회 결의가 있는 경우, 대표이사는 절차를 밟아 주주총회를 소집해야 한다. 즉, 주주총회의 소집은 원칙적으로 이사회가 결정하고, 이사회의 결정의 집행은 대표이사가 한다.

❷ 소수주주 : 발행주식 총수의 100분의 3 이상(대형 상장회사의 경우는 100분의 1.5 이상 및 6개월 계속 보유 – 상법 제542조의6 제1항)에 해당하는 주식을 가진 소수주주는 회의의 목적사항과 소집의 이유를 기재한 서면 또는 전자문서를 이사회에 제출하여 임시총회의 소집을 청구할 수 있다(상법 제366조 제1항). 소수주주의 주주총회 소집청구에도 불구하고 이사회가 총회의 소집절차를 지체 없이 밟지 아니하는 경우에는 청구한 소수주주가 법원의 허가를 얻어 총회를 직접 소집할 수 있다(상법 제366조 제2항 전단). 그리고 이 경우 주주총회의 의장은 법원이 이해관계인의 청구나 직권으로 선임할 수 있다(상법 제366조 제2항 후단).

❸ 감사(감사위원회) : 감사는 회의 목적사항과 소집이유를 기재한 서면을 이사회에 제출하여 임시총회의 소집을 청구할 수 있다(상법 제412조의3 제1항). 이사회의 소집요구 불응시 절차 등은 소수주주의 경우와 같다(상법 제412조의3 제2항, 제366조 제2항).

❹ 법원 : 회사의 업무 및 재산상태의 검사를 위하여 소수주주의 청구에 의하여 법원이 검사인을 선임한 경우에 법원은 조사결과에 대한 보고를 받고 필요하다고 인정하는 때에는 대표이사에게 총회의 소집을 명할 수 있다(상법 제467조 제3항).

(2) 소집시기

주주총회는 소집시기를 기준으로 정기총회와 임시총회로 구별된다. 정기총회는 매년 1회 일정한 시기에 소집하여야 하며(상법 제365조 제1항), 연 2회 이상 결산기를 정한 때에는 매기에 소집하여야 한다(상법 제365조 제2항).

그리고 임시총회는 필요한 경우에 수시로 소집된다(상법 제365조 제3항). 양자의 권한에

chapter 3 주식회사의 기관 389

는 아무런 차이가 없다.

(3) 소집장소

주주총회는 정관에 다른 정함이 없는 한 본점 소재지 또는 이에 인접한 지역에서 소집하여야 한다(상법 제364조).

(4) 소집절차

주주총회를 소집하는 데에 있어서는 회일을 정하여 그 2주 전에 각 주주에게 서면 또는 각 주주의 동의를 받은 전자문서로 통지를 발송하여야 하며, 통지에는 회의의 목적사항을 기재하여야 한다(상법 제363조 제1·2항). 특히 중요한 의안(정관변경, 자본감소, 회사합병, 회사분할 등)에 대하여는 의안의 요령도 기재하여야 한다. 영업의 전부 또는 중요한 일부 양도, 영업 전부의 임대 또는 경영위임, 합병, 분할, 주식의 포괄적 교환 및 이전의 결의에 관한 소집통지에 있어서는 반대 주주의 주식매수청구권에 관한 사항도 명시하여야 한다. 통지의 대상이 되는 주주는 주주명부상의 주주를 말한다. 의결권 없는 주주에 대하여는 통지하지 않아도 된다(상법 제363조 제8항).

주주총회 소집통지가 주주명부상의 주주의 주소에 계속 3년간 도달하지 아니하는 경우에는 그 주주에게 총회 소집을 통지하지 아니할 수 있다(상법 제363조 제1항 단서).

자본금 10억 원 미만인 주식회사(소규모회사)는 ① 주주총회를 소집하는 경우 주주총회일의 10일 전에 각 주주에게 서면으로 통지를 발송하거나 각 주주의 동의를 받아 전자문서로 통지를 발송할 수 있고(상법 제363조 제3항), ② 주주 전원의 동의가 있을 경우에는 소집절차 없이 주주총회를 개최할 수 있으며(상법 제363조 제4항), 서면에 의한 결의로 주주총회 결의를 갈음할 수 있다. 소규모회사의 경우, 결의의 목적사항에 대하여 주주 전원이 서면으로 동의를 한 때에는 서면에 의한 결의가 있는 것으로 보고, 서면에 의한 결의는 주주총회와 같은 효력이 있고 서면에 의한 결의에 대하여는 주주총회에 관한 규정을 준용한다(상법 제363조 제5·6항).

상장회사의 경우 의결권 있는 발행주식 총수의 100분의 1 이하의 주식을 소유한 주주에게는 정관에서 정하는 바에 따라 총회일 2주 전에 2개 이상의 일간신문에 각각 2회 이상 총회소집을 공고하거나 금융감독원 또는 한국거래소가 운용하는 전자공시시스템을 통해 공고하는 방법으로 소집통지에 갈음할 수 있다(상법 제542조의4, 상법 시행령 제31조 제2항).

상장회사의 경우 이사·감사의 선임에 관한 사항을 목적으로 하는 주주총회를 소집 통지 또는 공고하는 경우에는 이사·감사 후보자의 성명, 약력, 추천인, 후보자와 최대 주주와의 관계, 후보자와 해당 회사와의 최근 3년간의 거래내역에 관한 사항을 함께 통지하거나 공고하여야 한다(상법 제542조의4 제2항, 상법 시행령 제31조 제3항). 그리고 주주총회 소집의 통지 또는 공고를 하는 경우에는 사외이사 등의 활동내역과 보수에 관한 사항, 사업개요, 사외이사 및 그 밖의 해당 회사의 상무에 종사하지 아니하는 이사의 이사회 출석률·이사회 의안에 대한 찬반 여부 등 활동내역과 보수에 관한 사항, 해당 회사와의 거래내역, 영업현황 등 사업개요와 주주총회의 목적사항별로 금융위원회가 정하는 방법에 따라 작성한 참고서류 등을 통지 또는 공고하여야 한다. 다만, 해당 서류를 회사의 인터넷 홈페이지에 게재하고 본점 및 지점, 금융위원회, 한국거래소 등에 비치하여 일반인들이 열람할 수 있도록 하는 경우에는 그러하지 아니다(상법 제542조의4 제3항, 상법 시행령 제31조 제5항).

4 주주제안권

주주제안권이란 주주가 일정한 사항을 주주총회의 목적사항으로 할 것을 제안할 수 있는 권리(상법 제363조의2)이다. 주주제안권은 의결권 없는 주식을 제외한 발행주식 총수의 100분의 3 이상에 해당하는 주식을 가진 소수주주에게 인정된다(상법 제363조의2 제1항). 주주제안권에는 의제제안권과 의안제안권이 모두 포함된다. 의제제안은 총회의 의제로 삼을 사항(예 : 이사 해임건)을 제안하는 것이고, 의안제안이란 총회에서 결의할 사항의 구체적 내용(예 : A를 이사로 선임하자는 안)을 제안하는 것이다. 주주제안권은 소수주주가 총회일 6주 전에 서면 또는 전자문서로 이사에게 청구하는 방법에 의하여 행사한다(상법 제363조의2 제1항). 주주총회의 목적사항을 제안한 주주는 이사에게 주주총회일의 6주 전에 서면 또는 전자문서로 회의의 목적으로 할 사항에 추가하여 당해 주주가 제출하는 의안의 요령을 주주총회 소집 통지와 공고에 기재할 것을 청구할 수 있다(상법 제363조의2 제2항).

이사는 주주제안이 있는 경우 이를 이사회에 보고하고 이사회는 주주제안의 내용이 ① 법령이나 정관을 위반하는 사항, ② 주주총회에서 의결권의 100분의 10 미만의 찬성밖에 얻지 못하여 부결된 내용과 동일한 의안을 부결된 날부터 3년 내에 다시 제안하는 경우, ③ 주주 개인의 고충에 관한 사항, ④ 주주가 권리를 행사하기 위해서 일정 비율을 초과하는 주식을 보유해야 하는 소수주주권에 관한 사항, ⑤ 상장회사의 경우 임기 중에 있는 임원의 해임에 관한 사항, ⑥ 회사가 실현할 수 없는 사항 또는 제안이유가 명백히 거짓이거나 특정인의 명예를 훼손하는 사항 등이 아니면 이를 주주총회의 목적사항으로 하여야 한다(상법 제363조의2 제3항 전단, 상법 시행령 제12조). 그리고 주주제안을 한 자의 청구가 있으면 주주총회에서 당해 의안을 설명할 기회를 주어야 한다(상법 제363조의2 제3항 후단).

상장회사의 경우 주주제안권 행사요건을 완화하고 있다. 즉 지주비율을 자본금 1천억 원 미만의 상장회사는 1%, 자본금 1천억 원 이상의 상장회사는 0.5% 이상으로 하되, 주식을 6개월 이상 보유하여야 한다(상법 제542조의6 제2항).

5 의결권

(1) 의의

의결권이란 주주가 주주총회에 출석하여 결의에 참가할 수 있는 권리를 말한다. 의결권은 주주의 고유권으로서 주주 본인의 동의가 없는 한 정관의 규정이나 주주총회의 결의로도 이를 박탈하지 못한다.

(2) 의결권의 수

모든 주주는 1주마다 1개의 의결권을 갖는다(상법 제369조 제1항). 이러한 1주 1의결권의 원칙은 주주평등의 원칙에 입각한 강행법규이므로 법률상의 예외를 제외하고는 정관 또는 주주총회의 결의로써도 다르게 정할 수 없다. 반면 미국, 스웨덴, 프랑스, 스위스의 등의 경우 특정 주주가 보유한 주식에 의결권을 1주당 여러 개 부여해 해당 주주의 의결권 지분을 높이는 차등의결권 제도가 시행되고 있으며, 흔히 'Dual Class Share Structure'로 불리고 있다. 우리나라에서도 '벤처기업 육성에 관한 특별조치법' 개정을 통하여 비상장 벤처기업 창업주에 한정하여 1주당 최대 10개의 의결권을 갖는 복수의 결권주식의 발행이 가능해졌다.

(3) 의결권의 행사

❶ 의결권 행사의 자격 : 의결권 행사를 위해서는 주주명부에 명의개서가 되어야 한다(상법 제337조).

❷ 의결권의 대리행사 : 의결권은 주주 자신이 직접 행사하거나 자기의 대리인으로 하여금 행사하게 할 수 있다. 의결권 대리행사의 경우에는 대리권을 증명하는 서면(위임장)을 총회에 제출하여야 한다(상법 제368조 제2항). 정관으로도 대리인에 의한 의결권의 행사를 금지하지 못한다.

❸ 의결권의 불통일 행사 : 주주가 2개 이상의 의결권을 가지고 있는 경우에 이를 통일하지 아니하고 행사할 수 있다(상법 제368조의2 제1항 전문). 의결권 불통일 행사를 하려는 주주는 의결권 불통일 행사의 뜻과 이유를 회일의 3일 전까지 회사에 서면 또는 전자문서로 통지하여야 한다(상법 제368조의2 제1항 후문). 회사는 주주의 의결권 불통일 행사를 거부할 수 있으나, 주주가 주식의 신탁을 인수하였거나 기타 타인을 위하여 주식을 가지고 있는 경우에는 거부하지 못한다(상법 제368조의2 제2항).

(4) 서면투표

주주는 정관이 정하는 바에 따라 총회에 출석하지 아니하고 서면에 의하여 의결권을 행사할 수 있다(상법 제368조의3 제1항). 이 경우 총회소집통지서에 서면에 의한 의결권 행사에 필요한 서면과 참고자료를 첨부하여야 한다(상법 제368조의3 제2항).

(5) 전자투표

회사는 이사회의 결의로 주주가 주주총회에 출석하지 아니하고도 전자적 방법으로 의결권을 행사할 수 있음을 정할 수 있다(상법 제368조의4 제1항). 전자적 방법에 의한 의결권 행사를 위해서는 주주총회 소집 통지 및 공고 시 관련 내용을 통지하거나 공고하여야 하고(상법 제368조의4 제2항) 주주는 전자서명법에 따른 공인전자서명을 이용해 주주임을 확인하여야 한다(상법 제368조의4 제3항 전단, 상법 시행령 제5조의2 제1항). 그리고 회사는 전자적 방법에 의한 의결권 행사를 위하여 필요한 양식과 참고자료를 주주에게 전자적 방법으로 제공하여야 한다(상법 제368조의4 제3항 후단).

동일한 주식에 관하여 서면결의를 하는 경우 전자적 방법 또는 서면 중 어느 하나의 방법을 선택하여야 한다(상법 제368조의4 제4항). 회사는 의결권 행사에 관한 전자적 기록을 총회가 끝난 날부터 3개월간 본점에 갖추어 두어 열람하게 하고 총회가 끝난 날부터 5년간 보존하여야 한다(상법 제368조의4 제5항). 서면투표 또는 전자투표에 의하는 경우에도 실제의 주주총회를 열어야 한다.

(6) 의결권 행사의 제한

의결권 있는 주주라 하더라도 그 행사가 법률상 제한되는 경우가 있으며, 상법에서는 다음과 같은 제한규정을 두고 있다.

❶ 총회의 결의에 관하여 특별한 이해관계가 있는 자는 의결권을 행사하지 못한다 (상법 제368조 제4항). '특별한 이해관계가 있는 자'란 총회의 결의에 관하여 개인적인 이해관계가 있는 자를 말한다. 결의에 관하여 특별한 이해관계가 있는 주주는 그의 의결권을 대리인으로 하여금 행사시키지 못하며, 타인의 의결권을 대리행사하지도 못한다.

❷ 회사가 자기주식을 취득한 때에 그 주식에 대하여는 의결권을 행사하지 못한다 (상법 제369조 제2항).

❸ 회사, 모회사 및 자회사 또는 자회사가 다른 회사의 발행주식 총수의 10분의 1을 초과하는 주식을 가지고 있는 경우에는 그 다른 회사가 가지고 있는 회사 또는 모회사의 주식에 대하여는 의결권을 행사하지 못한다(상법 제369조 제3항). 자회사가 예외적으로 모회사의 주식을 취득한 경우(상법 제342조의2)에도 상법 제369조 제3항이 적용되므로 당연히 그 주식에 대한 의결권은 없다고 본다.

❹ 감사의 선임에 있어서 의결권 없는 주식을 제외한 발행주식 총수의 100분의 3을 초과하는 수의 주식을 가진 주주는 그 초과주식에 대해서는 그 의결권을 행사하지 못한다(상법 제409조 제2항).

❺ 자산총액 2조 원 이상인 상장회사가 정관으로 집중투표를 배제하거나 그 배제된 정관을 변경하려는 경우에는 의결권 없는 주식을 제외한 발행주식 총수의 100분의 3을 초과하는 주식은 의결권을 행사할 수 없다(제542조의7 제3항).

(7) 의결권의 행사와 이익공여 금지 등

회사는 누구에게든지 주주의 권리행사와 관련하여 재산상의 이익을 공여할 수 없다 (상법 제467조의2 제1항). 여기에서 주주의 권리라 함은 널리 공익권을 말한다.

이사 등이 주주의 권리행사와 관련하여 회사의 계산으로 재산상의 이익을 공여하거나, 주주총회에서의 발언 또는 의결권의 행사와 관련하여 부정한 청탁을 받고 재산상의 이익을 수수·요구 또는 약속하는 때에는 형사처벌의 대상이 된다(상법 제631조, 제634조의2).

6 의사와 결의

(1) 의사의 진행

주주총회의 의사는 정관의 규정이나 총회의 결의에 따라야 하며, 그러한 규정이나 결의가 없으면 상관습에 의하거나 회의진행의 일반원칙에 따른다. 총회의 의제는 소집의 통지·공고에 게시된 것에 한하나(상법 제363조 제2·3항), 속행 또는 연기의 결의는 그 성질상 당연히 할 수 있다(상법 제372조). 총회의 의사에 관하여는 의사록을 작성하여야 한다. 의사록에는 의사의 경과 요령과 그 결과를 기재하고 의장과 출석한 이사가 기명날인 또는 서명하여야 한다(상법 제373조). 이사는 총회 의사록을 본점과 지점에 비치하여야 한다(상법 제396조 제1항). 주주총회의 의장은 정관에 규정되어 있지 아니하면 주주총회 결의로 선임한다(상법 제366조의2 제1항). 소수주주의 청구에 의하여 주주총회가 소집되는 경우 총회 의장은 법원이 이해관계인의 청구나 직권으로 선임할 수 있다(상법 제366조 제2항 후단). 총회 의장은 질서유지권과 의사정리권을 가지며(상법 제366조의2 제2항) 고의로 의사진행을 방해하기 위한 발언이나 행동을 하는 등 현저히 질서를 문란하게 하는 자에 대하여 그 발언의 정지 또는 퇴장을 명할 수 있다(상법 제366조의2 제3항).

(2) 의결정족수 및 의결권의 계산

총회의 의결에 있어서 종류주식, 자기주식 및 10% 초과보유주식으로서 의결권 없는 주식의 수는 발행주식 총수에 산입하지 않는다(상법 제371조 제1항). 그리고 특별 이해관계인이 갖는 주식, 감사 및 사외이사 아닌 감사위원 선임 시 3% 초과 주식 등 의결권을 행사할 수 없는 주식의 의결권의 수는 출석한 주주의 의결권의 수에 산입하지 아니한다(상법 제371조 제2항).

| 표 3-1 | 주주총회 결의의 하자를 다투는 소 |

소의 종류 원인	주식회사			
	취소의 소 (상법 제376조~ 제379조)	무효확인의 소 (상법 제380조)	부존재확인의 소 (상법 제380조)	부당결의취소· 변경의 소 (상법 제381조)
소의 원인	① 소집절차·결의 방법이 법령·정 관에 위반하거나 현저히 불공정 (절차상의 하자) ② 결의내용의 정관 위반 (내용상의 하자)	결의 내용의 법령위반 (내용상의 하자)	소집절차·결의방법 에 총회결의가 존재 한다고 볼 수 없을 정도의 중대한 하자 가 있을 때 (절차상의 하자)	특별한 이해관계 있 는 주주를 배제하고 한 결의의 내용이 현 저히 부당 (내용상의 하자)
소의 성질	형성의 소	확인의 소	확인의 소	형성의 소
제소권자	주주·이사·감사	소의 이익이 있는 자	소의 이익이 있는 자	의결권을 행사하지 못한 특별이해관계 인인 주주
제소기간	결의일로부터 2월	없음	없음	결의일로부터 2월
소의 절차	피고, 전속관할, 소제기 공고, 병합심리, 패소 원고의 책임, 제소주주의 담보제공의무, 등기 동일			
법원의 재량기각	가능(상법 제379조)	불가	불가	불가
판결의 대세적 효력	모두 있음			
판결의 소급효	모두 있음			

section 03 | 이사회 및 업무집행기관

1 업무집행기관의 구성

상법은 주식회사 기관구성에 있어서 이사회 중심주의를 취하고 있다. 대표이사 또는 집행임원은 이사회의 결의에 따라 회사의 업무집행에 관한 일상적인 의사를 결정하고 회사의 업무를 집행하며 회사를 대표한다.

2 이사

(1) 이사의 의의

이사는 이사회의 구성원으로서 회사의 업무집행에 관한 의사결정에 참여하고, 이사회를 통하여 대표이사 및 집행임원 등의 업무집행을 감독할 권한을 가진 자이다.

상법상 이사는 사내이사, 사외이사, 그 밖에 상무에 종사하지 아니하는 이사(기타비상무이사)로 구분된다.

이사와 회사와의 관계는 위임관계이다. 따라서 민법의 위임에 관한 규정이 준용되며(상법 제382조 제2항), 따라서 이사는 선량한 관리자의 주의의무를 다하여 회사업무를 처리하여야 한다(민법 제681조).

(2) 이사의 선임

이사는 주주총회에서 선임한다(상법 제382조 제1항). 이사의 선임은 주주총회의 전속권한이며 보통결의에 의한다. 상장회사의 경우 이사 선임에 관한 사항을 목적으로 하는 주주총회 소집 통지 또는 공고 시 이사 후보자의 성명, 약력, 추천인, 기타 후보자에 관한 사항을 통지하거나 공고하여야 한다(상법 제542조의4 제2항). 그리고 통지하거나 공고한 후보자 중 이사를 선임하여야 한다(상법 제542조의5). 이사를 선임하였을 때에는 이사의 성명과 주민등록번호를 등기하여야 한다(상법 제317조 제2항 제8호 · 제3항, 제183조).

이사 선임과 관련해 우리 상법은 소수주주의 대표를 이사로 선출할 수 있도록 집중투표제(cumulative voting)를 규정하고 있다(상법 제382조의2). 집중투표란 2인 이상의 이사의 선임을 목적으로 하는 주주총회의 이사 선임 결의 시 각 주주에게 1주마다 선임할 이사의 수와 동일한 수의 의결권을 부여하고 그 의결권을 이사 후보자 1인 또는 수인에게 집중하여 투표하는 방법을 말한다(상법 제382조의2 제3항). 집중투표제도는 의결권 없는 주식을 제외한 발행주식 총수의 100분의 3 이상에 해당하는 주식을 가진 주주가 주주총회일의 7일 전까지 서면 또는 전자문서로 청구할 수 있다(상법 제382조의2 제1·2항). 회사는 정관으로 집중투표제도를 배제할 수 있다(상법 제382조의2 제1항). 집중투표의 방법으로 이사를 선임하는 경우 투표의 최다수를 얻은 자부터 순차적으로 이사에 선임된다(상법 제382조의2 제4항).

(3) 이사의 원수·임기

이사는 3인 이상이어야 한다(상법 제383조 제1항 본문). 그러나 자본금 10억 원 미만의 회사에는 1인 또는 2인의 이사만 두더라도 무방하다(상법 제383조 제1항 단서). 이사의 임기는 3년을 초과하지 못하지만(상법 제383조 제2항) 정관으로 그 임기 중의 최종의 결산기에 관한 정기주주총회의 종결 시까지 연장할 수 있으며(상법 제383조 제3항), 연임에 대한 제한이 없다.

(4) 이사의 자격

이사는 자연인이어야 하며, 법인은 원칙적으로 이사가 될 수 없다(통설). 다만, 특별법상의 주식회사에 대해서는 법인이사의 선임이 인정되는 경우가 있다. 예컨대, 자본시장법상 투자회사의 경우는 법인인 이사를 둘 수 있다(자본시장법 제197조). 주주가 아니라도 이사로 선임될 수 있지만 정관으로 그 자격을 제한하는 것은 무방하다(예 : 한국인, 주주, 거주지, 연령, 남성 등). 그러므로 정관으로 이사가 가질 주식(자격주)의 수를 정한 경우에는 다른 정함이 없는 한 이사는 그 수의 주권을 감사에게 공탁하여야 한다(상법 제387조).

(5) 이사의 종임

이사와 회사와의 관계는 민법상 위임관계이므로(상법 제382조 제2항) 이사는 위임의 일반적 종료 사유에 의하여 종임하게 된다(민법 제690조). 또 이사는 언제든지 일방적 의사표시에 의하여 사임할 수 있다(민법 제689조). 이 밖에 이사는 임기의 만료·정관소정의 자격상실·회사의 해산·해임 등에 의하여 종임하게 된다. 주주총회는 언제든지 특별결의로써 이사를 해임할 수 있다(상법 제385조 제1항 본문). 그러나 이사의 임기를 정하고 있는 경우 정당한 이유 없이 임기만료 전에 이를 해임한 때에는 그 이사는 회사에 대하여 해임으로 인한 손해의 배상을 청구할 수 있다(상법 제385조 제1항 단서). 또한 이사가 그 직무에 관하여 부정행위 또는 법령이나 정관에 위반한 중대한 사실이 있음에도 불구하고 주주총회에서 그 해임을 부결한 때에는 발행주식 총수의 3%(상장회사의 경우 0.5%, 최근 사업연도말 현재 자산총액 2조 원 이상인 상장회사의 경우 0.5%, 상법 제542조의6 제3항) 이상에 해당하는 주식을 가진 소수주주는 총회의 결의가 있은 날로부터 1개월 이내에 그 이사의 해임을 법원에 청구할 수 있다(상법 제385조 제2항).

(6) 이사결원의 임시조치

이사의 종임으로 인하여 법률 또는 정관에서 정한 원수가 모자라게 된 때에는 임기만료 또는 사임으로 인하여 퇴임한 이사에 한하여 새 이사가 취임할 때까지 이사의 권리·의무가 있다(상법 제386조 제1항). 그러나 이사의 권리·의무를 지속시키는 것이 불가능하거나 부적당한 경우에 법원은 이사·감사 기타 이해관계인의 청구에 의하여 일시 이사의 직무를 행할 자를 선임할 수 있다(상법 제386조 제2항). 이러한 퇴임이사의 권한은 일반적으로 이사와 같으나, 주주총회 특별결의로 위 퇴임이사를 해임할 수는 없다(대법원 2021. 8. 19 . 선고 2020다285406 판결).

(7) 이사의 직무집행 정지

이사 선임 결의의 무효나 취소 또는 이사해임의 소 등이 제기된 경우에 법원은 당사자의 신청에 의하여 가처분으로써 이사의 직무집행을 정지할 수 있고 또는 직무대행자를 선임할 수 있다(상법 제407조 제1항 전단). 그러나 급박한 사정이 있는 때에는 소의 제기 이전이라도 법원은 가처분을 할 수 있다(상법 제407조 제1항 후단). 직무대행자는 법원의 허가를 얻은 경우 또는 가처분명령에 다른 정함이 있는 경우가 아니면 회사의 상무에 속하지 아니한 행위를 하지 못한다(상법 제408조 제1항). 직무대행자가 이러한 규정에 위반한 행위를 한 경우에도 회사는 선의의 제3자에 대하여 책임을 진다(상법 제408조 제2항).

(8) 사외이사

사외이사(outside director)란 회사의 상무에 종사하지 아니하는 이사를 말한다(상법 제382조 제3항). ① 회사의 상무에 종사하는 이사·집행임원 및 피용자 또는 최근 2년 이내에 회사의 상무에 종사한 이사·감사·집행임원 및 피용자, ② 최대주주가 자연인인 경우 본인과 그 배우자 및 직계 존·비속, ③ 최대주주가 법인인 경우 그 법인의 이사·감사·집행임원 및 피용자, ④ 이사·감사·집행임원의 배우자 및 직계 존·비속, ⑤ 회사의 모회사 또는 자회사의 이사·감사·집행임원 및 피용자, ⑥ 회사와 거래관계 등 중요한 이해관계가 있는 법인의 이사·감사·집행임원 및 피용자, ⑦ 회사의 이사·집행임원 및 피용자가 이사·집행임원으로 있는 다른 회사의 이사·감사·집행임원 및 피용자 등은 회사의 사외이사가 되지 못한다(상법 제382조 제3항 전단). 그리고 사외이사로 선임된 후 이러한 결격요건에 해당하게 된 경우 그 직을 상실한다(상법 제382조 제3항 후단).

상법은 상장회사에 대해 일정수 이상의 사외이사 선임을 강제하고 있다. 상장회사 중 ① 벤처기업 중 최근 사업연도 자산총액이 1천억 원 미만으로서 코스닥시장에 상장된 주권을 발행한 벤처기업, ②「채무자회생 및 파산에 관한 법률」상의 회생절차가 개시되었거나 파산선고를 받은 상장회사, ③ 유가증권시장 또는 코스닥시장에 주권을 신규로 상장한 상장법인, ④ 부동산 투자회사법에 의한 기업구조조정 부동산 투자회사, ⑤ 해산을 결의한 상장법인 등을 제외하고는 이사 총수의 4분의 1 이상을 사외이사로 하여야 한다(상법 제542조의8 제1항).

최근 사업연도 자산총액이 2조 원 이상인 상장회사의 경우에는 사외이사를 3명 이상으로 하되 이사 총수의 과반수가 되도록 하여야 한다. 상장회사 사외이사에 대해서는 상법 제382조의 결격요건외 최대주주 및 그의 특수관계인, 파산선고 후 미복권자, 금고 이상의 형 집행 종료 또는 면제 후 2년 미경과자, 10% 이상 보유주주 또는 이사·집행임원·감사의 선임 및 해임 등 주요 경영사항에 대하여 사실상 영향력을 행사하는 주주 등을 추가적으로 결격요건으로 하고 있다(상법 제542조의8 제2항). 사외이사의 사임, 사망 등의 사유로 인하여 사외이사의 수가 상법상 이사회 구성요건에 미달하게 되면 그 사유가 발생한 후 처음으로 소집되는 주주총회에서 그 요건에 합치되도록 사외이사를 선임하여야 한다(상법 제542조의8 제3항). 그리고 최근 사업연도말 현재 자산총액이 2조 원 이상인 상장회사의 경우는 사외이사 후보를 추천하기 위하여 이사회 내 위원회로 사외이사가 총위원의 과반수가 되도록 사외이사 후보추천위원회를 설치하여야 하며 주주총회에서 사외이사를 선임하려는 경우 사외이사 후보추천위원회의 추천을 받은 자 중에서 선임하여야 한다(상법 제542조의8 제4·5항). 그리고 사외이사후보추천위원회는 주주제안권 행사요건을 갖춘 주주가 주주총회일 6주 전에 추천한 후보를 사외이사 후보 추천시 포함시켜야 한다(상법 제542조의8 제5항 후단).

(9) 기타비상무이사

사외이사와 유사하지만 구분되는 개념으로 '기타비상무이사'가 있다. 기타비상무이사는 회사에 상근하지 않는 이사로서 그 자격에는 아무런 제한이 없다는 점에서 사외이사와는 다르다.

(10) 이사의 의무

회사와 이사의 관계는 위임관계이므로(상법 제382조 제2항), 이사는 회사를 위하여 선량한 관리자의 주의로써 위임사무를 처리하여야 한다(일반적 선관주의의무, 민법 제681조).

❶ 충실의무 : 이사는 법령과 정관의 규정에 따라 회사를 위하여 그 직무를 충실하게 수행하여야 한다(상법 제382조의3). 충실의무는 미국법상의 신탁관계(fiduciary relationship)에 바탕을 두고 있으며, 이사가 그 직무를 성실하고 공정하게 수행하여야 할 의무를 가리킨다.

이러한 충실의무와 선관의무의 관계에 관하여는 충실의무가 선관의무의 구체적 내용에 불과하다는 동질설과 양자가 서로 다르다는 이질설이 대립되어 있으나, 우리나라의 다수설은 전자이다.

❷ 경업금지 의무 : 이사는 이사회의 승인 없이 자기 또는 제3자의 계산으로 회사의 영업부류에 속한 거래를 하거나 동종 영업을 목적으로 하는 다른 회사의 무한책임사원이나 이사가 되지 못한다(상법 제397조 제1항). 이것은 이사와 회사 간의 이익을 보호하자는 데에 그 목적이 있는 규정으로서 회사는 이사가 이러한 의무를 위반한 경우에 그 이사를 해임할 수 있으며(상법 제385조), 손해배상책임을 지울 수 있다(상법 제399조). 이사가 경업금지 의무를 위반하여 거래를 한 경우 그 거래는 유효하며, 이를 전제로 회사는 이사회 결의로 그 이사의 거래가 자기의 계산으로 한 것인 때에는 이를 회사의 계산으로 한 것으로 볼 수 있고, 제3자의 계산으로 한 것인 때에는 그 이사에 대하여 이로 인한 이득의 양도를 청구할 수 있다(개입권, 상법 제397조 제2항). 이러한 권리는 해당 거래가 있은 날로부터 1년을 경과하면 소멸한다(상법 제397조 제3항).

❸ 회사의 기회 및 자산유용 금지 : 이사는 이사회의 승인 없이 현재 또는 장래에 회사의 이익이 될 수 있는 회사의 사업기회를 자기 또는 제3자의 이익을 위하여 이용하여서는 안 된다(상법 제397조 제1항 전단). 이 경우 이사회 승인은 이사 3분의 2

이상의 수로써 하여야 한다(상법 제397조 제1항 후단). 자본금 총액이 10억 원 미만인 소규모 회사에서는 주주총회 결의로 승인을 하여야 한다(상법 제383조 제4항). 그리고 직무를 수행하는 과정에서 알게 되거나 회사의 정보를 이용한 사업기회, 회사가 수행하고 있거나 수행할 사업과 밀접한 관계가 있는 사업기회 등이 금지대상인 회사의 기회에 해당한다. 회사기회 유용금지 의무를 위반하여 회사에 손해를 발생시킨 이사 및 이를 승인한 이사는 연대하여 손해를 배상할 책임을 지고 이로 인하여 이사 또는 제3자가 얻은 이익은 이를 회사의 손해로 추정한다(상법 제397조의2 제2항). 경업금지 의무 위반의 경우와 달리 회사의 기회 및 자산유용 금지 위반행위에 대해서는 개입권이 인정되지 않는다.

❹ 자기 거래 금지 의무 : 이사 등은 이사회의 사전승인 없이 자기 또는 제3자의 계산으로 회사와 거래할 수 없다. 이사가 회사와 자기 또는 제3자의 계산으로 거래를 하는 경우 그 거래의 내용과 절차는 공정하여야 한다(상법 제398조 후단). 직접 이사가 거래의 상대방으로서 또는 상대방의 대리인이나 대표자로서 회사와 거래를 하는 경우 회사의 반대 당사자이면서 동시에 해당 계약과 관련한 회사의 의사결정에 참여하는 내부자로서의 지위를 동시에 가지게 되므로 해당 거래가 불공정하게 되거나 회사의 이익이 침해될 우려가 크기 때문이다. 2011년 개정 상법에서는 이사 외에 자기 거래 금지 규제의 대상을 확대하였다. 즉 상법은 ① 이사 또는 주요 주주(명의 여하를 불문하고 자기계산으로 의결권 없는 주식을 제외한 회사 발행주식 총수의 100분의 10 이상을 소유하거나 주요 경영사항에 대하여 사실상 영향력을 행사하는 주주), ② 이사 또는 주요 주주의 배우자 및 직계존비속, ③ 이사 또는 주요 주주의 배우자의 직계존비속, ④ ①부터 ③의 자들이 단독 또는 공동으로 의결권 있는 발행주식 총수의 100분의 50 이상을 가진 회사 및 그 자회사, ⑤ ①부터 ③의 자가 ④의 회사와 합하여 의결권 있는 발행주식 총수의 100분의 50 이상을 가진 회사도 자기 거래 금지 대상으로 하고 있다. 이사회의 승인은 사전에 있어야 하며 상법은 미리 이사회의 승인을 받아야 한다는 점을 명확히 하고 있다. 이를 위해서는 미리 이사회에서 해당 거래에 관한 중요사실을 밝히고 이사회의 승인을 받아야 한다(상법 제398조 전단). 그리고 이 경우 이사회의 승인은 이사 3분의 2 이상의 수로써 하여야 하며 개별 거래에 대하여 따로따로 하여야 한다. 제한을 받는 거래는 회사의 이익을 해할 염려가 있는 모든 재산적 거래이다. 이에 해당하는 직접적인 자기 거래뿐만 아니라 간접적인 자기 거래도 포함된다. 예컨대, 회사에

불이익이 발생할 우려가 없는 채무의 이행행위, 채권·채무의 상계행위, 보통거래약관에 의한 거래, 회사가 부담 없이 무상증여를 받는 계약 등은 제외된다.

❺ 비밀유지의무 : 이사는 재임중은 물론 퇴임 후에도 직무상 알게 된 회사의 영업상 비밀을 누설하여서는 아니 된다(상법 제382조의4).

❻ 이사회 보고의무 : 이사는 대표이사에게 다른 이사 또는 피용자의 업무에 관하여 이사회에 보고할 것을 요구할 수 있으며(상법 제393조 제3항), 이사는 업무의 집행상황을 3월에 1회 이상 이사회에 보고하여야 한다(상법 제393조 제4항).

❼ 손해보고의무 : 이사는 회사에 현저하게 손해를 미칠 염려가 있는 사실을 발견한 때에는 즉시 감사에게 이를 보고하여야 한다(상법 제412조의2).

(11) 이사의 보수

이사의 보수는 그 액을 정관에서 정하지 않은 경우에는 주주총회가 정한다(상법 제388조). 이러한 정함이 없는 이사는 무보수가 원칙이다. 그리고 보수액은 이사 각자에 대하여 개별적으로 정하지 않고 총액 또는 최고액만을 정하고, 그 배분은 이사회에 위임할 수 있다. 이사의 보수'에는 월급, 상여금 등 명칭을 불문하고 이사의 직무수행에 대한 보상으로 지급되는 대가가 모두 포함되고, 회사가 성과급, 특별성과급 등의 명칭으로 경영성과에 따라 지급하는 금원이나 성과 달성을 위한 동기를 부여할 목적으로 지급하는 금원도 마찬가지이다(대법원 2020. 4. 9. 선고 2018다290436 판결).

(12) 이사의 책임

❶ 회사에 대한 책임

ㄱ. 손해배상책임 : 이사가 고의 또는 과실로 법령 또는 정관에 위반한 행위를 하거나 그 임무를 게을리한 경우 그 이사는 회사에 대하여 연대하여 손해를 배상할 책임이 있다(상법 제399조 제1항). 이사의 법령 또는 정관 위반행위가 이사회의 결의에 의한 것인 때에는 그 결의에 찬성한 이사도 연대책임을 지며, 결의에 참가한 이사로서 이의를 제기한 기재가 의사록에 없는 자는 결의에 찬성한 것으로 추정한다(상법 제399조 제2·3항).

ㄴ. 자본충실의 책임 : 이사는 신주발행의 경우 자본충실의 책임을 진다. 신주의 발행으로 인한 변경등기가 있은 후에 아직 인수하지 아니한 주식이 있거나 주식인수의 청약이 취소된 때에는 이사가 이를 공동으로 인수한 것으로 본다

(상법 제428조 제1항). 이러한 이사의 인수담보책임은 이사에 대한 손해배상책임에 영향을 미치지 않는다(상법 제428조 제2항).

❷ 제3자에 대한 책임

이사가 고의 또는 중대한 과실로 그 임무를 게을리 한 때에는 제3자에 대하여 연대하여 손해를 배상할 책임이 있다(상법 제401조 제1항). 이는 이사와 제3자 사이에는 아무런 법률관계도 없기 때문에 이사의 임무해태로 인하여 제3자에게 손해가 발생하였다 하더라도 이사가 책임을 질 이유는 없으나, 제3자의 보호를 위하여 상법이 특별히 규정한 법정책임이다(다수설). 또 제3자의 범위 속에는 주주도 포함된다(다수설). 다만 이사 등이 회사재산을 횡령하여 그로 인하여 주식의 가치가 하락함으로써 입은 주주의 간접적인 손해는 상법 제401조에 의한 보호대상이 아니라는 것이 판례의 입장이다. 이사의 행위가 이사회의 결의에 의한 때에는 그 결의에 찬성한 이사도 연대하여 제3자의 손해를 배상할 책임을 지며 결의에 참가한 이사로서 이의를 한 기재가 의사록에 없는 이사는 그 결의에 찬성한 것으로 추정되므로 제3자에 대하여 손해배상책임을 지게 된다(상법 제401조 제2항, 제399조 제2·3항).

❸ 책임의 소멸

이사의 책임은 세 가지의 경우에 소멸한다. 먼저 이사의 회사에 대한 책임은 총주주의 동의로 이를 면제할 수 있다(상법 제400조 제1항). 그러나 이사의 자본충실책임은 면제할 수 없다. 둘째로, 이사의 결산에 관한 책임은 정기주주총회에서 재무제표의 승인을 한 후 2년 내에 다른 결의가 없으면 이사 또는 감사의 다른 부정행위가 없는 한 회사는 이사와 감사의 책임을 면제한 것으로 본다(상법 제450조). 셋째로, 이사의 회사에 대한 채무불이행 책임은 민법의 일반원칙에 따라 10년의 시효의 완성에 의하여 소멸하고(민법 제162조 제1항), 이사의 회사 및 제3자에 대한 불법행위책임은 일반 불법행위책임에 준하여 손해 및 가해자를 안 날로부터 3년 또는 불법행위를 한 날로부터 10년이 경과하면 소멸한다(민법 제766조).

한편 회사는 이사의 회사에 대한 책임 중 일부에 대해서만 이를 면제할 수도 있다. 즉 이사가 회사에 부담하게 되는 손해배상책임을 회사는 정관이 정하는 바에 따라 이사가 그 행위를 한 날 이전 최근 1년간의 보수액(상여금과 주식매수선택권의 행사로 인한 이익 등을 포함)의 6배(사외이사의 경우 3배)를 초과하는 금액에 대하여 그 책임을 면제할 수 있다(상법 제400조 제2항 본문). 그러나 상법은 이사가 고의 또는 중대한 과실로 손해를 발생시킨 경우, 경업금지 의무·회사의 기회 및 자산 유용 금지 의무·자기 거래 금지 의무 위반 등 사익추구 행위로 손해를 발생시킨 경우에는 책임범위 제한의 대상에서 제외하고 있다(상법 제400조 제2항 단서).

3 이사회

(1) 이사회의 의의

이사회는 이사 전원으로 구성되는 회의체 기관으로서 주식회사의 필요적 상설기관이다. 1인의 이사를 둔 회사에서는 이사회가 존재하지 않는다.

(2) 이사회의 소집

이사회의 소집은 각 이사가 하는 것이 원칙이나(상법 제390조 제1항 본문) 이사회의 결의로 소집이사를 따로 정한 때에는 다른 이사의 소집권은 배제된다(상법 제390조 제1항 단서). 그러나 소집권 없는 이사도 소집권자인 이사에게 이사회의 소집을 요구할 수 있으며, 소집권자인 이사가 정당한 이유 없이 이사회 소집을 거절하는 경우에는 다른 이사가 이사회를 소집할 수도 있다(상법 제390조 제2항).

회의를 소집할 때에는 회의의 1주간 전에 각 이사 및 감사에게 통지를 발송하여야 한다(상법 제390조 제3항 본문). 이 기간은 정관으로 단축할 수 있다(상법 제390조 제3항 단서). 그러나 이사 및 감사 전원의 동의가 있는 때에는 소집절차 없이 언제든지 회의할 수 있다(상법 제390조 제4항).

(3) 이사회의 결의

이사회의 결의는 이사 과반수의 출석과 출석이사의 과반수로 한다(상법 제391조 제1항 본문). 그러나 정관으로 이 비율을 보다 높게 정할 수 있다(상법 제391조 제1항 단서).

이사회 결의사항에 관하여 특별한 이해관계가 있는 이사는 의결권을 행사하지 못하며, 그러한 이사의 수는 출석이사의 수에 산입하지 아니한다(상법 제391조 제3항, 제368조 제4항, 제371조 제2항). 상법은 서면 또는 위임에 의한 이사회 결의는 인정하지 않는다. 그러나 정관에서 달리 정하는 경우를 제외하고 이사의 전부 또는 일부가 직접 회의에 출석하지 아니하고 모든 이사가 음성을 동시에 송수신하는 원격통신수단을 이용하는 방법으로 결의하는 방법은 허용하고 있다(상법 제391조 제2항). 이 경우 당해 이사는 이사회에 직접 출석한 것으로 보며(상법 제391조 제2항 후단) 이러한 이사회 결의방법은 정관으로 이를 배제할 수 있다.

(4) 이사회의 권한

이사회는 두 가지의 권한을 갖고 있다. 그 하나는 의사결정권이고, 다른 하나는 업무감독권이다. 이사회는 법률이나 정관으로 주주총회의 권한으로 규정된 것을 제외한 업무집행에 관하여 회사의 의사를 결정하는 권한(의사결정권)을 가지고 있다. 그리고 이사회는 대표이사의 업무집행에 대한 감독권한(업무감독권)이 있다.

상법이 규정하고 있는 이사회의 중요한 의사결정권으로는, 대표이사의 선임과 공동대표의 결정(상법 제389조 제1·2항), 신주의 발행(상법 제416조), 사채의 발행(상법 제469조), 중요한 자산의 처분 및 양도, 대규모 재산의 차입, 지배인의 선임 또는 해임과 지점의 설치·이전 또는 폐지(상법 제393조 제1항), 주주총회 소집결정(상법 제362조), 이사회 소집권자의 지정(상법 제390조 제1항) 등이 있다.

집행임원을 설치한 회사의 이사회는 상법상 일반적인 이사회 권한사항 외에 ① 집행임원과 대표집행임원의 선임 및 해임, ② 집행임원의 업무집행 감독, ③ 집행임원과 집행임원 설치회사의 소송에서 집행임원 설치회사를 대표할 자의 선임, ④ 집행임원에게 업무집행에 관한 의사결정의 위임(상법에서 이사회 권한사항으로 정한 경우에는 제외), ⑤ 집행임원이 여러 명인 경우 집행임원의 직무분담 및 지휘·명령관계, 그 밖에 집행임원의 상호관계에 관한 사항의 결정, ⑥ 정관에 규정이 없거나 주주총회의 승인이 없는 경우 집행임원의 보수결정 등에 관한 사항도 결의할 수 있다(상법 제408조의2 제3항).

(5) 이사회의 의사록

주주총회와 마찬가지로 이사회도 그 의사에 관하여 의사록을 작성하여야 한다(상법 제391조의3 제1항). 이사회 의사록에는 의사의 안건, 경과 요령, 결과 및 반대하는 자와 그 반대이유를 기재하고 출석한 이사 및 감사가 기명날인 또는 서명하여야 한다(상법 제391조의3 제2항).

의사록은 이사회의 의사 경과와 결과에 관한 입증자료이며, 결의에 참가한 이사는 의사록에 이의를 제기한 기재가 없는 한 그 결의에 찬성한 것으로 추정된다(상법 제399조 제3항). 주주는 영업시간 내에 이사회 의사록의 열람 또는 등사를 청구할 수 있다(상법

제391조의3 제3항). 의사록은 주주에 한하여 그 열람 및 등사를 청구할 수 있다. 회사는 주주의 의사록 열람 및 등사 청구에 대하여 이유를 붙여 이를 거절할 수 있다(상법 제391조의3 제4항 전문). 회사가 이사회 의사록 열람 및 등사를 거절하는 경우 주주는 법원의 허가를 얻어 이사회 의사록을 열람 또는 등사할 수 있다(상법 제391조의3 제4항 후문).

(6) 이사회 결의의 하자

이사회의 결의에 관하여 그 소집절차·결의내용·결의방법 등에 하자가 있는 경우에 주주총회와는 달리 상법에 아무런 규정이 없다. 그러므로 이사회 결의 하자에 관하여는 민법, 민사소송법의 일반이론에 의하여야 한다. 즉, 이사회의 결의에 하자가 있는 경우에 이해관계인은 민사소송법에 의하여 그 무효를 항변 또는 결의무효확인의 소로 주장할 수 있다.

(7) 이사회 내 위원회

회사는 정관의 규정에 따라 이사회 내 위원회를 설치하고(상법 제393조의2 제1항), 이사회의 권한을 위임할 수 있다. 이사회 내 위원회의 결의는 전체 이사회의 결의와 동일한 효력을 가진다. 그러나 ① 주주총회의 승인을 요하는 사항의 제안, ② 대표이사의 선임 및 해임, ③ 위원회의 설치와 그 위원의 선임 및 해임, ④ 정관에서 정하는 사항은 위원회에 위임할 수 없다(상법 제393조의2 제2항).

이사회 내 위원회는 2인 이상의 이사로 구성된다(상법 제393조의2 제3항). 다만 감사위원회는 3명 이상의 이사로 구성한다(상법 제415조의2 제2항). 위원회는 결의된 사항을 각 이사에게 통지하여야 한다(상법 제393조의2 제4항 전문). 결의사항을 통지받은 각 이사는 이사회의 소집을 요구할 수 있으며 이사회는 위원회가 결의한 사항에 대하여 다시 결의할 수 있다(상법 제393조의2 제4항 후단). 이사회 내 위원회의 형태로서 감사위원회(상법 제415조의2, 제542조의11) 및 사외이사후보추천위원회(제542조의8 제4항) 등이 있다.

4　대표이사 및 집행임원

주식회사는 법인이므로 그의 의사를 대외적으로 표시하는 대표기관이 필요하다. 그래서 상법은 회사를 대표할 이사를 선정하거나(상법 제389조 제1항) 대표이사를 대신하는 업무집행기구로 집행임원을 선임하여(상법 제408조의2 제1항) 이들로 하여금 대외적으로 회사를 대표하고 일상적인 업무집행을 담당하도록 하고 있다. 따라서 대표이사나 집행임원은 주식회사의 대외적 대표기관이면서 대내적으로 업무집행을 담당한다.

(1) 집행임원 미설치회사 — 대표이사

❶ 대표이사의 선임 : 회사는 이사 중에서 이사회 결의로 회사를 대표할 이사를 선정하여야 한다(상법 제389조 제1항 전단). 대표이사는 원칙적으로 이사회에서 선임하지만 정관으로 주주총회에서 선정하도록 정할 수 있고(상법 제389조 제1항 후단), 이사회 또는 주주총회에서 회사를 대표할 이사를 선정하는 경우 수인의 대표이사가 공동으로 회사를 대표할 것을 정할 수 있다(상법 제389조 제2항). 회사를 대표할 대표이사를 선정한 경우 그 성명·주민등록 및 주소를 등기하여야 하고, 둘 이상의 대표이사가 공동으로 회사를 대표할 것을 정한 경우에는 그 사실을 등기하여야 한다(상법 제317조).

❷ 대표이사의 종임 : 대표이사는 이사의 임기를 초과할 수 없고, 이사의 자격을 상실하게 되면 대표이사의 지위도 당연히 상실하게 된다. 따라서 이사의 임기만료, 사임, 해임 등 이사의 종임사유가 발생하면 대표이사로서의 지위도 잃게 되는 것이다. 대표이사는 이사의 자격을 전제로 하고 있으므로 이사의 자격을 상실하면 대표이사의 자격도 상실하지만 대표이사의 직을 상실하더라도 이사의 지위는 별도로 이사 종임사유가 발생하지 않는 한 이를 상실하는 것은 아니다. 회사와 대표이사의 관계는 민법상 위임관계이므로 대표이사 선임기관인 이사회 또는 주주총회는 대표이사를 해임할 수 있고 대표이사는 스스로 그 지위를 사임할 수도 있다.

❸ 대표이사의 결원 : 대표이사의 종임에 의하여 대표이사가 흠결된 경우 또는 정관에서 정한 원수가 모자라는 경우에는 임기의 만료 또는 사임으로 인하여 퇴임한 대표이사는 새로 선임된 대표이사가 취임할 때까지 대표이사의 권리·의무가 있다. 결원의 경우에 법원은 필요하다고 인정할 때에는 이사, 기타 이해관계인의 청구에 의하여 일시적으로 대표이사의 직무를 수행할 자를 선임할 수 있다(상법 제389조, 제386조).

❹ 대표이사의 권한 : 대표이사는 회사의 업무집행을 담당한다. 회사의 경영과 관련하여 이사회나 주주총회에서 결의한 사항을 집행하고 업무집행과 관련하여 대외

적으로 회사를 대표한다. 그리고 대표이사는 주주총회나 이사회 권한 사항에 속하지 아니하는 사항으로서 회사의 업무집행을 위해 필요한 세부사항에 대한 의사결정권도 가진다.

ㄱ. 업무집행권 : 대표이사는 회사의 업무를 집행할 권한이 있다. 대표이사가 수인인 경우에는 각자가 단독으로 회사의 업무를 집행한다.

ㄴ. 대표권 : 대표이사는 회사의 영업에 관하여 재판상 또는 재판 외의 모든 행위를 할 수 있는 권한이 있으며(상법 제389조 제3항, 제209조 제1항), 이러한 권한에 제한을 가하여도 선의의 제3자에게 대항하지 못한다(상법 제389조 제3항, 제209조 제2항). 대표이사의 권한은 회사의 권리능력의 전반에 미치며, 그 대외적인 대표권은 원칙적으로 불가 제한성을 띠고 회사의 명의로 할 수 있는 재판상·재판외의 모든 행위를 유효하게 할 수 있다. 다만, 이사와 회사 간의 소송에 있어서는 이해상충의 우려가 있다는 점을 고려해 감사가 회사를 대표하도록 하고 있다(상법 제394조).

대표이사가 수인인 때에는 각자가 회사를 대표(각자대표)하나 이사회의 결의(정관 규정에 따라 주주총회에서 대표이사를 선임하는 경우에는 주주총회 결의)로 공동대표이사를 정한 때에는 수인의 대표이사가 공동으로 회사를 대표하여야 한다(상법 제389조 제2항). 공동대표이사는 회사를 대표할 때 공동대표이사 전원이 공동으로 행위를 하여야 하며, 공동으로 하지 아니하면 대표권을 행사할 수 없다. 공동대표를 정한 경우라도 제3자의 회사에 대한 의사표시는 공동대표이사 중 1인에 대하여 하면 그 효력이 있다(상법 제389조 제3항, 제208조 제2항). 그러나 회사의 제3자에 대한 의사표시는 공동대표이사가 공동으로 하여야 효력이 발생한다.

대표이사가 주주총회나 이사회의 권한에 속하는 사항과 관련하여 그 결의가 없거나 결의에 위반하여 행위를 한 경우에 행위의 효력이 문제 되는바 거래의 안전을 도모한다는 취지에서 일반적인 거래행위나 주식·사채의 발행 등과 같은 대외적 행위는 유효한 것으로 보아야 할 것이다. 그러나 단순히 내부적인 행위에 해당되는 회사와 이사 간의 거래(상법 제398조)나 준비금의 자본전입(상법 제461조)등은 무효로 보아야 할 것이다. 법에 의하여 주주총회의 결의를 요하는 사항에 대하여 대표이사가 이를 결하고 한 행위는 회사의 의사가 부재하므로 무효로 된다.

대표이사가 업무집행으로 인하여 타인에게 손해를 가한 때에는 회사는 그 대표이사와 연대하여 배상할 책임이 있다(상법 제389조 제2항, 제210조).

⑤ 대표이사의 직무 : 상법에 규정된 대표이사의 직무로서는 주권·채권의 기명날인이나 서명(상법 제356조, 제478조 제2항), 정관·의사록·사채원부·주주명부 등의 비치(상법 제396조 제1항), 주식청약서·사채청약서의 작성(상법 제420조·제474조 제2항), 재무제표의 작성·비치·제출·공고(상법 제447조·제447조의3·제448조·제449조)등이 있다. 그 밖에도 정관과 내규로써 그 직무를 구체적으로 정할 수 있다.

⑥ 표현대표이사 : 회사를 대표할 권한이 있는 것으로 인정될 만한 명칭을 사용한 이사의 행위에 대해서는 실제 대표권 유무에 불구하고 회사가 선의의 제3자에 대해서는 책임을 지도록 하고 있다(상법 제395조). 표현대표이사로서 책임이 인정되기 위해서는 ① 대표권이 없는 이사가 사장·부사장 등 회사를 대표할 권한이 있는 것으로 인정될 만한 외관(명칭)을 사용할 것, ② 외관의 원인을 회사가 만들었을 것, ③ 표현대표이사가 대표이사의 권한 내에 속하는 대표행위를 하였을 것, ④ 그 외관에 대한 선의의 제3자의 신뢰 등의 요건이 충족되어야 한다.

(2) 집행임원

① 의의 : 집행임원이란 이사회·대표이사 체제에서 대표이사를 대신하는 업무집행 기관이다. 회사는 집행임원을 둘 수 있고 집행임원을 둔 회사(집행임원 설치회사)는 대표이사를 따로 두지 못한다(상법 제408조의2 제1항). 집행임원 설치회사와 집행임원 간에는 민법 중 위임에 관한 규정이 준용된다(상법 제408조의2 제2항)는 점은 대표이사의 경우와 같다.

② 선임·자격 및 인원수 : 집행임원은 이사회에서 선임한다(상법 제408조의2 제3항). 회사가 집행임원을 선임할지 여부는 회사의 자율로 정할 수 있고, 집행임원을 두는 경우 대표이사는 두지 못한다(상법 제408조의2 제1항 후단). 이사회가 2명 이상의 집행임원을 선임하는 경우에는 이사회 결의로 집행임원 설치회사를 대표할 대표집행임원을 선임하여야 한다(상법 제408조의5 제1항 전단). 집행임원이 1명인 경우에는 그 집행임원이 대표집행임원이 된다(상법 제408조의5 제1항 후단). 수인의 집행임원을 선임하는 경우 이사회가 집행임원의 직무분담 및 지휘·명령관계, 그 밖에 집행임원의 상호관계에 관한 사항을 정하지 않으면 각자 업무를 집행하며(상법 제408조의2 제3항 제5호) 이사회는 업무집행을 공동으로 할 것을 정할 수 있다(상법 제408

조의5 제3항, 상법 제389조 제2항). 수인의 집행임원이 공동으로 회사를 대표하도록 정한 경우에는 공동대표이사에 관한 규정이 적용된다(상법 제408조의5 제2항, 제389조 제2항). 집행임원을 선임한 경우 회사는 집행임원의 성명·주민등록번호 및 주소를 등기하여야 한다(상법 제317조 제2항 제9호).

❸ 임기 및 종임 : 집행임원의 임기는 정관에서 달리 정하고 있지 않으면 2년을 초과하지 못하지만(상법 제408조의3 제1항) 정관에 그 임기 중의 최종 결산기에 관한 정기주주총회가 종결한 후 가장 먼저 소집하는 이사회의 종결 시까지로 정할 수 있다(상법 제408조의3 제2항). 집행임원은 스스로 집행임원의 직을 사임할 수 있고, 그 밖에 임기만료, 해임 등의 사유가 발생하면 그 직을 상실한다. 이사회는 집행임원을 해임할 수 있다(상법 제408조의2 제3항 제1호).

❹ 대표집행임원의 결원 : 대표집행임원이 흠결되거나 정관에서 정하고 있는 인원수에 미달되는 경우 임기만료 또는 사임으로 퇴임하는 대표집행임원은 새로 대표집행임원이 선임될 때까지 대표집행임원으로서의 권리·의무가 있다. 그리고 결원의 경우 법원이 필요하다고 인정할 때에는 이사, 기타 이해관계인의 청구에 의하여 일시적으로 대표이사의 직무를 수행할 자를 선임할 수 있다(상법 제408조의5 제2항, 제389조, 제386조).

❺ 권한 : 집행임원은 상법상 대표이사의 권한사항에 속하는 회사의 경영과 관련한 일상적인 업무를 집행할 권한을 가진다. 그리고 이사회 결의나 정관규정으로 집행임원에게 위임한 업무집행에 관한 의사결정권을 가진다(상법 제408조의2 제3항, 제408조의4). 집행임원의 대표권은 주식회사의 대표이사의 대표권과 같다(상법 제408조의5 제2항). 집행임원은 필요한 경우 회의의 목적사항과 소집이유를 적은 서면을 이사에게 제출하여 이사회의 소집을 청구할 수 있다(상법 408조의7 제1항). 만약 집행임원의 이사회 소집청구에도 불구하고 이사가 지체 없이 이사회 소집절차를 밟지 아니하면 소집을 청구한 집행임원은 법원의 허가를 받아 이사회를 소집할 수 있고, 이 경우 이사회 의장은 법원이 이해관계인의 청구에 의하여 또는 직권으로 선임할 수 있다(상법 제408조의7 제2항).

집행임원의 보수는 정관에 규정이 없거나 주주총회 승인이 없는 경우 이사회가 이를 정하도록 하고 있다(상법 제408조의2 제3항).

❻ 직무집행정지 : 이는 이사의 경우와 동일하다(상법 제408조의9).

❼ 의무 : 집행임원에 대해서는 이사의 책임에 관한 상법규정을 준용하고 있다. 즉

충실의무(상법 제382조의3), 비밀유지 의무(상법 제382조의4), 정관 등 비치·공시의무(상법 제396조), 경업금지 의무(상법 제397조), 회사기회 유용금지 의무(상법 제397조의2), 이사 등과 회사 간 거래제한(상법 제398조) 등의 규정이 집행임원에 대해서도 적용된다.

❽ 책임 : 집행임원의 회사 및 제3자에 대한 손해배상책임은 이사의 경우와 동일하다(상법 제408조의8, 제408조의9).

❾ 이사회 보고 : 집행임원은 3개월에 1회 이상 업무의 집행상황을 이사회에 보고하여야 한다(상법 제408조의6 제1항). 집행임원은 이사회의 요구가 있으면 언제든지 이사회에 출석하여 요구받은 사항을 보고하여야 한다(상법 제408조의6 제2항). 집행임원 설치회사의 이사는 대표집행임원으로 하여금 다른 집행임원 또는 피용자의 업무에 관하여 이사회에 보고할 것을 요구할 수 있다(상법 제408조의6 제3항). 집행임원 설치회사에서 집행임원의 업무집행은 이사회가 이를 감독한다.

section 04 감사

1   의의

감사는 이사 또는 집행임원의 직무의 집행을 감독하는 주식회사의 필요적 상설기관을 말한다(상법 제412조 제1항). 상법은 이사회제도를 채용하여 업무집행에 대한 감독권을 이사회에 맡기는 동시에 감사에게도 회계감독권과 함께 업무감독권을 부여하였다.

최근 사업연도말 현재 자산총액 1천억 원 이상인 상장회사는 주주총회 결의에 의하여 회사에 상근하면서 감사업무를 수행하는 상근감사를 1명 이상 두어야 한다(상법 제542조의10 제1항 본문). 다만, 상장회사 감사위원회 특례규정인 상법 제542조의11 규정에 따라 감사위원회를 설치한 경우에는 상근감사를 두지 않을 수 있다(상법 제542조의10 제1항 단서). 자산총액이 2조 원 이상인 대규모 상장회사의 경우에는 감사에 갈음하여 감사위원회를 의무적으로 두어야 한다(상법 제542조의11 제1항, 시행령 제37조 제1항).

자본금 총액이 10억 원 미만인 회사의 경우 감사를 선임하지 않을 수 있다고 규정하여(상법 제409조 제4항) 감사를 선임하지 아니할 경우에는 주주총회가 이사 또는 집행임원의 업무 및 재산상태에 관하여 직접 감독·감시하도록 하고 있다. 그리고 감사를 선임하지 않은 회사의 경우 이사와 회사 사이의 소송에서 회사, 이사 또는 이해관계인이 법원에 회사를 대표할 자를 선임하여 줄 것을 신청하도록 하고 있다(상법 제409조 제5항).

2 선임·자격·임기

감사는 주주총회에서 선임한다(상법 제409조 제1항). 감사는 공정한 감사를 하여야 하므로 감사의 선임에 있어서 의결권 없는 주식을 제외한 발행주식 총수의 100분의 3을 초과하는 수의 주식을 가진 주주는 그 초과 주식에 대하여 의결권을 행사하지 못한다(상법 제409조 제2항). 이러한 의결권의 제한 비율은 정관으로 더욱 낮게 정할 수 있다(상법 제409조 제3항). 상장회사의 경우 최대주주에 관한 한 주주 1인과 일정한 친족 등 특수관계인, 기타 상법 시행령으로 정하는 자가 가진 주식수를 합산하여 3%룰을 적용한다(상법 제542조의12 제3항). 원칙적으로 주주총회에서 감사를 선임하기 위해서는 발행주식총수 4분의 1의 찬성 및 출석주식수 과반의 찬성이 요구되나, 전자투표를 실시하는 회사는 감사 및 감사위원 선임 시 출석한 주주의 의결권의 과반수로써 감사의 선임을 결의할 수 있다고 하여, 발행주식총수의 4분의 1 이상의 결의요건을 적용하지 않는다(상법 제409조 제3항, 제542조의12 제8항).

감사의 자격에는 제한이 없으나 회사 및 자회사의 이사 또는 지배인 기타의 사용인은 그 성질상 감사의 지위를 겸하지 못한다(상법 제411조). 그리고 상장회사 중 최근 사업연도말 현재 자산총액 1천억 원 이상인 상장회사가 상법 제542조의10 제1항의 규정에 따라 상근감사를 선임하는 경우 ① 미성년자·행위제한 능력자·파산선고 후 미복권자·형집행 종료 및 면제 후 2년 미경과자·해임 후 2년 미경과자, ② 회사의 상무에 종사하는 이사·집행임원 및 피용자 또는 최근 2년 이내에 회사의 상무에 종사하는 이사·집행임원 및 피용자(감사위원회 위원으로 재임중이거나 재임하였던 이사는 제외), 그 밖에 ③ 회사의 상무에 종사하는 이사의 배우자 및 직계존비속, 계열회사의 상무에 종사하는 이사 및 피용자 또는 최근 2년 이내에 상무에 종사한 이사 및 피용자 등은 상근감사가 될 수 없다(상법 제542조의10 제2항).

감사의 원수는 단수이거나 복수이거나 상관이 없으며, 임기는 취임 후 3년 내의 최종의 결산기에 관한 정기주주총회의 종결 시까지이다(상법 제410조). 이와 같이 감사의 임기는 이사의 임기와 달리 완전히 법정되어 있으므로 정관에 의하여 이를 조정할 수 없다. 감사와 회사와의 관계에 관하여는 위임에 관한 규정이 준용된다(상법 제415조, 제382조 제2항). 감사의 보수는 이사에 관한 규정을 준용하며(상법 제415조, 제388조), 감사의 성명과 주민등록번호는 등기사항이다(상법 제317조 제2항 제8호).

상장회사가 주주총회의 목적사항으로 감사의 선임 또는 감사의 보수결정을 위한 의안을 상정하려는 경우에는 이사의 선임 또는 이사의 보수결정을 위한 의안과는 별도로 상정하여 의결하여야 한다(상법 제542조의12 제5항).

감사의 종임은 이사의 경우와 같으나(상법 제415조, 제382조2항, 제385조), 회사의 해산 후에도 청산 중의 회사를 감독하기 위하여 종임되지 않는 것이 다르다.

3 업무감사

(1) 의의

상법은 감사가 '이사의 직무의 집행을 감사'하는 것으로 규정하고 있고(상법 제412조 제1항), 감사의 이사 직무집행 감사에 관한 규정을 집행임원에 대해서도 준용하고 있다(상법 제408조의9). 여기에서 '직무의 집행'이란 '업무의 집행'보다는 광의의 개념이다. 그러므로 감사의 업무감사권은 회계에 관한 감사를 당연히 포함하여 회사의 업무뿐만 아니라 이사의 직무에 속한 사항의 전반에 미치게 된다.

(2) 범위

업무감사의 범위에 관하여는 업무집행의 적법성만을 감사할 수 있다고 보는 견해와 적법성뿐만 아니라 그 타당성의 감사까지 인정할 수 있다고 보는 견해가 대립하고 있다. 다수설은 적법성 감사설이다. 다만, 주주총회에 제출할 의안·서류나 이익잉여금처분계산서·결손금처리계산서에 관하여는 적법성뿐만 아니라 타당성까지 감사할 수 있다(상법 제413조, 제447조의4 제2항 제8호).

(3) 이사회의 업무감사권과의 차이

상법에서는 업무감사권을 이사회와 감사에게 모두 인정하고 있으나, 그 성격과 역할의 차이가 존재한다.

첫째, 업무감독의 성질에 있어서 이사회는 자율적 감독으로서의 성질을 가지는 데 반하여 감사는 타율적 감독으로서의 성질을 지닌다. 즉, 이사회는 업무집행기관으로서 업무집행에 관한 의사를 결정하는 과정에서 적극적·능동적 업무감독이 이루어지나 감사는 이사회의 의사결정에 참여하지 않는 제3자로서의 비판적 입장에서 소극적·수동적 업무감독권을 행사하게 된다.

둘째, 감사의 대상에 있어서 이사회는 이사회의 결의 자체를 감사할 수 없으나 감사는 이사회의 결의 자체까지 감사할 수 있다.

셋째, 이사회의 업무감독에 있어서는 주주총회에 대한 감사보고가 없으나, 감사의 업무감사에 있어서는 감사결과를 반드시 주주총회에 보고하여야 한다.

끝으로, 이사회의 업무감독에 있어서는 업무집행의 타당성까지 감사할 수 있으나, 감사의 업무감독은 원칙적으로 적법성 감사로 한정된다.

4 감사의 권한

(1) 영업보고청구권

감사는 언제나 이사에 대하여 영업에 관한 보고를 요구할 수 있고(상법 제412조 제2항 전단), 이사는 이에 대하여 보고할 의무를 부담한다. 감사는 이사의 영업보고와 관련하여 필요한 경우 회사의 비용으로 전문가의 도움을 구할 수 있다(상법 제412조 제3항). 이사는 회사에 현저하게 손해를 미칠 염려가 있는 사실을 발견한 때에는 즉시 감사에게 이를 보고하여야 하며(상법 제412조의2), 이러한 이사의 손해보고의무는 감사의 청구가 없는 경우에도 이행하여야 한다.

(2) 업무·재산상태조사권

감사는 회사의 업무와 재산상태를 직접 조사할 수 있다(상법 제412조 제2항 후단). 그러므로 이사나 사용인은 회사의 중대한 영업상의 비밀이나 기타의 이유를 들어 감사의 조사권 행사를 거부하거나 방해할 수 없으며, 감사도 직무상 지득한 사실을 공표하여서는 아니 된다. 감사가 회사의 업무·재산상태의 조사를 할 수 없었던 경우에는 그 뜻과 이유를 감사보고서에 기재하여야 한다(상법 제447조의4 제2항 제11호).

(3) 자회사감사권

모회사의 감사는 그 직무를 수행하기 위하여 필요한 경우 자회사에 대하여 영업의 보고를 요구할 수 있다(상법 제412조의5 제1항). 자회사가 지체 없이 영업에 관한 보고를 하지 아니할 때 또는 그 보고의 내용을 확인할 필요가 있는 때에는 자회사의 업무와 재산상태를 조사할 수 있다(상법 제412조의5 제2항). 그리고 자회사는 정당한 이유 없이 영업보고 또는 업무 및 재산상태 조사를 거부할 수 없다(상법 제412조의5 제3항).

(4) 이사회 참석권

이사회에서 위법적인 결의가 성립되는 것을 예방할 기회를 감사에게 부여하기 위하여 감사는 이사회에 출석하여 의견을 진술할 수 있도록 하였다(상법 제391조의2 제1항). 감사의 이사회 참석권은 단순한 권한일 뿐만 아니라 감사의 의무이기도 하다.

감사에게 이사회 출석·의견진술권이 부여됨에 따라 감사는 이사회 소집통지를 받을 권한(상법 제390조 제3항)과 이사회 소집통지의 생략에 대한 동의권(상법 제390조 제4항) 및 이사회 의사록 기명날인 또는 서명권(상법 제391조의3 제2항)도 가진다.

(5) 손해보고수령권

이사는 회사에 현저하게 손해를 미칠 염려가 있는 사실을 발견한 때에는 즉시 감사에게 이를 보고하여야 하며(상법 제412조의2), 이사의 손해보고를 받은 때에 감사는 회사의 업무·재산상태조사권(상법 제412조 제2항 후단)등을 행사할 수 있다.

(6) 이사에 대한 유지청구권

이사의 위법행위에 대한 유지청구권은 소수주주뿐만 아니라 감사에게도 이를 부여하고 있다(상법 제402조). 감사의 유지청구권의 행사요건과 행사방법은 소수주주의 경우에 있어서와 같다.

(7) 주주총회 및 이사회 소집청구권

감사는 회의의 목적사항과 소집의 이유를 기재한 서면을 이사회에 제출하여 임시주주총회의 소집을 청구할 수 있으며(상법 제412조의3 제1항), 이사의 주주총회 소집청구에 불구하고 이사회가 지체 없이 총회 소집의 절차를 밟지 아니하는 경우에는 법원의 허가를 얻어 직접 총회를 소집할 수도 있다(상법 제412조의3 제2항, 제366조 제2항).

그리고 감사는 필요한 경우 회의의 목적사항과 소집이유를 서면에 적어 이사(소집권자가 따로 지정되어 있는 경우에는 지정된 소집권자)에게 제출하여 이사회 소집을 청구할 수 있다(상법 제412조의4 제1항). 감사의 이사회 소집청구에도 불구하고 이사(소집권자가 따로 지정되어 있는 경우에는 소집권자)가 지체 없이 이사회를 소집하지 아니하면 이사회 소집을 청구한 감사가 직접 이사회를 소집할 수 있다(상법 제412조의4 제2항).

(8) 감사 해임에 대한 의견진술권

감사가 정당한 이유 없이 부당하게 해임되는 것을 방지하기 위하여 감사는 주주총회에서 감사의 해임에 관하여 의견을 진술할 수 있도록 하였다(상법 제409조의2). 감사의 의견진술권을 무시하고 감사 해임결의를 한 경우에는 주주총회결의 취소의 원인이 된다.

(9) 이사·회사 간 소송의 회사대표권

회사가 이사에 대하여 또는 이사가 회사에 대하여 소를 제기한 경우 감사는 그 소에 관하여 회사를 대표한다(상법 제394조). 상법에서는 감사에게 업무감독권을 인정하였으므로 이사·회사 간 소송의 회사대표권을 감사에게 부여하였다. 이사와 회사 간의 소송은 회사가 원고인 경우나 피고인 경우를 불문하고 감사가 회사를 대표한다. 감사위원회 위원이 소의 당사자인 경우에는 감사위원회 또는 이사는 법원에 당해 소송에서 회사를 대표할 자를 선임하여 줄 것을 법원에 신청하여야 한다(상법 제394조 제2항).

(10) 각종의 소권

상법은 감사에게 업무감사권을 부여하면서 이에 부수하여 각종의 제소권을 인정하였다. 즉, 회사 설립 무효의 소(상법 제328조), 주식의 포괄적 교환·이전 무효의 소(상법 제360조의14, 제360조의23), 총회결의 취소의 소(상법 제376조), 신주발행 무효의 소(상법 제429조), 자본감소 무효의 소(상법 제445조), 합병·분할 무효의 소(상법 제529조, 제530조의11) 등 각종의 소 제기권이 부여되었다.

5 감사의 의무

(1) 감사보고서

감사는 이사가 주주총회에 제출할 의안 및 서류를 조사하여 법령 또는 정관에 위반하거나 현저하게 부당한 사항이 있는지의 여부에 관하여 주주총회에 의견을 진술하여야 한다(상법 제413조). 여기에서 의안에 관하여 제출되는 서류로서는 재무제표나 영업보고서 등(상법 제447조·제447조의2)이 그 전형적인 예이다.

주주총회에 대한 조사보고의 방법에는 제한이 없으므로 서면에 의하든지 구두에 의하든지 상관이 없다. 이사는 정기총회 회일의 6주간 전에 재무제표와 영업보고서를 감사에게 제출하여야 하고 감사는 서류를 받은 날로부터 4주 내에 감사보고서를 이사에게 제출하여야 한다(상법 제447조의3, 제447조의4 제1항). 정기총회에 제출하는 재무제표와 영업보고서에 관한 조사보고는 감사보고서에 의하여야 한다(상법 제447조의4 제1항). 감사보고서에는 감사방법의 개요, 회계장부에 기재될 사항이 기재되지 아니하거나 부실기재된 경우 또는 대차대조표나 손익계산서의 기재내용이 회계장부와 맞지 아니하는 경우 그 뜻, 법령과 정관에 따라 회사의 재무상태와 경영성과를 적정하게 표시하고 있지 않는 경우 그 뜻과 이유, 이익잉여금의 처분 또는 결손금의 처리가 법령 또는 정관에 맞는지 여부 등 법정사항을 기재하여야 한다(상법 제447조의4 제2항). 그리고 감사가 감사를 하기 위하여 필요한 조사를 할 수 없었던 경우에는 그 뜻과 이유도 감사보고서에 기재하여야 한다(상법 제447조의4 제3항).

(2) 이사회에 대한 보고의무

감사는 이사의 위법행위를 이사회에 보고하여야 한다. 즉, 이사가 법령·정관에 위반한 행위를 하거나 그러한 행위를 할 염려가 있다고 인정한 때에는 그 사실을 이사회에 보고하여야 한다(상법 제391조의2 제2항).

(3) 감사록 작성의무

감사는 감사에 관하여 감사록을 작성하여야 한다. 감사는 감사의 실시요령과 실시결과를 감사록에 기재하고, 감사를 실시한 감사가 기명날인 또는 서명하여야 한다(상법 제413조의2).

1　의의

감사위원회는 감사의 법정 대체기관으로서 회사의 업무감독권과 회계감독권을 가지고 있는 이사회 내 위원회이다(상법 제415조의2 제1항).

그 법적 성질은 회사의 규모에 따라 다르다. 자산 총액 2조 원 이상의 대형 상장회사의 경우 감사위원회는 법정 필요 상설기관이다(상법 제542조의11 제1항). 기타의 회사에 있어서는 감사 또는 상근감사에 갈음하여 회사가 정관에 의하여 설치할 수 있는 임의적 법정 대체기관으로서의 성질을 가지고 있다.

2　구성

감사위원회는 3인 이상의 이사로 구성한다(상법 제415조의2 제2항 본문). 다만 감사의 실효성을 확보하기 위하여 사외이사가 위원의 3분의 2 이상이 되도록 해 업무담당 이사나 최대주주 등 회사의 경영에 직·간접으로 영향력을 가지고 있는 자가 감사위원의 3분의 1을 넘지 못하도록 하였다(상법 제415조의2 제2항 단서).

감사위원회의 대표는 감사위원회의 결의로 선임한다(상법 제415조의2 제4항). 그리고 감사위원회는 이사회 내 위원회이므로 감사위원의 선임 및 해임은 이사회 결의로 한다. 감사위원의 해임에는 이사 전원의 3분의 2 이상의 찬성이 있어야 한다(상법 제415조의2 제3항). 그러나 자산총액 1천억 원 이상인 상장회사로서 상근감사의 선임을 갈음하려는 회사와 자산 2조 원 이상인 대규모 주식회사의 감사위원은 주주총회의 결의로 선임하고 해임한다(상법 제542조의12 제1항). 감사위원회는 필요한 경우 회사의 비용으로 전문가의 조력을 구할 수 있다(상법 제415조의2 제5항).

과거 상법은 상장회사가 주주총회에서 감사위원을 선임하는 경우, 주주총회에서 이사를 일괄 선출한 후 선임된 이사 중에서 감사위원을 선출하는 방식을 택해왔다. 이때 이사 선임 시에는 의결권 없는 주식을 제외한 발행주식총수의 3%를 초과하는 수의 주식을 가진 주주는 그 초과분에 대한 의결권을 제한하는 3%룰이 적용되지 않기 때문에 대주주의 영향력이 제한되지 않았고, 이에 따라 이미 대주주의 의사에 따라 선임된 이사 중에서 감사위원을 선임하게 되므로 3%룰이 유명무실해질 수 있다는 우려가 있었다. 이에 2020년 12월 개정 상법은 주주총회에서 감사위원이 되는 이사를 1인 이상 다른 이사들과 분리하여 선임하도록 함으로써 이사 선임 단계에서부터 대주주의 의결권이 제한되도록 하여 이사의 직무수행을 감독하는 감사위원의 독립성을 확보하고자 하였다. 구체적으로 자산총액 2조원 이상의 상장회사는 주주총회에서 이사를 선임한 후 선임된 이사 중에서 감사위원을 선임하여야 하지만, 감사위원 중 1명(혹은 정관으로 정하는 바에 따라 2명 이상)은 주주총회 결의로 다른 이사들과 분리하여 감사위원이 되는 이사로 선임하여야 한다(개정 상법 제542조의12 제2항 단서).

또한 3%룰로 인하여 최대주주의 지분율이 높고 소수주주의 참여가 적은 회사일수록 발행주식총수의 4분의 1의 찬성의 요건을 만족하기 어려워지고 정족수 부족으로 감사 및 감사위원 선임에 대한 주주총회 안건의 부결이 유발된다는 문제를 고려하여, 2020년 12월 개정 상법은 전자투표를 실시하는 회사는 감사 및 감사위원 선임 시 출석한 주주의 의결권의 과반수로써 감사의 선임을 결의할 수 있다고 하여, 발행주식총수의 4분의 1 이상의 결의요건을 적용하지 않도록 하였다(개정 상법 제409조 제3항, 제542조의12 제8항). 전자투표를 실시하여 주주의 주주총회 참여를 제고한 회사에 한하여 주주총회 결의 요건을 완화한 것이다.

3 감사위원회 설치의무

최근 사업연도말 현재 자산총액이 2조 원 이상인 상장회사 중 「부동산 투자회사법」에 따른 부동산 투자회사인 상장회사, 「공공기관의 운영에 관한 법률」 및 「공기업의 경영구조 개선 및 민영화에 관한 법률」의 적용을 받는 상장회사, 「채무자회생 및 파산에 관한 법률」에 따른 회생절차가 개시된 상장회사, 유가증권시장 및 코스닥시장에 신규로 상장한 상장회사를 제외한 상장회사는 감사를 대신하여 감사위원회를 설치하여야 한다(상법 제542조의11 제1항, 상법 시행령 제37조).

감사위원회 설치의무가 있는 상장회사가 감사위원회를 설치하는 경우 감사위원회 위원 중 1명 이상은 공인회계사 자격을 가진 사람으로서 그 자격과 관련된 업무에 5년 이상 종사한 경력이 있는 자 등 일정한 요건을 갖춘 회계 또는 재무 전문가이어야 하며 감사위원회 대표는 사외이사로 하여야 한다. 상근감사 결격요건(제542조의10 제2항 각호) 중 어느 하나에 해당하는 자는 상장회사의 사외이사가 아닌 감사위원회 위원이 될 수 없고, 선임 후 결격요건에 해당하게 되면 그 직을 상실한다. 감사위원회 위원인 사외이사의 사임·사망 등의 사유로 인하여 사외이사의 수가 상법상 감사위원회의 구성요건에 미달하게 되면 그 사유가 발생한 후 처음으로 소집되는 주주총회에서 그 요건에 합치되도록 하여야 한다.

상장회사의 경우 상법 제393조의2에도 불구하고 감사위원회위원을 선임하거나 해임하는 권한은 주주총회에 있으며 감사위원회 설치의무가 있는 상장회사의 경우 주주총회에서 이사를 선임한 후 선임된 이사 중에서 감사위원회 위원을 선임하여야 한다. 그리고 최대주주, 최대주주의 특수관계인, 최대주주 또는 그 특수관계인의 계산으로 주식을 보유하는 자, 최대주주 또는 그 특수관계인에게 의결권을 위임한 자 등이 소유하는 상장회사의 의결권 있는 주식의 합계가 그 회사의 의결권 없는 주식을 제외한 발행주식 총수의 100분의 3을 초과하는 경우 그 주주는 그 초과하는 주식에 관하여 감사 또는 사외이사가 아닌 감사위원회 위원을 선임하거나 해임할 때에는 의결권을 행사하지 못한다. 다만, 정관에서 이보다 낮은 주식 보유비율을 정할 수 있다. 그리고 최근 사업연도말 현재 자산총액이 2조 원 이상인 상장회사의 의결권 없는 주식을 제외한 발행주식 총수의 100분의 3을 초과하는 수의 주식을 가진 주주는 그 초과하는 주식에 관하여 사외이사인 감사위원회 위원을 선임할 때에 의결권을 행사하지 못한다. 다만, 정관에서 이보다 낮은 주식 보유비율을 정할 수 있다. 다만, 대주주가 아닌 3% 초과 일반주주는 3% 초과분에 대한 의결권을 제한받는다(상법 제542조의12 제4항).

section 06 준법지원인

1 의의

자산규모 등을 고려하여 상법 시행령에서 정하는 상장회사(최근 사업연도말 자산총액이 5천억 원 이상인 상장회사, 다만 다른 법률에 따라 내부통제기준 및 준법감시인을 두어야 하는 상장회사는 제외)는 법령을 준수하고 회사경영을 적정하게 하기 위하여 임직원이 그 직무를 수행할 때 따라야 할 준법통제에 관한 기준과 절차(준법통제기준)를 마련하여야 하고(상법 제542조의13 제1항), 준법통제기준의 준수에 관한 업무를 담당하는 준법지원인을 1인 이상 두어야 한다(상법 제542조의13 제2항). 준법지원인을 도입하지 않은 경우에 대해서는 별도의 벌칙이나 불이익을 규정하고 있지 않다.

2 선임 및 퇴임

상장회사가 준법지원인을 선임하려는 경우 이사회 결의를 거쳐야 한다(상법 제542조의13 제4항). ① 변호사의 자격을 가진 사람, ② 고등교육법 제2조에 따른 학교에서 법률학을 가르치는 조교수 이상의 직에 5년 이상 근무한 사람, 그리고 ③ 그 밖에 법률적 지식과 경험이 풍부한 사람으로서 상법 시행령에서 정하는 사람 중 준법감시인을 선임하여야 한다(상법 제542조의13 제5항). 준법지원인의 임기는 3년으로 하고 상근으로 하여야 한다(상법 제542조의13 제6항). 다른 법률이 준법지원인의 임기를 3년보다 단기로 정하고 있는 경우 상법이 다른 법률에 우선하여 적용되는 것으로 하고 있으므로(상법 제542조의13 제11항 단서) 준법지원인의 임기는 3년이 된다.

준법지원인의 퇴임에 대해서는 별도의 규정이 없다. 따라서 임기만료에 의해 퇴임하고 그 밖에 회사와 준법지원인 간의 관계를 민법상 위임관계로 보면 임기만료 및 위임의 일반적인 종료사유가 발생하면 퇴임하는 것으로 보아야 할 것이다. 그리고 준법지원인 스스로 사임하거나 이사회 결의로 해임할 수 있다.

3   직무

준법지원인은 준법통제기준의 준수 여부를 점검하고 그 결과를 이사회에 보고하여야한다(상법 제542조의13 제3항). 상법은 준법지원인에 대해 선관주의의무와 비밀누설금지의무를 부과하고 있다. 준법지원인은 업무를 수행함에 있어서 선량한 관리자의 주의로 그직무를 수행하여야 하고(상법 제542조의13 제7항), 재임 중뿐만 아니라 퇴임 후에도 직무상알게 된 회사의 영업상 비밀을 누설하여서는 안 된다(상법 제542조의13 제8항). 회사는 준법지원인이 독립적으로 그 직무를 수행할 수 있도록 하여야 하고, 임직원은 준법지원인이그 직무를 수행할 때 자료나 정보의 제출을 요구하는 경우 이에 성실하게 응하여야 한다(상법 제542조의13 제9항).

4   신분보장

회사는 준법지원인이었던 자에 대하여 그 직무수행과 관련된 사유로 부당한 인사상의 불이익을 주어서는 안 된다(상법 제542조의13 제10항). 직무수행에 따른 인사상 불이익을 배제하여 독립된 업무수행을 가능하도록 하기 위한 것이다.

chapter 04

신주의 발행

section 01 | 개요

신주발행이란 회사가 실질적인 자본의 증가를 위하여 주식을 발행하는 경우를 말한다. 또한, 주식의 분할(상법 제329조의2) 또는 병합(상법 제440조 이하)의 경우, 주식매수선택권행사의 경우(상법 제340조의2 제1항), 전환주식(상법 제346조 이하) 또는 전환사채(상법 제513조 이하)의 전환의 경우, 준비금의 자본전입의 경우(상법 제461조 제2항), 주식배당의 경우(상법 제462조의2), 신주인수권부사채에 있어서 신주인수권의 행사의 경우(상법 제516조의2 이하), 회사합병·분할의 경우(상법 제523조, 제530조의2 이하) 등을 들 수 있다.

신주발행은 보통 집단적으로 하게 되므로 모집설립의 경우와 유사하지만(상법 제425조 참조) 설립의 경우와는 달리 엄격한 제한이 없으며, 발행을 예정하고 있는 신주의 전부에 대한 인수·납입이 없더라도 인수·납입이 있는 부분에 대하여만 신주발행의 효력이 생기고(상법 제423조 제1항), 그 결과 실권절차(상법 제307조) 및 창립총회와 같은 제도가 없다는 점이 회사의 설립과 다르다.

발행사항의 결정

회사가 그 성립 후 주식을 발행하는 경우 신주발행에 대한 결정과 함께 신주발행에 관한 사항으로서 정관에 규정이 없는 것은 이사회가 이를 결정한다. 다만, 상법에 다른 규정이 있거나 정관으로 주주총회에서 결정하기로 정한 경우에는 그렇지 않다. 그리고 신주발행과 관련하여 이사회가 결정할 사항은 아래와 같다(상법 제416조).

1 신주의 종류와 수

정관에서 종류주식에 관한 사항을 정하고 있는 경우(상법 제344조 내지 제346조) 그 중 어떠한 주식을 발행할 것인가를 정하여야 한다.

2 신주의 발행가액과 납입기일

신주의 발행 시 발행가액을 액면가 이상으로 정하는 때에는 이사회가 이를 결정한다. 액면미달 발행을 위해서는 주주총회의 특별결의를 거쳐야 하기 때문이다(상법 제417조 제1항). 신주의 인수인은 주금납입 또는 현물출자의 이행을 한 경우 납입기일의 익일로부터 주주가 되므로(상법 제423조 제1항) 납입기일은 중요한 의의가 있고, 따라서 이사회에서 이를 정하도록 하고 있다.

3 무액면주식의 경우 자본금으로 계상할 금액

회사가 무액면주식을 발행하고 있는 경우 신주발행도 무액면주식만 가능하다(상법 제329조 제1항). 그리고 무액면주식을 발행하는 경우 자본금은 주식 발행가액의 2분의 1 이상의 금액으로서 이사회가 정하도록 하고 있다(상법 제451조 제2항).

4 신주의 인수방법

신주의 인수방법이란 주식의 공모 여부와 청약기일·청약증거금·배정비율·단주의 처리 등의 사항을 말한다.

5 현물출자에 관한 사항

신주발행에 대하여 현물출자를 하는 자가 있는 경우에는 그 성명과 목적물인 재산의 종류·수량·가액 그리고 이에 대하여 부여할 신주의 종류와 수를 이사회에서 정하여야 한다. 회사의 설립 시와 마찬가지로 신주발행의 경우에도 현물출자를 인정한다. 회사 설립 시 현물출자는 정관의 상대적 기재사항의 하나로 현물출자에 관한 사항을 규정하고 있다(상법 제290조 제2호). 반면 회사 성립 후 신주발행의 경우에는 이사회에서 현물출자에 관한 사항을 정하도록 하고 있다.

(1) 현물출자에 관한 검사인의 조사

현물출자를 하는 자가 있는 경우 이사는 현물출자의 목적물인 재산의 종류, 수량, 가액 등 현물출자에 관한 사항을 조사하기 위하여 검사인의 선임을 법원에 청구하여야 한다(상법 제422조 제1항 전단). 이러한 검사인의 조사는 공인된 감정인의 감정으로 갈음할 수 있다(상법 제422조 제1항 후단).

(2) 현물출자에 대한 검사인 조사의 예외

2011년 개정 상법은 일정한 현물출자에 대해서는 검사인의 조사를 받지 않아도 되도록 하고 있다. 첫째 현물출자의 목적인 재산의 가액이 자본금의 5분의 1을 초과하지 아니하고 상법 시행령에서 정하는 금액을 초과하지 아니하는 경우, 둘째 현물출자의 목적인 재산이 거래소의 시세있는 유가증권인 경우 이사회에서 정한 가격이 상법 시행령으로 정하는 방법으로 산정된 시세를 초과하지 아니하는 경우, 셋째 변제기가 돌아온 회사에 대한 금전채권을 출자의 목적으로 하는 경우로서 그 가액이 회사장부에 적혀 있는 가액을 초과하지 아니하는 경우, 그리고 마지막으로 그 밖에 이에 준하는 경우로서 상법 시행령에서 정하고 있는 경우에는 검사인의 검사를 받지 않을 수 있도록 하고 있다(상법 제422조 제2항).

(3) 상장회사 특례

상장회사가 자기주식 또는 신주를 다른 상장회사의 주식과 교환하는 방식으로 그 다른 상장회사에 주식을 현물(現物)로 출자하는 경우로서 자본시장법에서 정하는 방법으로 그 출자 주식의 가격을 평가한 경우에는 상법 제422조 제1항에 따른 검사인의 조사 또는 공인된 감정인의 감정이 있는 것으로 본다.

6 　신주인수권의 양도에 관한 사항

주주가 갖는 신주인수권의 양도를 인정하는 경우에는 이에 관한 사항을 정하여야 한다. 주주의 신주인수권의 양도성은 이사회의 결의에 의하여 인정되는 것이다. 신주인수권의 양도는 신주인수권증서를 교부하는 방법으로 이를 행하여야 한다(상법 제420조의3).

7 　신주인수권증서의 발행

주주가 갖는 신주인수권의 양도를 인정하는 경우에는 신주인수권증서를 발행한다는 것과 그 청구기간을 정하여야 한다. 그리고 신주인수권증서는 청구기간 중에 청구를 한 주주에게만 발행한다. 그러나 이사회가 신주인수권증서의 발행에 관하여 아무런 결정도 하지 아니한 경우에는 신주청약기일의 2주간 전에 모든 주주에게 신주인수권증서를 일제히 발행하여야 한다(상법 제420조의2 제1항). 신주인수권증서에는 신주인수권증서라는 표시, 주식청약서에 기재하도록 한 사항, 신주인수권의 목적인 주식의 종류와 수,

일정기일까지 주식의 청약을 하지 않으면 그 권리를 잃는다는 뜻을 기재하고 이사가 기명날인 또는 서명하여야 한다(상법 제420조의2 제2항).

그리고 회사는 신주인수권증서를 발행하는 대신 정관으로 정하는 바에 따라 전자등록기관의 전자등록부에 신주인수권을 등록할 수 있다(상법 제420조의4 전단). 신주인수권을 전자등록하는 경우 신주인수권의 양도, 입질은 전자등록의 방법으로 하여야 한다(상법 제420조의4 후단, 제356조 제2항).

section 03 │ 신주의 할인발행

1 개요

회사가 액면주식을 발행하고 있는 경우, 신주를 액면 미달로 발행하는 경우에는 회사 채권자의 이익을 해할 우려가 있으므로 상법은 원칙적으로 주식의 액면미달 발행(할인발행)을 금지하고 있다(상법 제330조 본문). 다만 상법은 일정한 요건에 의한 주식의 액면미달 발행을 예외적으로 허용하고 있다(상법 제330조 단서, 제417조).

2 요건

신주의 할인발행은 ① 회사가 성립한 날로부터 2년이 경과한 후에만 할 수 있다(상법 제417조 제1항). ② 주주총회의 특별결의가 있어야 하며(상법 제417조 제1항), 이 결의에서는 주식의 최저 발행가액을 정하여야 한다(상법 제417조 제2항). ③ 법원의 인가를 얻어야 하고(상법 제417조 제1항) 이 경우에 법원은 회사의 현황과 제반 사정을 참작하여 그 최저 발행가액을 변경하여 인가할 수 있으며, 이때 법원은 회사의 재산상태 기타 필요한 사항을 조사하기 위하여 검사인을 선임할 수 있다(상법 제417조 제3항). ④ 신주는 법원의 인가를 얻은 날로부터 1개월 내에 발행하여야 하나, 이 기간은 법원의 인가를 얻어 연장할 수 있다(상법 제417조 제4항).

상장회사의 경우는 법원의 인가 없이 주주총회의 특별결의만으로 액면미달 발행이 가능하다(자본시장법 제165조의8 제1항). 액면미달 발행을 위한 주주총회 결의 시 주식의 최저 발행가액을 정하여야 하고 이때 최저 발행가액은 액면미달 발행에 관한 결의를 위한 주주총회 소집을 결정하는 이사회 결의일 전일의 1개월 평균 주가, 1주일 평균 주가 및 전일 최종시세 중 가장 높은 가격의 100분의 70 이상으로 정하여야 한다. 그리고 주주총회 결의일로부터 1개월 이내에 주식을 발행하여야 하나, 주주총회에서 달리 정할 수 있다(자본시장법 시행령 제176조의10).

3 회사 채권자의 보호

주식을 액면미달 발행하는 경우 발행조건과 그 미상각액을 주식청약서에 기재하여야 하며(상법 제420조 제4호), 주식의 발행에 따른 변경등기 시 그 미상각액도 등기하여야 한다(상법 제426조).

section 04 신주인수권

1 개요

신주인수권이란 회사가 신주를 발행하는 경우에 우선적으로 그 신주의 인수를 청구할 수 있는 권리를 말한다. 회사가 신주를 발행하는 경우에 직접적인 이해관계인은 회사의 기존 주주라고 할 수 있다. 이러한 점을 고려한다면 신주인수권은 그 회사의 주주에게만 부여되어야 할 것이지만 광범위한 자본시장을 상대로 하여 신속하게 거액의 자금을 조달하려면 제3자에게도 신주인수권이 주어져야 할 필요가 있다.

주주는 정관에 다른 정함이 있는 경우를 제외하고는 그가 가진 주식수에 따라서 신주의 배정을 받을 권리를 가진다(상법 제418조 제1·2항).

이 주주의 신주인수권은 추상적 신주인수권과 구체적 신주인수권으로 구분되는데, 전자는 회사 성립 후 신주발행에 관한 이사회 결의를 하기 전에 향후 그러한 결의가 있을 때 주주로서 가지게 되는 권리를 말하고 후자는 신주발행에 관한 이사회 결의 후 주주로서 신주를 배정받게 되는 구체적 권리(상법 제418조 제2항)를 말한다. 구체적 신주인수권은 신주발행의 결의에 의하여 일정한 신주의 우선적 배정을 받을 수 있는 채권적 권리라고 할 수 있다. 이것은 독립된 권리로서 주식과 분리하여 양도할 수 있으며, 한 번 발생한 권리는 정관변경이나 주주총회 또는 이사회의 결의로 박탈하지 못한다. 이에 반해 추상적 신주인수권은 신주인수권의 한 내용을 이루기 때문에 구체적 신주인수권과는 달리 주식과 분리하여 양도하지 못한다.

모든 주주는 원칙적으로 그가 소유하는 주식의 수에 비례하여 평등하게 신주인수권이 있다(상법 제418조 제1항). 그러나 신주인수권은 예외적으로 법률 또는 정관의 규정으로 제한할 수 있다. 회사가 종류주식을 발행하고 있는 경우에는 정관에 달리 정하고 있지 않더라도 주식의 종류에 따라 신주의 인수에 관하여 특수하게 정할 수 있다(상법 제344조 제3항).

주주의 추상적 신주인수권은 발행 예정 주식 총수의 범위 내에서 장래에 발행될 모든 신주에 미치게 된다. 그러나 특수한 신주발행의 경우와 현물출자에 대하여 신주를 발행하는 경우에는 예외이다.

상장회사가 발행주식 총수의 100분의 20의 범위 내에서 우리사주조합원에게 신주의 배정을 하는 경우에도 주주의 신주인수권이 미치지 못한다(자본시장법 제165조의7). 또 회사가 임직원에게 주식매수선택권을 부여한 경우에도 일반주주의 신주인수권은 배제된다(상법 제340조의2 내지 제340조의5, 제542조의3).

3 제3자의 신주인수권

제3자의 신주인수권이란 주주 이외의 자가 신주발행의 경우에 일정한 신주에 대하여 우선적 배정을 받는 권리를 말한다. 제3자의 신주인수권은 정관에 정함이 있는 경우에 한하여 부여할 수 있다(상법 제418조 제2항 본문). 그러나 정관에 의하여 제3자에게 신주인 수권을 부여하는 경우에도 신기술의 도입이나 재무구조의 개선 등 회사의 경영상의 목적달성에 필요한 경우에 국한되고 있다(상법 제418조 제2항 단서). 주주의 신주인수권을 제한하고 제3자에게 신주인수권을 부여하는 경우 주주에 대한 신주인수권의 제한에 관한 사항 또는 특정한 제3자에게 이를 부여할 것을 정한 때에 그 사항을 주식청약서에 기재하여야 한다(상법 제420조 제5호). 그러나 정관은 제3자를 직접 구속하는 효력은 없으므로 정관의 규정만으로 곧 제3자의 신주인수권이 발생하는 것은 아니고 특정한 제3자와 회사의 계약에 의하여 비로소 발생하게 된다. 주주 이외의 제3자에게 신주를 배정하는 경우 회사는 신주의 종류와 수, 신주의 발행가액과 납입기일, 무액면주식의 경우에는 신주의 발행가액 중 자본금으로 계상하는 금액, 신주의 인수방법, 현물출자에 관한 사항 등을 그 납입기일의 2주 전까지 주주에게 통지하거나 공고하여야 한다(상법 제418조 제4항).

상장회사의 경우는 상법 규정에 불구하고 정관이 정하는 바에 따라 이사회 결의로써 주주의 신주인수권을 배제하고 불특정 다수인을 상대방으로 하여 신주를 모집하는 방식 이른바 '일반공모방식'으로 신주를 발행할 수 있다(자본시장법 제165조의6).

4 신주인수권의 양도

(1) 개요

신주발행은 발행 예정 주식의 범위 내에서 이사회의 결의만으로 결정되는데 그때마다 주주들은 구체적인 신주인수권이 있으며, 이 권리는 추상적 신주인수권과 달리 독립된 채권적 권리로서 그 성질상 주식과 분리하여 양도할 수 있는 것이다. 상법은 주주에 한하여 신주인수권을 양도할 수 있도록 허용하면서 신주인수권 양도의 요건과 방식, 신주인수권의 전자등록에 관한 사항을 규정하고 있다(상법 제416조 5·6호, 제420조의2 내지 제420조의5).

제3자의 신주인수권에 대하여 상법은 아무런 규정을 두지 않았다. 그것은 제3자에 대한 신주인수권의 부여는 이의 환가를 목적으로 인정될 수 없고, 제3자와 회사 간의 특별한 관계를 고려하여 이루어지는 것이므로 제3자의 신주인수권의 양도는 이사회의 결의로도 인정될 수 없다고 본다.

(2) 양도의 요건

주주의 신주인수권의 양도는 신주발행사항 결정을 위한 이사회에서 주주의 신주인수권 양도에 관한 사항을 정한 경우에 인정된다. 즉 이사회의 결의에 의하여 인정할 수 있다(상법 제416조 제5호). 신주인수권의 양도는 법률상 당연히 인정되는 것이 아니라 이사회가 그 결의로 인정한 경우에만 가능한 것이다. 다만 이사회가 신주인수권의 양도에 관한 결정이 없는 경우에도 지명채권 양도의 방법과 효력(채무자에게 통지하거나 채무자가 승낙해야만 제3자에 대한 대항력이 발생)으로 신주인수권을 양도할 수 있다는 것이 판례의 입장이다.

(3) 양도의 방법

정관 또는 이사회의 결의로 신주인수권의 양도를 인정한 때에는(상법 제416조 제5호) 회사는 신주인수권증서를 발행하여야 하며(상법 제420조의2 제1항), 신주인수권의 양도는 신주인수권증서의 교부에 의하여서만 가능하게 된다(상법 제420조의3 제1항). 상법은 신주인수권증서의 점유자를 적법한 소지인으로 추정하고, 신주인수권증서의 소지인으로부터 악의 또는 중대한 과실 없이 신주인수권증서를 양수한 경우에는 선의취득을 인정하고 있다(상법 제420조의3 제2항, 제336조 제2항·수표법 제21조).

(4) 신주인수권증서

신수인수권을 표장하는 유가증권인 신주인수권증서에는 ① 신주인수권증서라는 뜻의 표시, ② 주식청약서의 기재사항(상법 제420조), ③ 신주인수권의 목적인 주식의 종류와 수, ④ 일정한 기일까지 주식의 청약을 하지 아니할 때에는 그 권리를 잃는다는 뜻 등을 기재하고 이사가 기명날인 또는 서명하여야 한다(상법 제420조의2 제2항).

5 신주인수권의 전자등록

회사는 신주인수권증서를 발행하는 대신 정관으로 정하는 바에 따라 전자등록기관의 전자등록부에 신주인수권을 등록할 수 있도록 하였다(상법 제420조의4).

section 05 신주발행의 절차

1 발행사항의 결정

회사 성립 후 신주를 발행하는 경우 신주의 발행 여부 및 구체적인 발행사항은 정관에 달리 규정이 없는 경우에는 이를 이사회가 결정한다(상법 제416조 본문). 신주인수에 관한 사항은 주주의 이해관계에 중대한 영향을 미치는 사항이므로 정관으로 이를 주주총회에서 정하도록 할 수도 있다(상법 제416조 단서).

2 신주배정일의 지정·공고

신주발행에 관한 결정이 있으면 회사는 일정한 날을 정하여 그 날에 주주명부에 기재된 주주가 가진 주식수에 따라서 신주를 배정받을 권리를 가진다는 뜻과 신주인수권을 양도할 수 있는 경우에는 그 뜻을 그 날의 2주간 전에 공고하여야 한다(상법 제418조 제3항 본문). 그러나 신주배정기준일이 상법 제354조 제1항에서 정하고 있는 주주명부 폐쇄기간 중인 때에는 그 기간의 초일의 2주간 전에 공고하여야 한다(상법 제418조 제3항 단서).

3 **신주인수권자에 대한 최고·공고**

신주발행사항이 결정되었을 때에는 우선 회사는 신주인수권을 가지는 주주 또는 제3자에 대하여 그 권리의 행사에 관한 최고를 하여야 한다. 즉, 회사는 신주의 인수권을 가지는 자에 대하여 그 인수권을 가지는 주식의 종류 및 수와 일정한 기일까지 주식인수의 청약을 하지 않으면 그 권리를 잃는다는 뜻을 통지(실권 예고부 최고)하여야 한다. 통지는 그 기일의 2주 전에 하여야 하며 신주인수권 양도에 관한 사항, 주주의 청구가 있는 경우에만 신주인수권증서를 발행한다는 것과 그 청구기간에 관하여 정한 사항이 있는 경우에는 그 내용도 함께 통지하여야 한다(상법 제419조 제1항).

신주인수권에 관한 이러한 회사의 통지 또는 공고에도 불구하고 신주의 인수권을 가지는 자가 그 기일까지 주식인수의 청약을 하지 아니한 때에는 그 권리를 잃는다(상법 제419조 제3항).

4 **주주의 모집**

신주의 인수권을 가지는 자에게 일정한 기일까지 주식인수의 청약을 하지 않으면 그 권리를 상실한다는 최고(실권 예고부 최고)를 하였음에도 불구하고 그 인수권을 행사하지 않음으로써 실권한 주식과 신주인수권의 대상이 되지 않는 주식에 대하여는 주주를 모집할 수 있다. 이 경우에는 모집설립에 관한 규정을 준용하고 있다(상법 제425조 제1항). 다만 신주인수권증서에 의하여 청약한 경우에 납입은 신주인수권증서에 기재된 납입장소에서 하여야 한다(상법 제425조 제2항, 상법 제305조 제2항).

5 **주식인수의 청약**

주식인수의 청약을 하고자 하는 자는 현물출자의 경우를 제외하고 법정사항(상법 제420조)이 기재된 주식청약서 2통에 인수할 주식의 종류와 수 및 주소, 기타 소정의 사항을 기재하고 기명날인 또는 서명하여야 한다(상법 제425조 제1항, 제302조 제1항). 신주인수권증서를 발행한 경우에는 신주인수권증서에 의하여 주식의 청약을 하여야 한다(상법

제420조의5 제1항). 신주인수권증서를 상실한 자는 주식청약서에 의해 주식의 청약을 할 수 있으나, 그 청약은 신주인수권증서에 의한 청약이 있는 때에는 그 효력을 잃는다(상법 제420조의5 제2항).

신주를 인수한 자는 신주의 발행으로 인한 변경등기를 한 날로부터 1년이 경과한 후 또는 신주에 의한 주주로서의 권리를 행사한 다음에는 주식청약서 또는 신주인수권증서의 요건의 흠결을 이유로 하여 그 인수의 무효를 주장하거나 사기·강박·착오를 이유로 하여 그 인수의 취소를 주장하지 못한다(상법 제427조).

6   신주의 배정과 인수

주식인수의 청약에 대하여 대표이사가 신주의 배정을 하면 신주인수의 청약자는 주식인수인이 된다. 주식인수의 법률상의 성질은 주식인수의 청약과 배정에 의하여 성립하는 주식청약인과 회사 사이의 입사계약이다.

7   현물출자의 검사

회사 성립 후 주식발행 시 현물출자가 있는 경우 현물출자를 하는 자의 성명과 그 목적인 재산의 종류, 수량, 가격과 이에 대하여 부여할 주식의 종류와 수는 정관으로 정하지 아니하고 이사회가 정하게 되므로(상법 제416조 제4호) 현물출자가 부당하게 이루어질 우려가 있다. 그래서 현물출자를 하는 자가 있는 경우 이사는 현물출자와 관련한 사항을 조사하게 하기 위하여 검사인의 선임을 법원에 청구하여야 한다(상법 제422조 제1항 전단). 그리고 이러한 검사인의 조사는 공인된 감정인의 감정으로 검사인의 조사에 갈음할 수 있다(상법 제422조 제1항 후단). 법원은 검사인의 조사보고서 또는 감정인의 감정결과를 심사하여 현물출자와 관련한 사항이 부당하다고 인정한 때에는 이를 변경하여 이사와 현물출자를 한 자에게 통고할 수 있고(상법 제422조 제3항), 통고 후 2주 내에 주식의 인수를 취소한 현물출자를 한 자가 없는 때에는 현물출자 관련 사항이 통고에 따라 변경된 것으로 본다(상법 제422조 제5항).

한편 현물출자의 목적인 재산의 가액이 자본금의 5분의 1을 초과하지 아니하고 상법 시행령으로 정한 금액을 초과하지 않는 경우, 현물출자의 목적인 재산이 거래소의 시세있는 유가증권인 경우 이사회에서 정한 가격이 상법 시행령으로 정한 방법으로 산정된 시세를 초과하지 아니하는 경우, 변제기가 돌아온 회사에 대한 금전채권을 출자의 목적으로 하는 경우로서 그 가액이 회사장부에 적혀 있는 가액을 초과하지 아니하는 경우 그리고 기타 이에 준하는 경우로서 상법 시행령에서 정하는 경우에는 검사인의 조사에 관한 절차를 적용되지 않는다(상법 제422조 제2항).

8 출자의 이행

이사는 신주의 인수인으로 하여금 배정받은 주수에 따라 납입기일에 그 인수한 주식에 대한 인수가액의 전액을 납입시켜야 한다(상법 제421조 제1항). 회사에 대한 채무와 주금납입의무 간 상계도 가능하다. 다만, 신주의 인수인은 회사의 동의 없이 인수주식에 대한 납입채무와 주식회사에 대한 채권을 일방적으로 상계할 수 없다(상법 제421조 제2항).

그리고 현물출자를 하는 자는 납입기일에 출자의 목적인 재산을 인도하고 등기·등록 기타 권리의 설정 또는 이전을 필요로 할 경우에는 그에 필요한 서류를 완비하여 교부하여야 한다(상법 제425조 제1항, 제305조 제3항, 제295조 제2항). 그 밖에 납입장소·납입금보관자등의 변경, 납입금보관자의 증명과 책임 등에 관하여는 모집설립에 관한 규정을 준용하고 있다(상법 제425조, 제305조 제2항, 제306조, 제318조).

9 신주발행의 효력 발생

신주인수인이 납입기일에 납입 또는 현물출자의 이행을 한 때에는 그 범위 내에서 신주발행의 효력이 생기며, 그 주식인수인은 납입기일의 다음 날로부터 주주로서의 권리·의무가 있다(상법 제423조 제1항). 즉, 회사의 설립 시와는 달리 신주발행 예정 주식의 전부에 대한 납입 또는 이행이 없어도 자금조달의 편의를 위하여 납입 또는 이행이 있는 한도 내에서만 효력을 인정하고 있다. 신주의 인수인이 납입기일에 납입 또는 현물출자의 이행을 하지 않으면 그 권리를 잃는다(상법 제423조 제2항).

과거 상법은 이익이나 이자의 배당에 관하여는 정관규정에 의하여 직전 영업연도말을 신주발행 효력 발생의 기산일로 잡을 수 있도록 하고 있었으나, 2020년 12월 개정 상법은 관련 규정을 삭제하여 기업들이 배당기준일을 '영업연도말' 이외의 날짜로 자유롭게 정하고 주주총회의 분산 개최를 유도하고 있다. 여러 기업들의 주주총회가 3월에 집중되어 개최되면 주주가 주주총회에 출석하여 권리를 행사할 수 있는 기회가 제약받고, 의결권을 행사할 수 있는 기간이 촉박함에 따라 주주가 충분하게 의안을 분석하여 의결권을 행사하기도 어렵기 때문이다.

10 등기

신주발행의 효력이 생기게 되면 회사의 발행주식의 총수 및 자본의 총액 등의 등기사항(상법 제317조 제2항 제2·3호)이 변경되므로 회사는 납입기일로부터 본점 소재지에서는 2주간 내에, 지점 소재지에서는 3주간 내에 변경등기를 하여야 한다(상법 제317조 제4항, 제183조).

11 부당한 신주 인수에 대한 책임

신주를 인수한 자가 이사와 통모하여 현저하게 불공정한 발행가액으로 신주를 인수한 경우 신주를 인수한 자는 회사에 대하여 공정한 발행가액과의 차액에 상당한 금액을 지급할 의무가 있다(상법 제424조의2 제1항).

(1) 책임의 요건

❶ 발행가액의 불공정 : 신주인수인의 책임이 인정되기 위해서는 발행가액이 현저하게 불공정하여야 한다. 발행가액의 불공정에 대한 판단은 신주발행을 전후한 발행회사의 주가, 회사의 자산상태, 수익력, 사업의 전망, 기타의 제반사항을 종합적으로 참작함으로써 가능하다.

❷ 신주인수인과 이사의 통모 : 신주인수인의 책임은 이사와 통모한 경우에 한하여 인정된다. 통모에 대한 입증책임은 원고인 회사 또는 주주에게 있다.

(2) 책임의 내용 · 성질

신주인수인이 지는 책임의 내용은 신주의 공정한 가액과 불공정한 가액과의 차액에 대한 지급의무로서 이는 실질적으로는 주주유한책임의 원칙에 대한 예외로 인정한 주주의 추가 출자의무라고 할 수 있다. 그러므로 이러한 책임은 신주를 인수한 주주만이 지며 그 주식의 양도인은 책임을 지지 않는다. 신주인수인의 책임과 이사의 손해배상 책임은 부진정연대채무의 관계에 있다.

신주인수인의 책임은 회사가 추궁하는 것이 원칙이지만 이 경우의 책임은 신주인수인과 이사의 통모를 전제로 하므로 회사가 책임을 추궁한다는 것은 사실상 기대할 수 없다. 그래서 불공정한 가액으로 주식을 인수한 자의 책임을 추궁하는 경우 소수주주에 의한 대표소송에 관한 규정을 준용하고 있다(상법 제424조의2 제2항, 제403조 – 제406조).

chapter 05

자본금의 감소

개요

    회사의 자본금액을 일정한 방법에 의하여 감소시키는 것을 자본금의 감소라 한다.

    자본금의 감소에는 실질적인 자본금 감소와 명목상의 자본금 감소가 있는데, 전자는 장부상의 자본금 감소와 더불어 실질적으로도 회사의 자산이 감소하는 것으로서 감소액이 실제로 주주에게 반환되는 것을 말한다. 이러한 자본금 감소는 영업규모의 축소나 합병의 경우에 당사회사의 자산상태의 조정 등을 위하여 실행되는 것이 보통이다. 이에 반하여 명목상의 자본금 감소는 회사의 자산이 결손으로 인하여 감소된 경우에 하는 것으로서, 주주에게 실제로 반환하는 것이 없이 계산상으로만 자본금이 감소되는 것을 말하는데 자본금의 결손이 장기화하여 이익배당이 불가능하게 되는 경우에 하게 된다.

section 02 자본금 감소의 방법

1 액면주식 발행회사의 자본감소

액면주식을 발행하고 있는 경우 자본금은 발행주식의 액면총액이므로(상법 제451조 제1항) 자본감소는 주금액을 감소하는 방법과 주식수를 감소하는 방법이 있다.

(1) 주금액의 감소

주금액 감소에 의한 자본금 감소에는 납입한 주금액의 일부를 주주에게 반환하는 실질적인 자본금 감소의 방법(환급)과 주금액 중 이미 납입한 부분의 일부를 손실로 처리해서 주금액에서 삭제하고 나머지 납입액을 주금액으로 하는 방법(절기)이 있다. 주금액을 100원 이하로는 할 수 없기 때문에 주금액이 100원 이상인 경우에만 가능하다(상법 제329조 제3항).

(2) 주식수의 감소

주식수의 감소에는 주식의 소각과 주식의 병합이 있다. 주식의 소각은 회사가 특정 자기주식을 취득하여 소멸시키는 행위를 말한다. 이러한 주식소각은 다시 주주의 의사와 관계없이 주식을 소멸시키는 강제소각과 회사가 주주의 동의를 받아 특정한 주식을 양수하여 주식을 소멸시키는 임의소각으로 나누어진다. 그리고 그 대가를 지급하는가 않는가에 따라 유상소각과 무상소각으로 구분된다.

주식의 병합이란 수개의 주식을 합하여 그보다 적은 수의 주식으로 바꾸는 회사의 행위를 말한다.

2 무액면주식 발행회사의 자본금 감소

무액면주식을 발행한 회사가 자본금의 감소를 하는 경우에는 주식수와 연계됨이 없이 자본금만 감소시키면 된다. 각 주주가 이미 납입한 금액의 일부를 주주에게 반환하는 방법으로 자본금을 감소할 수 있다.

section 03   자본금 감소의 절차

1   주주총회의 결의

자본금 감소는 주주 및 회사 채권자의 이해관계에 중대한 영향을 미치는 사항이므로 자본금의 감소를 위해서는 상법 제434조의 규정에 따른 주주총회의 특별결의가 있어야 한다(상법 제438조 제1항, 제434조). 그러나 결손의 보전을 위한 자본금 감소의 경우에는 상법 제368조 제1항에서 정하는 주주총회의 보통결의로 할 수 있다(상법 제438조 제2항). 자본금 감소의 결의에는 그 감소의 방법을 정하여야 하고(상법 제439조 제1항), 자본금의 감소를 위한 총회소집의 통지와 공고에는 자본금의 감소에 관한 의안의 주요 내용을 적어야 한다(상법 제438조 제3항).

2   채권자 보호의 절차

자본금의 감소는 채권자를 보호하기 위한 최소한도의 담보액이 감소되는 결과를 초래하므로 회사 채권자에게 중대한 영향을 미친다. 그러므로 회사는 자본금 감소의 결의일로부터 2주 내에 회사 채권자에 대하여 이의가 있으면 일정한 기간(1개월 이상) 내에 이의를 제출할 것을 공고하고, 알고 있는 채권자에 대하여는 따로 최고하여야 한다(상법 제439조 제2항 본문, 제232조 제1항). 다만, 결손의 보전을 위하여 자본금을 감소하는 경우에는 이러한 채권자 보호절차를 생략할 수 있다(상법 제439조 제2항 단서). 그리고 사채권자가 이의를 제기하려면 사채권자집회의 결의가 있어야 한다(상법 제439조 제3항 전단). 이 경우 법원은 이해관계인의 청구에 의하여 사채권자를 위하여 이의제기기간을 연장할 수 있다(상법 제439조 제3항 후단).

이의제출기간 내에 이의를 제출하지 않는 채권자는 자본금 감소를 승인한 것으로 보며, 이의를 제출한 채권자가 있는 경우 회사는 그 채권자에 대하여 변제 또는 상당한 담보를 제공하거나 이를 목적으로 하여 상당한 재산을 신탁회사에 신탁하여야 한다(상법 제439조 제2항, 제232조 제2·3항). 이러한 절차를 이행하지 않는 때에는 이의제출 채권자는 자본금 감소의 무효의 소를 제기할 수 있다.

효력 발생과 등기

자본금 감소의 효력은 자본금 감소의 절차가 끝났을 때에 발생한다. 이 경우에 등기 사항의 변경(발행주식 총수의 감소, 주금액의 감소 등)이 생기므로 자본금 감소의 효력이 생긴 때로부터 본점 소재지에서는 2주간 내에, 지점 소재지에서는 3주간 내에 변경등기를 하여야 한다(상법 제317조 제4항, 제183조).

자본금 감소의 무효

자본금 감소는 주주와 채권자뿐만 아니라 그 밖에 다수인에게 중대한 영향을 미치게 되므로 자본금 감소의 무효는 자본금 감소 무효의 소만으로 주장할 수 있게 하고 있다(상법 제445조).

1 무효의 원인

자본금 감소는 그 절차 또는 내용에 중대한 하자가 있는 때에는 무효가 된다. 즉, 자본금 감소에 관한 주주총회의 결의가 없었다든가, 채권자 보호절차를 밟지 않은 때, 그 방법이 주주평등의 원칙에 반하거나, 이의제출 채권자를 위한 조치를 취하지 않은 때, 또는 종류 주주총회를 개최하지 않은 때 등에만 인정될 수 있다.

2 감자무효의 소

자본금 감소의 무효는 주주·이사·감사·청산인·파산관재인 또는 자본금 감소를 승인하지 아니한 이의 채권자에 한하여 자본금 감소의 변경등기가 있는 날로부터 6개월 내에 소만으로 주장할 수 있다(상법 제445조). 감자무효의 소에 관하여는 설립무효의 소에 관한 규정을 준용한다(상법 제446조, 제186조~제189조, 제191조, 제192조). 그리고 감자무효의 소에 대해 주주총회 결의 취소의 소에 관한 제소주주의 담보제공의무를 규정하고 있는 상법 제377조를 준용하고 있으므로 주주(이사 또는 감사인 주주 제외)가 감자무효의 소를 제기하는 경우 법원은 회사의 청구에 의하여 상당한 담보의 제공을 명할 수 있다(상법 제446조, 제377조).

3	**판결의 효력**

감자무효판결의 효력은 제3자에게도 미치는 대세적 효력이 있으며(상법 제446조, 제190조 본문), 소급효를 가진다(상법 제446조). 감자무효의 소를 제기한 자가 패소한 경우 악의 또는 중대한 과실이 있는 때에는 회사에 대하여 연대하여 손해배상책임을 지고(상법 제446조, 제191조), 무효판결이 확정된 때에는 본점과 지점 소재지에 등기하여야 한다(상법 제446조, 제192조).

chapter 06

회사의 회계

재무제표 및 영업보고서

　주주는 회사의 채무에 대하여 직접 아무런 책임을 지지 않기 때문에 회사 채권자를 위한 유일한 담보는 회사의 재산뿐이다. 그리하여 주식회사에 대하여는 회사재산의 확보를 위하여 자본충실의 원칙이 강조되고 있다. 또한 주식회사의 재산관계는 새로이 주주 또는 사채권자가 되고자 하는 일반 공중의 관심사이기도 하다. 상법은 회사의 회계는 상법과 상법 시행령에서 규정하는 것을 제외하고는 일반적으로 공정하고 타당한 회계관행에 따라야 한다(상법 제446조의2)는 회계의 원칙을 규정하는 외에 이익배당 등 계산규정을 두고 있다.

　주식회사의 이사는 매 결산기마다 재무제표와 영업보고서를 작성하여 이사회의 승인을 받아야 한다(상법 제447조, 제447조의2). 재무제표는 대차대조표, 손익계산서, 그 밖에 회사의 재무상태와 경영성과를 표시하는 것으로서 상법 시행령에서 정하는 서류 등을 말한다(상법 제447조 제1항). 그리고 상법 시행령에서 정하는 일정한 회사의 이사는 연결재무제표를 작성하여 이사회의 승인을 받아야 한다(상법 제447조 제2항). 이사는 이러한 재무제표와 영업보고서를 작성하여 정기총회 회일의 6주간 전에 감사에게 제출하여야 한다(상법 제447조의3). 재무제표와 영업보고서를 제출받은 감사는 서류를 받은 날로부터 4주 내에 감사방법의 개요, 회계장부에 기재될 사항이 기재되지 아니하거나 부실기재된 경우 또는 대차대조표나 손익계산서의 기재 내용이 회계장부와 맞지 아니하는 경우에는 그 뜻, 대차대조표 및 손익계산서가 법령과 정관에 따라 회사의 재무상태와 경영성과를 적정하게 표시하고 있는 경우에는 그 뜻, 대차대조표 또는 손익계산서가 법령이나 정관을 위반하여 회사의 재무상태와 경영성과를 적정하게 표시하지 아니하는 경우에는 그 뜻과 이유 등을 기재한 감사보고서를 이사에게 제출하여야 하며(상법 제447조의4 제1항 및 제2항), 정기총회 회일의 1주간 전부터 재무제표 및 영업보고서와 감사보고서를 본점에 5년간, 그 등본을 지점에 3년간 비치하여야 한다(상법 제448조 제1항). 또 주식회사는 상인으로서 상업장부를 작성하여야 하며(상법 제29조), 이것을 10년간 보존하여야 한다(상법 제33조).

이사는 재무제표를 정기총회에 제출하여 그 승인을 요구하여야 하고(상법 제449조 제1항), 영업보고서는 이를 정기총회에 제출하여 그 내용을 보고하여야 한다(상법 제449조 제2항). 재무제표에 대한 총회의 승인을 얻은 경우 이사는 지체 없이 대차대조표를 공고하여야 한다(상법 제449조 제3항).

그러나 회사는 정관으로 정하는 바에 따라 재무제표를 이사회의 결의로 승인할 수 있다. 이처럼 재무제표에 대한 주주총회 승인을 이사회 결의로 갈음하기 위해서는 재무제표가 법령 및 정관에 따라 회사의 재무상태 및 경영성과를 적정하게 표시하고 있다는 외부감사인의 의견과 감사(감사위원회 설치회사의 경우에는 감사위원) 전원의 동의가 있어야 한다(상법 제449조의2 제1항). 재무제표에 대한 이사회 승인이 있는 경우 이사는 재무제표를 주주총회에 보고하여야 한다(상법 제449조의2 제2항).

정기총회에서 재무제표에 대한 승인을 한 후 2년 내에 다른 결의(책임 해제를 부정하는 결의, 승인결의를 철회하는 결의, 책임 추궁의 소를 제기하는 결의 등)가 없으면 회사는 이사와 감사의 책임을 해제한 것으로 본다. 그러나 부정행위가 있는 때에는 해제되지 않는다(상법 제450조).

1　의의

주식회사의 재무적 기초는 회사의 자본으로서 회사는 자본에 상당하는 재산을 항상 보유하고 있을 것이 요청된다. 또한 회사는 법률, 정관 또는 총회의 결의로써 자산이 자본액을 초과하는 금액 중에서 일정액을 회사에 보유하여야 하는데, 이때에 유보된 금액을 준비금이라 한다.

2　법정준비금

법정준비금은 법률의 규정에 의하여 그 적립이 강제된 것으로서, 그 재원의 성질에 따라 이익준비금과 자본준비금으로 구분된다.

(1) 이익준비금

매 결산기의 이익배당액을 기준으로 적립하는 준비금으로서 손실의 전보와 영업상태 등의 악화에 대비하기 위한 준비자금이라고 할 수 있다. 회사는 그 자본금의 2분의 1이 될 때까지 매 결산기 이익배당액의 10분의 1 이상을 이익준비금으로 적립하여야 한다(상법 제458조). 준비금이란 잉여금의 사외유출을 억제하자는 것이므로 주식배당의 경우는 회사재산의 사외유출이 이루어지지 않으므로 이익준비금 적립기준에서 주식배당은 제외된다. 2011년 개정 상법에서는 현물배당을 인정하고 있으므로 적립기준을 금전에 의한 배당으로 하지 않고 매 결산기 이익배당액을 기준으로 하여 적립하도록 하였다.

(2) 자본준비금

자본준비금은 자본거래에서 생긴 잉여금을 재원으로 하여 적립하는 준비금으로서 주주의 출자의 일부 또는 기타 자본에 준하는 성질의 특수 재원을 적립하는 것이다. 이러한 재원은 주주에게 이익으로 배당할 수 없는 것이기 때문에 상법은 이익준비금과 같은 별도의 적립한도를 정함이 없이 회사는 자본거래에서 발생한 잉여금을 상법 시행령에서 정하는 바에 따라 자본준비금으로 적립하도록 하고 있다(상법 제459조 제1항). 상법은 일반적인 기업회계관행에서 자본잉여금으로 다루는 것을 상법상 자본준비금으로 하기 위해 자본준비금으로 적립하여야 할 재원을 '자본거래에서 발행한 잉여금'이라고 포괄적으로 규정하고 구체적인 적립기준은 이를 시행령으로 정하도록 하였다.

(3) 법정준비금의 용도

❶ 결손의 전보 : 이익준비금이나 자본준비금 등 법정준비금은 자본금의 결손 보전에 충당하는 경우 외에는 이를 처분하지 못하도록 하고 있다(상법 제460조). 즉 원칙적으로 자본의 결손을 전보하는 목적에만 사용할 수 있다. 자본의 결손이란 회사의 순자산액이 자본과 법정준비금의 합계액에 미달되는 경우를 말한다. 2011년 개정 상법에서는 법정준비금에 의한 결손보전과 관련하여 이익준비금과 자본준비금 중 어느 것에 먼저 의할 것인가에 대하여 보전순위에 관한 제한을 폐지하였다.

❷ 자본전입 : 법정준비금은 자본금에의 전입이 인정된다. 법정준비금을 자본금으로 전입하더라도 특별히 이익배당에 영향을 미치지 않고 회사 채권자의 이익을 해하는 것도 아니다. 그래서 상법은 이사회의 결의에 의하여 준비금의 전부 또는 일부를 자본금에 전입할 수 있도록 하고 있다(상법 제461조 제1항 전단). 그러나 정관으로 주주총회에서 이를 결정하는 것으로 정할 수 있다(상법 제461조 제1항 후단).

　자본전입의 효력은, 그 전입을 이사회가 결의한 때에는 신주배정일(배정기준일)에 발생하며, 주주총회가 결의한 때에는 당해 결의 시에 발생한다.

(4) 법정준비금의 감소

회사는 적립된 자본준비금과 이익준비금의 총액이 자본금의 1.5배를 초과하는 경우에 주주총회의 보통결의에 따라 그 초과한 금액 범위에서 자본준비금과 이익준비금을 감액할 수 있다(상법 제461조의2).

3   임의준비금

정관 또는 주주총회의 결의에 의하여 이익준비금을 적립한 다음의 잔여잉여금이나 이익준비금을 한도액까지 적립한 다음의 이익금의 일부를 재원으로 적립하는 준비금을 임의준비금이라 한다. 적립의 목적은 별도 적립금과 같이 특정되지 않은 것도 있지만 사업확장 · 주식소각 · 사채상환 등을 위한 준비금과 같이 특정되는 것도 있다. 또한 차년도에의 이월금도 일시적인 임의준비금으로 볼 수 있다. 임의준비금의 폐지 · 변경 · 유용 등은 그 적립의 근거에 따라 정관변경 또는 주주총회 결의로 회사가 자유로이 정할 수 있다.

4   비밀 준비금

대차대조표에는 준비금의 명목으로 계상하지는 않지만 실질적으로 준비금의 성질을 갖는 것으로서 적극 재산을 실가 이하로 과소평가하거나, 또는 채무를 실가 이상으로 과대평가한 경우에 실가와의 차액을 비밀 준비금이라 한다. 이는 준비금의 명칭을 가지나, 실질적으로는 준비금이 아니므로 부진정준비급 또는 위장준비금이라고도 한다.

section 03   이익배당

1   의의

주식회사의 주주가 이익에 참여하는 방법은 회사가 해산할 경우에 잔여재산분배로도 가능하겠지만, 대부분의 주식회사는 존속기간을 정하지 않고 있기 때문에 정기적으로 결산을 하여 이익을 배당하는 방법에 따른다. 이익배당의 방법으로 상법은 금전 또는 현물에 의한 배당, 주식에 의한 배당을 인정하고 있다.

2 요건

자본충실의 원칙상 주식회사는 이익이 없으면 배당이란 생각할 수 없다. 이익배당을 할 수 있는 배당가능 이익이란 대차대조표상의 순자산액에서 자본금의 액, 그 결산기까지 적립된 자본준비금과 이익준비금의 합계액, 그 결산기에 적립하여야 할 이익준비금의 액 그리고 대통령령으로 정하는 미실현 이익을 공제한 차액을 말한다(상법 제462조 제1항). 또한 정관 또는 주주총회의 결의로 임의준비금을 적립하기로 한 때에는 이것을 공제한 잔액이 배당 가능한 이익의 최대한이 된다.

3 시기와 표준

이익배당은 매 영업연도말에 결산을 하여 손익을 확정한 다음에만 할 수 있다(결산배당). 그러나 연 1회의 결산기를 정한 회사는 영업연도 중 1회에 한하여 이사회의 결의로 일정한 날을 정하여 그날의 주주에게 이익을 배당할 수 있음을 정관으로 정할 수 있다(중간배당, 상법 제462조의3 제1항). 이익배당은 각 주주가 가진 주식의 수에 따라야 한다(상법 제464조 본문). 그러나 회사가 이익의 배당 등에 있어서 내용이 다른 종류의 주식을 발행한 경우 종류주식에 따라 다른 내용의 배당을 할 수 있다(상법 제464조 단서).

4 중간배당 및 분기배당

(1) 중간배당

연 1회의 결산기를 정한 회사는 정관에 규정이 있는 경우에 이사회 결의로 연 1회에 한하여 중간배당을 할 수 있다(상법 제462조의3 제1항). 2011년 개정전 상법에서는 중간배당의 경우 금전배당만 허용해 왔으나 개정 상법은 금전배당 외에 현물로도 중간배당을 할 수 있도록 하고 있다. 중간배당은 직전 결산기의 자본금의 액, 직전 결산기까지 적립된 자본준비금과 이익준비금의 합계액, 직전 결산기의 정기총회에서 이익으로 배당하거나 또는 지급하기로 정한 금액 그리고 중간배당에 따라 당해 결산기에 적립하여야 할 이익준비금을 공제한 금액 한도 내에서 하여야 한다(상법 제462조의3 제2항). 회사는 당해 결산기의 대차대조표상의 순자산액이 이러한 공제항목의 합계액에 미치지 못할 우려가 있는 때에는 중간배당을 하여서는 안 된다(상법 제462조의3 제3항). 그럼에도 불구하고 회사가 중간배당을 한 경우 이사는 회사에 대하여 연대하여 그 차액을 배상할 책임이 있다(상법 제462조의3 제4항 본문). 다만, 이사가 이러한 우려가 없다고 판단함에 있어서 주의를 게을리하지 아니하였음을 증명한 때에는 그러하지 아니하다(상법 제462조의3 제4항 단서).

(2) 분기배당

상장회사는 연 1회의 결산기를 정한 경우 정관으로 정하는 바에 따라 사업연도 중 그 사업연도 개시일부터 3월, 6월 및 9월 말일 당시의 주주에게 이사회 결의로써 금전으로 이익배당(분기배당)을 할 수 있다(자본시장법 제165조의12 제1항). 분기배당은 직전 결산기의 대차대조표상의 순자산액에서 직전 결산기 자본액, 직전 결산기까지 적립된 자본준비금과 이익준비금의 합계액, 직전 결산기의 정기총회에서 이익배당을 하기로 정한 금액 및 분기배당에 따라 해당 결산기에 적립하여야 할 이익준비금의 합계액을 뺀 금액을 한도로 한다(자본시장법 제165조의12 제4항). 해당 결산기의 대차대조표상의 순자산액이 자본액 및 그 결산기까지 적립하였거나 적립하여야 할 이익준비금과 자본준비금의 합계액에 미치지 못할 우려가 있으면 분기배당을 하여서는 안 된다(자본시장법 제165조의12 제5항). 이에 위반하여 분기배당이 이루어진 경우 분기배당을 한다는 이사회 결의에 찬성한 이사는 해당 법인에 대하여 연대하여 그 차액을 배상할 책임을 진다(자본시장법 제165조의12 제6항).

5 배당금 지급청구권

주주의 구체적인 배당금 지급청구권은 주주총회 또는 이사회(중간배당)의 이익처분안을 포함한 재무제표의 승인결의에 의하여 발생한다. 이 배당금 지급청구권은 독립된 채권으로서 주주의 지위와 관계없이 양도·압류할 수 있고 전부명령(轉付命令)의 목적이 될 수 있다.

배당금 지급은 이익배당에 관한 주주총회나 이사회 결의 또는 중간배당에 관한 이사회 결의일로부터 1개월 내에 하여야 한다(상법 제464조의2 제1항 본문). 다만, 주주총회 또는 이사회에서 배당금 지급시기를 따로 정한 경우에는 주주총회나 이사회에서 정하는 바에 따른다(상법 제464조의2 제1항 단서). 주주의 배당금 지급청구권의 소멸시효기간은 5년으로 법정되어 있다(상법 제464조의2 제2항).

6 현물배당

현물배당이란 회사의 결정에 의해 이익배당을 금전이 아닌 현물로 행하는 배당을 말한다. 배당 목적물이 현물이라는 점 외에 배당에 관한 절차 등은 금전에 의한 이익배당과 같다. 현물이란 금전이 아닌 경제적 가치가 있는 재산을 말하고 주주별로 배당하는 재산의 종류를 달리 정할 수는 없다. 회사는 정관으로 금전 외의 재산으로 배당을 할 수 있음을 정할 수 있다(상법 제462조의4 제1항). 현물배당을 위해서는 정관에 금전 외의 재산으로 이익배당을 할 수 있음을 정하고 있어야 한다. 정관규정이 있더라도 배당에 관한 결의를 하는 주주총회나 이사회에서 특정 배당을 현물로 한다는 의사결정이 필요하다.

그러나 현물배당을 결정한 회사는 주주가 배당되는 금전 외의 재산 대신 금전의 지급을 회사에 청구할 수 있도록 한 경우에는 그 금액 및 청구할 수 있는 기간을 정하도록 하고 있다(상법 제462조의4 제2항 제1호). 그리고 현물배당에 관한 사항을 정하는 경우 일정수 미만의 주식을 보유한 주주에게 금전 외의 재산 대신 금전을 지급하기로 한 경우에는 그 일정수 및 금액도 정하도록 하고 있다(상법 제462조의4 제2항 제2호).

7 위법배당

회사가 자본충실의 원칙에 위반하여 이익을 배당한 때에는 그 배당은 무효이다. 이 경우에 회사는 주주에 대하여 부당이득을 이유로 반환을 청구할 수 있으며(민법 제741조), 회사 채권자도 배당한 이익을 회사에 반환할 것을 청구할 수 있다(상법 제462조 제2항). 이러한 반환청구권은 위법배당 시의 회사 채권자뿐만 아니라 그 후의 모든 회사 채권자도 채권액의 다소를 불문하고 행사할 수 있지만, 위법배당의 반환은 회사에 대하

여 하여야 한다. 그러나 실제에 있어서 반환의 성과를 기대할 수 없기 때문에 상법은
이사에게 회사에 대하여 위법배당으로 인한 손해를 연대하여 배상할 책임을 부과하고
있고(상법 제399조), 악의 또는 중대한 과실로 인한 때에는 회사 채권자 등의 제3자에 대
하여도 책임을 부담하는 것으로 하고 있다(상법 제401조). 또한, 위법배당에 대하여 5년
이하의 징역 또는 1,500만 원 이하의 벌금의 형벌의 제재가 있다(상법 제625조 제3호).

section 04 주식배당

1 개요

주식배당이란 이익의 배당을 금전이나 현물이 아닌 새로이 발행하는 주식으로 하는
것을 말한다(상법 제462조의2 제1항). 주식배당은 배당가능 이익을 사외로 유출시키지 않고
사내에 유보하여 기업자금으로 사용할 수 있는 이점이 있다. 반면, 주식수의 증가로 인
하여 배당률이 저하되고, 배당압박이 증가하며, 주가가 하락된다는 폐해도 있다.

주식배당의 법률적 성질에 관하여는 ① 이익배당으로 보는 견해와 ② 자본전입 내지
주식분할로 보는 견해가 대립되어 있으나, 우리나라의 통설은 이익배당설이다.

2 요건

(1) 배당가능 이익의 존재

주식배당을 하려면 당해 연도에 영업에서 생긴 배당가능 이익이 있어야 한다. 여기
에서 배당가능 이익이란 금전에 의한 이익배당의 경우와 마찬가지로 대차대조표상의
순자산액으로부터, ① 자본액, ② 그 결산기까지 적립된 자본준비금과 이익준비금의
합계액, ③ 그 결산기에 적립하여야 할 이익준비금액, ④ 상법 시행령으로 정하는 미실
현이익을 뺀 금액을 말한다(상법 제462조 제1항).

(2) 주식배당의 한도

회사는 주주총회 결의에 의하여 이익의 배당을 새로이 발행하는 주식으로 할 수 있지만 주식에 의한 배당은 이익배당총액의 2분의 1에 상당하는 금액을 초과할 수 없다(상법 제462조의2 제1항). 다만, 상장회사의 경우는 이익배당총액에 상당하는 금액까지는 새로 발행하는 주식으로 이익배당을 할 수 있다. 그러나 해당 주식의 시가가 액면액에 미치지 못하는 경우에는 주식배당한도는 이익배당총액의 2분의 1까지로 하며 이 경우 그 주식의 시가는 주식배당을 결의한 후 주주총회일의 직전일부터 소급하여 그 주주총회일이 속하는 사업연도의 개시일까지 사이에 공표된 매일의 증권시장에서 거래된 최종시세 가격의 평균액과 그 주주총회일의 직전일의 증권시장에서 거래된 최종시세 가격 중 낮은 가액으로 하도록 하고 있다(자본시장법 제165조의13, 동시행령 제176조의14).

(3) 수권주식수의 보유

주식배당은 정관의 발행 예정 주식의 총수 가운데 미발행주식이 남아 있는 범위 내에서만 할 수 있고, 그렇지 아니한 경우에는 먼저 정관을 변경하여 그 수권주식수를 증가시켜야 한다.

3 절차

(1) 주주총회의 결의

주식배당은 주주총회의 배당결의에 의한다(상법 제462조의2 제1항). 이 결의는 보통결의로 충분하다. 주식배당의 결의가 있는 경우 대표이사는 지체 없이 배당받을 주주와 주주명부에 기재된 질권자에게 그 주주가 받을 주식의 종류와 수를 통지하여야 한다(상법 제462조의2 제5항).

(2) 발행가액

주식배당은 주식의 권면액으로 하고, 회사가 종류주식을 발행한 때에는 각각 그와 같은 종류의 주식으로 할 수 있다(상법 제462조의2 제2항). 주식으로 배당할 이익의 금액 중 주식의 권면액에 미달하는 단수가 있는 경우 그 부분에 대해서는 발행한 신주를 경매하여 각 주수에 따라 그 대금을 종전의 주주에게 지급하여야 한다. 이때 그 주식이 거래소의 시세있는 주식인 경우는 거래소를 통하여 매각하고, 거래소의 시세 없는 주식인 경우에는 법원의 허가를 얻어 경매 외의 방법으로 매각할 수 있다(상법 제462조의2 제3항, 제443조 제1항).

4 효과

(1) 자본의 증가

주식배당을 하면 그만큼 신주가 발행되어 회사의 자본금도 증가하게 되므로 일정한 기간 내에 변경등기를 하여야 한다(상법 제317조 제4항, 제183조).

(2) 신주의 효력 발생 시기

주식배당을 받는 주주는 주식배당의 결의를 한 주주총회가 끝난 때부터 신주의 주주가 되며, 신주의 효력 발생 시기도 이때부터이다(상법 제462조의2 제4항).

(3) 질권의 효력

주식의 등록질권자는 주식배당에 의하여 주주가 받을 신주에 대하여 질권을 가지며, 회사에 대하여 질권의 목적인 주식에 대한 주권의 교부를 청구할 수 있다(상법 제462조의2 제6항, 제340조 제3항).

한편 약식질의 경우 주식배당의 본질에 관하여 통설인 이익배당설에 의하면 그 효력이 주식배당으로 인한 신주에 미치지 않는다고 하나, 자본전입설 내지 주식분할설에 의하면 배당되는 신주에 약식질의 효력이 미친다고 한다.

(4) 일할배당(배당기산일)

기업 실무에서는 회계연도 중에 신주를 발행한 경우에 신주에 대한 이익배당을 일할배당으로 하는 관행이 있다. 주식배당도 이와 같이 신·구주에 대하여 차등배당을 할 것인가 하는 문제가 있다. 주식배당의 본질에 관하여 이익배당설을 취한다면 이를 긍정하게 된다.

5   자기주식 · 우선주식

(1) 자기주식의 문제

주식배당의 본질에 관하여 통설인 이익배당설을 취할 경우 자기주식의 권리에 관하여 다수설인 전면적 휴지설에 따른다면 회사가 보유하고 있는 자기주식에 대한 주식배당은 인정되지 않으나, 의결권만이 휴지된다는 부분적 휴지설에 따른다면 회사의 자기주식에 대하여도 주식배당을 하여야 할 것이다.

그러나 자본전입설 내지 주식분할설에 의하면 회사가 보유하고 있는 자기주식에 대하여도 주식배당을 하여야 한다.

(2) 종류주식의 문제

주식배당의 본질에 관하여 통설인 이익배당설에 의하면 주식배당의 경우에 회사가 종류주식을 발행하였다 하더라도 모두 한 가지 주식으로 교부하여야 한다고 한다. 그러나 자본전입설 내지 주식분할설에 의하면 회사가 종류주식을 발행한 경우에는 각 주주가 갖는 주식의 종류에 따라 그에 해당하는 주식을 발행하여야 한다. 상법은 회사가 종류주식을 발행한 경우 각각 그와 같은 종류의 주식으로 배당할 수 있다고 규정하고 있다(상법 제462조의2 제2항 후단).

section 05   주주의 경리검사권

1   개요

주주의 권리를 적절히 행사하려면 회사의 업무와 재산에 대하여 정확한 지식이 있어야 한다. 그리하여 상법은 정기총회에 제출할 재무제표 등의 서류를 공시하여 주주 및 회사 채권자가 열람할 수 있도록 하는 외에(상법 제448조), 주주의 경리검사의 철저를 기하기 위하여 소수주주권으로서 회계장부 및 서류를 열람 또는 등사할 수 있는 권리를 인정하고 있다(상법 제466조 제1항).

2 재무제표 열람권

이사는 정기총회 회일의 1주 전부터 재무제표와 영업보고서, 감사보고서를 본점에 5년간, 그 등본을 지점에 3년간 비치하여야 한다(상법 제448조 제1항). 주주와 회사 채권자는 영업시간 내에 언제든지 이러한 서류를 열람할 수 있으며, 회사가 정한 비용을 지급하고 그 서류의 등본이나 사본의 교부를 청구할 수 있다(상법 제448조 제2항).

3 회계장부열람권

발행주식 총수의 100분의 3 이상에 해당하는 주식을 가진 주주는 그 이유를 붙인 서면으로 회계의 장부와 서류의 열람 또는 등사를 청구할 수 있다(상법 제466조 제1항). 이것은 그 남용의 우려가 있기 때문에 소수주주권으로 한 것이다. 상장회사의 경우 6개월 전부터 발행주식 총수의 0.1%(자본금 1천억 원 이상의 회사는 0.05%) 이상의 주식을 보유한 소수주주가 회계장부열람권을 가지고 있다(상법 제542조의6 제4항).

주주가 이러한 청구를 할 때에는 이유를 붙인 서면으로 하여야 하며 구두에 의한 청구나 이유를 붙이지 않은 서면에 의한 청구는 효력이 없다. 열람 및 등사는 반드시 주주가 직접 할 필요는 없고 공인회계사 또는 변호사 등의 보조자를 이용할 수 있다.

회사는 주주의 적법한 청구가 있는 때에는 그 청구가 부당함을 증명하지 아니하면 이를 거부하지 못한다(상법 제466조 제2항). 그러므로 회사가 소수주주권자의 적법한 청구를 상당한 이유 없이 거부하는 때에는 그 주주는 열람청구의 소를 제기할 수 있고, 은닉·인멸 등의 우려가 있는 때에는 가처분의 신청으로 회계의 장부와 서류를 보전시킬 수 있다. 그리고 이에 관련된 이사는 과태료의 제재를 받는다(상법 제635조 제1항 제4호).

회사의 업무집행에 관하여 부정행위 또는 법령이나 정관에 위반되는 중대한 사실이 있음을 의심할 사유가 있는 때에는 발행주식 총수의 100분의 3 이상에 해당하는 주식을 가진 주주는 회사의 업무와 재산상태를 조사하게 하기 위하여 법원에 검사인의 선임을 청구할 수 있다(상법 제467조 제1항). 검사인은 그 조사의 결과를 법원에 보고하여야 하며(상법 제467조 제2항), 법원은 검사인의 보고에 의하여 필요하다고 인정한 때에는 주주총회의 소집을 대표이사에게 명령할 수 있다(상법 제467조 제3항). 이 경우 이사와 감사는 검사인의 보고서의 정확여부를 조사하여 이를 주주총회에 보고하여야 한다(상법 제467조 제4항).

상장회사의 경우 6개월 전부터 발행주식 총수의 1.5% 이상의 주식을 보유한 소수주주에게 업무·재산상태 검사청구권을 인정하고 있다(상법 제542조의6 제1항).

section 06 이익공여의 금지

회사는 누구에게든지 주주의 권리행사와 관련하여 재산상의 이익을 공여하서는 안된다(상법 제467조의2 제1항). 회사가 특정의 주주에게 무상으로 재산상의 이익을 공여한 경우 주주의 권리행사와 관련하여 이를 공여한 것으로 추정하며, 회사가 특정의 주주에 대하여 유상으로 재산상의 이익을 공여한 경우에 회사가 얻은 이익이 공여한 이익에 비하여 현저하게 적은 때에도 이를 이익공여로 추정한다(상법 제467조의2 제2항). 회사가 이익공여 금지 규정에 위반하여 주주에게 재산상의 이익을 공여한 경우에는 그 이익을 공여받은 자는 이를 회사에 반환하여야 하며 이 경우 회사에 대하여 대가를 지급한 것이 있는 때에는 이를 반환받을 수 있다(상법 제467조의2 제3항).

section 07 | 사용인의 우선변제권

회사와 사용인 사이의 고용관계로 인하여 사용인은 회사에 대하여 신원보증금을 비롯하여 급료·상여금·퇴직금 등의 채권을 갖게 되는 경우가 많다. 그리하여 상법은 사회정책적인 면을 고려하여 신원보증금의 반환을 받을 채권 기타 회사와 사용인 간의 고용관계로 인한 채권이 있는 자에게 회사의 총재산에 대하여 우선변제를 받을 수 있는 권리를 인정하고 있다(상법 제468조 본문). 그러나 사용인의 우선변제권은 질권이나 저당권과 같은 담보물권에는 우선하지 못한다(상법 제468조 단서).

chapter 07

사채

개요

　신주의 발행은 자기자본의 형태로 자금을 조달할 수 있는 장점이 있지만, 기업의 영속적인 확대를 초래하고 또 주식의 수가 증가하기 때문에 기존 주주에 대한 이익배당과 지배권에 대하여도 영향을 미치게 된다.

　그러나 사채의 모집은 타인자본의 형태로 장기에 걸쳐 거액의 자금을 조달할 수 있는 장점이 있다. 사채는 집단적·정형적으로 채무를 부담하고 유가증권인 채권이 발행되는 점에서 일반적 금전차입과 차이가 있다. 사채는 주식과 달리 그 연도에 이익이 있든 없든 간에 확정률의 이자 지급을 보장받고 또 원금의 상환기일이 확정되어 있기 때문에 주식에 비하여 투자의 대상으로서 안전성이 있다.

　사채는 회사가 일반 공중으로부터 장기에 걸치는 다액의 자금을 집단적으로 조달하기 위하여 채권(債券)발행의 형식으로 부담한 채무라고 할 수 있다. 일반적으로 사채라고 할 때에는 주식회사가 발행하는 것만을 말하며, 상법은 주식회사의 사채 발행에 대하여만 특별규정을 두고 있다. 상법상의 사채에 관한 규정은 무담보사채에 관한 것으로서 사채에 관한 일반적 규정이라고 할 수 있다.

section 02 ## 사채 발행의 방법

1 직접발행

(1) 직접모집

이 방법은 기채회사 자신이 직접 일반 공중으로부터 사채를 모집하는 것으로 상법은 이를 중심으로 규정하고 있다. 회사가 모든 절차를 직접 진행하여야 하기 때문에 중개자에 대한 수수료를 절약할 수 있는 이점은 있으나, 반면에 발행사무처리를 위하여 많은 인원이 필요하다. 오늘날 사채의 모집은 전문적 업무로 복잡하기 때문에 발행회사가 직접 모집하는 경우는 극히 드물다.

(2) 매출발행

매출발행은 사채총액을 확정하지 않고 일정한 기간을 정하여 그 기간 내에 개별적으로 채권(債券)을 매출하는 방법에 의하여 사채를 발행하는 것이다. 그러나 상법에 의하면 채권은 사채금액의 납입이 완료된 후가 아니면 발행할 수 없도록 규정하고 있으므로(상법 제478조) 일반주식회사에 대하여는 이러한 방법에 의한 사채모집은 인정되지 않는다. 특수은행에서 국민주택채권·산업금융채권 등으로 발행하는 것이 그 예이다.

2 간접발행

(1) 위탁모집

사채의 발행에 있어서 중개인을 개입시키는 방법으로써 수수료 및 기타의 비용이 들게 되지만, 중개인은 집단적으로 사채를 취급하는 데 숙련되어 있고, 금융사정에 밝다는 장점이 있다. 또한 사채모집업무에 관하여 전문적 지식을 가진 중개인을 이용하기 때문에 신속하게 사채를 발행할 수 있으며, 중개인의 신용을 이용할 수 있다.

(2) 인수모집(잔액인수)

인수모집(도급모집)이란 기채회사가 수탁회사와 인수 및 모집계약을 체결하여 사채모집의 수탁회사가 사채총액에 대하여 그 응모액이 미달되는 때에 잔액에 대한 인수의무를 지는 것을 말한다. 잔액인수라고도 한다.

3 사채총액의 인수

특정인이 사채 발행회사와의 계약에 의하여 사채총액을 포괄적으로 인수하는 경우를 사채총액의 인수라 한다. 이러한 총액인수의 경우에는 인수인이 인수 이후의 매출내지 채권(債券)의 매매를 자기의 책임하에 하므로 가격의 차액에 대한 손익이 인수인에게 귀속되는 점이 위탁모집의 경우와는 다르다.

section 03 사채 발행의 절차

1 사채 발행의 결정

회사는 이사회의 결의로 사채를 발행할 수 있다(상법 제469조 제1항). 이사회에서는 사채 발행 여부와 발행할 사채의 총액과 종류, 각 사채의 금액, 이율, 상환방법, 기한 등 사채 발행과 관련한 사항을 정하여야 한다. 정관으로 정하는 경우 이사회는 대표이사에게 사채의 금액 및 종류를 정하여 1년을 초과하지 아니하는 기간 내에 사채를 발행할 것을 위임할 수 있다(상법 제469조 제4항). 회사의 자금 수요를 고려하여 신속하게 사채를 발행할 수 있도록 하기 위한 것이다.

2 사채 계약의 성립

사채의 모집에 응하고자 하는 자는 사채청약서 2통에 그 인수할 사채의 수와 주소를 기재하고 기명날인 또는 서명하여야 한다(상법 제474조 제1항). 사채 청약서에는 회사의 상호·순자산액 등 회사에 관한 사항, 사채총액·각사채의 금액·이율 등 사채에 관한 사항, 사채관리회사에 관한 사항 등 법정사항을 기재하여야 한다(상법 제474조 제2항). 그러나 계약에 의하여 사채의 총액을 인수하는 경우에는 이를 적용하지 않는다. 그리고 사채모집의 위탁을 받은 회사가 사채의 일부를 인수하는 경우에는 그 일부에 대하여 이를 적용하지 않는다(상법 제475조). 사채모집에 응하는 자의 청약에 대하여 기채회사 또는 수탁회사가 배정을 하면 사채 계약이 성립하게 된다.

3 납입

사채의 모집이 완료된 때에는 이사는 지체 없이 인수인에 대하여 각 사채의 전액 또는 제1회의 납입을 시켜야 한다(상법 제476조 제1항). 사채모집의 위탁을 받은 회사는 그 명의로 위탁회사를 위하여 납입을 받을 수 있다(상법 제476조 제2항). 사채의 납입은 상계 · 대물변제로도 할 수 있다. 분할납입도 가능하다.

section 04 | 사채의 유통

1 채권(債券)

사채에 대하여는 그 유통의 원활을 위하여 채권(債券)이 발행된다. 채권은 사채전액의 납입이 완료한 후가 아니면 이를 발행하지 못한다(상법 제478조 제1항). 채권은 사채를 표창하는 유가증권으로 요식증권이다. 그러므로 채권에는 채권의 번호, 회사의 상호, 사채의 총액, 각 사채의 금액, 사채의 이율, 사채의 상환과 이자지급의 방법과 기한, 사채관리회사에 관한 사항 등 법정사항을 기재하고 대표이사가 기명 · 날인 또는 서명하여야 한다(상법 제478조 제2항). 채권은 기명식과 무기명식으로 발행할 수 있으며, 사채권자는 언제든지 기명식의 채권을 무기명식으로 무기명식의 채권을 기명식으로 할 것을 회사에 청구할 수 있다(상법 제480조 전단). 그러나 채권을 기명식 또는 무기명식으로 제한하는 것으로 정한 때에는 상호전환권이 인정되지 않는다(상법 제480조 후단). 일반적으로 무기명식이 많이 이용된다. 실무상으로는 사채등록제도에 의하여 실물채권은 거의 발행되지 않는다.

회사는 실물 채권을 발행하는 대신 정관으로 정하는 바에 따라 전자등록기관의 전자등록부에 채권을 등록할 수 있다. 사채의 전자등록에 대해서는 주식의 등록제도에 관한 규정을 준용하고 있다.

2 사채원부

사채원부라 함은 사채권자 및 채권(債券)에 관한 사항을 기재한 장부로서 주식에 관한 주주명부에 대응하는 장부이다. 회사는 사채원부를 작성하여야 하며 사채원부에는 사채권자의 성명과 주소, 채권번호 등 법정사항을 기재하여야 한다(상법 제488조). 이사는 사채원부를 본점에 비치하여야 한다. 명의개서대리인을 둔 경우 사채원부 또는 그 부본을 명의개서대리인의 영업소에 비치할 수 있다(상법 제396조 제1항). 회사 채권자와 주주는 영업시간 내에 언제든지 그 열람 또는 등사를 청구할 수 있다(상법 제396조 제2항).

> ### 3 사채의 이전

기명사채의 이전방법에 관하여는 아무런 규정이 없다. 따라서 일반적인 양도방법과 같이 당사자 간 의사의 합치와 채권의 교부로써 할 수 있다. 기명채권의 이전은 취득자의 성명과 주소를 사채원부에 기재하고 그 성명을 채권에 기재하지 아니하면 회사 기타 제3자에게 대항하지 못한다(상법 제479조 제1항). 회사는 정관이 정하는 바에 따라 명의개서대리인을 둘 수 있고 이 경우 명의개서대리인이 취득자의 성명과 주소를 사채원부의 부본에 기재하면 사채원부에 기재한 것으로 본다(상법 제479조 제2항, 제337조 제2항). 무기명사채의 양도는 그 채권을 양수인에게 교부함으로써 양도의 효력이 생긴다(민법 제523조). 사채의 경우 자기사채의 취득이 가능하다.

> ### 4 사채의 입질

기명사채의 입질은 그 채권을 질권자에게 교부함으로써 그 효력이 생기지만(민법 제347조) 회사 기타 제3자에 대항하기 위해서는 민법 제450조의 규정에 의하여 회사에 질권설정의 사실을 통지하거나 회사가 이를 승인하여야 한다(민법 제349조). 무기명사채는 채권을 질권자에게 교부함으로써 질권설정의 효력이 생긴다(민법 제351조). 그리고 질권자가 계속 채권을 점유함으로써 제3자에게 대항할 수 있다.

사채를 전자등록기관의 전자등록부에 등록한 경우 주식의 등록제도에 관한 규정을 준용하고 있으므로 전자등록되어 있는 사채의 입질은 전자등록부에 등록하는 방법으로 한다(상법 제478조 제3항, 제356조의2 제1항부터 제4항).

section 05 사채관리회사

사채는 장기간 존속하고 원리금 상환과 관련하여 수차례 권리를 행사하여야 한다. 그러나 대부분의 사채권자는 이러한 권리행사에 익숙하지 못한 것이 일반적이다. 그래서 종전까지 사채 발행을 주선한 수탁회사가 담당하던 사채권자를 대신한 사채 관련 업무의 대리업무를 사채관리회사가 담당하도록 하고 있다(상법 제482조의2 이하).

상법은 사채관리회사에 대해 사채관리에 필요한 각종 권한을 부여하는 동시에 사채권자 보호를 위한 각종 의무와 책임을 부여하고 있다. 그리고 발행회사로서도 사채권자 전부를 상대하여 발행회사로서의 의무를 이행하기보다는 사채관리회사라는 단일창구를 이용할 수 있게 되므로 사채관리의 효율성을 높일 수 있다.

1 사채관리회사의 지정 및 자격

사채를 발행한 회사는 사채관리회사를 정하여 변제의 수령, 채권의 보전, 그 밖에 사채의 관리를 위탁할 수 있다(상법 제480조의2). 발행회사가 임의적으로 선택할 수 있도록 하고 있다.

은행, 신탁회사, 그 밖에 상법 시행령에서 정하는 자만이 사채관리회사가 될 수 있다(상법 제480조의3 제1항). 이해상충 문제를 고려해 사채의 인수인은 그 사채의 사채관리회사가 될 수 없도록 하고 있고(상법 제480조의3 제2항), 사채를 발행한 회사와 특수한 이해관계가 있는 자 중 상법 시행령에서 정하는 자도 사채관리회사가 될 수 없다(상법 제480조의3 제3항).

2 사채관리회사의 사임 및 해임 등

사채관리회사는 사채를 발행한 회사와 사채권자집회의 동의를 받아 사임할 수 있고, 부득이한 사유가 있는 경우에는 법원의 허가를 얻어 사임할 수 있다(상법 제481조). 그리고 법원은 사채관리회사를 해임할 수 있다. 즉 사채관리회사가 그 사무를 처리하기에

적임이 아니거나 그 밖에 정당한 사유가 있는 경우 법원은 사채발행회사 또는 사채권
자집회의 청구에 의하여 사채관리회사를 해임할 수 있다(상법 제482조).

사채관리회사의 사임 또는 해임으로 인하여 사채관리회사가 없게 된 경우 사채를 발
행한 회사는 그 사무를 승계할 사채관리회사를 정하여 사채권자를 위하여 사채관리를
위탁하여야 하고 이 경우 회사는 지체 없이 사채권자집회를 소집하여 그 동의를 받아
야 한다(상법 제483조 제1항). 그리고 부득이한 사유가 있는 경우 이해관계인은 사무승계
자의 선임을 법원에 청구할 수 있다(상법 제483조 제2항).

3 사채관리회사의 권한

사채관리회사는 사채권자를 위하여 사채의 변제를 위한 권한, 조사권 등을 가지고
있다. 사채관리회사가 둘 이상인 경우 그 권한에 속하는 행위는 이를 공동으로 하여야
한다(상법 제485조 제1항).

(1) 사채의 변제를 위한 권한

사채관리회사는 사채권자를 위하여 사채에 관한 채권을 변제받거나 채권의 실현을
보전하기 위하여 필요한 재판상 또는 재판 외의 모든 행위를 할 수 있다(상법 제484조 제1
항). 사채관리회사는 사채에 관한 채권을 변제받으면 지체 없이 그 뜻을 공고하고 알고
있는 사채권자에게 그 사실을 통지하여야 한다(상법 제484조 제2항). 사채에 관한 채권 변
제의 공고 또는 통지가 있는 경우 사채권자는 사채관리회사에 사채 상환액 및 이자 지
급을 청구할 수 있다. 이 경우 사채권이 발행된 때에는 사채권과 상환하여 상환액 지급
청구를 하고, 이권과 상환하여 이자지급 청구를 하여야 한다(상법 제484조 제3항).

사채관리회사는 사채에 관한 채권을 변제받거나 채권의 실현을 보전하기 위한 경우
를 제외하고는 ① 해당 사채 전부에 대한 지급의 유예, 그 채무의 불이행으로 발생한
책임의 면제 또는 화해, ② 해당 사채 전부에 관한 소송행위 또는 채무자회생 및 파산
에 관한 절차에 속하는 행위를 하는 경우 사채권자집회의 결의에 의하여야 한다(상법 제
484조 제4항 본문). 다만 사채 발행회사는 ②에 해당하는 행위를 사채관리회사가 사채권
자집회 결의에 의하지 아니하고 할 수 있도록 정할 수 있으며(상법 제484조 제4항 단서), 사
채관리회사가 사채권자집회의 결의에 의하지 않고 이러한 행위를 한 때에는 지체 없이

그 뜻을 공고하고 알고 있는 사채권자에게 따로 통지하여야 한다(상법 제484조 제5항).

(2) 사채 발행회사 업무 및 재산상태 조사권

사채권자를 위하여 사채 관련 업무를 대리하는 사채관리회사가 최선의 업무집행을 하기 위해서는 사채를 발행한 회사에 대한 정확한 파악이 필요하다. 그래서 상법은 사채관리회사에 대해 일정한 조사권을 부여하고 있다.

즉 사채관리회사는 그 관리를 위탁받은 사채에 관하여 사채에 관한 채권의 변제 또는 채권의 실현을 위한 행위, 해당 사채 전부에 관한 지급의 유예·그 채무의 불이행으로 발생한 책임의 면제 또는 화해, 해당 사채 전부에 관한 소송행위 또는 채무자회생 및 파산에 관한 절차에 속하는 행위를 하기 위하여 필요하면 법원의 허가를 받아 사채를 발행한 회사의 업무와 재산상태를 조사할 수 있다(상법 제484조 제7항).

4 사채관리회사의 의무 및 책임

사채관리회사는 사채권자를 위하여 공평하고 성실하게 사채를 관리하여야 하며(상법 제484조의2 제1항), 사채권자에 대하여 선량한 관리자의 주의로 사채를 관리하여야 한다(상법 제484조의2 제2항). 사채관리회사가 상법이나 사채권자집회 결의를 위반한 행위를 한 경우에는 이로 인하여 발생한 손해를 사채권자에 대하여 연대하여 배상할 책임을 진다(상법 제484조의2 제3항). 그리고 사채관리회사가 둘 이상 있는 경우 사채관리회사가 사채에 관한 채권을 변제받은 때에는 사채관리회사는 사채권자에 대하여 연대하여 변제액을 지급할 의무를 진다(상법 제485조 제2항).

5 사채관리회사의 보수 등

사채관리회사, 대표자 및 집행자에게 줄 보수와 그 사무처리에 필요한 비용은 사채를 발행한 회사와의 계약에서 정하는 바에 따르고 계약에 보수 및 비용에 관한 약정이 없는 경우에는 법원의 허가를 받아 사채를 발행한 회사로 하여금 부담하게 할 수 있다(상법 제507조 제1항). 사채관리회사, 대표자 및 집행자는 사채에 관한 채권을 변제받은 금액에서 사채권자보다 우선하여 이러한 보수와 비용을 변제받을 수 있다(상법 제507조 제2항).

section 06　사채의 이자지급과 상환

1　사채의 이자지급

사채의 이자액은 사채계약에서 정한 이율에 의하여 결정된다. 이 이율은 중요한 발행조건의 하나이기 때문에 법은 사채청약서, 채권(債券), 사채원부에 그 기재를 요구하고 있다(상법 제474조 제2항 제7호, 제478조 제2항 제2호, 제488조 제3호).

또한 이자의 지급기한 및 방법도 사채계약에서 정해지지만, 무기명채권에는 이권(利券)이 첨부되며 이 경우에 이자의 지급은 이 이권과 상환하여 하게 된다. 그러므로 이권은 이자지급기에 있어서의 이자지급 청구권을 표창하는 유가증권이며 독립하여 유통의 대상이 된다. 사채의 이자지급 청구권과 이권소지인의 공제액 지급 청구권은 5년간 행사하지 아니하면 소멸시효가 완성된다(상법 제487조 제3항).

2　사채의 상환

(1) 개요

사채의 상환이라 함은 사채를 발행한 회사가 사채권자에게 채무를 변제하여 사채의 법률관계를 종료시키는 것을 말한다. 회사가 이권이 붙어 있는 무기명사채를 기한 전에 상환하는 경우에 이권이 흠결된 때에는 이권의 권면액에 상당하는 금액을 사채상환액에서 공제하여 상환한다(상법 제486조 제1항). 그러나 이권소지인은 언제든지 이권과 상환하여 공제액의 지급을 청구할 수 있다(상법 제486조 제2항).

(2) 방법

사채의 상환은 중요한 사항이기 때문에 모든 서류에 그 내용이 기재된다. 실제에 있어서는 발행일로부터 일정한 거치기간을 정하고 이 기간의 경과 후 매년 정기적으로 일정액 또는 그 이상을 추첨의 방법으로 상환하고 미리 정하여진 최종기한까지는 사채 전부의 상환을 완료한다는 뜻을 정하는 경우가 많다.

사채관리회사가 있는 경우에는 사채관리회사가 사채권자를 위하여 사채에 관한 채권을 변제받거나 채권의 실현을 보전하기 위하여 필요한 재판상 또는 재판 외의 모든 행위를 할 권한이 있다(상법 제484조 제1항). 이때에 사채관리회사가 사채 발행회사로부터 상환을 받은 때에 사채는 소멸하고, 사채권자는 사채관리회사에 대하여 사채상환액 및 이자지급을 청구할 수 있다(상법 제484조 제2·3항).

(3) 매입소각

상환과 같은 결과를 가져오는 것으로 매입소각의 방법이 있다. 이것은 사채를 발행한 회사가 자기의 사채를 매입하여 소각하는 것으로, 사채의 시장 가격이 하락한 때에 이용하게 된다.

(4) 사채 발행회사의 불공정행위에 대한 취소의 소

사채를 발행한 회사가 어느 사채권자에게 한 변제, 화해, 그 밖의 행위가 현저하게 불공정한 때에는 사채관리회사는 소(訴)만으로 그 행위의 취소를 청구할 수 있다(상법 제511조 제1항). 사채권자집회의 결의가 있는 경우 사채권자집회의 대표자 또는 집행자도 소를 제기할 수 있다(상법 제512조).

이 취소의 소는 특정한 사채권자에게 부당한 이익을 주는 경우에 그러한 편파적인 행위를 시정하고자 하는 데에 목적이 있으므로 발행회사의 악의의 유무는 묻지 않으나, 그 수익자와 전득자가 그 행위 또는 전득 당시에 그 행위가 현저하게 불공정함을 알지 못한 때에는 취소의 소를 제기하지 못한다(상법 제511조 제3항, 민법 제406조 제1항 단서). 이 소는 사채관리회사가 취소의 원인인 사실을 안 때로부터 6개월, 행위가 있은 때로부터 1년 내에 제기하여야 하며(상법 제511조 제2항), 사채권자집회의 대표자 또는 집행자가 제기하는 때에는 그 행위가 있는 때로부터 1년 내에 한하여 제기할 수 있다(상법 제512조 단서).

(5) 기한이익의 상실

2011년 개정 상법에서는 이자지급 또는 정기 상환을 게을리한 경우 기한이익 상실에 관한 규정을 삭제하였다. 그러나 사채계약에서 이자지급 지연 등 기한이익 상실 사유를 정할 수 있다.

(6) 소멸시효

사채의 상환청구권과 사채권의 사채관리회사에 대한 상환액 지급 청구권은 10년간 행사하지 아니하면 소멸시효가 완성된다(상법 제487조 제1·2항). 즉, 사채의 이자지급청구권의 소멸시효가 5년인 데 비하여, 더 긴 기간이 도과하여야 소멸시효가 완성되도록 하고 있는 것이다.

section 07 | 사채권자집회

1 의의

사채는 차입 총액이 동일한 금액으로 구분되고 있는데, 이것은 각 사채권자의 지위 및 권리의 내용에 양적인 차이를 두는 데에 그 목적이 있다. 또한 모든 사채권자의 이해관계는 공통성이 존재하기 때문에 자연적으로 이익단체가 구성되며, 회사가 각 사채권자를 개별적으로 상대한다는 것은 불편하므로 법은 사채권자집회를 법률상의 회의체로 인정하고 있다.

2 소집

사채권자집회는 사채를 발행한 회사 또는 사채관리회사가 소집한다(상법 제491조 제1항). 일정 비율 이상의 사채를 가진 사채권자도 사채권자집회를 소집할 수 있다. 사채의 종류별로 해당 종류의 사채 총액(상환받은 금액은 제외)의 10분의 1 이상에 해당하는 사채를 가진 사채권자는 회의 목적사항과 소집 이유를 적은 서면 또는 전자문서를 사채발행회사 또는 사채관리회사에 제출하여 사채권자집회의 소집을 청구할 수 있다(상법 제491조 제2항). 소액 사채권자의 사채권자집회 소집의 요구에도 불구하고 소집 요구를 받은 사채발행회사 또는 사채관리회사가 지체 없이 소집 절차를 밟지 아니한 때에는 소집 요구를 한 소액 사채권자는 법원의 허가를 받아 직접 사채권자집회를 소집할 수 있고 이 경우 사채권자집회의 대표자는 법원이 이해관계인의 청구나 직권으로 선임할 수 있다(상법 제491조 제3항, 제366조 제2항). 무기명사채권자는 채권(債券)을 공탁하여야만 이러한 권리를 행사할 수 있다(상법 제491조 제4항). 소집에 관하여는 주주총회의 소집 절차에 관한 규정을 준용한다(상법 제510조 제1항).

3   권한(결의사항)

사채권자집회는 상법에서 규정하고 있는 사항 및 사채권자의 이해관계가 있는 사항에 관하여 결의를 할 수 있다(상법 제490조). 2011년 상법 개정 전에는 사채권자의 이해에 중대한 영향을 미치는 사안이라도 법원의 허가를 얻어야 결의가 가능한 것으로 하였다. 그러나 현행 상법은 사채권자집회의 결의는 법원의 인가를 받아야 효력이 발생된다(상법 제498조 제1항)는 점을 고려하여 사전적인 법원의 허가 없이 결의할 수 있도록 한 것이다.

사채권자집회의 결의사항으로서 상법이 규정하고 있는 것은 사채관리회사의 사임 및 해임, 사채관리회사의 사무승계자의 선정, 사채 발행회사의 대표자의 출석요구, 사채권자집회의 대표자의 선임, 결의의 집행자 선정, 대표자 및 집행자의 해임, 위임사항의 변경, 자본감소의 경우의 이의제기(상법 제481조, 제482조, 제483조 제1항, 제494조, 제500조, 제501조 단서, 제504조, 제439조 제3항) 등이다. 그 밖에도 사채권자의 이해에 중대한 관계가 있는 사항을 결의할 수 있다(상법 제490조).

4   결의요건 및 결의의 효력

각 사채권자는 그가 가지는 해당 종류의 사채금액의 합계액(상환받은 액은 제외)에 따라 의결권을 가진다. 단, 사채금액에 따르는 구체적인 방법은 정하고 있지 않으므로 사채권자 사채금액의 사채종류별 비율에 따라 의결권이 인정되는 방법을 취하면 된다.

사채권자집회의 의결방법에 대해서는 주주총회 특별결의 요건을 준용하고 있으므로(상법 제495조 제1항) 출석한 의결권의 3분의 2, 총의결권의 3분의 1의 수로써 하여야 한다. 그러나 사채관리회사의 사임과 해임, 사채관리회사의 사무 승계자 지정, 사채 발행회사 대표자의 출석 청구 등은 출석한 사채권자 의결권의 과반수로 결정할 수 있다(상법 제495조 제2항). 사채권자집회에 출석하지 아니한 사채권자는 서면에 의하여 의결권을 행사할 수 있고(상법 제495조 제3항), 전자적 방법에 의한 의결권 행사도 가능하다(상법 제495조 제6항, 제368조의4).

사채권자집회의 결의는 법원의 인가를 얻어야 그 효력이 생긴다(상법 제498조 제1항 본문). 다만, 그 종류의 사채권자 전원의 동의가 있는 결의는 법원의 인가가 필요하지 않다(상법 제498조 제1항 단서). 그리고 사채권자집회의 결의는 그 종류의 사채를 가진 모든 사채권자에 대해 그 효력을 가진다(상법 제498조 제2항). 결의에 있어서 대리인의 의결권 행사, 특별 이해관계인과 자기사채의 의결권, 정족수의 계산, 연기 또는 속행의 결의, 의사록의 작성 등에 관하여는 주주총회에 관한 규정을 준용한다(상법 제510조 제1항, 제363조, 제368조 제3·4항, 제369조 제2항, 제371조-제373조).

5 　대표자와 결의집행

사채권자집회는 해당 종류의 사채총액(상환받은 금액은 제외)의 500분의 1 이상을 가진 사채권자 중에서 1명 또는 여러 명의 대표자를 선임하여 그 결의할 사항의 결정을 위임할 수 있다(상법 제500조 제1항). 수인의 대표자를 선임한 때에는 그 결정은 과반수로 하여야 한다(상법 제500조 제2항).

집행을 필요로 하는 결의에 있어서는 그것을 집행할 자가 있어야 한다. 사채권자집회의 결의는 사채관리회사가 집행하고 사채관리회사가 없는 때에는 사채권자집회의 대표자가 집행한다(상법 제501조 본문). 다만, 사채권자집회의 결의로 따로 집행자를 정한 때에는 결의내용에 따른다(상법 제501조 단서). 대표자 또는 집행자가 여러 명인 경우 그 권한에 속하는 행위는 이를 공동으로 하여야 한다(상법 제502조, 제485조 제1항).

section 08 특수사채

1 전환사채

(1) 개요

전환사채란 일정한 요건에 따라 사채권자에게 사채를 사채발행회사의 주식으로 전환할 수 있는 권리가 부여된 사채이다. 그러므로 사채권자가 전환권을 행사하면 주주가 된다.

(2) 발행의 결정

전환사채를 발행하는 경우 전환사채의 총액, 전환조건, 전환으로 인하여 발행할 주식의 내용, 전환청구기간 등 전환사채 발행에 관한 사항으로 정관에 규정이 없는 것은 이사회가 이를 결정한다(상법 제513조 제2항 전단). 그러나 정관으로 주주총회에서 이를 결정하는 것으로 할 수 있다(상법 제513조 제2항 후단).

다만 주주 외의 자에게 전환사채를 발행하는 경우 발행할 수 있는 전환사채의 액, 전환조건, 전환으로 인하여 발행할 주식의 내용과 전환청구기간에 관하여 정관에 규정이 없으면 주주총회 특별결의로 이를 정하여야 한다. 주주외의 자에 대한 전환사채 발행은 신기술의 도입, 재무구조의 개선 등 회사의 경영상 목적을 달성하기 위하여 필요한 경우에 한한다(상법 제513조 제3항 후단, 제418조 제2항 단서).

(3) 발행의 절차 및 방법

발행의 절차는 대체로 일반사채의 경우(상법 제469조 이하)와 유사하다. 전환사채에 관하여는 사채청약서, 채권(債券), 사채원부에 ① 사채를 주식으로 전환할 수 있다는 뜻, ② 전환의 조건, ③ 전환으로 인하여 발행할 주식의 내용, ④ 전환을 청구할 수 있는 기간, ⑤ 주식의 양도에 관하여 이사회의 승인을 얻도록 정한 때에는 그에 관한 사항 등을 기재하여야 한다(상법 제514조 제1항). 회사가 전환사채를 발행한 때에는 납입이 완료된 날로부터 2주간 내에 본점 소재지에서 전환사채의 총액, 각 전환사채의 금액, 각 전환사채의 납입금액, 사채청약서 기재사항 등 전환사채의 등기를 하여야 한다(상법 제514조의2 제1·2항).

(4) 전환의 청구

전환을 청구하려면 청구서 2통에 채권(債券)을 첨부하여 회사에 제출하여야 한다(상법 제515조 제1항 본문). 다만, 채권을 발행하는 대신 전자등록기관의 전자등록부에 채권을 등록한 경우에는 그 채권을 증명할 수 있는 자료를 첨부하여 회사에 제출하여야 한다(상법 제515조 제1항 단서). 이 청구서에는 전환하고자 하는 사채와 청구의 연·월·일을 기재하고, 기명날인 또는 서명하여야 한다(상법 제515조 제2항). 주주명부 폐쇄기간 중의 전환청구도 인정되나, 그 기간 중의 총회에서는 의결권을 행사할 수 없다(상법 제516조 제2항, 제350조 제2항).

(5) 전환의 효력

전환사채의 전환권은 일종의 형성권이므로 전환의 청구가 있는 때에 그 효력이 생긴다. 그 결과 사채권자는 주주가 된다.

2 신주인수권부사채

(1) 개요

신주인수권부사채란 사채권자에게 신주인수권이 부여된 사채를 말한다. 신주인수권부사채는 성질상 전환사채와 유사한 점이 많다. 그러나 ① 전환사채에 있어서는 전환권을 행사하면 당연히 사채가 소멸되나, 신주인수권부사채에 있어서는 신주인수권을 행사하더라도 사채가 반드시 소멸하는 것은 아니며(현실납입의 경우), ② 전환사채에 있어서는 신주발행의 대가로 별도 출자를 요하지 않음에 대하여, 신주인수권부사채에 있어서는 신주발행의 대가로 별도의 출자를 필요로 하고, ③ 전환사채의 전환에 의한 신주발행 총액은 반드시 사채발행 총액과 일치하여야 하나, 신주인수권의 행사에 의한 주식발행 총액은 사채 총액의 범위 내에서 회사가 조절할 수 있다는 점에서 양자 간에 차이가 나타난다.

(2) 발행과 종류

❶ 신주인수권부사채의 발행 : 신주인수권부사채도 전환사채에 있어서와 같이 그 발행권을 원칙적으로 이사회에 부여하고 있다(상법 제516조의2 제2항 본문). 주주 외의 자에 대하여 신주인수권부사채를 발행하는 경우 발행에 필요한 사항은 정관에 규정이 없으면 주주총회 특별결의로 이를 정하여야 한다(상법 제516조의2 제4항). 그리고 주주 외의 자에 대한 신주인수권사채 발행은 신기술의 도입, 재무구조의 개선 등 회사의 경영상 목적을 달성하기 위하여 필요한 경우에 한한다(상법 제516조의2 제4항 후단, 제418조 제2항 단서). 회사가 신주인수권부사채를 발행한 때에는 이를 등기하여야 한다(상법 제516조의7).

❷ 신주인수권부사채의 종류 : 신주인수권부사채에는 분리형과 비분리형의 두 가지 유형이 있다. 후자는 신주인수권과 채권(債權)을 표창하는 하나의 단일 증권을 발행하여(상법 제516조의4) 신주인수권과 채권을 분리하여 양도할 수 없도록 한 것이다. 반면 전자는 채권(債券)과 함께 신주인수권증권을 따로 발행하여(상법 제516조의5 제1항) 신주인수권과 채권(債權)의 분리양도를 가능하게 한 것이다(주권상장법인은 분리형 신주인수권부사채의 사모 발행 불가 ; 자본시장법 제165조의10 제2항). 분리형 신주인수권부사채라 하더라도 그 인수권을 주주에게 부여하는 한 이사회의 결의만으로 이를 발행할 수 있으며(상법 제516조의2 제2항 본문), 정관에 따로 규정을 두거나 주주총회의 특별결의에 의할 필요는 없다(상법 제516조의2 제4항 참조). 다만 이사회가 발행사항을 결정하는 데에 있어서 분리형 신주인수권부사채임을 따로 정하는 동시에(상법 제516조의2 제2항 제4호) 실권 예고부 최고(失權豫告附催告) 시 주주에게 그 뜻을 통지하여야 한다(상법 제516조의3 제1항 후문). 회사는 분리형 신주인수권부사채를 발행하는 경우 신주인수권증권을 발행하는 대신 정관으로 정하는 바에 따라 전자등록기관의 전자등록부에 신주인수권을 등록할 수 있고 이 경우에는 주식의 전자등록에 관한 상법 제356조의2 제2항부터 제4항까지의 규정이 준용된다(상법 제516조의7).

(3) 양도

분리형 신주인수권부사채에 있어서는 채권(債權)의 양도는 채권(債券)에 의하고, 신주인수권의 양도는 신주인수권증권의 교부에 의하도록 하였다(상법 제516조의6 제1항). 또 신주인수권증권의 점유자를 적법한 소지인으로 추정하고(상법 제516조의6 제2항, 제336조 제2항), 신주인수권의 선의취득을 인정하는 것(상법 제516조의6 제2항, 수표법 제21조)은 주권이나 신주인수권증서에 있어서와 같다. 비분리형 신주인수권부사채의 경우 채권(債權)과 신주인수권의 양자를 모두 채권(債券)에 의하여서만 양도할 수 있다(민법 제523조, 상법 제479조 참조).

(4) 신주인수권의 행사

신주인수권을 행사하려는 자는 청구서 2통을 회사에 제출하여야 한다(상법 제516조의9 제1항). 즉 신주인수권의 행사는 서면에 의하여야 한다. 신주인수권 행사를 위하여 청구서를 제출하는 경우 분리형 신주인수권부사채의 경우에는 신주인수권증권을 첨부하여야 하고 이를 발행하지 아니한 때에는 채권을 제시하여야 한다(상법 제516조의9 제2항 본문). 다만, 채권이나 신주인수권증권을 발행하는 대신 전자등록기관의 전자등록부에 채권이나 신주인수권을 등록한 경우에는 그 채권이나 신주인수권을 증명할 수 있는 자료를 첨부하여 회사에 제출하여야 한다(상법 제516조의9 제2항 단서).

신주인수권의 행사에 있어서는 신주의 발행가액의 전액을 납입하여야 하며(상법 제516조의9 제1항; 현실납입), 다만 신주인수권을 행사하려는 자의 청구가 있는 때에는 신주인수권부사채의 상환에 갈음하여 그 발행가액으로 주금납입을 의제할 수 있다(代用納入擬制)(상법 제516조의2 제2항 제5호). 신주인수권의 행사는 주주명부폐쇄기간 중에도 가능하나, 그 기간 중 주주총회에서 의결권을 행사할 수는 없다(상법 제516조의10 후단, 제350조 제2항).

(5) 신주인수권 행사의 효력

신주인수권부사채에 있어서 신주인수권의 행사로 인하여 주주가 되는 시기는 신주 발행가액의 전액을 납입한 때이다(상법 제516조의10). 다만 신주인수권부사채의 상환에 갈음한 대용납입의 경우에는(상법 제516조의2 제2항 제5호) 신주인수권의 행사를 위한 청구서에 신주인수권증권이나 채권(債券)을 첨부하여 회사에 제출한 때에 주주가 된다(상법 제516조의9 제1·2항 참조).

3 　담보부사채

사채에 질권·저당권 등의 물상담보권이 붙어 있는 것을 담보부사채라 한다. 사채를 발행하는 경우에 각 사채권자에 대하여 담보를 제공하고 모든 사채권자가 개별적으로 담보권을 행사한다면 복잡한 법률관계를 야기하게 될 것이다. 그리하여 우리나라에서는 모든 사채권자가 공동으로 담보권을 향유할 수 있도록 담보부사채신탁법이라는 특별법을 제정하였다.

이 법에 의하면 사채에 대하여 담보권을 설정할 때에는 기채회사인 위탁회사와 수탁회사인 신탁회사가 신탁계약을 맺고, 그 계약에 따라 신탁회사가 총사채권자를 위하여 물상담보를 취득함과 동시에 이것을 모든 사채권자를 위하여 보존하고 실행할 의무를 지며, 총사채권자는 수익자로서 담보의 이익을 채권액에 따라 평등하게 향수하게 되는 것이다(담보부사채신탁법 제61조).

4 　기타 특수한 사채

상법은 일반적인 형태의 사채외에 이익배당에 참가할 수 있는 사채(이익참가부사채), 주식이나 그 밖의 다른 유가증권으로 교환(교환사채) 또는 상환할 수 있는 사채(상환사채), 그리고 유가증권이나 통화 또는 그 밖에 상법 시행령으로 정하는 자산이나 지표 등의 변동과 연계하여 미리 정하여진 방법에 따라 상환 또는 지급금액이 결정되는 사채 등 다양한 형태의 사채 발행을 허용하고 있다. 이익참가부사채나 교환사채는 이미 자본시장법에서 상장회사에 한해 그 발행을 허용해 오던 것을 2011년 상법 개정 시 일반 주식회사도 발행할 수 있도록 한 것이다. 이들 특수한 형태의 사채 발행과 관련한 구체적인 내용을 상법이 정하고 있지 않지만 사채 발행절차를 고려하면 종류별로 발행할 사채의 총액, 이익배당 참가 조건 및 교환조건 등 발행 관련 사항은 정관에 규정이 없으면 이사회에서 결정하여 발행할 수 있다.

chapter 08

회사의 합병·분할

section 01 회사의 합병

1 합병의 의의

회사의 합병이란 두 개 이상의 회사가 계약에 의하여 법정절차에 따라 청산절차를 거치지 않고 한 회사로 합쳐, 그 중 한 회사가 다른 회사를 흡수하거나, 새로운 회사를 설립하여 1개 이상이 회사의 소멸과 권리의무의 포괄적 이전을 생기게 하는 법률사실을 말한다. 회사의 합병은 경제적으로는 경쟁의 회피·비용의 절약·시장의 독점 등을 위하여 이용되고, 법적으로는 소멸회사의 청산절차를 거치지 않고 기업을 계속할 수 있는 장점을 가지고 있다.

합병은 회사 사이의 계약에 의하여 하나의 회사로 합동하는 것으로 그 법률상의 성질에 대하여는 합병의 본질과 관련하여 학설이 나뉜다. 즉, 합병은 현물출자로써 하는 회사의 자본참여(흡수합병의 경우) 또는 설립(신설합병의 경우)이라고 보는 현물출자설, 재산의 합일이라는 재산합일설, 합병계약은 법인격의 합일을 실현하고자 하는 계약으로써 일반사법상의 채권계약이 아니고 사단법상(조직법상)의 특별한 계약인 합병계약에 의하여 법인격을 하나로 하는 것이라고 보는 법인격합일설 등이 있다.

합병의 종류에는 두 가지가 있다. 그 하나는 당사회사가 모두 해산하고 동시에 신회사를 설립하는 신설합병이고, 당사회사 중 한 회사만이 존속하고 다른 회사는 해산하여 전자가 후자의 재산과 사원을 수용하는 흡수합병이다.

상법상 합병은 자유이고, 동종회사 사이는 물론 이종회사 사이에도 합병할 수 있으나(상법 제174조 제1항), 복잡한 법률관계를 고려하여 다음과 같은 제한을 두고 있다.

❶ 태양상(態樣上)의 제한으로써 합병을 하는 회사의 일방 또는 쌍방이 주식회사, 유한회사 또는 유한책임회사인 경우에는 합병 후 존속하는 회사나 합병으로 설립되는 회사는 주식회사, 유한회사 또는 유한책임회사이어야 한다(상법 제174조 제2항).

❷ 해산 후의 회사는 존립 중의 회사를 존속회사로 하는 경우에 한하여 합병할 수 있다(상법 제174조 제3항).

❸ 유한회사가 주식회사와 합병하는 경우에 합병 후 존속하는 회사 또는 합병으로 인하여 설립되는 회사가 주식회사인 때에는 법원의 인가를 얻어야 합병의 효력이 생긴다(상법 제600조 제1항). 또한 유한회사와 주식회사가 합병하여 합병 후 회사를 유한회사로 하려는 경우에는 주식회사의 사채의 상환을 완료하여야 한다(상법

제600조 제2항).

❹ 금융기관의 합병에 있어서는 금융위원회의 인가를 요하는 경우가 있다(「금융산업
의 구조개선에 관한 법률」 제4조 제1항 등)

❺ 주권상장법인의 다른 회사와의 합병에 대해서는 자본시장법에서 특별규정을 두
고 있다(자본시장법 시행령 제176조의5).

❻ 신설합병 시 주식발행에 갈음하여 교부금만을 지급할 수도 있고, 또 금전 대신
그 밖의 재산을 제공할 수도 있다.

❼ 흡수합병 시 존속회사가 합병의 대가의 전부 또는 일부를 자기주식으로 치를 수
있다(상법 제523조 제3호).

5 합병의 절차

(1) 합병계약

회사의 합병은 합병계약에 의한다. 합병계약 체결권은 당사회사의 대표기관의 권한
에 속하며, 이 계약에서 조건·기일·합병회사 또는 신설회사의 정관의 내용 등을 정하
여 합병계약서를 작성하는 것이 보통이다. 합병계약서에는 필요적 기재사항으로 합병
기일을 기재하여야 하며, 이는 재산승계일이나 합병신주배정일로써의 의미를 가진다.
주식회사와 유한회사의 경우에는 그 작성은 법률상의 요건이다(상법 제522조-제525조, 제
603조). 합병계약은 총사원의 동의 또는 합병결의를 정지조건으로 하는 합병의 예약 또
는 본계약이다.

(2) 합병결의

대내적 절차로서 각 회사는 합병계약서에 기하여 합병결의를 하여야 한다. 이 결의
는 합명회사와 합자회사·유한책임회사에서는 총사원의 동의(상법 제230조, 제269조, 제287
조의41), 주식회사와 유한회사에서는 총회의 특별결의를 요한다(상법 제522조, 제598조).

주식회사의 간이합병과 소규모 합병의 경우에는 주주총회 특별결의 없이 이사회 승
인만으로 합병이 가능하다. 간이합병이란 흡수합병의 경우 합병으로 인하여 소멸하는
회사의 총주주의 동의가 있거나 그 회사의 발행주식 총수의 100분의 90 이상을 합병
후 존속하는 회사가 소유하고 있는 경우의 합병을 말한다(상법 제572조의2 제1항). 그리고

소규모 합병이란 합병 후 존속하는 회사가 합병으로 인하여 발행하는 신주 및 이전하는 자기주식의 총수가 그 회사의 발행주식 총수의 100분의 10을 초과하지 아니하는 경우의 합병을 말한다 (상법 제527조의3 제1항). 그러나 소규모 합병이라 하더라도 합병으로 인하여 소멸하는 회사의 주주에게 지급할 금전, 그 밖의 재산의 가액(합병교부금)이 존속하는 회사의 최종 대차대조표상으로 현존하는 순자산액의 100분의 5를 초과하는 경우(상법 제527조의3 제1항 단서), 또는 합병 후 존속하는 회사의 발행주식 총수의 100분의 20 이상에 해당하는 주식을 소유한 주주가 소규모 합병의 공고 또는 통지를 한 날로부터 2주 이내에 회사에 대하여 서면으로 합병에 반대하는 의사를 통지한 때에는 이사회 승인이 아닌 주주총회 특별결의에 의한 승인을 얻어야 한다(상법 제527조의3 제4항).

(3) 합병반대주주의 주식매수청구권

합병에 반대하는 주주는 주주총회 전에 회사에 대하여 서면으로 그 결의에 반대하는 의사를 통지함으로써 그 총회 결의일로부터 20일 이내에 주식의 종류와 수를 기재한 서면으로 회사에 대하여 자기가 소유하고 있는 주식의 매수를 청구할 수 있다.

(4) 회사 채권자의 보호

회사의 합병은 당사회사의 채권자의 이해관계에 중대한 영향을 미치므로 상법은 채권자 보호를 위하여 주식회사·유한회사는 합병총회일의 2주 전부터 합병을 한 날 이후 6월이 경과하는 날까지 합병하는 각 회사의 대차대조표 등을 본점에 비치하여야 하고 회사 채권자는 영업시간 내에는 언제든지 이들 서류의 열람을 청구하거나 그 등본 또는 초본의 교부를 청구할 수 있다(상법 제522조의2, 제603조). 또 회사의 합병결의가 있은 날로부터 일정한 기간(1개월) 이상의 기간 안에 채권자의 이의권(異議權)을 인정하고 있다(상법 제232조, 제527조의5, 제603조). 회사가 이 이의권을 묵살하면 합병무효의 원인이 된다.

(5) 그 밖의 절차

신설합병의 경우에는 정관의 작성, 기타 설립에 관한 행위는 각 회사에서 선임한 설립위원이 공동으로 하여야 하고(상법 제175조), 합병의 형식적 절차로써 존속회사 또는 신설회사가 주식회사 또는 유한회사인 때에는 합병보고총회 또는 창립총회의 소집을 필요로 한다(상법 제526조, 제527조, 제603조). 다만, 이사회는 공고에 의하여 주주총회에 대한 보고에 갈음할 수 있다(상법 제526조 제3항).

(6) 합병등기

합병의 마지막 절차로써 본·지점 소재지에서 일정 기간 내에 일정한 등기를 하여야 한다(상법 제233조, 제269조, 제528조 제1항, 제602조). 이 등기는 합병의 효력 발생요건이다(상법 제234조, 제269조, 제530조 제2항, 제603조).

6	합병의 효과

(1) 회사의 소멸

합병에 의하여 존속회사를 제외하고 당사회사는 소멸한다(상법 제227조 제4호, 제269조, 제517조 제1호, 제609조 제1항 제1호). 합병에 의하여 회사가 청산절차를 거치지 않고 소멸하는 것이 합병의 특징이다.

(2) 회사의 변경 또는 설립

흡수합병의 경우에는 존속회사의 정관변경, 신설합병의 경우에는 신회사가 성립한다. 이것은 합병의 당연한 결과이므로 자본의 증가·설립에 관한 규정은 적용되지 않는다.

(3) 권리의무의 포괄적 이전

존속회사 또는 신설회사는 소멸회사의 권리의무를 포괄적으로 승계한다(상법 제235조, 제269조, 제530조 제2항, 제603조). 따라서 소멸회사의 사원도 당연히 포괄적으로 수용된다. 그러므로 소멸회사의 권리·의무를 승계하기 위한 별도의 행위가 필요 없고, 또 특약으로 그 일부의 승계를 제한할 수 없는 점에서 영업양도와 다르다.

(4) 합병반대주주의 주식매수청구권

합병계약서에 대한 주주총회 승인 결의를 위한 이사회의 결의가 있는 때에 그 결의에 반대하는 주주는 주주총회 전에 회사에 대하여 서면으로 그 결의에 반대하는 의사를 통지한 경우 그 총회 결의일부터 20일 이내에 주식의 종류와 수를 기재한 서면으로 회사에 대하여 자기가 소유하고 있는 주식의 매수를 청구할 수 있다(상법 제522조의3 제1항). 해당 법인은 매수청구기간이 종료하는 날부터 2개월 이내에 그 주식을 매수하여야 한다. 간이합병의 경우 주주에 대한 합병 통지 및 공고일로부터 2주 내에 회사에 대하여 서면으로 합병에 반대하는 의사를 통지한 주주는 그 기간이 경과한 날부터 20일 이내에 주식매수청구권을 행사할 수 있다(상법 제522조의3 제2항). 소규모 합병의 경우 존속회사의 반대주주에게는 주식매수청구권이 인정되지 않는다.

(5) 상장법인 주주의 주식매수청구권(자본시장법 제165조의5)

상장법인 이사회가 주식교환, 주식이전, 영업의 양수도, 합병 등에 관한 결의를 한 경우 해당 이사회 결의에 반대하는 주주는 주주총회 전에 해당 법인에 대하여 서면으로 그 결의에 반대하는 의사를 통지한 경우 자기가 소유하고 있는 주식(반대 의사를 통지한 주주가 이사회 결의 사실이 공시되기 이전에 취득하였음을 증명하거나 이사회 결의 사실이 공시된 이후에 취득하였지만 주식매수청구권이 인정되는 일정한 사유에 해당한다는 사실을 증명한 주식만 해당)을 매수하여 줄 것을 해당 법인에 대하여 주주총회의 결의일부터 20일 이내에 주식의 종류와 수를 기재한 서면으로 청구할 수 있다. 해당 법인은 매수청구기간이 종료하는 날부터 1개월 이내에 해당 주식을 매수하여야 한다.

주식의 매수 가격은 주주와 해당 법인 간의 협의로 결정한다. 다만, 협의가 이루어지지 아니하는 경우의 매수 가격은 이사회 결의일 이전에 증권시장에서 거래된 해당 주식의 거래 가격을 기준으로 하여 자본시장법 시행령에서 정하는 방법에 따라 산정된 금액으로 하며, 해당 법인이나 매수를 청구한 주주가 그 매수 가격에 대하여도 반대하면 법원에 매수 가격의 결정을 청구할 수 있다.

주식매수청구권 행사로 인하여 상장법인이 매수한 주식은 해당 주식을 매수한 날로부터 5년 이내에 처분하여야 한다.

그리고 상장법인이 주식교환 등 주식매수청구권 행사의 원인이 되는 결의사항에 관한 주주총회 소집의 통지 또는 공고를 하는 경우 주식매수청구권의 내용 및 행사방법을 명시하여야 하여야 하고 이 경우 의결권 없는 주주에게도 그 사항을 통지하거나 공고하여야 한다.

7   합병무효의 소송

(1) 무효의 원인

합병무효의 사유에 관하여 상법에는 아무 규정이 없으나 중대하고도 객관적인 하자가 모두 그 원인이 된다. 그러므로 합병비율이 현저하게 불공정한 경우에도 무효사유가 된다고 볼 수 있으며, 대법원은 합병비율의 불공정을 합병무효의 소로 주장할 수 있는지에 대하여, 합병비율을 정하는 것은 합병계약의 가장 중요한 내용이고, 그 합병비율은 합병할 각 회사의 재산 상태와 그에 따른 주식의 실제적 가치에 비추어 공정하게 정함이 원칙이며, 만일 그 비율이 합병할 각 회사의 일방에게 불리하게 정해진 경우에는 그 회사의 주주가 합병 전 회사의 재산에 대하여 가지고 있던 지분비율을 합병 후에 유지할 수 없게 됨으로써 실질적으로 주식의 일부를 상실케 되는 결과를 초래하므로, 현저하게 불공정한 합병비율을 정한 합병계약은 사법관계를 지배하는 신의성실의 원칙이나 공평의 원칙 등에 비추어 무효이고, 따라서 합병비율이 현저하게 불공정한 경우 합병할 각 회사의 주주 등은 상법 제529조에 의하여 소로써 합병의 무효를 구할 수 있다(대법원 2008. 1. 10 선고 2007다64136 판결)고 하여, 합병비율의 불공정 또한 합병무효 사유에 해당한다고 판시하였다.

(2) 무효의 소

합병의 무효는 소만으로 주장할 수 있다. 제소권자는 합명회사·합자회사·유한책임회사의 경우 사원, 청산인, 파산관재인, 합병을 승인하지 아니한 회사 채권자이며(상법 제236조, 제269조, 제287조의41), 주식·유한회사의 경우에는 이사·감사 등이 추가된다(상법 제529조, 제603조). 제소기간은 합병등기일 후 6개월 이내로 한정된다.

(3) 판결의 효력

원고 승소의 경우에 합병 무효의 판결이 확정되면 제3자에게도 그 효력이 있으나(대세적 효력) 합병 후의 존속회사 또는 신설회사, 그 사원과 제3자 사이에 생긴 권리의무에는 영향을 미치지 아니한다(비소급효, 상법 제240조, 제190조, 제269조, 제530조, 제603조). 그리하여 합병무효의 판결이 확정되면 회사는 합병 전의 상태로 환원되어 소멸회사는 부활하고 신설회사는 소멸하는데, 합병 후에 부담한 채무는 각 회사가 연대하여 책임지고, 취득재산은 공유로 처리한다(상법 제239조, 제269조, 제603조).

1 분할의 의의

회사의 분할이란 하나의 회사를 2개 이상의 회사로 분리하고, 회사재산의 일부가 포괄승계되며, 반대급부로 주식이 교부되는 현상을 가리킨다. 회사의 분할은 합병의 반대개념이다.

회사분할의 법적 성질에 관하여도 회사합병에 있어서와 같이 재산적인 면에서만 파악하는 견해와 인격적인 면으로 파악하는 견해가 대립되어 있으며, 회사법상의 특수제도로 보는 견해도 있다.

2 분할의 종류

(1) 인적 분할 · 물적 분할

인적(수평적 · 횡적) 분할은 분할에 의한 재산 양수회사가 발행주식을 양도회사의 주주에게 교부하는 형태이며, 물적(수직적 · 종적) 분할은 양수회사가 그 발행주식을 양도회사 자체에 교부하는 형태의 분할이다(상법 제530조의12). 물적 분할에 있어서는 양도회사가 양수회사의 100% 지주회사(지배회사 · 모회사)가 된다.

(2) 단순 분할 · 분할합병

단순 분할은 분할된 부분이 독립하여 신설회사로 남아 있는 형태이며, 신설분할에 해당된다. 분할합병은 분할된 부분이 기존 회사와 합병되는 형태이며, 이 경우 기존 회사가 분할된 부분을 흡수하면 흡수분할합병이고(상법 제530조의2 제1항), 기존 회사와 분할된 부분이 합병하여 새로운 회사가 설립되면 신설분할합병이다(상법 제530조의2 제2 · 3항).

회사의 분할은 주식회사에서만 인정되므로 존립 중의 회사를 존속하는 회사로 하거나 새로 회사를 설립하는 경우에 한하여 분할 또는 분할합병을 할 수 있다(상법 제530조의2 제4항). 또 분할된 부분을 양수하여 새로운 회사를 설립하거나 존립 중의 회사가 이를 양수하여 존속하는 경우에 그 회사는 주식회사이어야 한다.

양도회사에 있어서는 분할계획서나 분할합병계약서의 작성, 분할 공시, 주주총회의 승인, 채권자 보호절차(분할의 경우에는 원칙적 불요), 분할등기의 절차를 거쳐 분할이 종료된다. 양수회사가 기존 회사인 경우에는 흡수합병의 절차와 변경등기를 거쳐 분할이 진행되고, 양수회사가 신설회사인 경우에는 회사 설립이나 합병의 절차를 거쳐 설립등기를 함으로써 설립이나 분할합병의 절차가 종료된다.

분할계획서와 분할합병계약서에는 일정한 기재사항을 기재하여야 한다(상법 제530조의5, 제530조의6). 이 분할계획서와 분할합병계약서, 대차대조표, 주식배정서면 등을 양도회사와 양수회사가 모두 본점에 비치하고(상법 제530조의7 제1 · 2항), 주주와 채권자가 열람할 수 있도록 하여야 한다(상법 제530조의7 제3항). 분할계획서와 분할합병계약서에 대하여 주주총회의 특별결의에 의한 승인을 받아야 하며(상법 제530조의3 제1 · 2항), 이 주주총회 결의에 관하여는 의결권이 배제 또는 제한되는 주주도 의결권이 인정된다(상법 제530조의3 제3항). 분할 또는 분할합병으로 인하여 분할 또는 분할합병에 관련되는 각 회사의 주주의 부담이 가중되는 경우에는 주주총회 특별결의, 종류 주주총회의 결의외에 그 주주 전원의 동의가 있어야 한다(상법 제530조의3 제6항).

회사분할에 의하여 발행주식 총수의 100분의 10 이하의 신주가 발행되는 소규모 분할에 있어서는 소규모 합병에 있어서와 같이 이사회의 승인만으로 주주총회의 특별결의에 갈음할 수 있다(상법 제530조11 제2항, 제527조의3). 분할에 있어서 반대주주의 주식매수청구권은 단순 분할의 경우에는 인정되지 않고, 분할합병의 경우에만 인정된다(상법 제530조의11 제2항, 제522조의3).

분할에 있어서 채권자 보호절차는 연대책임이 단절되는 단순 분할과 분할합병의 경우에 인정된다. 연대책임이 단절되는 분할계획서 또는 분할합병계약서에 대한 주주총회의 승인결의가 있는 때에는 1개월 이상의 기간 내에 채권자가 이의를 제출하도록 공고 또는 최고하여야 한다(상법 제530조의11 제2항, 제527의5). 분할 또는 분할합병 시에는 보고총회나 창립총회를 개최하여야 하나, 이사회의 공고로서 이를 갈음할 수도 있다(상법 제530조의11 제1항, 제526조, 제527조). 분할절차가 종료된 때에도 분할등기를 하여야 하며(상법 제530조의11, 제528조), 이 등기에 의하여 분할이나 분할합병의 효력이 발생한다(상법 제530조의11 제1항, 제234조).

4 분할의 효과

분할 또는 분할합병으로 인하여 설립되는 회사 또는 존속하는 회사는 분할하는 회사의 권리와 의무를 분할계획서 또는 분할합병계약서가 정하는 바에 따라서 승계한다(상법 제530조의10). 분할이나 분할합병으로 인하여 설립되는 회사 또는 존속회사는 분할이나 분할합병 전의 회사채무에 대하여 연대하여 변제할 책임이 있다(상법 제530조의9 제1항). 그러나 분할되는 회사가 분할계획서 또는 분할합병계약서 승인주주총회 특별결의로 분할에 의하여 회사를 설립하는 경우에는 설립되는 회사가 분할되는 회사의 채무 중에서 출자한 재산에 관한 채무만을 부담할 것을 정할 수 있다. 그리고 이 경우 분할되는 회사가 분할 후에 존속하는 때에는 분할로 인하여 설립되는 회사가 부담하지 아니하는 채무만을 부담한다(상법 제530조의9 제2·3항). 예외적으로 분할 당사회사가 분할채무를 지는 경우에는 회사분할의 경우에도 채권자 보호를 위하여 채권자 이의절차를 밟아야 한다.

5 분할의 무효

분할·분할합병에 중대한 하자가 있는 경우에는 분할 또는 분할합병의 무효를 소송에 의하여만 주장할 수 있다(상법 제530조의11 제1항, 제529조). 제소권자는 각 회사의 주주·이사·감사·청산인·파산관재인·분할 또는 분할합병을 승인하지 아니한 채권자이다(상법 제530조의11 제1항, 제529조 제1항). 이 소송은 분할 또는 분할합병의 등기가 있는 날로부터 6개월 이내에 제기하여야 한다(상법 제530조의11 제1항, 제529조 제2항).

원고가 승소한 경우에 무효판결의 효력은 소송당사자뿐만 아니라 제3자에게도 미치며(대세적 효력), 판결확정 전에 생긴 주주 및 제3자 간의 권리·의무에 영향을 미치지 아니한다(비소급적 효력, 상법 제530조의11 제1항, 제240조, 제190조).

01 주식회사법에 관한 설명으로 적절하지 않은 것은?
① 상법에는 이사의 형사책임에 관한 규정도 있다.
② 주식회사의 기관에 관한 규정은 임의법규이다.
③ 주식회사법에는 공시주의의 원칙이 지배되고 있다.
④ 주식회사의 법률관계는 집단적인 처리가 필요하다.

02 다음 중 회사의 설립에 관한 설명으로 적절하지 않은 것은?
① 설립중의 회사에는 권리능력이 없다.
② 주식회사의 발기인은 반드시 1주 이상을 인수하여야 한다.
③ 변태설립사항은 정관의 상대적 기재사항이다.
④ 발기설립의 경우에는 무조건 법원이 선임한 검사인의 조사를 받아야 한다.

03 다음 중 주식회사의 이사에 관한 설명으로 가장 옳은 것은?
① 이사는 주주총회에서 선임하여야 하나, 정관으로 그 선임을 다른 기관에 위임할 수 있다.
② 이사는 주주총회의 특별결의로 임기만료 전에 언제나 해임할 수 있다.
③ 이사의 보수는 정관으로 정하지 아니한 경우에 이사회의 결의로 정할 수 있다.
④ 정관에 의하여 이사의 자격을 주주로 제한할 수 없다.

해설

01 주식회사법은 단체를 규율하는 조직법규이므로 중요한 법률관계를 공시하도록 하고(③), 대내·외적 법률관계를 집단적으로 처리하여야 하기 때문에(④), 이를 강행법규로 규정하고 있으며(②), 여기에 위반한 경우에는 일정한 형사책임을 부과하고 있다(①).

02 변태설립사항에 대하여 법원이 조사권을 가지는 것이 원칙이며, 이것도 공증인이나 감정인으로 대체할 수 있다.

03 ① 이사의 선임은 주주총회의 전속적 결의사항이다. ③ 이사의 보수는 정관 또는 주주총회결의로 정하여야 한다. ④ 이사자격을 주주로 제한하는 것은 가능하다(자격주).

04 주식회사의 이사회에 관한 설명으로 옳지 않은 것은?

① 감사는 이사회 출석권이 있으나 의결권은 없다.

② 이사회 내 위원회의 결의사항에 대하여 이사회가 내용이 다른 결의를 다시 하는 것이 가능하다.

③ 자본금 10억 원 미만인 주식회사에서 이사가 1인인 경우 그 이사는 자동적으로 회사를 대표하며, 이사회의 기능을 대신한다.

④ 이사회의 소집은 대표이사가 함이 원칙이다.

05 다음 중 주식회사의 감사 및 감사위원회에 관한 설명으로 적절하지 않은 것은?

① 감사와 감사위원회는 병존할 수 있다.

② 감사위원회는 3인 이상의 이사로 구성된다.

③ 비상장회사의 경우 감사위원의 해임에는 이사 총수의 3분의 2 이상의 이사회 결의를 필요로 한다.

④ 사외이사 아닌 이사가 감사위원회 위원의 3분의 1을 초과할 수 없다.

06 다음 중 자본금 감소에 관한 설명으로 적절하지 않은 것은?

① 자본금 감소 무효판결의 효력은 소급된다.

② 자본금 감소의 효력 발생시기는 감자등기를 종료한 때이다.

③ 자본금 감소를 하려면 액면주식의 경우 주식수를 줄이거나 주금액을 줄이게 된다.

④ 실질적 자본감소의 경우 주주총회 특별결의가 필요하며, 경우에 따라서는 종류주주총회의 결의도 있어야 한다.

해설

04 ① 상법 제391조의2 제1항, ② 상법 제393조의2 제4항, ③ 상법 제383조 제5·6항, ④ 이사회의 소집권은 원칙적으로 이사 각자에게 있다(상법 제390조 제1항).

05 ① 감사위원회는 감사의 법정 대체기관이므로 양자가 병존할 수는 없다. ② 상법 제415조의2 제2항, ③ 상법 제415조의2 제3항, ④ 상법 제415조의2 제2항 단서

06 ① 상법 제446조, 제190조 본문, ② 자본금 감소의 실질적인 절차가 완료되었을 때(구주권 제출기간 만료시, 채권자 보호절차 만료 시 등) 효력 발생, ④ 상법 제438조 제1항

07 다음 중 주식회사의 준비금에 대한 설명으로 옳은 것은?
① 이익배당금의 2분의 1 이상을 이익준비금으로 적립하여야 한다.
② 준비금으로 이익배당을 할 수 있다.
③ 준비금을 자본금으로 전입할 수 있는 것은 이사회의 권한이 원칙이나, 정관으로 주주총회의 결의사항으로 정할 수 있다.
④ 준비금의 자본전입에 의하여 발행된 신주에 대해서는 질권의 물상대위권이 인정되지 않는다.

08 상법상 회사분할제도에 관한 설명으로 적절하지 않은 것은?
① 주식회사와 유한회사의 경우에만 인정된다.
② 분할합병 시는 물론 단순 분할의 경우에도 주주총회의 특별결의에 의한 승인을 얻어야 함이 원칙이다.
③ 분할에 의하여 피분할회사가 해산하는 완전 분할의 경우에도 청산은 하지 않는다.
④ 단순 분할의 경우에는 반대주주의 주식매수청구권이 인정되지 않는다.

09 위법한 신주발행에 대하여 주주를 보호하는 사전적·예방적 구제방법은?
① 신주발행 유지청구권
② 신주발행무효의 소
③ 통모인수의 책임추궁을 위한 대표소송
④ 이사에 대한 손해배상청구권

해설

07 ① 이익준비금은 매 결산기마다 배당총액에서 주식배당을 제외한 부분의 10분의 1 이상을 자본금의 2분의 1에 달할 때까지 적립하여야 한다(상법 제458조). ② 이익준비금은 이익배당 시의 공제 항목이다(상법 제462조). ③ 상법 제461조 ④ 상법 제461조 제7항, 제339조

08 ① 회사분할제도는 주식회사에서만 인정된다. ② 상법 제530조의3 제1·2항, ③ 합병 시와 같이 분할의 본질이 된다. ④ 반대주주의 주식매수청구권은 분할합병의 경우에만 인정된다(상법 제530조의11 제2항, 제522조의3).

09 ① 신주발행 유지청구권만이 사전적·예방적 구제방법이며, 나머지는 모두 사후적 구제방법이다.

정답 01 ② | 02 ④ | 03 ② | 04 ④ | 05 ① | 06 ② | 07 ③ | 08 ① | 09 ①

part 05

증권 세제

certified securities investment advisor

chapter 01

세제 일반

국세기본법

1 조세의 의의와 분류

1) 조세의 정의

우리나라의 현행 세법에서는 조세의 일반적 정의를 규정하고 있지 않으며, 학계 내지 실무에서는 '조세란 국가 또는 지방자치단체가 재정수요에 충당하기 위하여 필요한 재원을 조달할 목적으로 법률적 작용에 의하여 법률에 규정된 과세요건을 충족한 모든 자로부터 특정한 개별적 보상 없이 강제적으로 부과 및 징수하는 금전급부'라는 개념이 일반적으로 받아들여지고 있다.

2) 조세의 분류

표 1-1 조세의 분류

분류기준	분류
과세주체	국세 : 과세권자가 국가인 조세 지방세 : 과세권자가 지방자치단체인 조세
조세의 전가성	직접세 : 조세부담의 전가가 예상되지 않는 조세 간접세 : 조세부담의 전가가 예상되는 조세
지출의 목적성	보통세 : 세수의 용도가 불특정한 조세(일반적인 지출 충당) 목적세 : 세수의 용도가 특정된 조세(특정 목적 지출 충당)
과세표준 단위	종가세 : 가격을 과세표준으로 하는 조세 종량세 : 양(量)을 과세표준으로 하는 조세
세율의 구조	비례세 : 과세표준과 관계없이 일정률의 세율이 적용되는 조세 누진세 : 과세표준의 크기에 따라 세율의 차이가 있는 조세

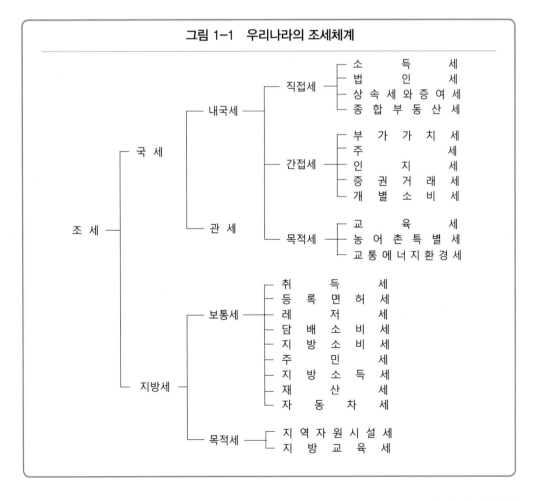

그림 1-1 우리나라의 조세체계

1) 기간과 기한

기간은 어느 시점에서 어느 시점까지의 계속된 시간을 뜻하며, 기한은 법률행위의 효력발생·소멸·채무의 이행 등을 위하여 정한 일정 시점을 뜻한다.

세법의 기간계산은 원칙적으로 민법의 일반원칙에 따르나 기한에 대하여 다음과 같은 특례규정을 두고 있다.

❶ 세법에 규정하는 기한이 공휴일·토요일이거나 「근로자의 날 제정에 관한 법률」에 따른 근로자의 날에 해당하는 때에는 그 다음날을 기한으로 한다.
❷ 우편으로 서류를 제출하는 경우에는 통신날짜 도장이 찍힌 날에 신고된 것으로 본다.
❸ 국세정보 통신망이 장애로 가동이 정지된 경우 그 장애가 복구되어 신고 또는 납부할 수 있게 된 날의 다음날을 기한으로 한다.

2) 서류의 송달

정부가 납세의무자에게 송달하는 서류는 단순한 내용을 통지하는 경우도 있으나, 국세의 부과·징수에 관한 정부의 처분 내용을 통지하는 경우에는 서류의 송달이 각종 처분의 효과를 완성시키거나, 기간의 진행·중단 등 중요한 의미를 갖는다. 따라서 국세기본법은 세법에 규정하는 서류는 그 명의인의 주소, 거소, 영업소, 또는 사무소에 아래의 방법으로 송달할 것을 규정한다.

❶ 교부송달 : 당해 행정기관의 소속 공무원이 송달할 장소에서 송달받아야 할 자에게 서류를 교부
❷ 우편송달 : 서류의 송달을 우편으로 할 때에는 등기우편으로 하여야 한다.
❸ 전자송달 : 정보통신망을 이용한 송달은 서류의 송달을 받아야 할 자가 신청하는 경우에 한하여 행한다.
❹ 공시송달 : 다음의 경우에는 서류의 주요 내용을 공고한 날부터 14일이 경과함으로써 서류가 송달된 것으로 본다.

ㄱ. 송달 장소가 국외에 있고 송달이 곤란한 경우

ㄴ. 송달 장소가 분명하지 아니한 경우

ㄷ. 등기송달 또는 2회 이상 교부송달 하였으나 수취인 부재로 확인되어 납부기
한 내에 송달이 곤란한 경우

3 납세의무

1) 납세의무의 성립 〈법 제21조〉

납세의무는 각 세법이 규정하고 있는 과세요건이 충족될 때 성립하는데, 국세기본법
에서는 각 세목별로 납세의무의 그 성립시기를 다음과 같이 규정하고 있다.

❶ 소득세, 법인세, 부가가치세, 금융·보험업자의 수익금액에 부과되는 교육세 : 과세
기간이 끝나는 때

❷ 상속세 : 상속이 개시되는 때

❸ 증여세 : 증여에 의하여 재산을 취득하는 때

❹ 인지세 : 과세문서를 작성한 때

❺ 증권거래세 : 해당 매매거래가 확정되는 때

❻ 종합부동산세 : 과세기준일

❼ 원천징수하는 소득세, 법인세 : 소득금액 또는 수입금액을 지급하는 때

2) 납세의무의 확정 〈법 제22조〉

과세요건의 충족으로 성립한 추상적 납세의무를 납세의무자 또는 정부가 일정한 행
위나 절차를 거쳐 구체적 납세의무(현실적 금전채무)로 확정하는 절차로 신고확정·부과
확정·자동확정이 있다.

❶ 신고확정 : 소득세, 법인세, 부가가치세, 증권거래세, 교육세, 개별소비세 등은
납세의무자가 과세표준과 세액을 정부에 신고함으로써 확정된다.

❷ 부과확정 : 상속세, 증여세 등은 정부가 과세표준과 세액을 결정함으로써 확정
된다.

❸ 자동확정 : 인지세, 원천징수하는 소득세 또는 법인세, 납세조합이 징수하는 소득세, 중간예납하는 법인세는 납세의무가 성립하는 때에 특별한 절차 없이 확정된다.

3) 납부의무의 소멸 〈법 제26조, 제26조의2, 제27조, 제28조〉

국세 및 강제징수비를 납부할 의무는 다음의 경우에 소멸한다.

❶ 납부·충당(국세환급금을 납부할 국세 등과 상계시키는 것) 되거나 부과가 취소된 때
❷ 국세 부과의 제척기간(除斥期間)이 끝난 때
❸ 국세징수권의 소멸시효(消滅時效)가 완성된 때

(1) 국세의 부과제척기간

국세의 부과제척기간은 국가가 납세의무자에게 국세를 부과할 수 있는 법정기간으로 그 기간이 끝난 날 후에는 국세부과권의 소멸로 인하여 납세의무도 소멸한다.

(2) 국세징수권의 소멸시효 〈법 제27조〉

소멸시효는 권리자가 권리를 행사할 수 있음에도 일정기간 권리를 행사하지 않는 경우 그 권리가 소멸하는 것으로 국세징수권은 국가가 권리를 행사할 수 있는 때로부터 5년(5억 원 이상의 국세채권은 10년), 행사하지 아니하면 소멸시효가 완성하고 이로 인하여

표 1-2 국세의 부과제척기간

구분	일반조세	상속·증여세
사기 등 부정행위로 국세를 포탈 또는 환급받는 경우	10년	15년
법정신고기한까지 과세표준신고서를 제출하지 아니한 경우	7년 (역외거래의 경우 10년)	
역외거래가 수반되는 부정행위	15년	
법정신고기한까지 상속·증여세 과세표준신고서를 제출하였으나 허위, 누락 신고한 경우	–	
부정행위로 상속·증여세를 포탈한 경우로서 상속인이 명의이전 없이 취득하는 경우	–	안 날부터 1년 (재산가액 50억 초과)
기타의 경우	5년	10년

* 부담부증여로 인한 양도소득세 부과제척기간은 증여세와 같음

납세의무도 소멸한다. 다만, 납부고지·독촉 또는 교부청구·압류의 경우에는 이미 경과한 시효기간의 효력이 중단된다.

4) 납세의무의 승계 〈법 제23조, 제24조〉

❶ 합병법인의 승계 : 법인이 합병한 경우 합병법인은 피합병법인에게 부과되거나 납부할 국세 및 강제징수비를 납부할 의무를 진다.
❷ 상속인의 승계 : 상속이 개시된 때에 상속인은 피상속인에게 부과되거나 납부할 국세 및 강제징수비를 상속받은 재산을 한도로 납부할 의무를 진다.

5) 제2차 납세의무자 〈법 제38조, 제39조, 제40조, 제41조〉

납세의무자의 재산으로 체납처분을 하여도 체납세액에 미달하는 경우 납세의무자와 법정관계에 있는 자가 그 부족을 부담케 하는 세법상의 고유한 이행책임을 제2차 납세의무라 하며, 국세기본법은 다음 4가지 유형을 규정하고 있다.

❶ 청산인 등 : 청산인 또는 잔여재산을 분배받은 자는 그 해산법인의 국세 등에 대하여 제2차 납세의무를 진다.
❷ 출자자 : 법인(증권시장에 주권이 상장된 법인은 제외)의 재산으로 국세 등을 충당하고 부족한 금액은 납세의무 성립일 현재의 무한책임사원(합명회사의 사원, 합자회사의 무한책임사원)과 과점주주가 제2차 납세의무를 진다.
❸ 법인 : 국세의 납부기간 만료일 현재 법인의 무한책임사원과 과점주주가 당사자의 재산으로 국세 등을 충당한 후에도 부족한 금액은 당해 법인이 제2차 납세의무를 진다.
❹ 사업양수인 : 양도양수한 사업과 관련하여 양도일 이전에 양도인의 납세의무가 확정된 국세 등은 사업양수인이 제2차 납세의무를 진다.
※ 과점주주의 범위 : 과점주주란 주주 또는 유한책임사원 1명과 그의 특수관계인으로 대통령령에서 정하는 자로서 그들의 소유주식 합계 또는 출자액 합계가 해당 법인의 발행주식 총수 또는 출자총액의 50%를 초과하면서 그 법인의 경영에 지배적인 영향력을 행사하는 자들을 말한다.

1 납세의무자와 과세소득의 범위

소득세는 자연인인 개인을 납세의무자로 한다. 다만, 법인격 없는 단체 중 국세기본법에 따라 법인으로 보는 단체가 아닌 단체(예 : 동창회, 종중 등)는 세법상 개인으로 보아 소득세의 납세의무자가 된다.

소득세법은 납세의무자인 개인을 거주자와 비거주자로 구분하여 과세소득의 범위와 과세방법을 달리하고 있다.

거주자는 국내에 주소를 두거나 183일 이상 거소를 둔 개인으로 국내·외의 모든 소득에 대해서 납세의무가 있는 반면, 거주자가 아닌 개인인 비거주자는 국내 원천소득에 대해서만 납세의무가 있다.

2 소득의 구분과 과세방법

1) 소득의 구분 〈법 제4조〉

소득세제는 개인의 모든 소득을 하나의 계산구조에 의해 소득세를 계산하여 과세하는 종합소득과세 방식과 소득의 원천에 따라 구별하여 별도의 계산구조에 의해 각각 소득세를 계산하여 과세하는 분류소득과세 방식으로 구별된다. 현행 소득세법은 거주자의 소득을 당해 연도에 발생하는 이자소득, 배당소득, 사업소득, 근로소득, 연금소득 및 기타소득을 합산하는 종합소득과 퇴직으로 인하여 발생하는 퇴직소득과 자산의 양도로 인하여 발생하는 양도소득으로 각각 구분한다. 이는 종합소득은 매년 종합소득과세 방식으로 과세하고, 퇴직소득과 양도소득은 발생 시에 분류소득과세 방식으로 과세하기 위함이다.

한편, 비거주자는 거주자와 과세소득의 범위와 과세방법이 다르기 때문에 소득세법 제119조의 규정에 따라 소득의 구분을 다음과 같이 달리하고 있다.

소득의 구분

1호 이자소득	8호 퇴직소득
2호 배당소득	9호 연금소득
3호 부동산소득	10호 토지·건물 등의 양도소득
4호 선박, 항공기 임대소득	11호 사용료소득
5호 국내사업소득	12호 유가증권 양도소득
6호 인적용역소득	13호 기타소득
7호 근로소득	

2) 소득별 과세방법

(1) 거주자의 과세방법

거주자의 모든 소득을 종합하여 과세하는 것을 원칙으로 하나 일부 소득은 분류과세 또는 분리과세하고 있다.

❶ 종합과세 : 개인의 소득 중 해마다 발생하는 경상소득을 개인별로 합산하여 종합 소득세율에 의해 신고·납부과세하는 것으로, 현행 소득세법은 이자소득, 배당소 득, 사업소득, 근로소득, 연금소득 그리고 기타소득 등 6가지 소득을 종합과세대 상 소득으로 한다.

❷ 분류과세 : 종합과세소득에 포함되지 아니하는 퇴직소득, 양도소득은 그 소득이 장기간에 걸쳐 발생되거나 비경상적으로 발생된 것이므로, 종합소득과 구분하여 각 소득별로 별도의 절차와 방법에 따라 소득세를 신고·납부하는데, 이 제도를 분류과세라 한다.

❸ 분리과세 : 소득의 유형이 종합소득에 속하는 소득이나 법정률(원천징수세율)만을 원천징수함으로써 종합소득세의 납세의무가 종료되어 종합소득과세표준에 합산 하지 아니하는 제도를 분리과세라 한다. 거주자의 이자소득, 배당소득, 기타소 득, 연금소득 중 특정 소득 또는 일정 기준액 이하의 소득은 분리과세한다.

❹ 비과세소득 : 과세소득에 속하는 소득 중 그 소득의 성질이나 국가의 정책에 따 라 과세에서 제외되는 소득을 비과세소득이라 한다.

(2) 비거주자의 과세방법

비거주자가 국내 사업장이나 부동산소득이 있는지 여부에 따라 과세방법이 달라진다.

❶ 종합과세 : 국내 사업장이나 부동산 임대소득 등이 있는 비거주자는 국내 원천소득(퇴직소득, 양도소득 제외)을 종합과세한다.

❷ 분리과세 : 국내 사업장이나 부동산 임대소득 등이 없는 비거주자는 국내 원천소득을 분리과세한다.

❸ 분류과세 : 퇴직소득 · 양도소득의 국내 원천소득이 있는 비거주자는 당해 소득별로 분류과세한다.

3 신고와 납부

소득세는 신고확정 세목으로 납세자가 정부에 신고함으로써 과세표준과 세액이 확정된다. 따라서 소득 내용에 따른 증빙서류와 기장된 장부에 의하여 소득금액과 세액을 계산하여 다음 연도 5월 1일부터 31일까지 주소지 관할세무서에 신고 및 납부하여야 한다.

다만, 다음에 해당하는 거주자는 신고를 하지 않아도 된다.

❶ 근로소득만 있는 거주자
❷ 퇴직소득만 있는 거주자
❸ 공적연금소득만 있는 자 공적
❹ 원천징수 연말정산하는 사업소득만 있는 자
❹의 2. 원천징수되는 기타소득으로 종교인소득만 있는 자
❺ 위 ❶, ❷ 소득만 있는 자
❻ 위 ❷, ❸ 소득만이 있는 자
❼ 위 ❷, ❹ 소득만이 있는 자
❼의 2. 위 ❷, ❹의 2 소득만 있는 자
❽ 분리과세 이자 · 배당 · 연금 · 기타 소득만 있는 자
❾ 위 ❶~❼의 2에 해당하는 자로서 분리과세 이자 · 배당 · 연금 · 기타 소득이 있는 자

section 03 **상속세 및 증여세**

1 상속세

상속세는 자연인의 사망을 원인으로 무상이전되는 재산을 과세대상으로 하여 그 재산의 취득자(상속인)에게 과세하는 조세이다. 피상속인의 유산총액을 기준하여 과세하는 유산세 방식과 상속인 각 인이 취득하는 상속재산을 기준하여 과세하는 유산취득세 방식이 있는데, 우리나라는 유산세 방식을 원칙으로 한다.

1) 납세의무자 〈법 제3조의2〉

상속세 과세가액에 포함되는 재산을 취득하는 상속인(민법상의 상속인으로 특별연고자와 상속포기자를 포함) 및 유증(遺贈)을 받는 자(수유자)는 각자가 취득하는 재산의 비율에 따라 상속세 납세의무를 갖는다.

상속인 및 수유자는 물론 단기증여재산의 수증자 등 상속세가 과세되는 재산을 취득하는 자는 각자가 납부하여야 할 세액은 상속세 총액을 각자가 받은 상속재산비율로 안분한 금액으로 하며, 납세의무자들은 상속세를 각자가 받았거나 받을 재산을 한도로 연대하여 납부할 의무를 갖는다. 다만, 특별연고자 또는 수유자가 영리법인인 경우에는 법인세로 납부하기 때문에 당해 영리법인이 납부할 상속세를 면제한다.

2) 상속재산

상속세의 과세대상인 상속재산은 일반적으로 환가성과 이전성이 있는 재산으로 상속의 대상이 되는 민법상의 상속재산·유증재산·사인증여재산·특별연고자분여재산을 뜻하나, 상속세법은 의제 상속재산인 보험금·신탁재산 그리고 퇴직금 등을 상속재산에 포함하고 있다.

표 1-3 **상속재산의 개념**

구분	개념
상속	사람의 사망 또는 실종선고자의 법률상의 지위를 포괄적으로 승계하는 것
유증	유언에 의하여 재산을 무상증여하는 것
사인증여	증여자의 사망으로 효력이 발생하는 증여
특별연고자분여	특별연고자에 대한 상속재산분여
보험금	피상속인의 사망으로 지급받는 보험금 중 피상속인이 계약자이거나 보험료를 지불한 것
신탁재산	피상속인이 신탁한 재산
퇴직금	퇴직금, 연금 등으로서 피상속인에게 지급될 것이 피상속인의 사망으로 지급되는 것

$$\text{상속재산} = \begin{bmatrix} \text{민법상 상속재산} \\ \text{유증재산} \\ \text{사인증여재산} \\ \text{특별연고분여재산} \end{bmatrix} + \begin{bmatrix} \text{보험금} \\ \text{신탁재산} \\ \text{퇴직금} \end{bmatrix}$$

3) 상속세과세가액 〈법 제13조, 제14조, 제15조〉

상속세는 상속재산의 가액을 과세가액으로 한다. 그러나 현행 상속세법은 간주상속 규정을 두어 피상속인의 생전 증여재산 및 생전 처분재산 그리고 생전 부채부담액을 상속 재산가액에 포함하고 있다.

따라서 피상속인이 거주자인 경우 상속세과세가액은 상속재산가액에 생전 증여재산 가액과 생전 재산처분 및 부채부담액을 가산하고 법정 공제액을 공제한 금액으로 한다.

$$\text{상속세과세가액} = \begin{bmatrix} \text{상속재산가액} \\ \text{생전 증여재산가액} \\ \text{생전 재산처분가액} \end{bmatrix} - \begin{bmatrix} \text{공과금} \\ \text{장례비} \\ \text{채 무} \end{bmatrix}$$

(1) 상속재산가액

상속재산을 상속세법의 규정에 의하여 평가한 가액

(2) 생전 증여재산가액

❶ 상속개시일 전 10년 이내에 피상속인이 상속인에게 증여한 재산가액
❷ 상속개시일 전 5년 이내에 피상속인이 상속인이 아닌 자에게 증여한 재산가액

(3) 생전 재산처분 및 부채부담액

피상속인이 재산을 처분하였거나 채무를 부담한 다음의 어느 하나에 해당하는 경우 상속받은 것으로 추정함

❶ 피상속인이 재산을 처분하여 받거나 피상속인의 재산에서 인출한 금액이 상속개시일 전 1년 이내에 재산종류별로 계산하여 2억 원 이상인 경우와 2년 이내에 재산종류별로 5억 원 이상인 경우로서 그 용도가 명백하지 아니한 것
❷ 피상속인이 부담한 채무의 합계액이 상속개시일 전 1년 이내에 2억 원 이상인 경우와 2년 이내에 5억 원 이상인 경우로써 그 용도가 명백하지 아니한 것

(4) 법정공제액

❶ 공과금(피상속인이 납부의무 있는 조세·공공요금·기타공과금)
❷ 장례비용(500만 원을 기초로 하고, 1,000만 원을 한도로 함)과 봉안시설 또는 자연장지의 사용에 소요된 500만 원 이내의 금액을 합한 금액
❸ 채무(상속개시일 전 10년 이내에 피상속인이 상속인에게 진 증여채무와 상속 개시일 전 5년 이내에 피상속인이 상속인이 아닌 자에게 진 증여채무를 제외)

4) 과세가액 불산입

(1) 비과세 〈법 제12조〉

❶ 국가·지방자치단체 또는 공공단체에 유증한 재산
❷ 문화재보호법의 규정에 의한 국가지정문화재 및 시·도 지정문화재 및 보호구역

안의 토지

❸ 민법 제1008조의 3에 따른 제사를 주재하는 자가 승계한 금양임야와 묘토(2억 원 한도), 족보와 제구

❹ 정당법의 규정에 따라 정당에 유증한 재산

❺ 근로복지기금법의 규정에 의한 사내근로복지기금에 유증한 금품재산

❻ 사회통념상 인정되는 이재구호금품, 치료비, 기타 이와 유사한 것

❼ 상속인이 상속세 신고기한 이내에 국가·지방자치단체 또는 공공단체에 증여한 재산

(2) 공익목적 출연재산의 과세가액 불산입 〈법 제16조〉

❶ 공익법인 등의 출연재산의 과세가액 불산입 : 피상속인이나 상속인이 상속세 신고기한 이내에 공익법인 등에 출연한 재산의 가액은 상속세과세가액에 산입하지 아니한다.

다만, 공익법인 등의 출연재산이 주식인 경우 공익법인의 기(旣)보유주식과 출연하는 주식의 합이 당해 법인의 의결권 있는 주식의 10%('독점규제 및 공정거래에 관한 법률'에 따른 상호출자제한 기업집단과 특수관계에 있는 공익법인 등과 자기내부거래 등 사후관리 위반시는 5%)를 초과하는 경우 그 초과분은 상속세과세가액에 산입한다.

❷ 공익신탁재산의 과세가액불산입 : 피상속인이나 상속인이 공익신탁을 통하여 공익법인에 출연한 재산은 상속세과세가액에 산입하지 아니한다.

5) 과세표준

상속세의 과세표준은 상속세과세가액에서 기초공제, 인적공제 및 물적공제를 한 금액으로 한다. 다만, 과세표준이 50만 원 미만인 때에는 상속세를 부과하지 아니한다.

$$
과세표준 = 상속세과세가액 - 상속공제액
\begin{cases}
기초공제 \\
인적공제 \\
물적공제 \\
감정평가수수료
\end{cases}
$$

6) 세율과 세액공제

(1) 세율 〈법 제26조〉

표 1-4   세율

과세표준	세율
1억 원 이하	과세표준의 100분의 10
1억 원 초과 5억 원 이하	1천만 원＋1억 원을 초과하는 금액의 100분의 20
5억 원 초과 10억 원 이하	9천만 원＋5억 원을 초과하는 금액의 100분의 30
10억 원 초과 30억 원 이하	2억 4천만 원＋10억 원을 초과하는 금액의 100분의 40
30억 원 초과	10억 4천만 원＋30억 원을 초과하는 금액의 100분의 50

세대를 건너뛴 상속(민법 제1001조에 따른 대습상속 제외)에 대하여 산출세액의 30%(40%) 가산

주) 대습상속이란 선순위상속인이 사망하거나 결격이 있어 후순위상속인에게 상속되는 제도를 대습상속이라 한다. 그러나 선순위상속자가 상속권을 포기하여 후순위상속인이 상속을 받는 경우(세대를 건너뛴 상속)에는 상속세산출세액의 30%(상속재산의 가액이 20억 원을 초과하여 미성년자에게 세대를 건너뛴 상속을 하는 경우 40%)를 가산한다.

(2) 세액공제 〈법 제28조, 제29조, 제30조, 제69조〉

❶ 증여세액공제 : 상속재산에 가산한 단기증여재산에 대하여 당초 증여 시 과세한 증여세액은 상속세산출세액에서 공제한다.

❷ 외국납부세액공제 : 거주자의 사망으로 외국 소재재산에 대하여 외국에서 부과된 상속세액은 상속세산출세액에서 공제한다.

❸ 단기재상속세액공제 : 상속개시 후 10년 이내에 상속인 또는 수유자의 사망으로 다시 상속이 개시된 경우, 최초 상속 시 상속세가 부과된 상속재산 중 다시 상속된 재산에 대한 최초의 상속세 상당액에 대하여 최초 상속일부터 다시 상속된 기간 1년마다 10%씩을 차감한 금액을 상속세산출세액에서 공제한다.

❹ 신고세액공제 : 상속세 신고기한까지 과세표준 신고를 한 경우 상속세산출세액(세대할증과세액 포함)에서 문화재자료 등에 대한 징수유예 및 공제·감면세액을 차감한 금액의 3%를 상속세산출세액에서 공제한다.

2   증여세

증여세는 증여에 의하여 수증되는 재산을 과세대상으로 수증자에게 과세하는 조세로 상속세가 피상속인의 유산 즉, 사후이전(死後移轉) 재산에 과세함에 반하여 증여세는 생전이전(生前移轉) 재산에 과세하는 차이를 갖는다.

1) 납세의무자

증여세의 납세의무자는 재산을 증여 받은 자, 즉 수증자이다. 수증자가 거주자인 경우에는 증여로 취득한 재산의 소재가 국내인지 국외인지 불문하고 취득재산 전부에 대하여 납세의무가 있다. 수증자가 비거주자인 경우에는 국내에 있는 수증재산에 대하여만 증여세를 납부할 의무가 있다. 그러나 거주자가 비거주자에게 국외에 있는 재산을 증여(사인증여, 유증은 제외)하는 경우에는 증여자가 납세의무를 가지며, 수증자에게 증여재산에 대하여 법인세, 소득세가 부과되는 때에는 증여세는 부과하지 아니한다.

그리고 아래의 경우로서 수증자가 증여세를 납부할 능력이 없고 강제징수를 하여도 증여세에 대한 조세채권을 확보하기 곤란한 경우에는 그에 상당하는 증여세를 면제한다.

❶ 저가 양수 또는 고가 양도에 따른 이익의 증여(법 제35조)
❷ 채무면제 등에 따른 증여(법 제36조)
❸ 부동산 무상사용에 따른 이익의 증여(법 제37조)
❹ 금전 무상대출 등에 따른 이익의 증여(법 제41조의4)

수증자가 비거주자이거나, 수증자의 주소·거소가 불분명한 경우로 증여세에 대한 조세채권을 확보하기 곤란한 경우 또는 수증자가 담세력이 없는 경우로서 강제징수를 하여도 증여세에 대한 조세채권을 확보하기 곤란한 경우에는 증여자는 수증자가 납부할 증여세에 대하여 연대납세의무를 진다. 다만, 아래의 경우에는 연대납세의무에서 제외된다.

❶ 현저히 낮거나 높은 대가로 재산·이익 이전, 재산 취득 후 가치 증가 등(법 제4조 제1항 제2호 및 제3호)

❷ 저가 양수 또는 고가 양도에 따른 이익의 증여(법 제35조)

❸ 채무면제 등에 따른 증여(법 제36조)

❹ 부동산 무상사용에 따른 이익의 증여(법 제37조)

❺ 합병에 따른 이익의 증여(법 제38조)

❻ 증자에 따른 이익의 증여(법 제39조)

❼ 감자에 따른 이익의 증여(법 제39조의2)

❽ 현물출자에 따른 이익의 증여(법 제39조의3)

❾ 전환사채 등의 주식전환 등에 따른 이익의 증여(법 제40조)

❿ 초과배당에 따른 이익의 증여(법 제41조의2)

⓫ 주식 등의 상장 등에 따른 이익의 증여(법 제41조의3)

⓬ 금전 무상대출 등에 따른 이익의 증여(법 제41조의4)

⓭ 합병에 따른 상장 등 이익의 증여(법 제41조의5)

⓮ 재산사용 및 용역제공 등에 따른 이익의 증여(법 제42조)

⓯ 법인의 조직 변경 등에 따른 이익의 증여(법 제42조의2)

⓰ 재산 취득 후 재산가치 증가에 따른 이익의 증여(법 제42조의3)

⓱ 재산 취득 자금의 증여 추정(법 제45조)

⓲ 특수관계법인과의 거래를 통한 이익의 증여 의제(법 제45조의3)

⓳ 특수관계법인으로부터 제공받은 사업기회로 발생한 이익의 증여 의제(법 제45조의4)

⓴ 특정 법인과의 거래를 통한 이익의 증여 의제(법 제45조의5)

㉑ 공익법인 등이 출연받은 재산에 대한 과세가액 불산입 등(법 제48조): 시행령 제3
조의3 제2항에서 정한 요건을 충족한 경우에 한함.

2) 증여세 과세대상 〈법 제4조, 제4조의2〉

증여세는 타인의 증여에 의하여 취득하는 모든 증여재산을 과세대상으로 한다. 따라
서 민법상의 증여재산 외에도 증여의제재산이나 증여추정재산도 증여세과세대상인 증
여재산에 포함한다(증여세 완전포괄주의 원칙).

다만, 수증자가 비거주자인 경우에는 증여받은 재산 중 국내에 있는 모든 재산이 과
세대상이 되며, 증여재산에 대하여 수증자에게 법인세 또는 소득세가 부과되는 때에는
증여세는 부과하지 아니한다.

3) 과세가액 · 과세표준과 세율

(1) 과세가액 〈법 제47조〉

증여세과세가액은 증여재산가액에 동일인으로부터(증여자가 직계존속인 경우 그 배우자 포함) 10년 이내에 받은 1천만 원 이상의 증여재산을 포함한 금액에서 증여재산이 담보된 채무 중 수증인이 인수한 채무를 공제한 금액으로 한다. 다만, 배우자 또는 직계존비속 간 증여의 경우에는 인수한 채무가 객관적으로 입증되는 것만 공제한다.

$$
증여세과세가액 = \begin{cases} 증여재산가액 \\ (+)동일인 10년 내 1천만 원 이상 수증액 \\ (-)인수채무 \end{cases}
$$

(2) 과세표준 〈법 제55조〉

증여세 과세표준은 증여재산의 종류에 따라 아래 구분과 같이 산출한 금액으로 한다. 다만 과세표준이 50만 원 미만인 때에는 증여세를 부과하지 아니한다.

구분	과세표준
명의신탁증여의제	명의신탁재산금액 − 감정평가수수료
특수관계법인과의 거래 또는 제공받은 사업기회로 발생한 이익의 증여의제	증여의제이익 − 감정평가수수료
합산배제증여재산 (특수관계법인증여의제 제외)	증여재산가액 − 3천만 원 − 감정평가수수료
상기 외의 경우	증여세과세가액 − 증여재산공제 − 재해손실공제 − 감정평가수수료

(3) 세율

상속세 세율과 같다.

3 신고와 납부

1) 신고 · 납부기한 〈법 제67조, 제68조〉

상속세 및 증여세는 상속 또는 증여개시일이 속하는 달의 말일을 기준으로 아래에 정한 기간 내에 신고 및 납부를 하여야 한다.

구분	신고기한
상속세	국내 거주 : 6개월 국외 거주 : 9개월
증여세	3개월

2) 세액공제 · 가산세 〈법 제69조 등〉

상속세 및 증여세를 법정신고기간 내에 신고한 경우에는 산출세액에서 징수유예, 공제감면 금액을 제외한 금액의 3%를 공제하고, 법정신고기간 내에 신고를 하지 아니하거나 신고할 과세표준에 미달하게 신고한 경우와 법정기간 내에 세금을 납부하지 아니한 경우에는 아래의 가산세가 부과된다.

표 1 - 5 **상속 · 증여세 공제 · 가산세율**

구분	공제 · 가산율	비고
신고세액공제	산출세액×3%	법정신고기간 내에 신고한 경우
과소신고가산세	과소신고 시 • 일반 : 10% • 부정행위 : 40% • 국제거래가 수반되는 부정행위 : 60% 무신고 시 • 일반 : 20% • 부정행위 : 40% • 국제거래가 수반되는 부정행위 : 60%	법정신고기간 내에 무신고 · 과소신고의 경우
미납부가산세	미납세액×일수×3/10,000	법정기간 내에 미납부한 경우

3) 물납과 연부연납

(1) 물납 〈법 제73조〉

상속세는 다음의 요건을 모두 갖춘 경우에는 납세지 관할 세무서장의 허가를 받아 물납할 수 있다(증여세의 경우 2016년부터 물납이 허용되지 않음).

❶ 상속재산 중 부동산과 유가증권의 가액이 해당 상속재산가액의 1/2을 초과할 것
❷ 상속세 납부세액이 2천만 원을 초과할 것
❸ 상속세 납부세액이 상속재산가액 중 금융재산가액을 초과할 것

(2) 분납 〈법 제70조〉

상속세 또는 증여세액이 1천만 원을 초과하는 경우로 다음의 금액을 납부기한 경과일로부터 2개월 이내에 분납할 수 있다. 다만, 연부연납 허가를 받은 경우에는 분납할 수 없다.

구 분	분납액
납부세액이 1천만 원 초과 2천만 원 이하일 때	1천만 원 초과액
납부세액이 2천만 원 초과하는 때	50% 이하 금액

(3) 연부연납 〈법 제71조〉

상속세 또는 증여세액이 2천만 원을 초과하는 경우에는 세무서의 허가를 얻어 연부연납할 수 있다.

01 다음 중 납세의무가 소멸되는 경우가 아닌 것은?

① 부과취소가 있는 경우

② 국세의 부과제척기간이 만료된 때

③ 상속인이 승계한 경우

④ 국세징수권의 소멸시효가 완성된 경우

02 우리나라 조세체계상 직접세로 옳지 않은 것은?

① 소득세   ② 법인세

③ 증권거래세   ④ 종합부동산세

03 국세기본법상 납세의무의 성립시기가 같은 것끼리 올바르게 모두 고른 것은?

㉠ 소득세	㉡ 법인세
㉢ 부가가치세	㉣ 증권거래세

① ㉠㉡   ② ㉠㉡㉢

③ ㉠㉢㉣   ④ ㉡㉢㉣

04 소득세법상 거주자의 소득구분 중 종합소득에 해당하지 않는 것은?

① 이자소득   ② 배당소득

③ 근로소득   ④ 퇴직소득

해설

01 ③ 상속인이 승계 시 납세의무가 소멸하지 않는다.

02 ③ 증권거래세는 조세부담이 전가되는 간접세에 해당한다.

03 ② 증권거래세는 매매거래가 확정되는 때에 납세의무가 성립한다.

04 ④ 퇴직소득은 별도로 분류과세된다.

05 소득세법상 거주자가 종합소득 확정신고를 하여야 하는 경우로 가장 옳은 것은?

① 근로소득만 있는 거주자

② 근로소득과 퇴직소득만 있는자

③ 근로소득과 사업소득만 있는 자

④ 퇴직소득과 연말정산하는 사업소득만 있는 자

06 상속세 및 증여세법상 상속세가 비과세되는 항목으로 옳지 않은 것은 ?

① 신탁재산

② 공공단체에 유증한 재산

③ 정당법의 규정에 따라 정당에 유증한 재산

④ 사회통념상 인정되는 이재구호금품

07 다음 중 상속재산에 포함되는 것 중 적절하지 않은 것은?

① 유증재산   ② 공과금

③ 보험금   ④ 퇴직금

해설

05 ③ 근로소득과 사업소득이 있는 거주자는 확정신고 대상에 해당한다.

06 ① 신탁재산은 상속재산에 포함된다.

07 ② 공과금은 상속세과세가액 계산시 공제되는 항목에 해당한다.

정답 01 ③ | 02 ③ | 03 ② | 04 ④ | 05 ③ | 06 ① | 07 ②

chapter 02

증권 세제

이자소득

1 이자소득의 범위 〈법 제16조〉

이자란 대여한 금전과 대여기간에 비례하여 받는 돈이나 그 대체물이다. 그러나 현행 소득세법은 소득세가 과세되는 이자소득의 범위를 금전의 소비대차에서 발생한 법률상의 이자뿐만 아니라, 유가증권의 할인액, 부금·신탁의 이익 등도 포함하고 있다. 현행 소득세제는 소득원천설에 기인하는 까닭에 한정적으로 열거된 소득만이 소득세의 과세대상이 되나 이자소득, 배당소득, 연금소득에 대하여는 법령에 열거되지 아니한 경우에도 과세할 수 있는 유형별 포괄주의(아래의 ⑫와 같음)를 도입하였다.

❶ 국가 · 지방자치단체가 발행한 채권 · 증권의 이자와 할인액

❷ 내국법인이 발행한 채권 · 증권의 이자와 할인액

❸ 국내에서 받는 예금(적금, 부금, 예탁금, 우편대체 포함)의 이자와 할인액

❹ 상호저축은행법에 의한 상호신용계 또는 신용부금으로 인한 이익

❺ 외국법인의 국내지점 또는 국내 영업소에서 발행한 채권 · 증권의 이자와 할인액

❻ 외국법인이 발행한 채권 · 증권의 이자와 할인액

❼ 국외에서 받는 예금이자

❽ 환매조건부 채권 · 증권의 매매차익

❾ 저축성 보험의 보험차익. 다만, 세법에서 정하는 일정 요건을 갖춘 보험 또는 종신형 연금보험은 제외

❿ 직장공제회 초과반환금

⓫ 비영업대금의 이익

⓬ 위의 소득과 유사한 소득으로서 금전의 사용에 따른 대가의 성격이 있는 것

⓭ 파생결합상품의 이익(이자소득상품과 파생상품이 법정요건에 따라 결합 시 파생상품의 이익을 이자소득으로 과세)

(1) 환매조건부 채권 · 증권매매차익의 범위

금융기관이 환매기간에 따른 사전 약정이율을 적용하여 환매수 또는 환매도하는 조건으로 매매하는 채권 또는 증권의 매매차익을 말한다.

(2) 저축성 보험의 차익

보험계약에 따라 만기 또는 보험의 계약기간 중에 받는 보험금 · 공제금 또는 계약기간 중도에 해당 보험계약이 해지됨에 따라 받는 환급금(피보험자의 사망, 질병, 부상 그 밖의 신체상의 상해로 인하여 받거나 자산의 멸실 또는 손괴로 인하여 받는 보험금이 아닌 것으로 한정)에서 납입보험료(또는 납입공제료)를 뺀 금액으로 한다. 다만, 다음 어느 하나에 해당하는 보험의 보험차익은 이자소득에서 제외한다.

❶ 최초로 보험료를 납입한 날부터 만기일 또는 중도해지일까지의 기간이 10년 이상으로서 계약자 1명당 납입할 보험료 합계액이 1억원 이하(2017. 3. 31까지는 2억원)인 저축성보험계약(최초 납입일부터 만기일 또는 중도해지일까지의 기간은 10년 이상이지만 최

초 납입일부터 10년이 경과하기 전에 납입한 보험료를 확정된 기간 동안 연금형태로 분할하여 지급받는 경우를 제외)

❷ 최초로 보험료를 납입한 날부터 만기일 또는 중도해지일까지의 기간이 10년 이상으로서 다음의 요건을 모두 갖춘 월적립식 저축성보험계약

　ㄱ. 최초 납입일로부터 납입기간이 5년 이상인 월 적립식 계약일 것

　ㄴ. 최초 납입일부터 매월 납입하는 기본보험료가 균등(최초 계약한 기본보험료의 1배 이내로 기본보험료를 증액하는 경우 포함)하고, 기본보험료의 선납기간이 6개월 이내일 것

　ㄷ. 계약자 1명이 납입하는 월 보험료가 150만 원 이하일 것(2017. 4. 1부터)

❸ 다음 요건을 모두 충족하는 종신형 연금보험계약

　ㄱ. 계약자가 보험료 납입 계약기간 만료 후 55세 이후부터 사망시까지 보험금·수익 등을 연금으로 지급받는 계약일 것

　ㄴ. 연금 외의 형태로 보험금·수익 등을 지급하지 아니할 것

　ㄷ. 사망 시 보험계약 및 연금재원이 소멸할 것

　ㄹ. 계약자와 피보험자 및 수익자가 동일한 계약으로서 최초 연금지급 개시 이후 사망일 전에 계약을 중도해지할 수 없을 것

　ㅁ. 매년 수령하는 연금액이 일정 수준을 초과하지 않을 것

(3) 비영업대금의 이익

비영업대금의 이익이란 금전의 대여를 영업으로 하지 않는 자가 일시적, 우발적으로 금전을 대여함에 따라 지급받는 이자 또는 수수료를 말하는 것으로, 대금업을 대외에 표방하지 아니한 자가 금전을 대여하고 받는 이자는 비영업대금의 이익이라 한다.

2 이자소득금액의 계산

이자소득은 소득세법상 필요경비가 인정되지 아니하므로 이자소득의 총이자수입금액을 이자소득금액으로 한다.

3 이자소득의 수입시기 〈시행령 제45조〉

이자소득에 대한 총수입금액의 수입할 시기는 아래에 규정하는 날이 속하는 연도로 한다.

표 2-1 이자소득의 수입시기

구분	수입할 시기
① 무기명 채권 또는 증권의 이자와 할인액	• 그 지급을 받은 날
② 기명 채권 또는 증권의 이자와 할인액	• 약정에 의한 이자지급일
③ 기타 유사한 소득으로서 금전의 사용에 따른 대가의 성격이 있는 것	• 약정에 따른 상환일. 다만, 기일 전에 상환하는 때에는 그 상환일
④ 보통예금·정기예금·적금 또는 부금의 이자	• 실제로 이자를 지급받는 날 • 원본에 전입하는 뜻의 특약이 있는 이자는 그 특약에 의하여 원본에 전입된 날. • 해약으로 인하여 지급되는 이자는 그 해약일 • 계약기간을 연장하는 경우에는 그 연장하는 날 • 정기예금연결정기적금의 경우 정기예금의 이자는 정기예금 또는 정기적금 해약일 또는 정기적금의 저축기간 만료일
⑤ 통지예금의 이자	• 인출일
⑥ 채권 또는 증권의 환매조건부 매매차익	• 약정에 의한 당해 채권 또는 증권의 환매수일 또는 환매도일. 다만, 기일 전에 환매수 또는 환매도 하는 경우에는 그 환매수일 또는 환매도일
⑦ 저축성 보험의 보험차익	• 보험금 또는 환급금의 지급일. 다만, 기일 전에 해지하는 경우에는 그 해지일
⑧ 직장공제회 초과반환금	• 약정에 따른 공제회 반환금 지급일 • 약정에 따른 납입금 초과이익 또는 반환금 추가이익의 지급일. 다만, 반환금을 분할하여 지급하는 경우 원본에 전입하는 뜻의 특약이 있는 납입금초과이익은 특약에 따라 원본에 전입된 날로 한다.
⑨ 비영업대금의 이익	• 약정에 의한 이자지급일. 다만, 이자지급일의 약정이 없거나 약정 이자지급일 전에 이자를 받는 경우에는 그 이자지급일
⑩ 채권등의 보유기간이자상당액	• 당해 채권등의 매도일 또는 이자 등의 지급일
⑪ ①~⑩의 이자소득이 발생하는 상속재산이 상속되거나 증여되는 경우	• 상속개시일 또는 증여일

배당소득

1 배당소득의 범위 〈법 제17조〉

배당은 법인 또는 단체의 잉여금을 주주나 출자자에게 그 출자비율에 따라 배분하는 것으로 이에 의하여 주주 등이 분배받는 배당금 중 소득세 과세대상이 되는 배당금을 배당소득이라 한다. 그러나 소득세법은 법인의 잉여금이 배당 이외의 다른 형태로 출자자에게 이전되는 것까지도 배당소득에 포함하여 다음과 같이 열거하고 있다.

❶ 내국법인으로부터 받는 이익이나 잉여금의 배당 또는 분배금
❷ 법인으로 보는 단체로부터 받는 배당 또는 분배금
❸ 의제배당
❹ 법인세법에 의하여 배당으로 처분된 금액(인정배당)
❺-1 국내 또는 국외에서 받은 대통령령으로 정하는 집합투자기구로부터의 이익
❺-2 파생결합증권 또는 파생결합사채로부터의 이익
❻ 외국법인으로부터 받는 이익이나 잉여금의 배당 또는 분배금
❼ 특정 외국법인 유보소득에 대한 간주배당[1]
❽ 출자 공동사업자의 손익분배금[2]
❾ 위의 소득과 유사한 소득으로서 수익 분배의 성격이 있는 것
❿ 파생결합상품의 이익(배당소득상품과 파생상품이 법정요건에 따라 결합된 경우 파생상품의 이익을 배당소득으로 과세)[3]

---

1 조세피난처에 본점을 둔 외국법인에 출자한 내국인의 배당소득
  법인의 부담세액이 실제 발생소득의 100분의 15 이하인 국가 또는 지역("조세피난처")에 본점을 둔 외국법인("특정 외국법인")에 10% 이상을 출자한 내국인은 특정 외국법인의 각 사업연도말 현재 배당 가능한 유보소득 중 내국인에게 귀속될 금액은 내국인이 배당받은 것으로 본다.
2 출자 공동사업자의 손익분배금
  경영에 참여하지 아니하고 출자만 한 공동사업자의 이익분배금은 배당소득으로 본다.
3 2017년 세법 개정 : '파생결합상품'으로부터의 이익 추가(골드뱅킹 포함)(과세 근거 명확화)

집합투자기구의 범위

1. 소득세법상 집합투자기구의 범위

　아래의 요건을 모두 갖춘 집합투자기구를 말한다.

　가. 자본시장법에 따른 집합투자기구일 것(보험회사의 특별계정 제외, 은행이 취급하는 금전신탁으로 원본을 보전하는 것을 포함)

　나. 해당 집합투자기구의 설정일부터 매년 1회 이상 결산·분배할 것. 다만, 아래의 어느 하나에 해당하는 이익금은 분배를 유보할 수 있으며, 이익금이 0보다 적은 경우에도 분배를 유보할 수 있다(같은 법 제9조 제22항에 따른 집합투자규약에서 정하는 경우에 한정한다).

　　ㄱ. 자본시장법에 따른 상장지수집합투자기구가 지수 구성종목을 교체하거나 파생상품에 투자함에 따라 계산되는 이익

　　ㄴ. 자본시장법에 따라 평가한 집합투자재산의 평가이익

　　ㄷ. 자본시장법상 회계처리기준에 따른 집합투자재산의 매매이익

　다. 금전으로 위탁받아 금전으로 환급할 것(금전 외의 자산을 금전으로 표시하여 위탁 환급하는 것 포함)

2. 집합투자기구로부터의 이익의 계산

　집합투자기구로부터의 이익은 집합투자기구가 직접 또는 자본시장법에 따른 집합투자증권에 투자하여 취득한 증권으로서 다음의 어느 하나에 해당하는 증권 또는 자본시장법에 따른 장내파생상품의 거래나 평가로 인하여 발생한 손익을 포함하지 아니한다. 다만, 비거주자 또는 외국법인이 일반 사모집합투자기구나 동업기업과세특례를 적용받지 아니하는 기관전용 사모집합투자기구를 통하여 취득한 주식 등[증권시장에 상장된 주식 등으로서 양도일이 속하는 연도와 그 직전 5년의 기간 중 그 주식 등을 발행한 법인의 발행주식 총수의 25% 이상을 소유한 경우에 한정함]의 거래로 발생한 손익은 집합투자기구로부터의 이익 계산 시 포함한다.

　가. 증권시장에 상장된 증권(단, 채권 및 외국 법령에 따라 설립된 외국 집합투자기구의 주식 또는 수익증권 제외) 및 동 증권을 대상으로 하는 장내파생상품

　나. 벤처기업육성에 관한 특별조치법에 따른 벤처기업의 주식·출자지분

　다. 가.의 증권을 대상으로 하는 장내파생상품

　집합투자증권 및 같은 외국 집합투자증권을 계좌 간 이체, 계좌의 명의변경, 집합투자증권의 실물양도의 방법으로 거래하여 발생한 이익은 집합투자기구로부터의 이익에 해당한다(다음 아래의 어느 하나에 해당하는 것을 제외한다).

　가. 법 제94조 제1항 제3호의 주식 또는 출자지분

　나. 상장지수집합투자기구로서 증권시장에서 거래되는 주식의 가격만을 기반으로 하는 지수의 변화를 그대로 추적하는 것을 목적으로 하는 집합투자기구의 집합투자증권(국내 주식형 ETF)

　다. 증권시장에 상장된 투자회사형 집합투자기구(이전 사업연도에 배당가능이익 전체를 1회 이상 배당하지 아니한 것은 제외한다)의 집합투자증권

2 배당소득금액의 계산

(1) 배당소득금액

배당소득도 이자소득과 같이 소득세법상 필요경비가 인정되지 아니하므로 배당소득으로 수입된 총수입금액이 그대로 배당소득금액이 된다.

다만, 배당가산(Gross-up) 적용대상 배당소득이 있는 경우에는 배당가산액을 가산한 금액을 배당소득금액으로 한다.

(2) 배당가산(Gross-up)과 배당세액공제

소득을 과세대상으로 하는 소득세와 법인세는 소득의 귀속자에 따라 그 세목을 달리할 뿐이다. 그러나 우리나라의 현 조세체계는 법인소득에 대하여 법인세가 과세된 소득이 개인주주에게 배당되는 경우 그 배당금에 다시 소득세가 과세되므로 동일 소득에 대한 이중과세 문제가 발생한다.

이러한 이중과세를 방지하기 위하여 배당소득이 부담한 법인세 상당액을 배당소득금액에 가산한 후 소득세액에서 공제하는 배당세액공제제도를 두고 있다.

❶ 배당가산(Gross-up) 적용대상 배당소득 : 배당가산(Gross-up) 적용대상 배당소득은 소득세법 제17조 제1항 제1호부터 제4호까지의 배당소득(아래 ㄱ~ㅁ의 어느 하나에 해당하는 배당을 제외)과 제5호에 따른 배당소득 중 특정 사모투자전문회사[4]로부터 받는 배당소득으로서 ① 내국법인으로부터 받는 배당소득, ② 법인세가 과세된 소득을 재원으로 하는 배당소득, ③ 종합과세되고 기본세율이 적용되는 배당소득일 것(이자소득과 합산 2천만원 초과분)

　ㄱ. 자기주식소각익의 자본전입에 따른 의제배당

　ㄴ. 소각 당시 시가가 취득가액을 초과하지 않는 경우로서 소각일로부터 2년이 경과하지 아니한 자기주식소각익의 자본전입에 따른 의제배당

　ㄷ. 토지 재평가적립금(1% 세율적용분)의 자본전입으로 인한 의제배당

　ㄹ. 자기주식 보유상태에서의 자본전입에 따른 의제배당

　ㅁ. 최저한세가 적용되지 아니하는 법인세의 비과세·면제·감면 또는 소득공제

---

4 자본시장법 제9조 제18항 제7호에 해당하며, 유동화전문회사 등에 대한 소득공제 및 동업기업과세제도의 적용을 받지 않는 사모투자전문회사를 말한다.

를 받은 법인으로부터 받은 배당

$$배당가산액 = 배당소득 \times 10\%$$

❷ 배당세액 공제액 : 배당세액 공제액은 종합소득과세표준 계산 시 배당소득에 가
산한 금액으로 한다.

3 배당소득의 수입시기 〈시행령 제46조〉

배당소득에 대한 총수입금액의 수입시기는 〈표 2-2〉가 규정하는 날이 속하는 연도
로 한다.

표 2-2 배당소득의 수입시기

배당소득의 종류	수입할 시기
① 무기명주식의 이익이나 배당	• 그 지급을 받은 날
② 잉여금의 처분에 의한 배당	• 당해 법인의 잉여금처분결의일
③ 출자공동사업자의 배당	• 과세기간 종료일
④ 자본의 감자·잉여금의 자본전입에 따른 의제배당	• 주식의 소각, 자본의 감소 또는 자본에의 전입을 결정한 날(이사회의 결의에 의하는 경우에는 신주배정 기준일)이나 퇴사 또는 탈퇴한 날
⑤ 법인의 해산, 합병, 분할 또는 분할합병으로 인한 의제배당	• 법인이 해산으로 인하여 소멸한 경우에는 잔여재산의 가액이 확정된 날 • 법인이 합병으로 인하여 소멸한 경우에는 그 합병등기를 한 날 • 법인이 분할 또는 분할합병으로 인하여 소멸 또는 존속하는 경우에는 그 분할등기 또는 분할합병등기를 한 날
⑥ 법인세법에 의하여 처분된 배당	• 당해 법인의 당해 사업연도의 결산확정일
⑦ 집합투자기구로부터의 이익	• 집합투자기구로부터의 이익을 지급받는 날. 다만 원본에 전입하는 뜻의 특약이 있는 분배금은 그 특약에 의하여 원본에 전입된 날
⑧ 배당소득과 유사한 소득으로 수익분배의 성격이 있는 것	• 그 이익을 지급받은 날.
⑨ 파생결합증권 또는 파생결합사채로부터의 이익	• 그 이익을 지급받은 날. 다만, 원본에 전입하는 뜻의 특약이 있는 분배금은 그 특약에 따라 원본에 전입하는 날

section 03 원천징수

1 원천징수제도의 개요

원천징수란 세원의 탈루 방지와 징수편리를 위하여 소득을 지급하는 자(원천징수의무자)가 그 소득을 지급하는 때에 지급받는 자의 해당 소득에 대한 세금을 징수하여 세무서에 납부하는 제도를 말한다. 현행 소득세법은 이자소득과 배당소득을 지급하는 때에 법정률(아래 원천징수세율)의 소득세(지방소득세 포함)를 원천징수하여 소득 지급일의 익월 10일까지 원천징수의무자의 관할세무서에 납부할 것을 규정하고 있다.

한편, 원천징수의무자의 대리인 또는 수임인은 수권 또는 위임의 범위 안에서 원천징수 규정을 적용한다. 따라서 금융기관이 내국인 또는 내국법인이 발행한 어음 또는 채무증서를 인수·매매·중개 또는 대리하는 경우에는 금융기관과 내국인 또는 내국법인 간에 대리 또는 위임관계가 있는 것으로 보아 해당 금융기관에 원천징수 규정을 적용하고, 외국법인이 발행한 채권 또는 증권에서 발생하는 이자 또는 배당소득금액을 거주자에게 지급하는 경우에 국내에서 그 지급을 대리하거나 위탁 또는 위임받은 자는 원천징수의무자로 본다.

2 원천징수세율(소득세율) 〈소득세법 제29조〉

(1) 거주자에게 이자소득 등을 지급하는 경우

❶ 장기채권의 이자와 할인액으로 원천징수의무자에게 분리과세 신청한 경우 : 30%(2018. 1. 1. 이후 발행하는 분부터 폐지)
❷ 비영업대금의 이익 : 25%
❸ 직장공제회 초과반환금 : 기본세율
❹ 그 밖의 이자소득 : 14%
❺ 출자공동사업자의 배당소득 : 25%

⑥ 그 밖의 배당소득 : 14%

⑦ 이자소득 및 배당소득으로서 지급시기까지 지급받는 자의 실지명의가 확인되지 않는 경우(지급자가 금융기관이 아닌 경우) : 45%

⑧ 금융실명거래및비밀보장에관한법률 제5조에 의한 세율이 적용되는 경우(비실명 금융자산에 대한 소득으로 지급자가 금융기관인 경우) : 90%

⑨ 법원에 납부한 보증금 및 경락대금에서 발생하는 이자소득 : 14%

(2) 비거주자에게 이자소득 등을 지급하는 경우

① 지급받는 자가 조세조약이 체결된 국가의 거주자인 경우 : 조세조약상 제한세율

② 조세조약이 체결되지 않는 국가의 거주자인 경우 : 20%, 단, 국가·지방자치단체 및 내국법인이 발행하는 채권에서 발생하는 이자소득은 14%

---

3 채권 등에 대한 소득금액계산 및 원천징수 특례

소득세는 각 개인을 과세단위로 하므로 소득금액은 각 소득자별로 파악하여 과세소득금액을 계산해야 한다. 따라서 중도에 매매가 가능한 채권 등의 경우 그 채권이나 증권에서 발생하는 이자소득금액은 당해 채권 등을 보유한 납세자에게 그 보유기간별 이자상당액이 각각 귀속된 것으로 보아 소득금액을 계산한다.

그러나 무기명채권 등의 경우에는 채권운영상 만기상환 시에만 소득자가 파악될 뿐 채권의 중간보유자 및 그 소득금액의 파악이 불가능한 실정이다. 이에 따라 소득세법은 거주자나 비거주자(거주자 등)가 법인으로부터 채권이나 증권의 이자를 지급받거나, 이자를 지급받기 전에 법인에게 매도(매도의 위탁·중개·알선 포함)하는 경우에는 법인이 보유기간 이자상당액에 대한 소득세를 원천징수할 특례규정을 적용하고 있다.

(1) 특례가 적용되는 채권 등의 범위 〈소득세법 제46조① 시행령 제102조〉

① 국가·지방자치단체·내국법인이 발행한 채권 또는 증권

② 외국법인·외국법인의 국내지점이 발행한 채권 또는 증권

③ 타인에게 양도가 가능한 이자 또는 할인액이 발생하는 아래의 증권(소득세가 면제 되는 것은 제외)

ㄱ. 금융기관이 발행한 예금증서 및 이와 유사한 증서(금융기관이 발행일부터 만기일
까지 계속 보유하는 예금증서 제외)

ㄴ. 어음(금융기관이 발행, 매출 또는 중개한 어음을 포함하되, 상업어음은 제외)

(2) 소득금액의 계산

위의 특례가 적용되는 채권 등에서 발생하는 이자와 할인액 중 각 보유자별로 아래
의 산식에 의하여 산출한 보유기간별 이자상당액은 각 보유자에게 귀속되는 것으로 보
아 소득금액을 계산한다.

> **보유기간 이자상당액 = 액면가액 × 보유기간 × 이자율 등**

❶ 보유기간 : 그 채권 등의 매수일(발행일 또는 직전 원천징수일을 말한다)부터 매도일(매도
일 또는 이자 등의 지급일을 말함)까지의 일수

❷ 이자율 등 : 이자율은 다음에 의한다.

ㄱ. 공개시장에서 발행하는 국채증권, 산업금융채권, 예금보험기금채권 : 표면이
자율

ㄴ. 전환·교환사채 중 상환할증율의 지급이 약정된 것 : 표면이자율＋상환할증
률(만기보장수익률 또는 조건부이자율)

　(다만, 부도 후 주식교환 등의 경우로 교환가액보다 시가가 낮은 경우에도 이자상당액은 '0'
으로 하고, 주식전환청구 후에도 이자지급약정이 있는 경우 그 지급약정률에 의하여 지급하는
금액은 이자소득으로 봄)

ㄷ. 기타 채권 및 증권 : 표면이자율±발행 시 할인율(할증률)

(3) 원천징수의 특례

❶ 원천징수의무자 : 거주자 등에게 채권 등의 이자를 지급하거나, 거주자 등으로부
터 채권 등을 매입하는 법인

❷ 원천징수시기 : 채권의 매도일 또는 이자지급일(채권 등의 보유기간이 2 과세기간에 걸친
경우라도 귀속시기는 채권 매도일 또는 이자지급일임)

❸ 원천징수세율 : 거주자에게 이자지급 또는 중도매입 시 소득세법 제129조 원천

징수세율의 규정을 적용하여 계산한 금액을 원천징수하여야 한다. 비거주자에게 이자지급 또는 중도매입 시 소득세법 제156조의 원천징수세율을 적용하여 계산한 금액을 원천징수하여야 한다.

section 04 | 이자소득과 배당소득의 과세방법

1 소득금액의 계산

소득세의 과세소득금액은 소득별 수입금액에서 이에 소요된 필요경비를 공제한 금액으로 한다. 그러나 이자소득과 배당소득은 소득세법상 필요경비가 인정되지 아니하므로 총수입금액 자체가 소득금액이 된다.

2 과세방법

거주자의 이자소득과 배당소득은(이하 '금융소득'이라 함) 개인별 연간 소득 합산에 의한 종합과세를 원칙으로 하나 특정 금융소득은 분리과세한다. 즉, 거주자의 연간 금융소득 합계액에서 비과세 및 무조건 분리과세되는 금융소득을 공제한 금액이 2천만 원을 초과하면 금융소득이 종합과세된다. 동 공제한 금액이 2천만 원 이하인 경우에는 국내외 금융소득으로서 국내에서 원천징수되지 아니한 소득에 대하여는 원천징수세율(14%)을 적용하여 과세하고 그 외 금융소득은 원천징수로 분리과세한다.

(1) 무조건 분리과세 금융소득

금융소득 중 다음의 소득은 종합소득과세표준에 포함되지 아니하고 분리과세하므로 이들 소득은 원천징수로 종합소득세의 납세의무가 종료한다.

❶ 분리과세 신청한 장기채권의 이자와 할인액[5]

❷ 비실명 이자·배당소득

❸ 법원보관금의 이자소득

❹ 직장공제회초과반환금

❺ 조세특례제한법에 따른 분리과세이자, 배당소득

❻ 법인으로 보는 단체 외의 단체중 수익을 구성원에게 배분하지 않는 단체로서 단체명을 표기하여 금융거래를 하는 단체가 금융회사 등으로부터 받는 이자소득, 배당소득

(2) 조건부 분리과세 금융소득

조건부 분리과세 금융소득은 금융소득(비과세 및 무조건 분리과세분 제외)으로서 연간 개인 금융소득이 2천만 원 이하인 경우로 원천징수로 과세의무가 종료한다.

---

5 장기채권
  납세의무자의 신청에 의하여 이자와 할인액이 분리과세되는 장기채권은 다음과 같다.
  가. 장기채권의 범위
      2017. 12. 31 이전에 발행된 다음의 채권 또는 증권으로서 발행일부터 최종 상환일까지의 기간이 10년 이상으로서 보유기간이 3년 이상인 채권 등을 말함
      ㄱ. 국가·지방자치단체가 발행한 채권 또는 증권
      ㄴ. 내국법인이 발행한 채권 또는 증권
      ㄷ. 외국법인의 국내지점이 발행한 채권 또는 증권
      ㄹ. 외국법인이 발행한 채권 또는 증권
  나. 분리과세 신청 및 철회
      ㄱ. 분리과세 신청 : 분리과세 적용을 받고자 하는 자는 그 이자의 수입시기까지 금융기관 등 이자지급자에게 '장기채권 이자소득 분리과세 신청'을 하여야 한다.
      ㄴ. 분리과세 신청의 철회 : 분리과세를 적용받지 아니하고자 하는 때에는 다음 이자의 수입시기까지 분리과세 신청자에게 '장기채권 이자소득 분리과세 철회신청'을 하여야 한다.
  다. 원천징수세율 30%

1 납세의무자와 납세의무의 범위

(1) 과세대상 〈법 제1조〉

증권거래세는 주권 또는 지분의 유상 양도에 대하여 부과하는 조세로 그 과세대상이 되는 주권이란 ❶ 상법 또는 특별한 법률에 의하여 설립된 법인의 주권, ❷ 외국법인이 발행한 주권으로 자본시장법에 의한 거래소의 유가증권시장이나 코스닥시장, 코넥스시장(이하 '증권시장'이라 함)에 상장된 것을 말한다.

다만, 다음의 외국 증권시장에 상장된 주권의 양도나 동 외국증권시장에 주권을 상장하기 위하여 인수인에게 주권을 양도하는 경우 및 자본시장법 제377조 제1항 제3호에 따라 채무인수를 한 거래소가 주권을 양도하는 경우 증권거래세를 부과하지 아니한다.

❶ 뉴욕증권거래소
❷ 전미증권업협회중개시장(Nasdaq)
❸ 동경증권거래소
❹ 런던증권거래소
❺ 도이치증권거래소
❻ 상기 거래소와 기능이 유사한 거래소로서 자본시장법 제406조 제1항 제2호의 외국 거래소

(2) 납세의무자 〈법 제3조〉

증권거래세의 납세의무자는 주권 등의 거래유형에 따라 다음과 같이 구분한다.

❶ 장내 또는 금융투자협회를 통한 장외거래(K-OTC)에서 양도되는 주권을 계좌 간 대체로 매매결제하는 경우에는 당해 대체결제를 하는 회사(예탁결제원)
❷ 위 ❶ 외에 자본시장법상의 금융투자업자를 통하여 주권 등을 양도하는 경우에

는 해당 금융투자업자

❸ 위 ❶, ❷ 이 외에 주권 등을 양도하는 경우에는 당해 양도자

　　다만, 국내 사업장을 가지고 있지 아니한 비거주자(외국법인 포함)가 주권 등을 금융투자업자를 통하지 아니하고 양도하는 경우에는 당해 주권의 양수인

(3) 비과세양도 〈법 제6조〉

아래의 경우에는 증권거래세를 부과하지 아니한다.

❶ 국가 또는 지방자치단체가 주권 등을 양도하는 경우(국가재정법에 따른 기금이 주권을 양도하는 경우 및 우정사업총괄기관이 주권을 양도하는 경우 제외)
❷ 자본시장법 제119조에 따라 주권을 매출하는 경우(발행매출)
❸ 주권을 목적물로 하는 소비대차의 경우

(4) 과세표준 〈법 제7조〉

증권거래세는 주권의 양도가액을 과세표준으로 한다. 따라서 주권의 양도가액이 객관적으로 명확히 확인되는 경우에는 그 가액으로 하나, 다음의 경우에는 법이 정한 아래의 방법으로 평가한 가액을 과세표준으로 한다.

❶ 특수관계자에게 시가보다 낮은 가액으로 양도한 것으로 인정되는 경우 : 시가액
❷ 비거주자 또는 외국법인이 국외특수관계자에게 정상 가격보다 낮은 가액으로 양도한 것으로 인정되는 경우 : 국제조세조정에 관한 법률상의 정상 가격
❸ 양도가액이 확인되지 않는 장외거래 : 아래의 평가액

표 2-3　**장외거래 시 주권의 과세표준**

구분	평가방법
상장주권	거래소가 공표하는 양도일의 매매거래 기준 가격
장외시장주권(K-OTC)	금융투자협회가 공표하는 양도일의 매매거래 기준 가액
기타 주권	소득세법 시행령 제165조에 따라 계산한 가액

(5) 세율 〈법 제8조〉

증권거래세의 기본세율은 1만분의 35이나 2022년 12월 31일까지는 1만분의 43으로

한다. 그러나 자본시장 육성을 위하여 증권시장에서 거래되는 주권에 한하여 그 세율을 인하하거나 영의 세율로 할 수 있으며, 현행 세율은 〈표 2-4〉와 같다.

표 2-4　증권거래세율

구분	세율
① 유가증권시장에서 양도되는 주권	0.03%
② 코스닥시장, K-OTC에서 양도되는 주권	0.18%
③ 코넥스시장에서 양도되는 주권	0.10%
④ 상기 외의 주권	0.35%

* 유가증권시장에서 양도되는 주권에 대해서는 0.15%의 농어촌특별세가 부가됨

(6) 거래징수 〈법 제9조〉

거래징수란 간접 국세의 경우 법이 정한 과세거래가 이루어질 때 거래상대방의 세액을 징수하는 제도로 직접 국세의 원천징수와 같다. 증권거래세의 경우 증권거래세의 납세의무자 중 대체결제회사와 금융투자업자 및 비거주자로부터 주권을 양수하는 자는 주권을 양도하는 자의 증권거래세를 거래징수하여야 한다.

(7) 신고납부 〈법 제10조〉

증권거래세의 납세의무자 중 법 제3조 제1호(예탁결제원) 및 제2호(금융투자업자)의 경우에는 매월 분의 증권거래세 과세표준과 세액을 다음달 10일까지 신고·납부하여야 하고, 그 밖의 납세의무자는 매 분기분의 과세표준과 세액을 양도일이 속하는 분기(2018. 1. 1. 이후 양도하는 분부터 반기)의 말일부터 2개월 이내에 신고·납부하여야 한다.

(8) 가산세 〈국세기본법 제47조〉

증권거래세액을 신고·납부할 의무가 있는 자가 법정신고기한 내에 과세표준신고서의 미제출, 과세표준 과소신고 또는 납부하여야 할 세액을 납부하지 아니하거나 납부할 세액보다 미달하게 납부한 경우에는 국세기본법 해당 규정에 의한 가산세를 납부하여야 한다.

01   소득세법상 이자소득에 해당하는 것으로만 올바르게 고른 것은?

> ⊙ 환매조건부 채권의 매매차익
> ⓛ 직장공제회초과 반환금
> ⓒ 비영업대금의 이익
> ⓔ 법인으로보는 단체로부터 받는 분배금

① ⊙, ⓛ   ② ⊙, ⓛ, ⓒ
③ ⊙, ⓛ, ⓒ, ⓔ   ④ ⊙, ⓒ, ⓔ

02   다음 중 이자소득의 수입시기로 짝지어진 것 중 적절하지 않은 것은?
      ① 무기명채권의 이자 – 이자소득 신고일
      ② 통지예금의 이자 – 인출일
      ③ 채권등의 보유기간이자상당액 – 당해 채권 등의 매도일
      ④ 비영업대금의 이익 – 약정에 의한 이자지급일

03   배당가산(Gross-up) 적용 대상 배당소득에 해당하는 것으로 가장 적절한 것은?
      ① 자기주식소각이익의 자본전입에 따른 의제배당
      ② 1% 재평가세율을 적용받는 재평가적립금의 자본전입
      ③ 자기주식 보유상태에서의 자본전입에 따른 의제배당
      ④ 내국법인으로부터 받는 배당금

해설

01   ② 법인으로 보는 단체로부터 받는 분배금은 배당소득에 해당한다.

02   ① 무기명채권의 이자는 지급을 받은 날이 수입시기가 된다.

03   ④ 내국법인으로부터 받는 배당금은 배당가산 적용대상이다.

04 다음 중 배당소득의 수입시기로 짝지어진 것 중 가장 적절한 것은?

① 무기명주식의 이익이나 배당 – 그 지급을 받은 날

② 잉여금의 처분에 의한 배당 – 약정에 의한 지급일

③ 법인세법에 의하여 처분된 배당 – 잉여금 처분 결의일

④ 출자공동사업자의 배당 – 결산확정일

05 다음의 자료를 이용하여 계산한 소득세 원천징수세액은?(단, 지방소득세는 고려하지 않음)

> 20×8년 거주자 갑의 종합소득자료는 다음과 같다.
> ㉠ 현금배당금(비상장영리내국법인) – 3,000,000원
> ㉡ 비영업대금이익(영리내국법인) – 1,000,000원
> ㉢ 상기 소득자료는 원천징수세액을 차감하기 전의 금액임.

① 400,000원   ② 600,000원

③ 670,000원   ④ 890,000원

06 원천징수로 종합소득세의 납세의무가 종료되는 소득으로 가장 거리가 먼 것은?

① 예금이자   ② 직장공제회초과반환금

③ 비실명이자소득   ④ 법원보증금의 이자소득

---

04 ① 잉여금처분에 의한 배당–잉여금 처분일, 법인세법에 의하여 처분된 배당– 당해사업연도 결산확정
   일, 출자공동사업자의 배당–과세기간 종료일

05 ③ (3,000,000*14%+1,000,000*25%)

06 ① 예금이자는 다른 금융소득과 합산하여 2천만 원 초과 시 종합과세 된다.

07 증권거래세의 신고납부기한에 대한 설명이다. ( ) 안에 들어갈 내용을 순서대로 올바르게 나열한 것은?

> 증권거래세의 납세의무자 중 법 제3조 제1호(예탁결제원) 및 제2호(금융투자업자)의 경우에는 매월 분의 증권거래세 과세표준과 세액을 다음달 (   )일까지 신고·납부하여야 하고, 그 밖의 납세의무자는 매 반기분의 과세표준과 세액을 양도일이 속하는 반기의 말일부터 (   )개월 이내에 신고하여야 한다.

① 30, 1   ② 20, 2

③ 45, 3   ④ 10, 2

해설

07 ④ 금융투자업자는 다음달 10일까지, 그 밖의 납세의무자는 양도일이 속하는 분기의 말일부터 2개월 이내에 신고·납부하여야 한다.

정답 01 ② | 02 ① | 03 ④ | 04 ① | 05 ③ | 06 ① | 07 ④

금융투자전문인력 표준교재
증권투자권유자문인력 3

2024년판 발행   2024년 1월 31일

편저   금융투자교육원
발행처   한국금융투자협회
          서울시 영등포구 의사당대로 143 전화(02)2003-9000 FAX(02)780-3483
발행인   서유석
제작 및 총판대행 (주)**박영사**
          서울특별시 금천구 가산디지털2로 53, 210호(가산동, 한라시그마밸리) 전화(02)733-6771 FAX(02)736-4818
등록   1959. 3. 11. 제300-1959-1호(倫)
홈페이지 한국금융투자협회 자격시험접수센터(https://license.kofia.or.kr)

정가 25,500원

ISBN 978-89-6050-723-4 14320
       978-89-6050-720-3(세트)